CONTROLADORIA AMBIENTAL

Organizadores
SONIA MARIA DA SILVA GOMES
CLÁUDIO OSNEI GARCIA

CONTROLADORIA AMBIENTAL

Gestão Social, Análise e Controle

Autores
André Luis Rocha de Souza
Antônio Costa Silva Júnior
Cláudio Osnei Garcia
Francisco Gaudêncio Mendonça Freires
Frederico Nacor Frazão Carvalho
José Célio Silveira Andrade
José Manoel Tito da Motta
Juliano Almeida Faria
Márcio Santos Sampaio
Maria Olívia de Souza Ramos
Rita de Cássia Souza Ribeiro Torres
Rodrigo Silva de Souza
Sonia Maria da Silva Gomes
Valmor Slomski
Vilma Geni Slomski
Wellington de Araujo Gomes

SÃO PAULO
EDITORA ATLAS S.A. – 2013

© 2012 by Editora Atlas S.A.

Capa: Zenário A. de Oliveira
Composição: Formato Serviços de Editoração Ltda.

Dados Internacionais de Catalogação na Publicação (CIP)
(Câmara Brasileira do Livro, SP, Brasil)

Controladoria ambiental: gestão social, análise e controle / organizadores Sonia Maria da Silva Gomes, Cláudio Osnei Garcia. -- São Paulo: Atlas, 2013.

Vários autores.
Bibliografia.
ISBN 978-85-224-7650-3
eISBN 978-85-224-7751-7

1. Administração financeira 2. Contabilidade ambiental 3. Contabilidade social e ambiental 4. Controladoria 5. Demonstrações contábeis 6. Gestão ambiental 7. Orçamento empresarial I. Gomes, Sonia Maria da Silva. II. Garcia, Cláudio Osnei.

13-00156
CDD-658.151

Índice para catálogo sistemático:

1. Controladoria ambiental : Empresas : Administração financeira   658.151

TODOS OS DIREITOS RESERVADOS – É proibida a reprodução total ou parcial, de qualquer forma ou por qualquer meio. A violação dos direitos de autor (Lei nº 9.610/98) é crime estabelecido pelo artigo 184 do Código Penal.

Depósito legal na Biblioteca Nacional conforme Lei nº 10.994, de 14 de dezembro de 2004.

Impresso no Brasil/*Printed in Brazil*

Editora Atlas S.A.
Rua Conselheiro Nébias, 1384
Campos Elísios
01203 904 São Paulo SP
011 3357 9144
atlas.com.br

SUMÁRIO

Apresentação, ix
Prefácio, xi
Nota sobre os autores, xv

1 **GESTÃO SOCIAL E AMBIENTAL** (Maria Olívia de Souza Ramos, Frederico Nacor Frazão Carvalho e Sonia Maria da Silva Gomes), 1
   1.1 A teoria econômica sob a ótica social e ambiental, 1
      1.1.1 A teoria neoclássica e mecanismos de mercado, 2
      1.1.2 Teoria keynesiana, 5
      1.1.3 A teoria schumpeteriana e o papel das inovações para o desenvolvimento, 6
      1.1.4 A teoria sociológica, a pobreza e o desenvolvimento humano, 7
   1.2 Desenvolvimento e sustentabilidade empresarial, 8
      1.2.1 Novo Estado e novos caminhos para o desenvolvimento, 8
      1.2.2 Novo contexto econômico e a sustentabilidade empresarial, 10
   1.3 Responsabilidade Social Corporativa (RSC), 12
      1.3.1 Modelos explicativos de RSC, 14
   Revisão de conteúdo, 19
   Referências, 20

2 **COMPREENDENDO A CONTROLADORIA AMBIENTAL** (Sonia Maria da Silva Gomes, Márcio Santos Sampaio, Valmor Slomski e Vilma Geni Slomski), 23
   2.1 O Sistema de Controladoria Ambiental, 23
   2.2 Conceitos fundamentais, 25
   2.3 Componentes do Sistema de Controladoria Ambiental, 34
   Revisão de conteúdo, 43
   Referências, 48

3 **GESTÃO AMBIENTAL ESTRATÉGICA** (Sonia Maria da Silva Gomes e Márcio Santos Sampaio), 51
   3.1 Compreendendo a gestão ambiental estratégica, 51

3.2   Modelo estratégico de sustentabilidade ambiental, 52
3.3   Sistema de Gestão Ambiental (SGA), 57
3.4   Evidenciação de informações social e ambiental, 60

Revisão de conteúdo, 72

Referências, 77

4   GESTÃO DE CUSTOS AMBIENTAIS (Sonia Maria da Silva Gomes e Márcio Santos Sampaio), 79

4.1   Compreendendo a Gestão de Custos Ambientais, 79
4.2   Conceito de custo ambiental, 81
4.3   Classificação de custos ambientais, 83
4.4   Instrumentos de mensuração de custos ambientais, 86
    4.4.1   Balanço de massa, 87
    4.4.2   Custeio Baseado em Atividades (ABC), 89
    4.4.3   Análise do Ciclo de Vida (ACV), 92

Revisão de conteúdo, 97

Referências, 101

5   GESTÃO DA *PERFORMANCE* AMBIENTAL E SOCIAL (Sonia Maria da Silva Gomes e Rita de Cássia Souza Ribeiro Torres), 103

5.1   Compreendendo o Sistema de Indicadores Social e Ambiental, 103
5.2   Classificação dos indicadores de desempenho ambiental e social, 105
5.3   Modelos de Indicadores Ambiental e Social, 107
    5.3.1   Balanço Social (BS), 107
    5.3.2   Modelo do Instituto ETHOS, 109
    5.3.3   Modelo da GRI, 112
    5.3.4   Modelo da NBC T 15 – CFC, 113

Revisão de conteúdo, 116

Referências, 118

6   GESTÃO DE IMPACTOS SOCIAIS E AMBIENTAIS (Cláudio Osnei Garcia, Frederico Nacor Frazão Carvalho, Rita de Cássia Souza Ribeiro Torres e José Manoel Tito da Motta), 119

6.1   Modelo de estrutura de referência, 119
6.2   Metodologia para mapear os impactos sociais e ambientais, 125
6.3   Indicadores para gestão de impactos sociais e ambientais, 138

Revisão de conteúdo, 154

Estudo de caso, 154

Referências, 156

7 LOGÍSTICA REVERSA (Francisco Gaudêncio Mendonça Freires), 157

7.1 Conceitos fundamentais, 157

7.2 Dimensões da logística reversa, 160

    7.2.1 Primeira dimensão – determinantes, 160

    7.2.2 Segunda dimensão – razões, 162

    7.2.3 Terceira dimensão – características, 166

    7.2.4 Quarta dimensão – estrutura, 171

    7.2.5 Quinta dimensão – atores, 178

7.3 Ferramentas para a gestão dos custos da logística reversa, 182

    7.3.1 Lucratividade Direta por Produto ou DPP, 182

    7.3.2 Custeio Total de Propriedade ou TCO, 185

    7.3.3 Análise da Lucratividade de Clientes (CPA), 191

Revisão de conteúdo, 197

Referências, 201

8 CRÉDITO DE CARBONO (André Luis Rocha de Souza, Antônio Costa Silva Júnior e José Célio Silveira Andrade), 205

8.1 Mudanças climáticas, 205

8.2 Protocolo de Kyoto – Política Pública Ambiental Internacional, 208

8.3 Mercado de carbono, 212

    8.3.1 Mercado de carbono regulado, 215

        8.3.1.1 Mecanismo de Desenvolvimento Limpo (MDL) no Brasil, 215

        8.3.1.2 Ciclo de projetos de MDL e os tipos de GEEs envolvidos, 218

        8.3.1.3 Projetos de MDL no Brasil, 223

            8.3.1.3.1 Rosa dos Ventos, 223

            8.3.1.3.2 Votorantim energia: usina hidrelétrica Pedra do Cavalo (UHEPC), 225

            8.3.1.3.3 Vega Engenharia Ambiental S. A., 228

8.4 Mercado de carbono voluntário, 229

    8.4.1 Os Padrões Internacionais (PIs) e os Projetos de Redução de Emissão de GEE, 233

    8.4.2 Ciclo dos projetos de redução de emissão de GEE, 236

8.5 Comparativo do mercado regulado e voluntário no Brasil, 239

8.6 Análise dos projetos de crédito de carbono, 241

    8.6.1 Escopo setorial, 244

    8.6.2 Potencial de redução anual de emissão, 245

    8.6.3 Projetos por região do país, 248

    8.6.4 Projeto por escala (metodologia de pequena ou larga escala), 250

8.6.5 Distribuição dos projetos por padrão internacional, 252

8.6.6 Distribuição dos projetos por tipo de gás de efeito estufa reduzido, 254

8.7 *Market share* dos mercados regulado e voluntário de carbono no Brasil, 256

8.8 Aspectos contábeis dos créditos de carbono, 258

Revisão de conteúdo, 264

Referências, 267

9 GESTÃO DE RISCOS AMBIENTAIS (Rodrigo Silva de Souza), 271

9.1 Compreendendo a gestão de riscos ambientais, 271

9.2 Conceitos fundamentais da gestão de riscos ambientais, 272

9.3 Modelo de gestão de riscos ambientais, 275

9.4 Implantação do modelo de gestão de riscos ambientais, 276

9.5 Como transformar ameaças em oportunidades, 287

Revisão de conteúdo, 290

Referências, 294

10 PROJETO DE UM SISTEMA DE GESTÃO DE IMPACTOS SOCIAIS E AMBIENTAIS
(Cláudio Osnei Garcia, José Manoel Tito da Motta e Wellington de Araujo Gomes), 295

10.1 A importância do projeto, 295

10.2 A equipe do projeto, 296

10.3 O escopo do projeto, 297

10.4 A viabilidade do projeto, 298

10.5 A contratação da empresa desenvolvedora, 300

10.6 As etapas do projeto e os requisitos de *software*, 302

10.7 O projeto do sistema, 305

10.8 Acompanhamento e encerramento do projeto, 310

Revisão de conteúdo, 312

Referências, 313

APRESENTAÇÃO

É sempre um motivo de grande satisfação apresentar uma nova obra onde se percebe uma contribuição clara. É isso que ocorre com **Controladoria ambiental: gestão social, análise e controle**. A obra organizada pelos professores Sonia Maria da Silva Gomes e Cláudio Osnei Garcia, fruto da contribuição de 14 coautores, vem suprir uma relevante lacuna que é o olhar para a controladoria sob diferente perspectiva, neste caso, da sustentabilidade.

É muito difícil elaborar um livro que se diferencie do que já existe e os autores conseguiram isso. Trata-se de uma obra que tem personalidade própria e uma "cara" bem definida, o que é muito bem-vindo. A obra leva em conta diferentes perspectivas em termos de temas, perseguindo uma abordagem que os trate com o viés da sustentabilidade. É assim que trata de questões contábeis, de projetos, riscos, dentre outros, gerando essa personalidade.

Em resumo, proporciona uma visão bem abrangente sobre o tema ao mesmo tempo que ancora seu tratamento nas várias vertentes, nem sempre explícitas, como a econômica, de *stakeholders* e mesmo de agência.

Parabéns e muito sucesso, autores!

Fábio Frezatti
Professor Titular, FEA USP, EAC

PREFÁCIO

O acelerado progresso proporcionado pela Revolução Industrial e as principais alterações no modo de produção das organizações impactaram de forma significativa a captação de recursos naturais. Vários setores da economia têm demonstrado preocupações com relação a esse tema, já que o estabelecimento de marcos legais e infralegais sociais e ambientais pode impactar diretamente as estratégias das empresas, podendo comprometer sua competitividade e legitimidade. Por isso, o setor privado é um dos maiores interessados nas questões referentes à Governança Ambiental Global (GAG).

No contexto econômico atual, não basta devolver para a sociedade produtos ou serviços de qualidade. É preciso que as empresas adotem boas práticas ambientais e sociais, incorporando em suas estratégias os conceitos de sustentabilidade social, ambiental e econômica (*triple bottom line*). As empresas e seus *controllers* devem incorporar o tema responsabilidade social a suas atividades para contribuir com a preservação do meio ambiente e erradicação da pobreza no mundo. O grande desafio é como fazer isso! Sim, é preciso fazer alguma coisa! E as ações realizadas pelas organizações que demonstram compromisso com o desenvolvimento sustentável precisam ser divulgadas!

Uma possível solução para esse desafio é a implantação de um Sistema de Controladoria Ambiental (SCA). O Sistema de Controladoria Ambiental identifica, mensura, acumula, analisa e interpreta as ações ecoeficientes desenvolvidas pelas empresas, com o objetivo de gerar informações financeiras e não financeiras que auxiliem os seus gestores no planejamento, controle e processo de tomada de decisões. Esse sistema também pode fornecer relatórios de sustentabilidade – em conformidade com as legislações pertinentes – que demonstrem aos *stakeholders* o impacto de suas ações socioambientais no patrimônio da entidade.

Assim, o SCA fornece informações sobre a gestão estratégica ambiental, a *performance* ambiental e a gestão de custos ambientais, viabilizando a integração da responsabilidade corporativa ao planejamento estratégico da empresa. Possibilita, também, a inter-relação da missão, visão, valores e iniciativas da organização com os princípios do tripé da sustentabilidade (econômico, social e ambiental).

A proposta deste livro é discutir os componentes e estrutura de um SCA. São apresentados os conceitos básicos dos elementos do patrimônio, relatórios de sustentabilidade para apoio a processos de tomada de decisão, uma metodologia para a gestão de custos ambientais, indicadores de *performance* ambientais, informações sobre o mercado de carbono, logística reversa e gestão de riscos.

O Capítulo 1, "Gestão Social e Ambiental", discute as principais teorias econômicas sob a ótica social e ambiental, destacando a evolução do conceito de desenvolvimento e sustentabilidade empresarial. Também apresenta conceitos relacionados à responsabilidade social corporativa (RSC) e modelos explicativos de RSC.

No Capítulo 2, "Compreendendo a Controladoria Ambiental", você terá a oportunidade de entender o que é um sistema de controladoria ambiental. São apresentados seus subsistemas e os instrumentos de reconhecimento, medição e divulgação de ações para proteção, preservação, recuperação ambiental, erradicação da pobreza e saúde de colaboradores e comunidade. Nesse capítulo, discutimos os conceitos básicos da controladoria ambiental, tais como: natureza, avaliação do ativo, passivo, receitas e despesas. Você terá oportunidade de testar seus conhecimentos respondendo a questões de revisão de conteúdo incluídas no final do capítulo.

O Capítulo 3, "Gestão Ambiental Estratégica", apresenta o primeiro subsistema do SCA. O objetivo desse subsistema é fornecer informações financeiras e não financeiras para que a empresa possa promover a integração das suas iniciativas para mitigação de impactos sociais e ambientais – planejamento estratégico e gestão da rotina. Nesse capítulo, discutem-se um modelo estratégico de sustentabilidade, bem como um sistema de gestão ambiental e evidenciação. No fim do capítulo, é possível revisar seu conteúdo respondendo às atividades propostas.

No Capítulo 4, "Gestão de Custos Ambientais", discutimos o subsistema de Gestão de Custos Ambiental – Sistema de Controladoria Ambiental. Esse subsistema é responsável pelo fornecimento de informações que auxiliam os gestores no gerenciamento dos custos ambientais. Seu objetivo é preparar e disponibilizar informação sobre os custos ambientais e sociais, para auxiliar o processo de tomada de decisão empresarial. Nesse capítulo, também apresentamos o conceito de Custo Ambiental, uma classificação para custos ambientais e instrumentos para sua mensuração, tais como: Balanço de Massa, Custeio Baseado em Atividades (ABC) e Análise do Ciclo de Vida (ACV).

O Capítulo 5, "Gestão da *Performance* Ambiental e Social", apresenta o subsistema de Gestão da *Performance* Ambiental e Social – Sistema de Controladoria Ambiental. Esse outro subsistema é responsável por fornecer informações que permitam à organização delinear um conjunto de indicadores ambientais para viabilizar a tomada de decisões sobre *performance* ambiental. Discutimos nesse capítulo o conceito de indicador de desempenho ambiental, os critérios para sua escolha, sua classificação e modelos. Também é apresentada uma série de atividades para você revisar o conteúdo.

O Capítulo 6, "Gestão de Impactos Sociais e Ambientais", faz referência ao modelo de gestão de impactos sociais e ambientais, desenvolvido pela Companhia de Eletricidade do Estado da Bahia (Coelba) em parceria com a Universidade Federal da Bahia. Esse modelo foi delineado a partir de uma estrutura conceitual de referência.

No Capítulo 7, "Logística Reversa", discutimos os conceitos fundamentais relativos a esse tema, assim como as dimensões dessa logística e a necessidade de ferramentas para a gestão dos seus custos.

No Capítulo 8, "Crédito de Carbono", apresentamos uma discussão aprofundada sobre o mercado de carbono regulado e voluntário. Para tanto, é realizada uma incursão sobre as mudanças climáticas, o Protocolo de Kyoto, o Ciclo de projetos de MDL, os tipos de GEEs envolvidos e Projetos de MDL no Brasil. Também são discutidos os aspectos contábeis que envolvem os créditos de carbono.

O Capítulo 9, "Gestão de Riscos Ambientais", traz uma interessante discussão sobre a gestão de riscos ambientais. De maneira prática e didática, o capítulo apresenta os conceitos fundamentais de riscos ambientais, os modelos de gestão de riscos, as etapas para implantação do modelo e uma reflexão sobre como transformar ameaças em oportunidades.

No Capítulo 10, "Projeto de um Sistema de Gestão de Impactos Sociais e Ambientais", discutem-se aspectos importantes – principalmente sob a ótica do cliente/usuário – a serem considerados quando de um projeto de desenvolvimento de *software* para gestão de impactos sociais e ambientais. Para evidenciar a aplicabilidade das recomendações teóricas, apresenta-se o caso de uma empresa distribuidora de energia elétrica que desenvolveu um sistema com esse propósito.

As pesquisas empíricas trazem evidências da necessidade de se introduzir conteúdos de contabilidade social e ambiental nos cursos de Contabilidade, Administração e Economia, como meio de ampliar a conscientização e horizontes dos profissionais das ciências sociais aplicadas e prepará-los para compreender os problemas políticos, sociais e ambientais do novo contexto econômico.

Este livro cumpre esse papel de contribuir para formação de *controllers* comprometidos, competentes e conscientes dos desafios a serem enfrentados no fornecimento de informações financeiras e não financeiras para que a empresa possa promover a integração das suas iniciativas para mitigação de impactos sociais e ambientais – planejamento estratégico, gestão da cadeia logística, medindo o custo de todo o processo, transformando em indicadores de desempenho e relatórios que sejam compreendidos pelos *stakeholders*.

Boa Leitura!!

O Autor

NOTA SOBRE OS AUTORES

André Luis Rocha de Souza

Bacharel em Ciências Contábeis pela Fundação Visconde de Cairu. Mestre em Administração pela UFBA. Professor Adjunto I do Instituto Federal da Bahia – IFBA. Experiência na área de Contabilidade Financeira, Custos, Contabilidade Ambiental e Mercado de Carbono. Atua na linha de pesquisa: Mercado de Carbono, Controladoria Ambienal e Desenvolvimento e Políticas Públicas.

Antônio Costa Silva Júnior

Doutorado em Engenharia Industrial pela Universidade Federal da Bahia (UFBA), Mestrado em Engenharia Ambiental pela UFBA. Graduação em Ciências Contábeis pela Universidade Estadual da Bahia. Professor da Faculdade Castro Alves e Centro Universitário Jorge Amado e no Serviço Nacional de Aprendizagem Industrial (SENAI). Concursado da Petróleo Brasileiro S. A. (Petrobras). Experiências em políticas públicas ambientais, inovação ambiental, controladoria ambiental, governança ambiental global com foco em Mecanismo Desenvolvimento Limpo (MDL).

Francisco Gaudêncio Mendonça Freires

Pós-Doutorado pela HECParis (2013), Doutorado em Engenharia Industrial e Gestão pela Universidade do Porto (2007), Mestre em Engenharia de Produção pela Universidade Federal de Santa Catarina (2000), Engenheiro Civil pela Universidade Federal do Ceará (1997). Professor Associado da Universidade Federal da Bahia – UFBA. Experiência em Gestão da Cadeia de Suprimentos, Sistemas de Logística Reversa, avaliação de desempenho e gestão de custos.

Frederico Nacor Frazão Carvalho

Formado em Administração de Empresas pela FAAP-SP, MBA em Finanças Corporativas pela FGV-RJ, Especialista em Gestão Contábil e Tributária e Mestre em Engenharia Industrial pela UFBA. Possui mais de 15 anos de experiência em funções estratégicas de liderança em multinacionais do setor automotivo e de energia. Atualmente exerce a função de Gerente de Planejamento e Controle da Companhia de Eletricidade do Estado da Bahia (COELBA), sendo responsável pelas áreas de controle orçamentário e de planejamento econômico-financeiro e estratégico. Atua também como professor universitário em planejamento estratégico. É palestrante e autor de diversos artigos científicos na área de gestão em diversos congressos nacionais e internacionais.

José Célio Silveira Andrade

Pós-doutorado em Ciências Políticas e Relações Internacionais pela Université Laval-Québec-Canadá (2008), doutorado em Administração (2000), mestrado (1995) e graduação (1987) em Engenharia Química pela Universidade Federal da Bahia – UFBA. Professor Associado II da UFBA. Áreas de interesse: governança ambiental global, mudanças climáticas e mercado de carbono.

José Manoel Tito da Motta

Mestre em Administração (2000). Engenheiro Eletricista pela Faculdade Federal da Universidade de Uberlândia (2008). Atualmente, é Professor nos cursos de Engenharia de Produção e Engenharia de Petróleo e Gás pela UNIJORGE (Salvador – BA) e atua na área de Gestão Empresarial, com ênfase em Gestão de Processos, Gestão de Projetos, Gestão da Qualidade e Planejamento Estratégico.

Juliano Almeida Faria

Mestrado em Contabilidade pela Universidade Federal da Bahia (2011), Esp. contabilidade gerencial com ênfase em controladoria (2008), graduação em Ciências Contábeis pela Universidade Estadual de Feira de Santana (2006). Professor na Universidade Estadual de Feira de Santana. Áreas de interesse: controladoria ambiental, mercado de carbono e contabilidade gerencial.

Márcio Santos Sampaio

Mestre em Contabilidade da Universidade Federal da Bahia. Graduação em Ciências Contábeis pela Universidade do Estado da Bahia. Especialista em Metodologia do Ensino, Pesquisa e Extensão em Educação pela Universidade do Estado da Bahia (UNEB). Atualmente é Professor com Dedicação Exclusiva da Universidade do Estado da Bahia. Coordenador Adjunto do Curso de Bacharelado em Administração Pública (EaD). Áreas de interesse: Contabilidade Social e Ambiental, Teoria da Contabilidade, Educação e Contabilidade, Contabilidade de Custos e Controladoria.

Maria Olívia de Souza Ramos

Doutorado em Ciências Econômicas pela Universidade de Paris XIII (Paris-Nord). Mestrado em Pesquisas Comparadas sobre o Desenvolvimento e o Meio Ambiente pela École des Hautes Etudes em Sciences Sociales, Paris. Graduação em Ciências Econômicas pela Universidade Federal da Bahia. Atua nas áreas: políticas regulatórias, gestão ambiental e gerencial dos serviços públicos e políticas de financiamento de serviços públicos. Professora da UFBA.

Rita de Cássia Souza Ribeiro Torres

Mestrado em Engenharia Industrial pela UFBA (2012), Especialização em Controladoria pela Universidade Salvador (2007) e graduação em Ciências Contábeis pela Fundação

Visconde de Cairu (2003). Professora da Estácio e da Faculdade Ruy Barbosa. Atua como Coordenadora de Projetos de Eficiência Energética na Companhia de Eletricidade do Estado da Bahia.

Rodrigo Silva de Souza

Graduado em Ciências Contábeis pela Universidade do Estado da Bahia (2008) e em Engenharia Industrial Mecânica pelo Instituto Federal de Educação, Ciência e Tecnologia da Bahia (2012) e Mestre em Contabilidade pela Universidade Federal da Bahia (2010). Atualmente, cursa o MPhil/PhD in Business na University of Roehampton. Atua na linha de pesquisa destinada à aplicação da Gestão de Riscos a controladoria, auditoria, governança corporativa e gestão ambiental.

Valmor Slomski

Doutorado e Mestrado em Controladoria e Contabilidade pela Faculdade de Economia, Administração e Contabilidade da Universidade de São Paulo (FEA/USP). Professor do Departamento de Contabilidade e Atuária (EAC/FEA/USP). Líder do Grupo de Pesquisa em Controladoria e Contabilidade da FEA-USP/CN.

Vilma Geni Slomski

Pós-Doutora em Controladoria e Contabilidade pela Faculdade de Economia, Administração e Contabilidade pelo EAC/FEA/USP. Professora e Pesquisadora do curso de Mestrado em Ciências Contábeis da Fundação Escola de Comércio Álvares Penteado (FECAP). Líder do Grupo de Pesquisa Observatório FECAP de Pesquisa e Educação Contábil – FECAP/CNPq.

Wellington de Araujo Gomes

Possui graduação em Administração de Empresas pela Universidade Federal da Bahia (1978) e mestrado em Desenvolvimento Humano e Responsabilidade Social pelo Centro de Pós-Graduação e Pesquisa Visconde de Cairu (2006). Atualmente é Professor do Centro Universitário Estácio da Bahia/Estácio/FIB e Professor titular da Fundação Visconde de Cairu. Tem experiência nas áreas de Administração de Empresas e Responsabilidade Social.

AGRADECIMENTOS

Agradeço a Deus pelo dom da vida, pela saúde e por Jesus Cristo, que, por amor à humanidade e obediência ao Pai, morreu na cruz, a fim de conceder salvação aos homens. Este livro não seria possível sem o incentivo, amor, paciência, compreensão e orações do meu querido esposo Isac, inspirando-me sempre a alcançar meus ideais. Agradeço a minha graciosa filha Hanna Lisa e ao meu filho João Carlos, que não se cansam de dizer que me amam, sendo a fonte de coragem para continuar realizando novas conquistas.

Contei com muitas contribuições para participar da organização deste livro! A Universidade Federal da Bahia propiciou um ambiente fértil para explorar os assuntos discutidos neste livro. Meu professor e atual colega Eduardo Tadeu Santana, o grande tutor de minha vida acadêmica.

Dificilmente este livro teria êxito sem as contribuições dos coautores: André Luis Rocha de Souza, Antônio Costa Silva Júnior, Cláudio Osnei Garcia, Francisco Gaudêncio Mendonça Freires, Frederico Nacor Frazão Carvalho, José Célio Silveira Andrade, José Manoel Tito da Motta, Juliano Almeida Faria, Márcio Santos Sampaio, Maria Olívia de Souza Ramos, Rita de Cássia Souza Ribeiro Torres, Rodrigo Silva de Souza, Valmor Slomski, Vilma Geni Slomski e Wellington de Araujo Gomes.

Conhecer a professora Vilma Geni Slomski, por intermédio de meu aluno Isac Pimentel Guimarães, foi um divisor de águas para o amadurecimento de minha vida acadêmica, sendo também responsável pela reunião com o Sr. Ailton, diretor de Marketing da Editora Atlas.

Certamente não poderia ter enfrentado as exigências de participar da organização deste livro sem a generosidade, amizade, dedicação, cuidado e discussão acadêmica de minha discípula Mirian Gomes Conceição. O que dizer do meu pupilo Nverson Oliveira, com sua inteligência acima da média e generosidade? Ele trouxe contribuições efetivas ao manuscrito deste livro. A minha discípula Neylane Oliveira, com sua dedicação e responsabilidade, foi de ajuda inestimável. Não poderia deixar de agradecer a convivência, generosidade e pesquisas de Rodrigo Souza, Juliano Faria e Márcio Sampaio.

Também preciso agradecer a muitos alunos de graduação e do mestrado do curso de Ciências Contábeis da Faculdade de Ciências Contábeis que estimularam meu raciocínio, além de serem uma fonte de alegria no uso destas ideias. Finalmente devo muito a uma série de profissionais, em especial Cláudio Garcia, Frederico Carvalho, José Tito e Rita de Cássia Torres, e colegas solícitos que compartilharam comigo seus conhecimentos.

Sonia Maria da Silva Gomes

A organização de um livro não é uma tarefa simples. Neste caso específico, vencer tal desafio se tornou possível em função do comprometimento da equipe envolvida na configuração e produção do livro.

Agradeço a todas as pessoas que tornaram possível sua elaboração e publicação. Em especial, agradeço aos autores dos capítulos. Compartilhar seu conhecimento com o propósito de melhorar as práticas das organizações e construir um futuro melhor para o planeta se configura como um gesto de humildade e grandeza de espírito. Foi uma honra poder estar ao lado de todos nessa caminhada. Agradeço à minha amiga e também organizadora do livro Profa. Dra. Sonia Maria da Silva Gomes, cujo convite me possibilitou essa experiência enriquecedora.

Gostaria de destacar a importância da parceria estabelecida entre a Companhia de Eletricidade do Estado da Bahia – Coelba e a Fundação Escola Politécnica da Bahia (UFBA), para o desenvolvimento do livro. O projeto de P&D elaborado e desenvolvido por profissionais dessas organizações foi fonte de inspiração para o conteúdo que integra esta publicação. Alguns desses profissionais, inclusive, são coautores do livro. Agradeço ao Prof. Dr. Ednildo Andrade Torres (UFBA/Escola Politécnica/LEN) pelo esforço e profissionalismo na construção dessa parceria.

Finalmente, agradeço à minha esposa e minhas duas filhas pelo incentivo e apoio constantes. Com vocês, tudo fica mais fácil.

Cláudio Osnei Garcia

1
GESTÃO SOCIAL E AMBIENTAL

Maria Olívia de Souza Ramos
Frederico Nacor Frazão Carvalho
Sonia Maria da Silva Gomes

1.1 A TEORIA ECONÔMICA SOB A ÓTICA SOCIAL E AMBIENTAL

As principais teorias econômicas aplicadas no século XX, seja pelos governos, via políticas públicas, seja pelas empresas, por meio de estratégias competitivas, estão calcadas em quatro vertentes dentre as diversas correntes do pensamento econômico:

a) a teoria neoclássica, e os seus desdobramentos, como, por exemplo, a teoria das falhas de mercado, que aportou instrumentos práticos para a questão social e ambiental, como a regulação, o controle da poluição, os métodos de valorização dos recursos ambientais, a criação de mercados, como os de MDL (Mecanismos de Desenvolvimento Limpo);

b) a teoria keynesiana, a partir da qual várias contribuições foram dadas para a definição de políticas públicas, estratégias de ampliação da demanda agregada e, portanto, do crescimento do Produto Interno Bruto (PIB), mecanismos de distribuição de renda para fortalecer a demanda como o Estado do Bem Estar Social ou Estado Providência;[1]

c) a visão schumpeteriana e a importância do empreendedor e não do Estado para o desenvolvimento econômico, ideias essas que inspiram os neoschumpeterianos, os adeptos da chamada Terceira Via, e todos os seus desdobramentos, como a necessidade de maior interação empresa/Estado, produção de inovação para atender às crescentes demandas sociais e ambientais, educação e a responsabilidade socioambiental das empresas;

---

[1] Para uma exposição sobre o Estado Providência, ver Rosavallon, 1981.

d) a economia sociológica mais direcionada para discutir os impactos das relações sociais no processo de desenvolvimento e a importância de se discutir mecanismos para a superação da pobreza.

Dentro dessas visões, as questões sociais e ambientais são tratadas com pesos e medidas diferentes. As teorias neoclássicas e neoschumpeterianas predominam no fornecimento de instrumentos para a operacionalização da chamada Economia Verde; já a visão mais sociológica gerou novos conceitos como o do desenvolvimento humano e o desenvolvimento sustentável, buscando tratar igualmente as questões sociais e as ambientais. Os keynesianos continuam preocupados com a recuperação da capacidade de intervenção do Estado para a expansão do desenvolvimento econômico com a expansão do emprego e da renda, como solução às desigualdades sociais.

1.1.1 A teoria neoclássica e mecanismos de mercado

Os livros didáticos tradicionais de microeconomia[2] ensinam que é por meio dos mercados que as sociedades obtêm as respostas mais adequadas às questões: o que produzir, como produzir e como distribuir o fruto da produção. Argumenta-se que qualquer análise econômica somente é válida quando toma como objeto o funcionamento dos mercados e avalia o comportamento dos agentes econômicos nesses mercados.

Assim, sugere que, a fim de facilitar a análise, tome-se como modelo de estrutura inicial o chamado mercado de concorrência perfeita, no qual todos os agentes obteriam a máxima satisfação de seus objetivos. Em termos econômicos, isso significa produção máxima, dados os recursos disponíveis, ao menor preço. Porém, o contexto real mostrou que de fato os mercados não se ajustam facilmente aos supostos da teoria, fazendo com que a mesma precisasse ser revista. A teoria econômica dominante passou a incorporar a noção das falhas de mercado, na presença das quais o mercado sozinho não levaria necessariamente para uma alocação ótima dos recursos produtivos. Quatro falhas são então identificadas: as assimetrias de informação, as externalidades, os bens públicos e os monopólios naturais.[3]

Haveria a presença de **assimetria de informação**, quando todos os elementos que atuam sobre os preços e os custos não são totalmente conhecidos, ou quando a quantidade de informação disponível para os vendedores e compradores não são equivalentes. A presença de assimetria de informação impede o estabelecimento de preços que reflitam os custos reais de produção e podem mascarar a percepção dos agentes econômicos sobre, por exemplo, a qualidade dos bens e serviços adquiridos.

---

[2] Atualmente, vários manuais de microeconomia, introdução à economia e de macroeconomia encontram-se disponíveis no mercado, sendo que alguns são clássicos e estão indicados na referência bibliográfica deste capítulo.

[3] Para uma discussão sobre essas falhas de uma forma detalhada, pode-se consultar Stiglitz (1986 e 1990).

Para atenuar os efeitos adversos causados pelas assimetrias de informação, os contratos entre agentes privados ou entre agentes privados e públicos constituiria uma das principais formas de arranjos institucionais. Por meio deles, seriam estabelecidos critérios para a aplicação de recursos, processos tecnológicos, os montantes de inversão de investimento, os índices de competitividade, padrões mínimos de qualidade e licenças para a realização de atividades.

Os Planos Básicos Ambientais, definidos a partir dos Estudos de Impacto Ambiental, e os Relatórios de Impacto Ambiental (EIA/RIMA), estabelecidos pelo Instituto Brasileiro do Meio Ambiente e dos Recursos Naturais Renováveis (IBAMA), podem ser considerados um bom exemplo da aplicação de contratos para minimização das assimetrias entre os diversos agentes envolvidos nos processos de licenciamento ambiental.

A **externalidade** é um tipo de falha de mercado que ocorre quando os custos e benefícios privados, relativos a uma produção qualquer, diferem dos custos e benefícios arcados pela sociedade, ou seja, a externalidade existe quando a atividade de um agente gera um impacto sobre a utilidade ou benefício de outros agentes sem que haja uma transação no mercado (não existe uma relação de compra e venda entre quem exerce a ação e o que sente os seus efeitos). Os efeitos gerados pela externalidade podem ser positivos ou negativos.

A **externalidade positiva** é gerada quando a atividade exercida por alguns agentes afeta positivamente o valor ou a produtividade de outros agentes. Existem, nesse caso, os custos incorridos pelo produtor não incluídos nos custos sociais e o custo marginal social seria inferior ao custo marginal privado. Cuidados de higiene e saúde seria um exemplo: ao cuidar de si mesmo, o indivíduo se protege e previne doenças que se espalhariam para o resto da população. No entanto, o custo seria arcado somente pelo indivíduo e não por quem se beneficia, gerando uma desmotivação à produção desse tipo de externalidade. A partir dessa percepção, sugere-se que os governos criem mecanismos de estímulo à produção da externalidade positiva, como, por exemplo, os subsídios e/ou os incentivos fiscais. No Brasil, várias leis vêm sendo instituídas ao longo das últimas décadas, como, por exemplo, a Lei Rouanet, que é uma política de incentivos fiscais que possibilita as empresas (pessoas jurídicas) e cidadãos (pessoa física) aplicarem uma parte do IR (imposto de renda) devido em ações culturais.

A **externalidade negativa** é gerada quando a atividade privada exige que a sociedade assuma um custo que está fora das transações do mercado. Esse custo não está incluído no preço, podendo levar a uma demanda que não reflete o dano para a sociedade, incentivando uma produção privada maior do que aquela que seria determinada pelo custo marginal social.

Os exemplos mais conhecidos de externalidade negativa são a poluição industrial e a poluição dos transportes urbanos. Para atenuar e precificar a externalidade, o Estado deve intervir impondo pesados impostos e/ou regulamentações restritivas; e estimular a formação de mercados para essas atividades, eliminando a diferença entre os custos sociais e privados.

No âmbito internacional, essa noção é claramente incorporada na formulação do chamado Mecanismo de Desenvolvimento Limpo (MDL), que é um dos mecanismos de flexibilização criados pelo Protocolo de Kyoto para auxiliar no processo de redução de emissões de gases do efeito estufa ou de captura de carbono (ou sequestro de carbono). No Brasil, seriam exemplos de instrumentos estabelecidos para que os agentes criem mercados que internalizem a externalidade negativa a Lei de Resíduos Sólidos, assim como toda a regulamentação exigida no processo de concessão de obras com grandes impactos ambientais.

Uma outra falha do mercado é **bem público**. De acordo com a teoria tradicional, um bem é considerado público quando não há a exclusividade de uso por um agente e quando o seu uso não diminui a sua utilidade. Esses bens seriam indivisíveis, tanto para a oferta quanto para a demanda. Eles podem ser usados por vários indivíduos sem dar origem a uma apropriação individual. No domínio da produção de bens públicos ou coletivos, a questão que se coloca é como levar o setor privado a produzir esse tipo de bem já que o investidor aplica seus recursos pensando no lucro que poderá obter. Desse ponto de vista, a atribuição, por via legal (patentes, licenças, direito de propriedade), de uma exclusividade total dos recursos da produção ou da oferta de um serviço é um meio de incitar a produção desse tipo de bem e serviço. Os contratos de concessão, firmados entre uma empresa privada e um órgão público, teriam essa finalidade. Dessa noção de bem público derivam os instrumentos de compensações financeiras e o estabelecimento de métodos de valoração dos recursos ambientais.

Verifica-se um contexto de **Monopólio Natural** quando o custo de produzir em uma única firma é menor do que o somatório dos custos de produção de diferentes firmas. Nesse caso, a firma se caracteriza por possuir rendimentos crescentes de escala com os custos marginais de produção sempre inferiores ao custo médio. Essa situação inviabilizaria o estabelecimento do preço pelo custo marginal, pois a empresa teria prejuízo. Como é interessante para a sociedade a presença desse tipo de firma, porque produz a um menor custo, o Estado deve estimular a sua presença, garantindo a remuneração do seu investimento através de tarifas reguladas.

Dois grandes fatores econômicos estão na origem dos monopólios naturais: fatores tecnológicos e a natureza da demanda.

Os **fatores tecnológicos** dizem respeito à indivisibilidade de certos processos produtivos aos quais estão associados elevados custos fixos, e, por outro lado, à presença de certas características presentes no processo produtivo, como, por exemplo, o uso de insumos comuns na produção de um conjunto de produtos ou serviços. Os elevados custos fixos necessitam que o tamanho de operação da firma seja grande o suficiente para proporcionar o aparecimento de rendimentos de escala, levando a uma queda do custo médio de operação à medida que se amplie a atividade. Já os insumos comuns proporcionam o aparecimento de economias de escopo, ou de variedade, que proporcionam também uma queda do custo médio, à medida que a atividade produtiva cresce.

A **natureza da demanda** contribui igualmente para a existência de monopólios naturais em alguns setores. Por exemplo, quando a demanda de um serviço público apresenta flutuações que são previsíveis (com pontas em alguns períodos, como no caso da distribuição de energia elétrica) e que o bem não é estocável, a imposição de serviço público obriga a que a capacidade de produção instalada corresponda à da demanda de ponta.

Isso significa que a empresa que oferta para esse mercado trabalha sempre com capacidade ociosa fora da ponta, o que no caso da presença de várias firmas levaria somente a uma ampliação deste excedente.

1.1.2 Teoria keynesiana

Do mesmo modo que se aprende nos manuais de microeconomia sobre a importância dos mercados para a eficiência da melhor alocação dos recursos escassos, descobre-se nos manuais de macroeconomia a síntese do pensamento formulado por Keynes, traduzido na sua forma mais simples no chamado multiplicador keynesiano. Por meio desse instrumento, toda uma gama de ensinamentos é repassada, dentre os quais, a importância das políticas econômicas para impulsionar e garantir a demanda agregada composta: pelos gastos das famílias, função da renda; os investimentos das empresas dependentes do comportamento da taxa de juros; os gastos do governo relativamente independente, mas influenciado pelo nível de endividamento público; e o comércio internacional atrelado ao comportamento dos termos de troca que seria refletido na taxa de câmbio.

Para cada um dos componentes da demanda agregada caberia um tipo de política: geração de emprego e renda associados a uma melhoria da distribuição de renda para as famílias; política monetária expansionista, ou seja, taxa de juros de acordo com as expectativas dos investidores; política fiscal (gastos *versus* arrecadação), que amplie a demanda agregada sem gerar níveis de inflação, que no longo prazo gerem desequilíbrio; e, finalmente, uma política cambial que permita que as exportações sejam competitivas, sem afetar a capacidade de importação dos países naquilo que lhe é indispensável importar, seja bens de consumo e/ou bens de capital.

Todo esse arsenal foi largamente difundido após a Segunda Guerra Mundial e ajudou a reforçar a concepção segundo a qual as melhorias na qualidade de vida das populações dos países envolvidos na guerra ou não poderiam ser adquiridas com políticas de estímulo à demanda agregada, tendo por consequência a expansão da produção, do emprego e da renda. Crescimento econômico passa a ser sinônimo de desenvolvimento e esse passa a ser medido pelo tamanho do Produto Interno Bruto. Ao mesmo tempo, o Estado passa a ser provedor de diversos serviços públicos e de infraestrutura, seja para a expansão das empresas, seja para garantir uma melhor qualidade de vida às populações.

O resultado dessas políticas não é consensual e algumas correntes dentro do pensamento keynesiano mostraram que o crescimento econômico pode levar a um processo de industrialização concentrador de renda sem que haja uma melhora nos padrões de acesso aos serviços públicos. Esses passam a propor políticas públicas aliando a questão do desenvolvimento tanto à expansão do PIB quanto à melhoria da distribuição de renda. Ou seja, para essa corrente do pensamento econômico, as questões sociais podem ser resolvidas pela expansão das atividades produtivas que gerem mais emprego e renda perseverando sempre em uma melhor distribuição da renda. As questões ambientais não são claramente abordadas nem fazem parte de suas discussões.

1.1.3 A teoria schumpeteriana e o papel das inovações para o desenvolvimento[4]

Para Schumpeter, e posteriormente os neoschumpeterianos, a economia deve ser pensada de forma dinâmica e não através de uma análise de estática comparativa em direção a um equilíbrio, como fazem os neoclássicos. Nesse sentido, compreendem que o desenvolvimento se caracteriza por mudança (diferente do crescimento econômico); as mudanças acontecem em forma de inovações; o ator para realizar inovações é o empreendedor. A inovação significa: (a) fabricação de um novo bem; (b) introdução de um novo método da produção; (c) abertura de um novo mercado; (d) estabelecimento de uma nova organização econômica (monopólio econômico); e/ou (e) conquista de uma nova fonte de matérias-primas, como, por exemplo, novas fontes de energia que causem menos poluição.

A principal tese de Schumpeter é de que o capitalismo representa um sistema econômico de inovação permanente, o qual implica em uma destruição criativa. A destruição criativa cria a prosperidade (produção em massa para as massas), sendo que o consumidor é soberano e escolhe, no ato da compra, qual inovação vai ter sucesso no mercado. Nesse mercado, a concorrência, sendo dinâmica, não acontece necessariamente via preços, mas por novos produtos e novos métodos de produção, aos quais afetam os preços. Inovações fazem não somente certo produto obsoleto, mas também desvalorizam conhecimentos antigos em favor de novos conhecimentos. Grandes empresas e monopólios econômicos tipicamente representam o resultado de uma inovação de sucesso – e não representam necessariamente um problema no processo competitivo.

Os neoschumpeterianos, ao contrário de Schumpeter, não acreditam que o mercado, sozinho, seja capaz de gerar estímulos suficientes para que novas inovações sejam implantadas. Acreditam que o empreendedorismo é uma condição necessária, porém não suficiente para garantir dinamismo e crescimento para as economias. O empreendedorismo deveria ser reforçado pelas ações do Estado. Nesse caso não um Estado keynesiano, de políticas de crescimento da demanda mas, ao incorporarem os preceitos da teoria das falhas de mercado, sugerem a definição de políticas horizontais centradas na inovação e na parceria entre o público e o privado.

A presença do Estado na economia torna-se necessária por causa de certas particularidades inerentes ao próprio processo de inovação, as quais desestimulam o empreendedor. O desestímulo da atividade empreendedora seria função de vários fatores, tais como: riscos e custos elevados sem garantias de recuperação dos montantes investidos; dúvidas quanto à apropriação da renda de monopólio; dificuldades de difusão das inovações para a consolidação de novas trajetórias tecnológicas; acesso nem sempre garantido às fontes de financiamento. O Estado criaria as bases para que os empreendedores pudessem gerar

---

[4] As concepções schumpeterianas estão apresentadas em Schumpeter (1982) e o pensamento neoschumpeteriano pode ser verificado em Lundvall, Bengt-Ake (1981), Foray, D. e Freeman, C. (1992) e Dosi G., Soete L. (1998), Gadelha (2001).

a inovação para a produção de novos materiais, produtos etc. Necessários à construção de uma economia capaz de gerar mais produtos, utilizando menos recursos (ecoeficiência).

1.1.4 A teoria sociológica, a pobreza e o desenvolvimento humano

A noção de direitos civis e sociais, largamente baseada sobre a noção de cidadania como direito a ter direito, se tornou clássica a partir das ideias de Thomas Marshall.[5] De acordo com a concepção de cidadania como o direito a ter direito, não é suficiente que os direitos sejam "declarados" e figurem em um texto legal para que eles sejam concretizados e possam ser considerados plenamente operantes na vida real. A concretização de cada tipo de direito depende da emergência de quadro institucional específico. Esse conceito é absorvido por SEN (2001), que diz que a resolução de problemas sociais, como a pobreza ou a mortalidade infantil, pode ser obtida por dois tipos de processos distintos, os mediados pelo crescimento e os mediados pelo custeio público, deixando claro que os processos mediados pelo custeio público não são incompatíveis com países pobres. SEN discute a pobreza como a ausência de capacidades e não apenas como baixo nível de renda. Ele muda o entendimento da natureza e das causas da pobreza e da privação. Foco da atenção passa dos meios para os fins que as pessoas buscam e as liberdades que podem alcançar.

O conceito de desenvolvimento passa a ser o de Desenvolvimento Humano. Conceito incorporado pelos organismos multilaterais e que muito influenciou o projeto das Nações Unidas chamado Objetivos do Milênio (PNUD). Nesse programa, oito objetivos gerais foram identificados: erradicar a extrema pobreza e a fome; atingir o ensino básico universal; promover a igualdade de gênero e a autonomia das mulheres; reduzir a mortalidade infantil; melhorar a saúde materna; combater o HIV/AIDS, a malária e outras doenças; garantir a sustentabilidade ambiental; estabelecer uma parceria mundial para o desenvolvimento.

O desenvolvimento passa a ser medido através de um índice no qual são ponderados não somente o *status* da renda, mas também a capacidade de acesso à educação e à saúde dos cidadãos. Nesse sentido, as políticas públicas continuam sendo necessárias para que sejam garantidas as condições de igualdade entre os cidadãos. Compreende-se que as políticas que garantem a educação e a saúde de forma universal criam as bases para a expansão da capacidade de adquirir renda pelo próprio cidadão, sem que seja necessária, portanto, uma expansão do PIB para que uma melhor qualidade de vida seja alcançada. Desenvolvimento sustentável está atrelado definitivamente à capacidade da sociedade, por intermédio do Estado e das empresas, de promover a liberdade, a igualdade e a cidadania.

---

[5] Seis décadas após a sua publicação em 1949, o ensaio de T. H. Marshal, *Cidadania, classe social e status* continua sendo uma referência teórica fundamental para qualquer um que comece a refletir sobre as questões de cidadania nas sociedades contemporâneas. Ver, por exemplo: Hirschman, A. O. (1983) e Castro, Licha, Pinto Jr. & Sabóia (2005).

1.2 DESENVOLVIMENTO E SUSTENTABILIDADE EMPRESARIAL

1.2.1 Novo Estado e novos caminhos para o desenvolvimento[6]

Durante o século XX, depois da crise dos anos 1930 e, sobretudo, durante o pós-guerra, as políticas industriais e tecnológicas tornaram-se um elemento central das ações dos Estados-Nacionais. Essas, durante 30 anos, permitiram a estruturação e/ou a reestruturação do tecido industrial das economias nacionais através da regulação dos mercados ou ainda da intervenção direta dos Estados na produção. Entretanto, a harmonia entre as atividades privadas e públicas foi quebrada, no mundo inteiro, pela crise do regime de acumulação fordista, a partir do início dos anos 1970.

A ruptura da organização fordista/taylorista pôs em questão a intervenção do Estado na economia. Pôde-se então observar como resultado das estratégias do capital, visando à recomposição da taxa de lucro, uma importante transformação do setor industrial das economias desenvolvidas, o surgimento de novos grupos líderes do mercado ampliando a concorrência, a taxa de desemprego, e a exclusão social. A aceleração das transformações demográficas se juntando a todos esses fatores, uma crise de legitimidade político-institucional e fiscal dos Estados foi desencadeada. O modelo keynesiano de crescimento entra em crise e junto com ele as políticas de desenvolvimento e as suas medidas.

A partir dos anos 1980, um número crescente de Estados-Nacionais adere pouco a pouco aos discursos e às práticas neoliberais, baseadas sobre as teorias da concorrência perfeita e a eficiência do equilíbrio de Pareto. Começam então a adotar as políticas de estímulo à concorrência na maior parte dos mercados, inclusive nos serviços públicos. A saída da crise é excludente. Nos países já desenvolvidos, passou a destruir as estruturas da economia anterior (processos, máquinas, requerimentos de mão de obra) e introduz as bases de uma produção flexível, aliando escala e variedade. Nas economias periféricas, incorpora países nos quais o Estado do bem-estar social não tinha se desenvolvido, os índices de pobreza, de renda e de liberdades persistem, requerendo que nessas economias a meta de crescimento do PIB como fonte de geração de emprego e renda continue dando a tônica da forma de desenvolvimento.

Para fazer face às exclusões e desdobramentos da introdução de um crescimento calcado em novas tecnologias e globalização, adere-se cada vez mais às teses neoschumpeterianas de políticas de competitividade e inovação. A partir da segunda metade dos anos 1990, assiste-se então ao ressurgimento das políticas intervencionistas através da regulação.[7] Nesse novo ambiente, assumiu-se que as funções até então a cargo do Estado deveriam ser redefinidas. Assim, separaram-se as atribuições ditas exclusivas de Estado,

---

[6] Para uma discussão sobre as transformações do Estado ver: Bresser Pereira, L. C. e Grau, N. Cunill (1989), Ferraz, J. C.; Crocco, M.; Elias, L. A. (Org.) (2003).

[7] A mudança do peso das concepções em favor da reestruturação da ação do Estado no lugar das simples privatizações pode ser constatada através de documentos do Banco Mundial. Por exemplo, no seu Relatório de 1991, o Banco sugere que os Estados-Nacionais se retirem das atividades eco-

daquelas que seriam públicas, mas que poderiam ser conduzidas por uma Organização Não Governamental (ONG) ou ainda por uma Organização da Sociedade Civil de Interesse Público (OSCIP), e não necessariamente pelo Estado; como também, das ditas atividades de mercado, as quais não precisariam mais ser tratadas como atividades públicas e poderiam ser conduzidas pelo mercado. O desenvolvimento passaria a ser dependente da articulação entre a sociedade civil, o Estado e as empresas.

É nesse contexto de redefinição de papel do Estado e reestruturação das bases de reprodução da economia que novos caminhos vêm sendo traçados no âmbito internacional, no qual o Brasil busca se inserir. Sob forte influência da Organização das Nações Unidas (ONU) e do Banco Mundial (BIRD), vem sendo estabelecido um novo conceito de desenvolvimento que procura aliar o que promulgam as teorias econômicas com os desejos das diversas sociedades, global, nacionais e locais. Nas últimas quatro décadas, foram realizadas várias conferências mundiais, assinados protocolos, criados programas, estabelecidas metas.

Em 1972, início da crise econômica, aconteceu o primeiro grande encontro entre lideranças mundiais para discutir o esgotamento dos recursos naturais. Nesse ano, realiza-se em Estocolmo a primeira Conferência das Nações Unidas sobre o Meio Ambiente. Dela resultam a criação do Programa das Nações Unidas para o Meio Ambiente (PNUMA) e o famoso Relatório Brundlant (1987), o qual difunde a expressão *desenvolvimento sustentável* como sendo o "desenvolvimento que satisfaz as necessidades presentes, sem comprometer a capacidade das gerações futuras de suprir suas próprias necessidades". Entre 1972 e 1987, muito tempo se passa, muitas discussões são realizadas, entre os diversos agentes nacionais e os organismos multilaterais para a definição de metas e o estabelecimento desse "desenvolvimento sustentável". Uma nova conferência foi realizada em 1992.

A chamada Eco-Rio92, de fato, foi a 2ª Conferência das Nações Unidas. Nessa ocasião, foi definida a Agenda 21, documento que estabeleceu a importância de cada país para a criação do desenvolvimento sustentável. Definiu-se, também, como governo, empresas, organizações não governamentais e todos os setores da sociedade poderiam cooperar no estudo de soluções para os problemas socioambientais. Essa agenda foi posteriormente complementada pelas Metas do Milênio. A Conferência do Rio consagrou o conceito de desenvolvimento sustentável e contribuiu para a mais ampla conscientização de que os danos ao meio ambiente eram majoritariamente de responsabilidade dos países desenvolvidos.

Além da Agenda 21, foram assinadas convenções, as quais levaram à formação do IPCC (*Intergovernmental Panel on Climate Change* ou Painel Intergovernamental para a Mudança do Clima), o qual se ocupa das discussões e proposições dos impactos das emissões de gases de efeito estufa para a mudança do clima. O Brasil, em resposta a essas convenções, estabeleceu, por meio de lei, a Política Nacional sobre Mudança do Clima – PNMC (Lei nº 12.187/2009), mas ainda não aprovou uma lei para a questão da biodiversidade.

---

nômicas, através das privatizações, para se concentrar nas políticas sociais. Em 1991, o argumento muda de direção, de modo que o Banco começa a propor a adoção de políticas de regulação.

A 3ª Conferência, reunindo chefes de Estado, a sociedade civil e empresas, aconteceu em 2002, em Johanesburgo, África do Sul. A mesma ficou conhecida como Rio+10 ou Cúpula Mundial sobre Desenvolvimento Sustentável. Nessa conferência, reafirma-se a necessidade de uma participação efetiva do setor privado, tanto na busca quanto na adoção de novas tecnologias. Nessa direção, alguns compromissos foram firmados buscando soluções não só para questões ambientais, mas, sobretudo, sociais, como o acesso a água potável e saneamento; estabeleceram-se compromissos para que se aumente o acesso a serviços de energia modernos, à eficiência energética e ao uso de energia renovável; e acordou-se a necessidade de que os produtos químicos fossem utilizados e produzidos de forma a minimizar os prejuízos à saúde e reduzissem a poluição do ar (englobando os gases de efeito estufa).

Assim, essa Conferência teve como principal objetivo discutir meios para programar o que se estabeleceu nas convenções firmadas quando da Eco-Rio92 e para que pudesse ser aplicada uma agenda 21 local de forma coerente não só pelo governo, mas também pelos cidadãos e com participação efetiva das empresas. Nessa conferência, avançam-se as discussões para a ratificação do Protocolo de Kyoto.

O Protocolo de Kyoto, discutido e negociado no Japão em 1997, entrou em vigor somente em 16 de fevereiro de 2005, depois que a Rússia o ratificou em novembro de 2004. Esse protocolo é resultado de uma série de eventos, os quais culminaram com a Convenção-Quadro das Nações Unidas sobre a Mudança Climática. Constitui-se em um tratado internacional com compromissos dos países signatários para a redução da emissão dos gases que agravam o efeito estufa. As metas estabelecidas foram diferenciadas entre os países chamados desenvolvidos e os em desenvolvimento. Sendo que inicialmente os países ainda com baixa participação na emissão dos gases de efeito estufa (GEE) não receberam metas. Dentre eles, o Brasil. Para que as reduções fossem atingidas, várias inovações tecnológicas tornam-se necessárias.[8]

1.2.2 Novo contexto econômico e a sustentabilidade empresarial

Como discutido na seção anterior, parte da responsabilidade social e ambiental do Estado foi transferida, nas últimas décadas, para as empresas, sobretudo aquelas reguladas e que fazem uso de recursos naturais. Essas estão submetidas aos mecanismos estabelecidos por órgãos de regulação, como, no caso do Brasil, a Agência Nacional de Energia Elétrica (ANEEL) e a Agência Nacional de Petróleo, Gás Natural e Biocombustíveis (ANP); ao pagamento de compensações financeiras e *royalties* estabelecidos na Lei dos *Royalties* e que incide sobre o uso dos recursos naturais como água e minérios; ou ainda

---

[8] Em junho de 2012, ocorreu a 4ª Conferência das Nações Unidas, a chamada Rio+20, para a qual vários congressos, seminários, encontros foram preparados. Ver o *site* oficial do evento http://www.rio20.gov.br, o qual apresenta documentos já previamente elaborados. Como proposições, pode-se verificar também SACHS (2011) e ainda a visão de Jeffrey Sachs contida em reportagem realizada por CHIARETTI (2012).

devem executar Planos Básicos Ambientais, definidos através dos EIA/RIMA, obrigatórios e estabelecidos pelo IBAMA.

Em razão das transformações ocorridas nas economias capitalistas, as empresas empreendem cada vez mais estratégias competitivas que reforçam a necessidade de inovação. Essas inovações buscam responder ao atual paradigma: crescimento econômico aliado ao ambiental e ao social. Nas últimas três décadas, um longo caminho vem sendo percorrido pelas empresas na busca dessa articulação, chamada de sustentabilidade empresarial.

No entendimento das próprias empresas traduzido, por exemplo, na visão do Instituto ETHOS, do World Business Council for Sustainable Development (WBCDS) e do Conselho Empresarial Brasileiro para o Desenvolvimento Sustentável (CEDBS),[9] a sustentabilidade empresarial deve ser tratada dentro do conceito do *triple bottom line*, que norteia a atuação das empresas a partir de três pilares: o econômico, o social e o ambiental.

A sustentabilidade ambiental passaria pela redução das emissões de gases nocivos, de efluentes líquidos e de resíduos sólidos; consumo consciente dos recursos água e energia; conformidade com as normas ambientais; exigência de um posicionamento socioambiental dos fornecedores; uso racional dos materiais utilizados na produção; investimentos na biodiversidade; programa de reciclagem e preservação do meio ambiente.

Já a dimensão social trataria da criação das condições para o desenvolvimento da comunidade/sociedade; segurança do trabalho e saúde ocupacional; responsabilidade social; treinamento; cumprimento das práticas trabalhistas; seguridade dos direitos humanos; diversidade cultural. Enquanto a sustentabilidade econômica implicaria em um aumento ou estabilidade do faturamento; tributos pagos ao governo; folha de pagamento; maior lucratividade; receita organizacional; investimentos; aumento das exportações (VELLANI; GOMES, 2010).

A empresa considerada sustentável é aquela que procura atender em suas ações às dimensões econômica, social e ambiental. Em outras palavras, a empresa continua visando ao lucro, seu objetivo primordial, só que passa a avaliar o impacto de suas atividades no meio ambiente procurando amenizá-lo de maneira eficiente, desempenhando ao mesmo tempo ações de cunho social, seja em benefício de seus funcionários ou da comunidade. Para tal, precisará de novas tecnologias e novas relações sociais dentro do ambiente das empresas, evoluindo da ecoeficiência e/ou da responsabilidade social para a chamada economia verde.

Nessa nova visão, segundo o Instituto ETHOS (2011, p. 20), a sustentabilidade empresarial se voltaria para a construção de "uma economia verde procurando assegurar uma relação amigável entre os processos produtivos da sociedade e os processos naturais,

---

[9] O Conselho Empresarial Brasileiro para o Desenvolvimento Sustentável (CEBDS) é uma associação civil, sem fins lucrativos, fundada em 1997 para promover o desenvolvimento sustentável entre as empresas que atuam no Brasil. Reunindo os maiores grupos empresariais do país, o CEBDS é o representante no Brasil da rede do *World Business Council for Sustainable Development* (WBCSD), que conta com quase 60 conselhos nacionais e regionais em mais de 30 países para disseminar uma nova maneira de fazer negócios ao redor do mundo.

promovendo a conservação, a recuperação e o uso sustentável dos ecossistemas e tratando como ativos financeiros de interesse público os serviços que eles prestam à vida".

Essa economia deve caracterizar-se pela existência de investimentos públicos e privados, regras, instituições, tecnologias, políticas públicas, programas governamentais e práticas de mercado voltadas para: melhoria permanente dos processos produtivos; aumento da ecoeficiência e redução do consumo dos recursos naturais; redução das emissões de gases de efeito estufa; transformação de resíduos de um processo em insumo de outros; internalização dos custos das externalidades nos preços dos produtos; proteção dos mananciais, uso eficiente da água e universalização do saneamento básico; aumento da eficiência energética e ampliação das fontes limpas e renováveis nas matrizes energéticas e de transporte; melhoria da mobilidade e da eficiência dos modais de transporte; recuperação e preservação dos ecossistemas; e mitigação dos efeitos da mudança do clima.

Todavia, a economia precisa ser também inclusiva, ou seja, os investimentos públicos e privados, as regras, as instituições, as tecnologias e os programas devem estar voltados para o atendimento das necessidades e direitos de todos os seres humanos, sem o que, não será possível construir ambientes sociais saudáveis para nenhuma atividade produtiva. A economia deve, portanto, promover o desenvolvimento equilibrado entre os capitais financeiro, humano, social e natural.

Faz parte desse propósito a distribuição equitativa da riqueza e das oportunidades para a geração de renda e acesso a bens e serviços públicos, assegurando condições de vida digna para toda a população, erradicando a pobreza e reduzindo as desigualdades sociais, o que requer a ampliação da participação da base da pirâmide no processo produtivo e no mercado de bens e serviços e a melhora na qualificação da força de trabalho e das relações trabalhistas, para que os direitos humanos sejam uma realidade para todo o conjunto da sociedade brasileira (INSTITUTO ETHOS, 2011, p. 20).

1.3 RESPONSABILIDADE SOCIAL CORPORATIVA (RSC)

A RSC é o comprometimento permanente dos empresários de adotar um comportamento **ético** e contribuir para o desenvolvimento econômico, melhorando, ao mesmo tempo, a qualidade de vida de seus empregados e de suas famílias e da comunidade na qual está inserida (INSTITUTO ETHOS, 2011).

Na opinião de Ashley et al. (2003), a RSC está relacionada ao compromisso que uma organização deve ter com a sociedade, expresso por meio de atos e atitudes que afetam positivamente, de modo amplo, ou em alguma comunidade, de modo específico, agindo de forma proativa e coerente, no que tange ao seu papel específico na sociedade e a sua prestação de contas para com a mesma.

Carroll (1991) afirma que a empresa possui quatro categorias diferentes de responsabilidade social:

Responsabilidade econômica: a empresa precisa gerar lucro.

Responsabilidade legal: a empresa deve obedecer à lei.

Responsabilidade ética: a empresa deve fazer o que é certo e agir sempre de forma correta e leal.

Responsabilidade de ação discricionária: a empresa deve contribuir para a melhoria das condições da sociedade em geral, engajando-se em projetos sociais comunitários de cunho educacional, cultural e esportivo.

Uma empresa era considerada sustentável, até meados da década de 1970, se estivesse economicamente saudável, ou seja, tivesse um bom patrimônio e um lucro sempre crescente, mesmo que houvesse dívidas. Para o novo contexto econômico, uma empresa é considerada sustentável se interagir de forma holística com os três aspectos do *triple bottom line* ou tripé da sustentabilidade (aspectos econômicos, ambientais e sociais).

O *triple bottom line*, também conhecido como os 3 Ps (*People, Planet and Profit*, ou PPL – Pessoas, Planeta e Lucro), significa a adoção de estratégias e atividades que atendam às necessidades da organização e suas partes interessadas, ao mesmo tempo em que protege, mantém e aprimora os recursos humanos e naturais que serão necessários ao futuro.

Pessoas (*people*): correspondem às estratégias e políticas que uma empresa ou sociedade traça para tratar as questões relacionadas ao **capital humano**:

- salários justos;
- bem-estar de seus colaboradores;
- saúde do trabalhador e de sua família;
- verificar como a atividade econômica afeta a comunidade entorno;
- prestar assistência para as pessoas que são afetadas indiretamente com a atividade da empresa;
- como a atividade da empresa afeta social, econômica e culturalmente a comunidade;
- considerar também os problemas gerais da sociedade, como educação, violência e até o lazer.

Planeta (*planet*): refere-se ao *capital natural* de uma empresa ou sociedade. Nesse aspecto, a empresa ou a sociedade deve pensar nas formas de amenizar os impactos causados à natureza e compensar o que não é possível amenizar. Deve planejar maneiras de repor os recursos ou, se não é possível, diminuir o máximo possível o uso de material que prejudique o ambiente e medir a quantidade de carbono do seu processo produtivo, ou seja, informar a quantidade de CO_2 emitido pelas suas ações. No Capítulo 9, há uma discussão mais aprofundada desse tema.

Lucro (*profit*): corresponde ao montante que uma pessoa pode gastar durante um período, e ainda estar tão bem ao final do período quanto ao início (HICKS, 1946 *apud* HENDRIKSEN; VAN BREDA, 2007). Quando se leva em conta o *triple bottom line*, essa perna do tripé deve levar em conta a reposição dos recursos utilizados pela empresa, visto que não adianta lucrar devastando o meio ambiente.

A Associação Brasielira de Normas Técnicas (ABNT) publicou em 2010 as diretrizes sobre responsabilidade social corporativa, ABNT NBR ISO 26000, que fornece orientações e os princípios subjacentes à responsabilidade social, os temas centrais e pertinentes a essa temática e sobre formas de integrar o comportamento socialmente responsável com estratégia, sistemas, práticas e processos organizacionais já existentes.

Na norma ABNT NBR ISO 26000, responsabilidade social é definida como "responsabilidade de uma organização pelos impactos de suas decisões e atividades na sociedade e no meio ambiente, por meio de um comportamento transparente e ético que:

- seja consistente com o desenvolvimento sustentável e o bem-estar da sociedade;
- considere as expectativas dos *stakeholders*;
- esteja em conformidade com a legislação aplicável e seja consistente com normas internacionais;
- seja integrado por toda a organização".

De acordo com Husted e Allen (2007), empresas que possuem uma estratégia de RSC eficiente conseguem obter vantagem competitiva ao seu negócio, através do alinhamento das necessidades de seus *stakeholders* às suas atividades de maior valor agregado, conseguindo alocar melhor seus recursos para atender às demandas sociais. Outro benefício importante com essa prática é o fato de as empresas serem encorajadas a encontrar alternativas para transformar seus projetos sociais em uma fonte de rentabilidade aos acionistas.

1.3.1 Modelos explicativos de RSC

Nas últimas décadas, muitos modelos foram propostos, alguns dos quais se destacaram mais do que os outros, evidenciando diferentes fases. Ainda que apresentem uma extensa multiplicidade, se constituem em verdadeiros referenciais para a compreensão da evolução e aprofundamento do debate sobre a responsabilidade social das empresas ao longo do tempo. Considerando as diferentes proposições e variedades de modelos, surgidos principalmente em áreas de estudo relacionadas com a ética empresarial, aqui eles são descritos de forma sucinta.

Na opinião de Welzel, Luna e Bonin (2008), existem trabalhos relevantes que discutem modelos para explicar a responsabilidade social corporativa. O modelo de Zenisek (1979) apresenta três perspectivas de RSC: (i) ideológica, (ii) social e (iii) operacional. Carroll (1991) traz um modelo piramidal, o qual é aceito como um modelo explicativo fundamental de RSC, onde descreve que a empresa possui quatro graus com categorias diferentes de responsabilidade social, a saber: (i) responsabilidade econômica – a empresa precisa gerar lucro; (ii) responsabilidade legal – a empresa deve obedecer à lei; (iii) responsabilidade ética – a empresa deve fazer o que é certo e agir sempre de forma correta e leal; (iv) responsabilidade de ação discricionária – a empresa deve contribuir para a melhoria das condições da sociedade em geral, engajando-se em projetos sociais comunitários de cunho educacional, cultural e esportivo.

Wartick e Cochran (1985), com base no trabalho de Carroll (1991), definiram os principais desafios de RSC como sendo: (i) a responsabilidade econômica; (ii) a responsabilidade pública; e (iii) a responsabilidade social. Wood (1991) modificou o modelo de *performance* social corporativa de Wartick e Cochran (1985), remodelando os princípios em três níveis: (i) institucional (legitimidade); (ii) organizacional (responsabilidade pública); (iii) individual (gerenciamento discricionário). Definiram também três processos: (i) avaliação do ambiente onde a empresa atua; (ii) gestão dos *stakeholders*; e (iii) gestão social. O modelo conceitual de RSC proposta por Enderle e Tavis (1998) definiu três níveis éticos – de mínimo à idealista – para as principais dimensões de RSC (econômica, social e ambiental).

Quazi e O'Brien (2000) desenvolveram o modelo bidimensional (Figura 1), ou seja, com duas dimensões: (i) a amplitude da responsabilidade – entendida dentro de uma perspectiva que pode se estender entre extremos que vão de restrita a ampla; (ii) os efeitos de ações de RSC – enquadrados em um extremo como benéfica para a empresa e do outro, causadoras de custos.

A contribuição do modelo bidimensional está no fato de que a responsabilidade empresarial é avaliada a partir da perspectiva de seus custos, podendo ser enquadrada em quadrantes: (i) visão clássica – responsabilidade da empresa é gerar lucro; (ii) visão socioeconômica – onde se entende que a empresa deve empreender ações sociais desde que estas tragam benefícios para a empresa, ou seja, agir em interesse próprio; (iii) visão moderna – que contempla a combinação entre motivações éticas e os pressupostos da teoria dos *stakeholders*, tanto para garantir benefícios de curto e longo prazo; (iv) visão filantrópica – corresponde à responsabilidade de ação discricionária de Carroll (1991).

Figura 1.1 – *Modelo bidimensional de RSC*

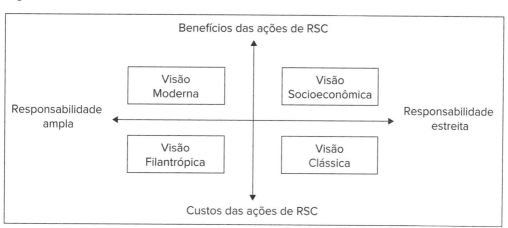

Fonte: Quazi e O'Brien (2000, apud WELZEL, LUNA e BONIN, 2008).

O modelo apresentado por Schwartz e Carroll (2003), Figura 1.2, coloca três temas centrais da RSC: (a) a questão econômica; (b) a questão legal; e (c) a questão ética em um diagrama que possibilita a combinação entre os temas centrais, resultando em sete categorizações das atividades das empresas, eliminando a errônea interpretação de que há uma hierarquia entre os temas centrais da RSC.

Figura 1.2 – *Modelo de três temas centrais de RSC*

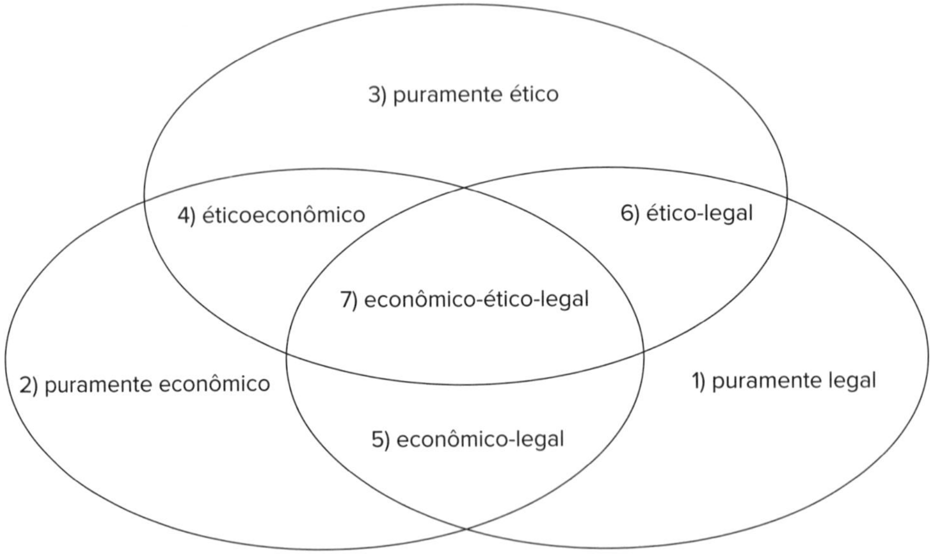

- 3) puramente ético
- 4) éticoeconômico
- 6) ético-legal
- 7) econômico-ético-legal
- 2) puramente econômico
- 1) puramente legal
- 5) econômico-legal

Fonte: Adaptada de Schwartz e Carrol (2003, p. 519, apud WELZEL, LUNA e BONIN, 2008).

O Instituto ETHOS apresenta um modelo de RSC organizado em sete temas classificados segundo os *stakeholders* de qualquer organização, que permite à organização identificar o seu atual estágio de gestão dos aspectos de responsabilidade social (e de apontar diretrizes para o estabelecimento de metas de aprimoramento), sendo:

1. **Valores, Transparência e Governança**: de acordo com o Instituto ETHOS, valores e princípios éticos formam a base da cultura de uma empresa, orientando sua conduta e fundamentando sua missão social. A noção de responsabilidade social empresarial decorre da compreensão de que a ação das empresas deve, necessariamente, buscar trazer benefícios para a sociedade, propiciar a realização profissional dos empregados, promover benefícios para os parceiros e para o meio ambiente e trazer retorno para os investidores. A adoção de uma postura clara e transparente no que diz respeito aos objetivos e compromissos éticos da empresa fortalece a legitimidade social de suas atividades, refletindo-se positivamente no conjunto de suas relações.

2. **Público Interno:** a empresa socialmente responsável não se limita a respeitar os direitos dos trabalhadores, consolidados na legislação trabalhista e nos padrões da OIT (Organização Internacional do Trabalho), ainda que esse seja um pressuposto indispensável. A empresa deve ir além e investir no desenvolvimento pessoal e profissional de seus empregados, bem como na melhoria das condições de trabalho e no estreitamento de suas relações com os empregados. Também deve estar atenta para o respeito às culturas locais, revelado por um relacionamento ético e responsável com as minorias e instituições que representam seus interesses.

3. **Meio Ambiente:** na visão do Instituto ETHOS, a empresa deve criar um sistema de gestão que assegure que ela não contribui com a exploração predatória e ilegal de nossas florestas. Alguns produtos utilizados no dia a dia em escritórios e fábricas, como papel, embalagens, lápis etc., têm uma relação direta com esse tema e isso nem sempre fica claro para as empresas. Outros materiais, como madeiras para construção civil e para móveis, óleos, ervas e frutas utilizadas na fabricação de medicamentos, cosméticos, alimentos etc., devem ter a garantia de que são produtos florestais extraídos legalmente, contribuindo assim para o combate à corrupção nesse campo.

4. **Fornecedores:** a empresa socialmente responsável envolve-se com seus fornecedores e parceiros, cumprindo os contratos estabelecidos e trabalhando pelo aprimoramento de suas relações de parceria. Cabe à empresa transmitir os valores de seu código de conduta a todos os participantes de sua cadeia de fornecedores, tomando-o como orientador em casos de conflitos de interesse. A empresa deve conscientizar-se de seu papel no fortalecimento da cadeia de fornecedores, atuando no desenvolvimento dos elos mais fracos e na valorização da livre concorrência.

5. **Consumidores e Clientes:** a responsabilidade social em relação aos clientes e consumidores exige da empresa o investimento permanente no desenvolvimento de produtos e serviços confiáveis, que minimizem os riscos de danos à saúde dos usuários e das pessoas em geral. A publicidade de produtos e serviços deve garantir seu uso adequado. Informações detalhadas devem estar incluídas nas embalagens e deve ser assegurado suporte para o cliente antes, durante e após o consumo. A empresa deve alinhar-se aos interesses do cliente e buscar satisfazer suas necessidades.

6. **Comunidade:** a comunidade em que a empresa está inserida fornece-lhe infraestrutura e o capital social representado por seus empregados e parceiros, contribuindo decisivamente para a viabilização de seus negócios. O investimento pela empresa em ações que tragam benefícios para a comunidade é uma contrapartida justa, além de reverter em ganhos para o ambiente interno e na percepção que os clientes têm da própria empresa. O respeito aos costumes e culturas locais e o empenho na educação e na disseminação de valores sociais

devem fazer parte de uma política de envolvimento comunitário da empresa, resultado da compreensão de seu papel de agente de melhorias sociais.

7. **Governo e Sociedade:** é importante que a empresa procure assumir o seu papel natural de formadora de cidadãos. Programas de conscientização para a cidadania e importância do voto para seu público interno e comunidade de entorno são um grande passo para que a empresa possa alcançar um papel de liderança na discussão de temas como participação popular e corrupção.

Cada um dos indicadores é composto por uma questão de profundidade (avalia a situação atual da gestão do aspecto em questão, na empresa), por questões binárias (do tipo sim/não, que qualificam a profundidade indicada) e por questões quantitativas (utilizadas para monitoramento do aspecto em questão).

Nas empresas, a gestão dos aspectos de responsabilidade social corporativa ainda é fragmentada e centralizada. Tal fato ocorre em função do entendimento de que a responsabilidade social se constitua em uma "função" e não um "valor" incorporado à cultura organizacional. Além desse aspecto, alguns estudos vêm demonstrando que os programas de responsabilidade social de várias empresas são, na maioria das vezes, focados em filantropia e educação.

REVISÃO DE CONTEÚDO

Elaborada pelo Prof. Juliano Almeida Faria

QUESTÃO 1

Quais as principais contribuições das teorias econômicas na discussão da gestão social e ambiental no que tange a desenvolvimento e sustentabilidade ambiental?

QUESTÃO 2

Discuta sobre as características das empresas que buscam desenvolver a lucratividade e rentabilidade, classificando-as como imprescindível, intermediária e opcional.

QUESTÃO 3

Até que ponto os impactos gerados pelo desenvolvimento tecnológico de massa podem interferir positivamente nos processos de gestão ambiental voltados ao benefício comum à sociedade?

REFERÊNCIAS

ABRAHÃO, J. Luiz. **Instituto ETHOS de empresas e responsabilidade social** – Apresentação no 4º Congresso sobre Desenvolvimento Sustentável, realizado de 27 a 29 de setembro, no Rio de Janeiro, 2011.

ANDRADE, Daniel Caixeta. Economia e meio ambiente: aspectos teóricos e metodológicos nas visões neoclássica e da economia ecológica. **Revista Leituras de Economia Política**, Campinas, (14): 1-31, ago./dez. 2008.

ASHLEY, P. et al. **Ética e responsabilidade social nos negócios**. São Paulo: Saraiva, 2003.

ASSOCIAÇÃO BRASILEIRA DE NORMAS TÉCNICAS – ABNT NBR ISO 26000 – Diretrizes sobre responsabilidade social. Rio de Janeiro, 2010.

AVRITZER, L. Em busca de um padrão de cidadania mundial. **Lua Nova** nº 55-56, 2002.

AZEVEDO, Ana L. Vieira de. Indicadores de sustentabilidade empresarial no Brasil: uma avaliação do Relatório do CEBDS. **Revista Iberoamericana de Economía Ecológica**, v. 5, p. 75-93, 2006.

BANCO MUNDIAL. **Relatório sobre o desenvolvimento no mundo 1991. O desafio do desenvolvimento**. Junho de 1991.

_____. **Relatório sobre o desenvolvimento no mundo 1992. O desenvolvimento e o meio ambiente**. Maio de 1992.

_____. **Relatório sobre o desenvolvimento no mundo 1997. O Estado em um mundo em mudanças**. Junho de 1997.

_____. **Introdução à análise econômica**. Tradução de Luiz Carlos do Nascimento Silva. Rio de Janeiro: Livraria Agir Editora, 1974. v. II.

BRESSER PEREIRA, L. C.; GRAU, N. Cunill. **O público não estatal na reforma do estado**. Rio de Janeiro: Fundação Getulio Vargas, 1989.

CALEGARE, M. G. A.; SILVA JÚNIOR, N. da. Progresso, desenvolvimento sustentável e abordagens diversas de desenvolvimento: uma sucinta revisão de literatura. **Revista Desenvolvimento e Meio Ambiente**, nº 24, p. 39-56, jul./dez. 2011.

CARROLL, A. B. A three-dimensional conceptual model of corporate performance. **Academy of Management Review**, v. 4, nº 4, p. 497-505, out./dez. 1979.

CASTRO, Licha, PINTO JR.; SABÓIA (Org.). **Brasil em desenvolvimento**: instituições, políticas e sociedade. Rio de Janeiro: Civilização Brasileira, 2004. v. 2.

CHIARETTI, Daniela. **Dá para consertar**. Valor, sexta-feira e fim de semana, 2, 3, 4 de março de 2012.

DOSI G.; SOETE L. Technological change and international trade. In: DOSI, G. et al. **Technical Change and Economic Theory,** Pinter 1998.

ENDERLE, G.; TAVIS, L. A. A balanced concept of the firm and the measurement of its long-term planning and performance. **Journal of Business Ethics**, v. 17, p. 1129-1144, 1998.

FERRAZ, J. C.; CROCCO, M.; ELIAS, L. A. (Org.). **Liberalização econômica e desenvolvimento**. São Paulo: Futura, 2003.

FISCHER, Stanley; STARTZ, Richard; DORNBUSCH, Rudiger. **Macroeconomia**. 10. ed. São Paulo: McGraw-Hill Interamericana, 2009.

FORAY, D.; FREEMAN, C. (sous la direction). Technologie et richesse des nations, **Economica**, 1992.

GADELHA, C. A. Grabois. Política industrial: uma visão neo-schumpeteriana sistêmica e estrutural. **Revista de Economia Política**, v. 21, nº 4, out./dez. 2001.

GOMES, S. M. da S.; AZEVEDO, T. C.; CONCEIÇÃO, M. G.; OLIVEIRA, N. da C. Práticas contábeis de gestão ambiental corporativas de empresas baianas. 11º Congresso USP de Controladoria e Contabilidade, São Paulo/SP 28 e 29 julho de 2011.

HICKS, apud HENDRIKSEN, Van Breda; ARTHUR, A.; THOMPSON, Jr.; FORMBY, John P. **Microeconomia da firma**. Rio de Janeiro: Prentice Hall do Brasil, 1998.

HIRSCHMAN, A. O. **De consumidor a cidadão**: atividade privada e participação na vida pública. São Paulo: Brasiliense, 1983.

HUSTED, Bryan; ALLEN, David. Strategic corporate social responsibility and value creation among large firms. **Long Range Planning**, v. 40, 2007.

INSTITUTO ETHOS. **Plataforma para uma economia verde e responsável**. Disponível em: <http://www1.ethos.org.br/EthosWeb/arquivo/0-A-974Plataforma%20por%20uma%20Economia%20Inclusiva,%20Verde%20e%20Respons%C3%A1vel.pdf>.

LUNDVALL, Bengt-Ake. Why study national systems and national styles of innovations? **Technology Analysis & Strategic Management**, v. 10, nº 4, p. 407-421 Dec. 1998.

MANKIW, N. Gregory. **Macroeconomia**. 7. ed. Rio de Janeiro: LTC, 2010.

MORAES, A. Carlos de; BARONE, Radamés. O desenvolvimento sustentável e as Novas articulações econômica, ambiental e social. **Revista Pesquisa & Debate**, SP, v. 12, nº 2(20), p. 119-140, 2001.

OCDE. **La technologie et l'économie**. OCDE, 1992.

OLIVEIRA, C. Montefusco de. **Desenvolvimento sustentável**: uma discussão ambiental e social. III Jornada Internacional de Políticas Públicas, São Luís – MA, 28 a 30 de agosto 2007.

PINDYCK, Robert S.; RUBINFELD, Daniel L. **Microeconomia**. São Paulo: Makron Books, 2002.

PNUD. **Finanças privadas e provisão de saúde, educação e água**. Capítulo 5 do Relatório do Desenvolvimento Humano, 2003.

QUAZI, A. M.; O'BRIEN, D. An empirical test of a cross-sectional model of corporate social responsibility. **Journal of Business Ethics**, v. 25, p. 33-51, 2000.

ROSAVALLON, P. **La crise de l'état providence**. Seuil, Paris, 1981.

SACHS, Ignacy. Os desafios da Rio+20. **Revista Sustentabilidade em Debate**. Brasília, v. 2, nº 2, p. 167-176, jul./dez. 2011.

SAMUELSON, P. A. **Introdução à análise econômica**. Tradução de Luiz Carlos do Nascimento Silva. Rio de Janeiro: Livraria Agir Editora, 1974. v. I.

SCHUMPETER, J. A. **Teoria do desenvolvimento econômico**. Tradução de Maria Silva Possas. São Paulo: Nova Cultural, 1982 (Os economistas). Tradução do texto em inglês: The Theory of Economic Development.

SCHWARTZ, M. S.; CARROLL, A. B. Corporate social responsibility – a three-domain approach. **Business Ethics Quarterly**, v. 13, nº 4, p. 503-530, 2003.

SEN, Amartya. **Desenvolvimento como liberdade**. São Paulo: Companhia das Letras, 2001.

STIGLITZ, J.; GREENWALD, B. Externalities in economics with incompletes market information. **Quarterly Journal of Economics**, v. CI, May 1986.

STIGLITZ, J. Asymmetric information and the new theory of the firm: financial constraints and risk behavior. **American Economic Review**, 80 (2), May 1990.

_____; WALSH, C. E. **Introdução à microeconomia**. Tradução da 3ª edição original de Helga hffmann. Rio de Janeiro: Campus, 2003.

THOMPSON, A. A.; FORMBY, J. P. **Microeconomia da firma**. Rio de Janeiro: Prentice Hall do Brasil, 1998.

VELLANI, C. Luiz; GOMES, C. C. M. P. **Como medir ecoeficiência empresarial?** – XIII SEMEAD – Seminários em Administração, Setembro de 2010.

WARTICK, S.; COCHRAN, P. L. The evolution of corporate social performance model. **Academy of Management Review**, v. 29, nº 1, p. 124-132, 1985.

WELZEL, E; LUNA, M. M. M; Maria BONIN, A. S. Modelo da dinâmica interdisciplinar de responsabilidade social corporativa: contribuições conceituais e delimitação teórica. *Anais...* **XXXII Encontro ANPAD**, RJ, 6 a 10 de setembro, 2008.

WOOD, D. Corporate social performance revisited. **Academy of Management Review**, p. 695, 1991.

ZENISEK, T. S. Corporate social responsibility: a conceptualization on organizational literature. **Academy of Management Review**, v. 4, nº 3, p. 359-368, 1979.

Sites

http://www.brasilpnuma.org.br/ – *Site* do Comitê brasileiro para o programa das Nações Unidas para o meio ambiente.

http://www.earthsummit.info/ – *Site* que disponibiliza vários *links* importantes sobre os temas ligados ao desenvolvimento sustentável e à sustentabilidade empresarial.

http://www.ibase.br/pt/ – *Site* do Instituto Brasileiro de Análises Sociais e Econômicas que é uma organização da sociedade civil fundada em 1981 por, entre outros, o sociólogo Herbert de Souza, o Betinho. O Ibase tem como objetivo a radicalização da democracia e a afirmação de uma cidadania ativa. Ele é responsável por uma das formulações de apresentação de Balanço Social.

http://www.idis.org.br/ – *Site* do Instituto para o desenvolvimento do investimento social.

http://www.mma.gov.br/sitio/ – *Site* do Ministério do Meio Ambiente.

http://www.pnud.org.br/odm/index.php – *Site* do Programa das Nações Unidas em que são apresentados os Objetivos do Milênio.

http://www.rio20.gov.br/documentos/documentos-da-conferencia – *Site* oficial da Rio+20, com a apresentação dos documentos que estão sendo produzidos pelas partes: empresa, sociedade civil organizada e governos.

http://www.wbcsd.org/home.aspx – *Site* do World Business Council for Sustainable Development (WBCSD).

COMPREENDENDO A CONTROLADORIA AMBIENTAL

Sonia Maria da Silva Gomes
Márcio Santos Sampaio
Valmor Slomski
Vilma Geni Slomski

2.1 O SISTEMA DE CONTROLADORIA AMBIENTAL

É preciso pensar! Quando uma empresa capta recursos naturais do meio ambiente, renováveis ou não, está utilizando um patrimônio social. Tais recursos, quando devolvidos à sociedade de forma deteriorada, afetam negativamente esse patrimônio, por meio da redução do volume de água potável, do nível da qualidade do ar, da redução da área de terras cultiváveis, restringindo as condições de vida futura e, até mesmo, atual (CARVALHO e RIBEIRO, 2000). Dessa forma, é fundamental que as empresas utilizem instrumentos para medir e controlar esses impactos, a fim de evitar que eles ocorram!

Uma organização era considerada sustentável, até meados da década de 1970, se estivesse economicamente saudável, ou seja, tivesse um bom patrimônio e um lucro sempre crescente, mesmo que houvesse dívidas. No entanto, para o novo contexto econômico, uma empresa é considerada sustentável se interagir de forma holística com os três aspectos do *triple bottom line* ou tripé da sustentabilidade (**aspectos econômicos, ambientais e sociais)**, conforme já foi discutido no Capítulo 1.

Nesse sentido, a empresa deve envidar esforços para implantar a ecoeficiência. Ecoeficiência significa o processo que direciona os investimentos e o desenvolvimento de tecnologias para minimizar o consumo de recursos não renováveis, eliminar o desperdício e a poluição, a fim de gerar valor ao acionista e obter vantagem competitiva.

Acontece que esses investimentos eram considerados marginais, sendo sinônimo de aumento de custos, dores de cabeça; preocupação em atender exigências legal e fiscal e fonte de reclamações de ambientalistas. Assim, não havia interesse em medir e controlar seus impactos no patrimônio da empresa. No entanto, com a crescente conscientização ambiental, competição acirrada e com a necessidade de melhorar o nível da eficiência produtiva, os custos de controlar e medir os gastos ambientais são suplantados pelos benefícios.

Nesse novo contexto, as questões socioambientais estão cada vez mais conectadas à estratégia empresarial. O paradigma predominante é transformar a sustentabilidade em oportunidade de negócio, sendo sinônimo de vantagem competitiva e busca de legitimidade perante os *stakeholders*.

Para definir, medir, classificar, atribuir e divulgar à sociedade as ações de responsabilidade social corporativa (RSC) implementadas pela empresa é necessário delinear o sistema de Controladoria Ambiental.

Não esqueça!

Ecoeficiência significa o processo que direciona os investimentos e o desenvolvimento de tecnologias para minimizar o consumo de recursos não renováveis, eliminar o desperdício e a poluição, a fim de gerar valor ao acionista e obter vantagem competitiva.

O Sistema de Controladoria Ambiental (Figura 2.1) identifica, mensura, acumula, analisa e interpreta as ações ecoeficientes implementadas pela entidade, com o fito de gerar informações financeiras e não financeiras que auxiliem os gestores no planejamento, controle e processo de tomada de decisões relacionadas com a proteção, preservação e recuperação ambiental. Além de fornecer relatório de sustentabilidade e outros em conformidade com as legislações pertinentes que possam evidenciar, aos diversos *stakeholders*, o impacto das ações socioambientais no patrimônio da entidade.

Figura 2.1 – *Sistema de controladoria ambiental*

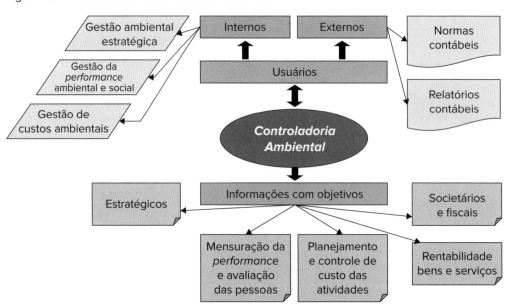

Fonte: Elaboração própria.

O Sistema de Controladoria Ambiental deve fornecer informações para cumprir cinco objetivos:

1. permitir a formulação de estratégias e dos planos de ações de longo prazo sobre as questões socioambientais;
2. possibilitar as decisões sobre a utilização dos recursos pelas atividades, com ênfase no cliente, tanto quanto no preço;
3. planejamento e controle de custo das ações socioambientais que compõem o Sistema de Gestão Ambiental da Empresa;
4. mensuração da *performance* e avaliação dos impactos socioambientais; e, por fim;
5. elaborar e divulgar as informações socioambientais em conformidade com os Princípios de Contabilidade e legislações societárias e fiscais.

Dessa forma, o Sistema de Controladoria Ambiental deve fornecer informações que permitam aos seus usuários internos tomarem decisões sobre a gestão dos custos socioambientais, gestão da *performance* socioambiental e gestão das estratégias relacionadas às ações sociais e ambientais. Assim, para atender aos usuários externos, deve gerar e prover informações relacionadas com a proteção, preservação e recuperação ambiental e social, ocorridos em um determinado período, a fim de evidenciar a situação patrimonial de uma entidade. É importante refletir que a Controladoria Ambiental pressupõe uma interlocução por parte da empresa com a responsabilidade (e democracia), sustentabilidade (e justiça) e o poder dos *stakeholders* (GRAY, 2001).

2.2 CONCEITOS FUNDAMENTAIS

Os gastos relacionados com a prevenção, recuperação, monitoramento e reciclagem realizados pela empresa precisam ser identificados, mensurados e depois divulgados nos relatórios contábeis. Para a Controladoria Ambiental, é fundamental identificar se determinado gasto é custo, investimento (ativo) ou despesa do período ou produto. Para tanto, faz-se necessário compreender a sua natureza, o momento de seu reconhecimento, os critérios de mensuração e a forma de divulgação, conforme a Figura 2.1. Os elementos relacionados com a mensuração da posição financeira são: os ativos, os passivos e o capital próprio.

O processo de **reconhecimento** de determinado evento que impacta o patrimônio é analisado, segundo Hendriksen e Van Breda (2007), sob dois aspectos:

1. for provável que algum benefício econômico futuro referente ao item venha a ser recebido ou entregue pela entidade; e
2. ele tiver um custo ou valor que possa ser medido em bases confiáveis.

Figura 2.2 – *Pilares da Controladoria Ambiental*

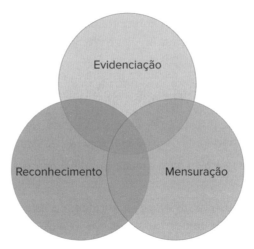

Fonte: Elaboração própria.

Dessa forma, não se pode registrar, ou seja, contabilizar um elemento do patrimônio quando não é possível medi-lo. Já a mensuração é o processo em que se determinam **os valores** dos elementos que impactam o patrimônio a serem reconhecidos e apresentados no balanço patrimonial e na demonstração do resultado (RESOLUÇÃO CFC nº 1.374/11). Para tanto, são utilizadas diferentes bases de mensuração em graus diferentes e em variadas combinações.

Os elementos diretamente relacionados com a mensuração da posição patrimonial e financeira são ativos, passivos e patrimônio líquido. Esses são definidos como segue:

ATIVO AMBIENTAL é o recurso controlado pela entidade, como resultado de eventos passados, do qual se espera que benefícios futuros fluam para a entidade, estando associados com a preservação, a recuperação, monitoramento e/ou reciclagem.

Critérios para reconhecimento de um ativo ambiental:

- Precisa apresentar potencialidade de serviços futuros (fluxos de caixa futuros) para a entidade. Assim, deve estar relacionado com benefícios econômicos que permitam prolongar a vida, aumentar a capacidade ou melhorar a segurança ou eficiência de outros ativos. Deve permitir reduzir ou evitar uma contaminação ambiental suscetível de ocorrerem danos futuros para a entidade.
- O ativo deve ser considerado quanto a sua controlabilidade por parte da entidade, subsidiariamente quanto à sua propriedade e posse.
- O direito de uso precisa ser exclusivo da entidade.

Se os critérios de reconhecimento de um ativo ambiental não forem atendidos, os gastos ambientais devem ser registrados como custos ou despesas do período.

Na opinião de Iudícibus (2009), no âmago de toda teoria para a mensuração dos ativos, se encontra a vontade de que a avaliação represente a melhor quantificação possível dos potenciais de serviços que o ativo apresenta para a entidade, sendo que as bases de mensuração, em geral, utilizadas são:

a) **Custo Histórico:** os ativos são registrados pelos valores pagos ou a serem pagos em caixa ou equivalentes de caixa ou pelo valor justo dos recursos que são entregues para adquiri-los na data da aquisição. Enquanto os passivos são registrados pelos valores dos recursos que foram recebidos em troca da obrigação ou, em algumas circunstâncias, pelos valores em caixa ou equivalentes de caixa que serão necessários para liquidar o passivo no curso normal das operações. Ambos, em certas circunstâncias, podem ser atualizados monetariamente.

b) **Custo Corrente:** os ativos são reconhecidos pelos valores em caixa ou equivalentes de caixa que teriam de ser pagos se esses ativos ou ativos equivalentes fossem adquiridos na data do balanço. Os passivos são reconhecidos pelos valores em caixa ou equivalentes de caixa, não descontados, que seriam necessários para liquidar a obrigação na data do balanço.

c) **Valor realizável líquido (de liquidação):** os ativos são mantidos pelos valores em caixa ou equivalentes de caixa que poderiam ser obtidos pela venda numa forma ordenada. Os passivos são mantidos pelos seus valores de liquidação, isto é, pelos valores em caixa e equivalentes de caixa, não descontados, que se espera seriam pagos para liquidar as correspondentes obrigações no curso normal das operações da entidade.

d) **Valor presente:** os ativos são mantidos pelo valor presente, descontado do fluxo futuro de entrada líquida de caixa que se espera seja gerado pelo item no curso normal das operações da entidade. Os passivos são mantidos pelo valor presente, descontado do fluxo futuro de saída líquida de caixa que se espera seja necessário para liquidar o passivo no curso normal das operações da entidade.

Os ativos ambientais podem ser classificados em tangíveis e intangíveis. Os tangíveis, em geral, são usados na produção ou fornecimento de bens e serviços ou para fins administrativos. Já os intangíveis não têm substância física. O Quadro 2.1 apresenta uma síntese dos ativos. Alguns exemplos:

- os estoques dos insumos, peças, acessórios etc. utilizados no processo de eliminação ou redução dos níveis de poluição e de geração de resíduos;
- os investimentos em máquinas, equipamentos, instalações etc., adquiridos e/ou produzidos com intenção de amenizar os impactos causados ao meio ambiente;
- os gastos com pesquisas visando ao desenvolvimento de tecnologias modernas, de médio e longo prazo, desde que constituam benefícios ou ações que irão refletir nos exercícios seguintes.

Quadro 2.1 – *Exemplos de ativos ambientais*

Grupo Patrimonial	Detalhamento
Ativo Circulante Ambiental	Estoques: insumos adicionados ao processo produtivo, para prevenir, monitorar, recuperar a emissão de resíduos e até reciclagem.
Ativo Não Circulante Investimentos	Investimentos relativos a prevenção, monitoramento, recuperação e reciclagem das ações de impacto ambiental.
Ativo Não Circulante Imobilizado Ambiental	Imobilizado: bens móveis e imóveis, destinados a atividades de impacto ambiental.
Ativo Não Circulante Intangíveis	Patentes, cessões, marcas e outros bens imateriais relacionados a atividade de impacto ambiental.

Fonte: Adaptado de Ribeiro (2005).

Composição do Custo de Aquisição do Imobilizado

a) preço de compra (+);

b) custos diretos para tornar o imobilizado capaz de ser operado conforme pretendido;

c) estimativa inicial da obrigação de desmontagem/remoção;

d) impostos de importação e impostos não recuperáveis;

e) descontos e abatimentos (– menos).

É importante lembrar que os ativos ambientais reconhecidos no imobilizado devem ser capitalizados e amortizados no período corrente de forma sistemática ao longo de sua vida útil. O termo *depreciação*, em geral, é usado para os ativos tangíveis, enquanto *amortização* utiliza-se para os ativos intangíveis. Assim, a depreciação representa a diminuição do valor do ativo em virtude do desgaste natural, ação da natureza e/ou obsolescência. Entende-se por vida útil:

a) o período durante o qual uma entidade espera que um ativo esteja disponível para uso; ou

b) o número de unidades de produção similares que uma entidade espera obter do ativo.

Como não é objeto desta obra detalhar os métodos de cálculo da depreciação/amortização, apresentaremos um resumo dos métodos utilizados para realizar tais medições. Os métodos são:

1. método linear (quotas constantes);
2. método do saldo decrescente (quotas acumulativas);
3. método das unidades de produção (desgaste funcional).

A escolha do método, pela entidade, deve levar em consideração o valor mais próximo do real que reflete o consumo ou desgaste econômico futuro incorporado no ativo. A depreciação pelo método linear atribui o valor do desgaste do bem em função do tempo, durante sua vida útil e o valor residual não se altera. No método do saldo decrescente, calculam-se as quotas de depreciação pela multiplicação de um percentual fixo sobre o valor contábil que vai decrescendo ano a ano. No método das unidades de produção, a depreciação é calculada com base no uso ou produção esperada.

Passivo ambiental

Pode ser compreendido como obrigações presentes para com terceiros resultantes de impactos causados ao meio ambiente, ocorridos no passado.

Na opinião de Hendriksen e Van Breda (2007), a obrigação precisa existir no momento presente, isto é, deve surgir de alguma transação ou evento passado. Pode derivar da aquisição de bens ou serviços, de perdas incorridas pelas quais a empresa assume obrigações ou de expectativas de perdas pelas quais a empresa se obrigou. Obrigações dependentes exclusivamente de eventos futuros não deveriam ser incluídas. Sê-lo-ão apenas à medida que existir uma boa probabilidade de que tais eventos ocorrerão e desde que o fato gerador esteja relacionado, de alguma forma, com o passado e com o presente. Se estiver relacionado apenas com o futuro, poderemos constituir uma reserva para contingências e não uma provisão.

Critérios para reconhecimento de um passivo

O reconhecimento do passivo depende do reconhecimento simultâneo de um ativo ou de uma despesa. Para o seu reconhecimento, devem-se considerar os seguintes critérios:

- O passivo é resultado de uma transação do passado e não de uma transação futura.
- O passivo deve ser passível de mensuração monetária, de maneira confiável.
- Um exigível deverá ter uma contrapartida no ativo ou nas despesas.
- Data e credor devem ser conhecidos ou passíveis de serem estimados com precisão.

O reconhecimento de passivos ambientais torna-se cada vez mais relevante. Segundo Borba e Rover (2006), a mensuração dos gastos de origem de um passivo ambiental pode ser em decorrência de um evento ou uma transação que reflita a interação da organização com o meio ambiente, cujo sacrifício econômico ocorrerá no futuro. Ou seja, gastos como aquisição de ativos para contenção de impactos ambientais, pagamento de multas por infrações ambientais e gastos para compensar danos ao meio ambiente podem ser classificados nesse grupo.

A influência dos passivos ambientais nos cálculos do resultado e do valor da empresa tem ganhado importância e reconhecimento no mercado, conforme concluiu Bae (2005), em sua pesquisa, ao afirmar que "os resultados são consistentes com a noção de que o potencial passivo ambiental pode criar ruído em um sistema de contabilidade da empresa em geral e os seus ganhos em particular". Para esse mesmo autor, "criar ruído" significa menor confiabilidade na informação.

Classificação do Passivo

Segundo a UNCTAR-ISAR (1998), as obrigações são classificadas em:

- *legais*: são as provenientes de instrumentos de força legal (legislações, penalidades impostas por lei etc.);
- *construtivas*: são aquelas que a empresa se propõe, espontaneamente, a cumprir por fatores éticos e morais, independentemente de lei;
- *justas*: refletem as obrigações a que a empresa se vê obrigada a cumprir por fatores éticos e morais, independentemente de lei.

Farias (2006) tenta demonstrar por meio de conceitos e exemplos que as obrigações construtivas estão relacionadas, em muitos casos, com a responsabilidade social das empresas e que tais exigibilidades se diferenciam das obrigações legais pela sua natureza. Para esse autor, os motivos que levam as empresas a incluir, em seus passivos, as obrigações que extrapolam os marcos legais são: a consciência da sua responsabilidade social; a necessidade de manter uma boa imagem perante a sociedade, tendo em vista a aceitação de seus produtos ou serviços; e as exigências do mercado.

Não esqueça! O **passivo contingente** é uma obrigação que surge de eventos passados e cuja existência será confirmada somente pela ocorrência ou não de um ou mais eventos futuros incertos, que não estejam totalmente sob o controle da entidade ou uma obrigação atual que surge de eventos passados, mas que não é reconhecida porque:

a) é improvável que uma saída de recursos contendo benefícios econômicos seja exigida para liquidar a obrigação; ou

b) o valor da obrigação não pode ser mensurado com suficiente confiança.

Assim, para o reconhecimento do passivo ambiental e divulgação dos passivos contingentes, é necessário considerar:

- a probabilidade e tempestividade de sua ocorrência;
- a confiabilidade de sua mensuração;
- a sua natureza.

Em síntese:

Descrição	Valor é Provisionado	Divulgação em nota explicativa		
		Valor	Natureza	Desnecessária
1. A perda é "provável"	X	X	X	
2. A perda é "possível"		X	X	
3. A perda é "remota"		X*	X*	X

* A critério da administração da companhia e do julgamento do contador.
Fonte: Adaptado de IAS 37 (2001).

A árvore de decisão, Figura 2.3, auxilia na decisão de constituição e divulgação de um passivo contingente ou não.

Figura 2.3 – *Árvore de decisão*

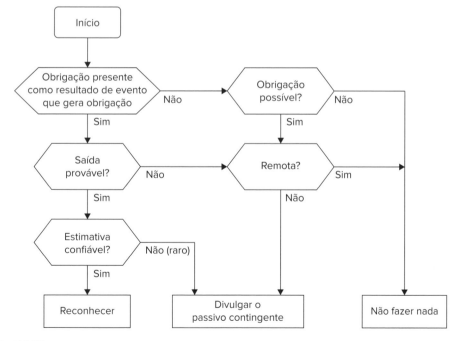

Fonte: IAS 37.

É necessário divulgar em notas explicativas informações a respeito dos passivos ambientais, tais como: método de mensuração escolhido, possibilidade de reembolso e perdas com as contingências, as incertezas relacionadas com o montante e momento de saída dos recursos.

De acordo com Ribeiro (2005), sabe-se que a emissão de gases GEE é o fato gerador do passivo, podendo afirmar que esses se constituem ao longo do ano ou período preestabelecido e assim devem ser reconhecidos. Portanto, surge na discussão sobre passivos intangíveis mais um elemento contábil, que é a figura do crédito de carbono.

O domínio básico sobre o conceito de passivo incorpora temas relevantes como passivos ambientais e crédito de carbono, com discussões acadêmicas e profissionais cada vez mais intensas. A percepção da importância dessas discussões torna-se necessária para a formação básica dos profissionais em Contabilidade. O entendimento único de passivo como fator de origem de recursos ou exigibilidades pode sugerir falhas na formação do profissional contábil adequado às demandas contemporâneas.

Patrimônio líquido

É o valor residual dos ativos de uma entidade, depois de deduzido todo o seu passivo. O valor pelo qual o patrimônio líquido é apresentado no balanço patrimonial depende da mensuração dos ativos e passivos. Normalmente, o valor do patrimônio líquido somente por coincidência é igual ao valor de mercado das ações da entidade ou da soma que poderia ser obtida pela venda dos seus ativos e liquidação de seus passivos numa base de item por item, ou da entidade como um todo, numa base de continuidade operacional (BRUNI; GOMES, 2010).

Receitas ambientais

São aumentos nos benefícios econômicos durante o período contábil sob a forma de entrada de recursos ou aumento de ativos ou diminuição de passivos, que resultam em aumentos do patrimônio líquido e que não sejam provenientes de aporte dos proprietários da entidade.

As receitas ambientais normalmente decorrem da prestação de serviços especializados em gestão ambiental, vendas de produtos elaborados a partir de sobras de insumos do processo produtivo ou ainda da reciclagem e aproveitamento de energia e água. A seguir, alguns exemplos que poderão ser atribuídos como receita do meio ambiente de uma empresa.

- otimização na gestão dos resíduos, que possibilite a geração de subprodutos;
- recuperação de produtos que foram anteriormente consumidos;
- sobras de energia, por meio do uso eficiente com a geração própria;
- reciclagem da água usada no processo produtivo.

Deve-se, primeiramente, distinguir uma receita operacional de uma receita ambiental, verificando qual é a atividade-fim da empresa. Por exemplo, uma indústria de papel e celulose terá receitas operacionais com a venda de seu principal produto (o papel), independentemente de como foi produzido, mas, igualmente, poderá obter receitas ambientais com trabalhos de reciclagem de papéis, prestação de serviços de ordem ambiental, como reflorestamentos, tratamento de áreas contaminadas, entre outros.

A contabilização das receitas provenientes das vendas de produtos obtidos por meio de reciclagem, assim como a contabilização dos subprodutos e/ou sucatas precisam ser analisadas. Martins (2003, p. 122-124) explica como seria a correta contabilização das receitas originadas da venda de subprodutos e sucatas.

Para os subprodutos, que também compõem o estoque da empresa, sua venda seria considerada como redução do custo de fabricação por representar uma parcela ínfima das receitas e também pelo fato de se originarem de desperdícios. Já as vendas de sucatas que, mesmo em quantidades relevantes, não aparecem no estoque da empresa, seriam consideradas como outras receitas operacionais, por apresentarem caráter esporádico e pela imprevisibilidade de valor na data em que surgem na fabricação.

CUSTOS E DESPESAS AMBIENTAIS

Os custos e despesas ambientais, também, assumem definição semelhante aos financeiros. Se os gastos forem referentes à produção, serão considerados como custos, senão, como despesas. Martins (2003, p. 25) define custo como o "gasto relativo a bem ou serviço utilizado na produção de outros bens ou serviços". Quando se referir à obtenção de receita, será considerado como uma despesa.

Os custos ambientais são gastos aplicados direta ou indiretamente no sistema de gerenciamento ambiental do processo produtivo e em atividades relacionadas aos impactos causados pelas empresas ao meio ambiente. Quando aplicados diretamente na produção, esses gastos são classificados como custo.

Ribeiro (2005) considera que os custos ambientais compreendem todos aqueles gastos relacionados direta ou indiretamente com a proteção do meio ambiente e que serão ativados em função de sua vida útil.

Quanto ao período em que as despesas e custos ambientais devem ser considerados, Ribeiro (1992, p. 80) diz o seguinte: os custos e despesas para preservação, proteção e recuperação ambiental, via de regra, não poderão ser associados a um processo produtivo único, como, também, dificilmente haverá condições de determinar com precisão seu exato período de competência. Porém, com os mesmos instrumentos de aproximação que a Contabilidade utiliza para alocar certos custos entre diversos períodos (depreciação, por exemplo), poderia distribuir os custos e despesas de natureza ambiental entre os períodos julgados de competência, de forma segregada.

O ganho "representa um resultado líquido favorável resultante de transações ou eventos não relacionados às operações normais do empreendimento" (IUDÍCIBUS, 2009, p.

175). Um ganho ambiental pode ser percebido quando, por exemplo, a empresa ganhar alguma causa judicial em que, no passado, foram efetuados gastos para atender às penalidades indevidas.

Também o ganho ambiental pode estar relacionado com os benefícios para o meio ambiente obtidos por meio de práticas ambientalmente corretas, como a diminuição da poluição resultante dos resíduos industriais líquidos, gasosos e sólidos.

A perda "deve refletir uma queda de valor de mercado ou outra medida observável de valor [...]. As perdas resultam de eventos externos e exógenos não previstos como necessários para o processo de geração de receitas" (HENDRIKSEN; VAN BREDA, 1999, p. 234).

Ribeiro (2005, p. 57) apresenta o conceito de perda ambiental, dizendo que as perdas refletem os gastos incorridos sem uma contrapartida em benefícios. Portanto, perdas ambientais são os gastos que não proporcionam benefícios para a empresa. As multas ou penalidades por inadequação das atividades à legislação são exemplos de perdas ambientais. Assim como o ganho ambiental, as perdas ambientais também podem ser entendidas em um outro sentido, referindo-se aos prejuízos causados ao meio ambiente e que podem comprometer sua existência, como queimadas, vazamentos tóxicos etc.

2.3 COMPONENTES DO SISTEMA DE CONTROLADORIA AMBIENTAL

O Sistema de Controladoria Ambiental, Figura 2.1, para atender às especificidades de informações de seus usuários externos (investidores, acionistas, bancos, governos, sindicatos, comunidade, dentre outros) e usuários internos (gestores e empregados), é subdividido em dois componentes:

1. informações para atender prioritariamente aos usuários externos à entidade;
2. informações para atender prioritariamente à gestão organizacional, subdivididas em:
    - Informações para Gestão Ambiental Estratégica;
    - Gestão de Custos Ambientais;
    - Gestão de Indicadores de Desempenho Ambiental.

Em relação às informações para atender às necessidades dos usuários externos, o sistema de Controladoria Ambiental objetiva demonstrar para os *stakeholders* as transações ambientais que afetam a posição econômica e financeira da empresa, devendo assegurar que os elementos do patrimônio estejam reconhecidos e mensurados de acordo com as práticas de contabilidade e legislações pertinentes, como instrumento para isso: Balanço Ambiental e Social e/ou Relatório de Sustentabilidade.

Esse tipo de informação evidencia aos agentes externos as consequências das decisões e das melhorias dos processos executados pelos administradores e trabalhadores. Os relatórios contábeis elaborados para atender aos usuários externos são elaborados com base nas Normas de Contabilidade (NC) e nas legislações societárias, fiscais e outras.

As NC estabelecem os procedimentos de reconhecimento, mensuração e divulgação do ativo, passivo, receita/ganho, despesas/perdas. No item 2.1 deste capítulo foram discutidos os conceitos, critérios de reconhecimento e mensuração desses elementos que impactam a situação econômica e financeira de uma entidade.

Em contraste, as informações geradas pelo Sistema de Controladoria Ambiental para os usuários internos são modeladas de forma a atender às demandas da gestão estratégica, da gestão de custos e da gestão da *performance*, permitindo-lhes tomar decisões sobre os impactos socioambientais que consomem os recursos e contribuem para o desempenho empresarial.

Isso porque a agregação de valor ao negócio e, em última análise, ao proprietário ocorre pelo resultado operacional positivo, ou seja, o valor da venda do produto supera os recursos sacrificados para sua produção. Na perspectiva da empresa, o valor agregado é gerado para os seus proprietários quando há lucro líquido decorrente das relações de compra e venda. Por conseguinte, é o valor percebido e pago pelo cliente, em contrapartida à aquisição do produto, e que supera seus custos de produção. Outrossim, esse valor agregado constitui a base do processo de remuneração e acumulação de capitais. Desse modo, o valor agregado vem de fora da empresa, pela atividade comercial e não pela atividade de produção ou pelas operações de serviço.

O Sistema de Controladoria Ambiental, ao ser modelado de forma a atender às demandas da gestão estratégica, dos processos e da *performance*, permitindo-lhes tomar decisões sobre os impactos socioambientais que consomem os recursos e contribuem para o desempenho empresarial. Isso porque a agregação de valor ao negócio e, em última análise, ao proprietário ocorre pelo resultado operacional positivo, ou seja, o valor da venda do produto supera os recursos sacrificados para sua produção.

As informações fornecidas pelo Sistema de Controladoria Ambiental para a tomada de decisão da Gestão Ambiental Estratégica devem possibilitar à organização definir suas metas estratégicas para redução dos custos ambientais, buscando fortalecer seus pontos fracos em relação aos concorrentes: definir missão, visão, valores e princípios de sustentabilidade; o escopo da Responsabilidade Social Corporativa (RSC); os instrumentos para integrar os impactos ambientais nas decisões gerenciais. Para tanto, utilizará como ferramentas: a análise de custos; análise de investimento; avaliação de desempenho.

Para os gestores tomarem decisões sobre a Gestão dos Custos Socioambientais, o Sistema de Controladoria Ambiental deve fornecer informações que auxiliam na definição das atividades, processos e produtos que causam custo ambiental. São as seguintes: (a) classificação dos custos ambientais; (b) avaliação de ciclo de vida do produto; (c) departamentalização dos custos ambientais; (d) custeio baseado em atividades; (e) quantificação e monetarização das externalidades e custos ambientais das atividades da cadeia de valor. Os custos ambientais, por sua vez, podem ser classificados em: custos de preservação ambiental, custos de detecção ambiental, custos de falhas ambientais internas e externas. A Controladoria Ambiental, ao fazer a análise de investimento socioambiental, pode utilizar como instrumentos de gestão: avaliação do custo total, avaliação multicritério e análise de incerteza e riscos.

As informações fornecidas pelo Sistema de Controladoria Ambiental para a tomada de decisão da Gestão da Performance Ambiental devem possibilitar à organização tomar decisões sobre avaliação de desempenho, para tanto, deve utilizar os instrumentos: avaliações com base nas estratégias ambientais das unidades de negócios; incentivos individuais; multiplicadores ambientais; taxas ambientais e redução de resíduos; *Balanced Scorecard*.

A caminhada na direção do desenvolvimento econômico e da sustentabilidade é permeada por grandes obstáculos e desafios na medida em que persiste a existência de uma consciência social ainda limitada sobre as implicações do modelo de desenvolvimento em curso.

O presente século vem sendo marcado por forte apelo para o fato de que não há desenvolvimento econômico sem desenvolvimento social e ecológico. Essa ideia passou a ser defendida a partir da segunda década do século XX, quando o meio ambiente é incorporado pela teoria do desenvolvimento econômico, como discutido no primeiro capítulo.

Percebe-se que a necessidade de harmonizar o desenvolvimento econômico com a proteção ambiental fez surgir o que se convencionou denominar como desenvolvimento com sustentabilidade. São essas ideias que orientam o pensamento sobre sustentabilidade planetária que tem como premissa o reconhecimento da assimetria econômica, social e ambiental do padrão de desenvolvimento atual.

A lógica do pensamento econômico tem se voltado para um planejamento de longo prazo que contemple os aspectos sociais e ambientais como estratégia para a contemplação da existência humana. Para Rocha e Siman (2005), os problemas causados ao meio ambiente pelo uso indiscriminado dos recursos naturais e a percepção de que esses, se não cuidados, podem comprometer a sobrevivência das gerações futuras, fizeram com que a teoria econômica, mais uma vez, tivesse que repensar seus conceitos.

Entretanto, segundo dados da Organização das Nações Unidas – ONU (www.un.org), a humanidade atingiu o seu primeiro bilhão de habitantes em 1802. Nesse sentido, o Balanço Contábil das Nações (KASSAI et al., 2008) adverte que o atual planeta não comportará essa população se os modelos atuais de extração, produção, distribuição, consumo e descarte continuarem baseados nas crenças e valores adotados durante o século XX. O ciclo circular adotado pela economia das empresas no século passado pressupunha que os recursos eram abundantes e inesgotáveis e, de alguma forma, seriam renovados.

Segundo Slomski et al. (2010a), os descartes ou lixos gerados pelos produtos e serviços atuais nem sempre retornam ao estado de matérias-primas, evidenciando que a natureza segue o ciclo linear. Para esses autores, se, em um dos extremos, os recursos naturais e não renováveis estão se exaurindo, na outra extremidade não se sabe o que fazer com o lixo que se acumula.

Nessa direção caminha a Lei Federal nº 12.305, de 2 de agosto de 2010, que institui a Política Nacional de Resíduos Sólidos, dispondo sobre seus princípios, objetivos e instrumentos, bem como sobre as diretrizes relativas à gestão integrada e ao gerenciamento de resíduos sólidos, às responsabilidades dos geradores e do poder público e aos instrumentos econômicos aplicáveis. O espírito da Lei compreende a aplicação do princípio da responsabilidade pós-consumo, ou destinação final do produto.

A logística reversa de produtos e embalagem, discutida no Capítulo 7, apresentando-se como um novo desafio para a controladoria ambiental que, por força do atual marco regulatório brasileiro dos resíduos sólidos, obriga todos os elos da cadeia produtiva a darem destinação final adequada, e dentro de padrões de qualidade, para produtos e embalagens ao final de sua vida útil, com vigência plena a partir de 2014.

Slomski et al. (2010a) advertem que para a produção de bens e serviços, as empresas devem utilizar recursos e estratégias que considerem a sustentabilidade, tratando efluentes e resíduos que devem ser medidos e controlados. Nesse sentido, faz-se emergente a necessidade de as empresas atentarem para o ciclo total de vida do produto e, nesse âmbito, perceber onde começam e terminam seus custos industriais, bem como quais impactos podem gerar para o meio ambiente quando esse processo fica incompleto ou não recebe a devida atenção.

É importante refletir sobre os desafios e as perspectivas da controladoria ambiental diante da necessidade de implementar a logística reversa de produtos e embalagens.

A controladoria ambiental pode ser vista como um concerto musical, onde o Diretor de Controladoria deve agir de tal modo que se produza sinfonia, contribuindo para que todas as partes da empresa toquem seus instrumentos, com suas melhores competências, de modo harmônico, de tal forma que o som produzido seja a maximização dos resultados globais da empresa. Dessa forma, a logística reversa de produtos e embalagens torna-se aspecto relevante nesse contexto.

É sabido que até o presente momento muitas empresas e cadeias produtivas pouco ou nada fazem para evitar que seus produtos e suas embalagens tenham como destino final os lixões ou aterros sanitários sem qualquer tratamento. E, desse modo, os custos de produção não são impactados por essa "nova" variável que aparece com o marco regulatório brasileiro, atual, que trata dos resíduos sólidos, que obriga as empresas da cadeia a estruturarem a cadeia da logística reversa para seus produtos e embalagens e, desse modo, incluam essa variável em seus custos de produção.

Certamente, as empresas não farão essa tarefa de modo isolado, as associações deverão assumir tal compromisso. Cada uma das cadeias produtivas, que incluem produtores nacionais e importadores, terá que estruturar-se para desenvolver mecanismos de logística reversa, dada a peculiaridade de cada produto. Entende-se que é aí que a controladoria empresarial terá papel fundamental para que todos os aspectos dessa nova ordem sejam observados e os custos distribuídos de maneira equânime a todos os envolvidos no processo produtivo, distribuição e comercialização.

Para estruturar a logística reversa, será necessário que se firmem parcerias entre produtores, importadores, distribuidores, lojistas, consumidores, governo local e empresas de destinação final de produtos e embalagens (empresas que efetivamente conduzem os trabalhos de separação, incineração e destinação final dos componentes dos produtos e/ou suas embalagens).

Além disso, será necessário que empresas fabricantes de equipamentos necessários ao tratamento, separação e incineração dos resíduos sejam incentivadas por governos nacionais para que pesquisas necessárias para o desenvolvimento de tais equipamentos sejam viabilizadas de maneira célere para atender ao chamamento e aos prazos definidos pelo marco regulatório brasileiro que trata dos resíduos sólidos e de sua destinação final.

Fabricar produtos é relativamente fácil, faz-se o contato com fornecedores de equipamentos, monta-se a fábrica, com financiamentos apoiados pelo governo central, via agências de fomento, buscam-se no globo terrestre fornecedores de matérias-primas, contratam-se empregados e *"voalà"*, como num passe de mágica, aqui está o produto, embalado e pronto para ser comercializado.

Como se vê nessa pequena narração, muitos agentes foram incluídos, esses agentes pertencem a diversas cadeias de produção e todos devem ser responsabilizados. Contudo, como fazer? Para que todos os envolvidos cumpram com suas obrigações de desfazer o produto, sua embalagem e, assim, de eliminar os resíduos sólidos dele advindos, que por vezes vieram de outros continentes para que o produto fosse viabilizado e produzido. Mais adiante, trataremos do Certificado de Internalização de Custos Privados[1] (SLOMSKI et al., 2010b).

Nosso país, com suas dimensões, aumenta o problema e amplia o desafio da controladoria empresarial. Como estruturar? Qual é o custo da logística reversa? Para responder a essa indagação, muito terá que ser feito, dada a particularidade de cada produto, sua periculosidade, sua capacidade de incorporação e degeneração em aterros sanitários etc.

O custo da recolha e do transporte deverá ser componente importante no processo de logística reversa a ser considerado pela controladoria empresarial, dada a dimensão continental de nosso país.

Algumas cadeias produtivas brasileiras já podem ser consideradas como *benchmark*, para outras no país e fora daqui. Podemos lembrar aqui da logística reversa de embalagens de defensivos agrícolas, que iniciou seu processo de logística reversa em 2002 e que atualmente já atinge a casa de 90% (noventa por cento) das embalagens com tratamento e destinação final corretos. Esse processo envolve a participação dos agricultores, comércio varejista, distribuidoras e a indústria, entre outros. Além da cadeia citada, existe outro caso de sucesso: o da embalagem de bebidas com 98% (noventa e oito por cento) das

---

[1] O CICP foi idealizado por Slomski et al. (2010): "O CICP é um título cujo objetivo é viabilizar o processo de coleta e destinação final de todo o lixo doméstico de todas as cidades com a participação plena de todas as empresas que contribuíram para a sua geração, seja pela embalagem ou pelo produto em si. O CICP será emitido pelas empresas credenciadas na cadeia de destinação final do lixo, pelo volume de produção diária. Por exemplo: Uma Usina Verde é capaz de incinerar (destinação final) 150 toneladas de lixo/dia – desse modo, a empresa proprietária da Usina Verde, além da energia elétrica vendida diariamente, teria 150.000 CICP para vender para as indústrias internalizarem custos privados."

latinhas de alumínio retornando para a indústria fabricante de embalagem com ganhos para a natureza e meio ambiente.

Por outro lado, muitas cadeias produtivas ainda não iniciaram esse processo e, desse modo, terão que correr para não perder o prazo do marco regulatório brasileiro. Para tanto, deverão conhecer as características de seus produtos e desenvolver parcerias, dadas as particularidades deles. A legislação ambiental brasileira obriga que o tratamento deva ser conduzido com toda a certificação ambiental que o produto obrigar. Para tanto, a controladoria empresarial deverá caminhar por caminhos novos, o de compreender todo o processo de desfazimento do produto e da destinação final dos resíduos com tratamento ambientalmente correto.

A característica do produto fará com que agentes devam ser especialmente desenvolvidos, dado que cada produto que tão facilmente foi produzido, como dissemos, quase num passe de mágica, não poderá ser conduzido com a estrutura de cadeias já estruturadas, tal cadeia de logística reversa, em muitos casos, terá que ser estruturada para atender às suas necessidades.

Cada produto ou linha de produtos obrigará a cadeia a desenvolver agentes para que se envolvam no processo da logística reversa com remunerações compatíveis com seu trabalho. Observemos o caso das latinhas de alumínio. O agente mais conhecido: o catador de latinhas, que vemos em todas as cidades brasileiras. Ele sabe que terá uma remuneração certa por quilo de latinha entregue na cooperativa de reciclagem, que, por sua vez, sabe quanto terá de remuneração ao entregar para a empresa recicladora e fabricante de alumínio para novas latinhas.

E o produto de sua cadeia produtiva tem toda essa atratividade? Tem preço de mercado? Os cooperativados têm interesse em fazer o trabalho de coleta? O produto remuneraria os envolvidos no processo de recolha, de maneira tal, que ele se mantenha interessado em fazer esse trabalho? Essas perguntas terão, obrigatoriamente, que ser respondidas para que o processo torne ou crie agentes que se envolvam de maneira perene nesse processo para o atendimento do marco regulatório brasileiro de resíduos sólidos.

Aqui devemos lembrar o principal agente desse projeto de logística reversa – o cidadão. Dado o grande volume de resíduos sólidos domiciliares produzido, envolvê-lo certamente necessitará de um processo de educação contínua de separação desses resíduos.

Entende-se que o grande passo, além da vontade da cadeia produtiva em cumprir com os ditames do marco regulatório, é o da educação para a separação domiciliar e empresarial dos resíduos sólidos em, pelo menos, duas embalagens – uma contendo os resíduos orgânicos e outra contendo os resíduos recicláveis.

Para que esse passo seja dado, muito terá que ser feito. Certamente, muitas campanhas com mídias especializadas terão que ser veiculadas para que a população atenda ao chamado para que a separação dos resíduos sólidos passe a ser realizada de modo automático e, dessa forma, o sistema de coleta domiciliar e empresarial possa realizar a tarefa de separação de modo mais eficiente para que os resíduos sólidos tenham a destinação correta – aterro sanitário ou empresas componentes da Indústria de Destinação Final de Resíduos Sólidos, grupos B, C, D e E, que veremos a seguir.

Com o marco regulatório brasileiro dos resíduos sólidos nasce uma nova indústria, a indústria da destinação final dos resíduos sólidos, que terá que ser fomentada pelos governos da União, dos Estados e dos Municípios com isenções e imunidades, para que o Brasil torne-se referência mundial na destinação final dos resíduos sólidos. Esse tema já fora tratado em Parisi e Megliorini (2010b), quando defendemos a necessidade da criação formal da Indústria de Destinação Final do Lixo (IDF), que aqui renomeamos de Indústria de Destinação Final de Resíduos Sólidos (IDFRS):

> "Indústria de Destinação Final do Lixo – IDF, como proposta para o desenvolvimento organizacional e a sustentabilidade do planeta, dado que é necessário resolver o que acontece em todas as cidades: não existem mais lugares disponíveis para a construção de aterros. Vejamos a situação da cidade de São Paulo, que gera 15.000 toneladas de lixo por dia e apenas 130 toneladas vão para a reciclagem. O aterro Bandeirantes está esgotado e o São João recebe apenas 10% do lixo – a maior parte dos resíduos vai para os aterros em Caieiras e Guarulhos, apesar de lei municipal determinar que o depósito seja feito na própria cidade. (Folha de S. Paulo – 20/09/2009). O Prefeito de São Paulo sancionou a Lei nº 14.973, de 11 de setembro de 2009, que disciplina o armazenamento, a coleta, a triagem e a destinação de resíduos sólidos produzidos em Grandes Geradores de Resíduos Sólidos do Município de São Paulo."

Naquele estudo, perguntamos e respondemos: Qual será a receita da IDFRS?

- a primeira receita será a da venda de produtos para a reciclagem, papéis, plásticos, metais, vidros;
- a segunda receita será a da venda da energia elétrica produzida pela queima de resíduos não recicláveis;
- a terceira receita será a da venda de créditos de carbono, uma espécie de bônus negociáveis, em troca da não poluição ambiental estabelecida com base no Protocolo de Kioto; e
- a quarta receita surgirá da internalização de custos privados com a venda de títulos, que chamamos de Crédito de Internalização de Custos Privados (CICP)."

Entende-se que, dada a diversidade de produtos e embalagens, será extremamente difícil e caro para cada uma das cadeias produtivas estruturar a logística reversa de modo isolado. Assim, certamente a IDFRS será a maneira mais adequada para resolver tal problema e, certamente, será composta por cinco grupos de empresas:

1. Empresas de coleta seletiva:

    A receita desse grupo de empresas acontecerá com a venda dos materiais recicláveis separados e coletados em residências e empresas.

2. Empresas de triagem e separação dos resíduos sólidos recicláveis:[2]

   A receita desse grupo de empresas acontecerá com a venda dos materiais recicláveis separados por lotes e com destinação correta para o tratamento final.

3. Empresas de tratamentos dos resíduos dos produtos e das embalagens:

   A receita desse grupo de empresas acontecerá com efetivo tratamento final dos resíduos sólidos, com tratamento adequado e ambientalmente certificado com a cobrança dos serviços de modo direto, via contrato com a cadeia produtiva ou com a venda no mercado de títulos do CICP. Por outro lado, entende-se que esse grupo terá a obrigação de remunerar o grupo de empresas incineradoras.

4. Empresas incineradoras de produtos e embalagens:

   A receita desse grupo de empresas poderá acontecer de duas formas: a primeira com a remuneração pura e simples do trabalho de incineração dentro dos padrões de qualidade exigidos para cada caso realizado para as empresas de tratamento dos resíduos sólidos e das embalagens. E a segunda remuneração pode ser obtida pela venda da energia resultante da queima dos produtos.

5. Empresas recicladoras:

   A receita desse grupo de empresas acontecerá pela venda de produtos reciclados.

Considerando que a logística reversa dos produtos ou de suas embalagens será de responsabilidade do fabricante, o custo de seus produtos será acrescido pelo pagamento dos serviços de logística reversa prestados pelas empresas componentes da IDFRS, de modo direto, com contratos firmados com a cadeia produtiva ou pela aquisição de CICP.

Desse modo, os fabricantes internalizarão como custo de produção toda a logística reversa e, desse modo, tornar-se-ão ambientalmente sustentáveis e economicamente justas ao não produzirem externalidades negativas.

Para finalizar, como fora dito, a logística reversa de produtos e embalagens é o novo desafio a ser enfrentado pela controladoria empresarial para que a empresa cumpra com o que determina o marco regulatório brasileiro quanto à destinação final dos resíduos sólidos advindos dos produtos ou de suas embalagens.

Assim, a sedimentação desse tema, certamente, demandará muito esforço para que os produtos continuem economicamente atrativos com o desenvolvimento de maneiras mais eficientes de fabricá-los, com o desenvolvimento de novos fornecedores de matérias-primas, de novos materiais e novos processos.

Para tanto, a controladoria ambiental precisará: conhecer, com profundidade, o entrelaçamento das cadeias produtivas e de suas responsabilidades no processo de logística reversa. Ter consciência do tamanho continental de nosso país, para que todo o processo de logística reversa dos produtos e embalagens seja contemplado. Saber todas as particu-

---

[2] Aqui são incluídas as Cooperativas de Coletores e Recicladores.

laridades dos produtos fabricados para a compreensão real do problema a ser enfrentado no processo de desfazimento dos produtos e/ou de suas embalagens. Contribuir para o desenvolvimento de agentes parceiros no processo de logística reversa. Desenvolver ações que contribuam para o processo de educação de separação domiciliar e empresarial dos resíduos sólidos. Capacitar os agentes internos responsáveis pela remuneração das empresas componentes da IDFRS.

Certamente, não esgotamos o tema, muito mais deve ser dito e estudado para a contribuição no desenvolvimento do processo de logística reversa a ser implantado no Brasil.

REVISÃO DE CONTEÚDO

Elaborada pelo Prof. Juliano Almeida Faria

QUESTÃO 1

Acerca da conscientização ambiental empresarial, é correto afirmar que:

I. Empresas conscientes ambientalmente estudam seus fluxos operacionais e identificam meios de redução do consumo de água, melhoria do nível da qualidade do ar, gerenciamento de áreas utilizadas e outras ações que evitem a restrição das condições de vida futura e, até mesmo, atual.

II. Os recursos ambientais são consumidos pelas empresas para produção de outros bens ou serviços. A responsabilidade das empresas relaciona-se à devolução à sociedade de forma deteriorada, pois é uma atividade inerente ao fluxo produtivo.

III. A conscientização empresarial está em assumir a responsabilidade pelas ações que afetam negativamente o patrimônio ambiental e atuar por meio da redução do consumo inadequado dos recursos que levem a uma degradação generalizada.

Estão corretas as alternativas:

a) I e II.
b) II e III.
c) I e III.
d) Todas estão corretas.
e) Todas estão incorretas.

QUESTÃO 2

O paradigma predominante é transformar a sustentabilidade em oportunidade de negócio, sendo sinônimo de vantagem competitiva e busca de legitimidade perante os *stakeholders*. Um dos caminhos viáveis para que as empresas consigam romper com esse paradigma é:

a) O uso da controladoria ambiental, que identifica, mensura, acumula, analisa, interpreta e descarta as informações geradas no contexto empresarial ambiental, contribuindo assim para a melhoria do sistema em que atua.

b) A ecoeficiência que significa o processo de direcionamento de investimentos para ações que aumentem ou mantenham a produtividade com mínimo impacto ambiental.

c) A visão holística da empresa e do ambiente na qual atua por meio da utilização separadamente dos três itens que compõem o tripé da sustentabilidade, ou seja, os aspectos ambientais, econômicos e sociais.

d) Esse paradigma é impossível de ser rompido com as condições tecnológicas atuais, sendo necessário inicialmente direcionamento dos recursos para geração desse suporte tecnológico.

e) Somente por meio da educação superior será possível munir a sociedade de conhecimento para enfrentar esse desafio, sendo, portanto, necessário que todos os membros desta passem por esta formação em universidades.

QUESTÃO 3

Acerca da controladoria ambiental, é possível afirmar que:

a) Detém autonomia suficiente capaz de atuar independentemente dos sistemas de gestão contábil da informação.

b) Gera relatórios de sustentabilidade exclusivos para usuários internos.

c) Desmistifica a necessidade do uso dos princípios contábeis na mensuração e análise das movimentações do patrimônio de cunho ambiental.

d) É um ramo do conhecimento opcional para aquela empresa que deseja trabalhar com ecoeficiência no contexto atual e previsto para o futuro.

e) Dentre outros focos, gera informações sobre estratégias socioambientais e rentabilidade de bens e serviços.

QUESTÃO 4

Recurso controlado pela entidade, como resultado de eventos passados, do qual se espera que benefícios futuros fluam para a entidade, estando associados com a preservação, a recuperação, o monitoramento e/ou reciclagem.

O conceito acima refere-se a:

a) Ativo ambiental.
b) Passivo ambiental.
c) Patrimônio ambiental.
d) Receita ambiental.
e) Despesa ambiental.

QUESTÃO 5

"No âmago de toda teoria para a mensuração dos ativos se encontra a vontade de que a avaliação represente a melhor quantificação possível dos potenciais de serviços que o ativo apresenta para a entidade" (Iudícibus, 2004). Para que a avaliação atinja esse objetivo citado acima, pode-se recorrer às seguintes bases de mensuração. Marque "V" para verdadeiro e "F" para falso:

( ) Custo Histórico.

( ) Custo Corrente.

( ) Valor Realizável Líquido.

( ) Valor Presente.

( ) Custo Histórico Corrente.

A sequência correta é:

a) V, F, V, F, F.
b) F, V, V, V, F.
c) F, F, F, V, V.
d) V, F, F, V, V.
e) V, V, V, V, F.

QUESTÃO 6

São itens que compõem o ativo ambiental:

a) Insumos para recuperar emissão de resíduos, bens móveis usados para atividades de impacto ambiental.
b) Bens imóveis usados para atividades preventivas, insumos com alta capacidade de gerar resíduos.
c) Bens imateriais relacionados à emissão de carbono, imóveis geradores de poluição natural.
d) Investimentos direcionados à prevenção ambiental, insumos de produtos geradores de resíduos sólidos.
e) Bens móveis e imóveis destinados a atividades potencializadoras de impacto ambiental.

QUESTÃO 7

Considere a relação de gastos na tabela a seguir:

Preço aquisição equipamento X	48.978,58
Matéria-prima utilizada produção (trimestre)	7.480,00
MO Instalação equipamento X	4.500,00
Desmontagem Equipamento Anterior	8.000,00
Gastos com marketing novo produto	9.740,00
Inauguração da nova unidade produção	3.000,00
Impostos não recuperáveis equipamento X	9.548,58
Treinamento para uso equipamento X	1.500,00

Conforme seus conhecimentos, o valor total que compõe o custo da aquisição do imobilizado (Equipamento X) é:

a) 92747,16.
b) 64527,16.
c) 72007,16.
d) 75507,16.
e) 72527,16.

QUESTÃO 8

Para o reconhecimento do passivo, deve-se levar em consideração:

I. Verificação se o passivo é resultado de uma transação do passado e não de uma transação futura.

II. Checagem se é passível de mensuração monetária de maneira confiável.

III. Informações como data e credor devem ser conhecidas, independentemente da precisão destas informações.

Estão corretas as alternativas:

a) I e II.
b) II e III.
c) I e III.
d) Todas estão corretas.
e) Todas estão incorretas.

QUESTÃO 9

Uma empresa de alimentos passou a revender as embalagens de plástico da sua principal matéria-prima para uma associação de reciclagem situada na mesma cidade na qual desenvolve suas operações. Levando em consideração os valores significativos apresentados já no primeiro trimestre desta operação, a empresa deve classificar como:

a) Receitas operacionais, visto que faz parte da atividade principal da empresa.

b) A crédito da conta de custos, visto que reduz o valor destes no processo produtivo.

c) Despesas, pois mesmo que seja vendido, o valor foi originado de uma despesa com aquisição da matéria-prima.

d) Receita ambiental, pois considera-se uma recuperação de todo o impacto ambiental que a empresa causou com a produção no trimestre.

e) Já que houve otimização de geração de resíduos e geração de subproduto, então deve classificar como receita ambiental.

QUESTÃO 10

Tais gastos referem-se a gastos incorridos sem uma contrapartida de benefícios, ou seja, não proporcionam benefícios para a empresa (Adaptado de RIBEIRO, 2005). O conceito acima apresentado refere-se a:

a) Receitas ambientais.

b) Despesas ambientais.

c) Custos ambientais.

d) Perdas ambientais.

e) Ganhos ambientais.

REFERÊNCIAS

BAE, Benjamin; Sami, HEIBATOLLAH. The effect of potential environmental liabilities on earnings response coefficients. **Journal of Accounting, Auditing & Finance**, ano 20, nº 1, p. 43-70, Winter, 2005.

BORBA, José Alonso; ROVER, Suliani. **A evidenciação das informações ambientais nas demonstrações contábeis das empresas que atuam no Brasil e que negociam na bolsa de valores dos Estados Unidos**: uma análise das DFP's (CVM) e do relatório 20-F (SEC). Trabalho apresentado no Congresso de Contabilidade da USP. São Paulo, 2006.

BRASIL. Lei nº 12.305, de 2 de agosto de 2010. **Institui a Política Nacional de Resíduos Sólidos**. Brasília, 2 de agosto de 2010.

BRUNI, Adriano Leal; GOMES, Sonia Maria da Silva. **Controladoria empresarial**: conceitos, ferramentas e desafios. Salvador: Edufba, 2010. Capítulo 16 (Os Desafios da Controladoria Ambiental).

CARVALHO, L. N.; RIBEIRO, M. S. A posição das instituições financeiras frente ao problema das agressões ecológicas. In: IX SEMANA DE CONTABILIDADE DO BANCO DO BRASIL. São Paulo: FEA/USP, 2000.

CONSELHO FEDERAL DE CONTABILIDADE. Resolução CFC 1.003 de 19.08.2004. NBC T 15. Informações de natureza social e ambiental. Disponível em: < http://www.cfc.org.br/sisweb/sre/Default.aspx>.

CONSELHO FEDERAL DE CONTABILIDADE. **Resolução CFC 1.374/2011 de 8.12.2011. Estrutura conceitual para elaboração e divulgação de relatório contábil-financeiro**. Disponível em: <http://www.cfc.org.br/sisweb/sre/Default.aspx>.

FARIAS, Manoel Raimundo Santana. Bases conceituais e normativas para reconhecimento e divulgação do passivo contingente: um estudo empírico no setor químico e petroquímico brasileiro. São Paulo, 2006. Anais... CONGRESSO USP DE CONTROLADORIA E CONTABILIDADE.

GRAY, Rob; BEBBINGTON, Jan. **Accounting for the environment**. 2. ed. Londres: Sage, 2001.

HENDRIKSEN, Eldon S.; VAN BREDA, Michael F. Van. **Teoria da contabilidade**. Tradução de Antônio Zoratto Sanvicente. 5. ed. São Paulo: Atlas, 2007.

IAS 37 Provisões, Passivos e Ativos Contingentes. In: **Normas Internacionais de Contabilidade**: texto completo de todas as normas internacionais de contabilidade e interpretações (SIC) existentes em 1 de janeiro de 2011, São Paulo: IBRACON, 2002.

IUDÍCIBUS, Sergio de. **Teoria da contabilidade**. 9. ed. São Paulo: Atlas, 2009.

KASSAI, J. R.; FELTRAN-BARBIERI, R.; SANTOS, F. C. B.; CARVALHO, L. N. G.; CINTRA, Y. C.; FOSCHINE, A. **The environmental equity of nation**: a reflection in the scenario of climate change. SECOND ITALIAN CONFERENCE ON SOCIAL AND ENVIRONMENTAL ACCOUNTING RESEARCH, RIMINI-ITALIAN. Social and Environmental Accounting Research. Rimini-Italian, 2008.

MARTINS Eliseu; RIBEIRO, Maisa de Souza. A informação como instrumento de contribuição da contabilidade para a compatibilização do desenvolvimento econômico e a preservação do meio ambiente. **Revista Interamericana de Contabilidade**, nº 60, p. 31-40, out./dez. 1995.

_____. **Contabilidade de custos**. 9. ed. São Paulo: Atlas, 2003.

ONU UNCTAD/ISAR – Intergovernmental Working Group of Experts on International Standards of Accounting and Development. Disponível em: <http: www.unctad.org/Templates/Startpage.asp?intlteml>.

PARISI, Cláudio; MEGLIORINI, Evandir (Org.). **Contabilidade gerencial**. São Paulo: Atlas, 2010b.

RIBEIRO, Maisa de Souza. **Contabilidade ambiental**. São Paulo: Saraiva, 2005.

_____. Contabilidade e meio ambiente. 1992. Dissertação (Mestrado) – Universidade de São Paulo- -USP, São Paulo.

_____. O tratamento contábil dos créditos de carbono. 2005. Tese (Livre Docência) – Universidade de São Paulo – USP, São Paulo.

ROCHA, J. M.; SIMAN, R. F. **Desenvolvimento sustentável: desmistificando um axioma – a sustentabilidade na agricultura em questão**. In: X ENCONTRO NACIONAL DE ECONOMIA POLÍTICA, Campinas, SP, 2005. Disponível em: <http://www.sep.org.br/artigo/10_congresso_old/xcongresso53.pdf>.

SLOMSKI, V. et al. **Gestão de custos**: uma proposta de internalização de custos da destinação final relacionada ao descarte do produto e/ou de sua embalagem aos custos de produção. CONGRESSO USP, Ano: 2010a.

_____; KASSAI, J. R.; SLOMSKI, V. G. Desenvolvimento e sustentabilidade. In: PARISI, Cláudio; MEGLIORINI, Evandir (Org.). **Contabilidade gerencial**. São Paulo: Atlas, 2010b.

TINOCO, João E. P.; KRAEMER, Maria E. P. **Contabilidade e gestão ambiental**. São Paulo: Atlas, 2005.

UNCTAD/ISAR. **Accounting and financial reporting for environmental costs and liabilities**. 1998a. Disponível em: <http://www.unctad.org/TEMPLATES/&lang=1>.

GESTÃO AMBIENTAL ESTRATÉGICA

Sonia Maria da Silva Gomes
Márcio Santos Sampaio

3.1 COMPREENDENDO A GESTÃO AMBIENTAL ESTRATÉGICA

No capítulo anterior, foram apresentados alguns conceitos fundamentais para que a compreensão sobre a Controladoria Ambiental fique clara. Dentre as diversas atribuições da Controladoria Ambiental, vimos que a inserção de aspectos socioambientais relacionados com a estratégia empresarial vem ganhando relevância nos últimos anos em função da mudança no cenário mercadológico e da concepção da sociedade sobre a responsabilidade das empresas com relação às questões pertinentes ao meio ambiente.

A proposta para que esse objetivo da Controladoria Ambiental seja atingido é a implementação de um Sistema de Controladoria Ambiental (SCA) que contemple informações para os usuários internos e externos. Assim, informações sobre a gestão ambiental, a *performance* ambiental, gestão de custos ambientais, bem como os indicadores e instrumentos de mensuração dos custos serão integrados ao planejamento estratégico da empresa, guiando suas ações, inter-relacionando a missão, visão e valores da organização com os princípios do tripé da sustentabilidade (econômico, social e ambiental).

Neste momento, cabe uma pausa para trazer à discussão algumas questões que serão importantes para que possamos continuar avançando:

- Por que Controlodaria Ambiental? Como surgiu?
- Por que não Contabilidade Ambiental? São distintas?
- Quais são os benefícios relacionados com a implantação da Controladoria Ambiental numa empresa?

A ideia da criação de um desdobramento da Controladoria surge diante do imperativo da integração das questões socioambientais com a gestão das empresas. A Controladoria é uma área multidisciplinar, cujo principal pilar de sustentação é a contabilidade. E dessa forma alinha-se com o desafio de incluir as questões socioambientais na gestão das empresas, que, por sua vez, é multifatorial. A partir dessa plataforma, o SCA desenvolve-se, para que usuários internos e externos possam obter informações para subsidiar os seus processos de tomada de decisão.

De acordo com Borinelli (2006), a Controladoria deve ser estudada a partir de três aspectos: conceituais (apresentando o que é), procedimentos (como funciona) e organizacionais (como se materializa nas organizações). E nessa mesma direção temos procurado dar contribuições para o desenvolvimento desse ramo que denominamos Controladoria Ambiental. Nesse sentido, pretende-se discutir e incluir na Controladoria Ambiental instrumentos de mensuração, diretrizes para reconhecimento e evidenciação de aspectos relacionados às questões sociais e ambientais, aumentando o escopo de atuação da Contabilidade, não dissociando, pelo contrário, promovendo a integração da Controladoria Ambiental com as atividades operacionais das empresas.

Assim, a Controladoria Ambiental, por ser uma área multidisciplinar, integra aspectos da contabilidade financeira e gerencial ambiental, tendo como pilares o reconhecimento, a mensuração e a evidenciação de aspectos socioambientais. É justamente a partir dessa relação entre as questões socioambientais e a estratégia das empresas que se vislumbram os benefícios da Controladoria Ambiental, uma vez que, além de promover a gestão de custos ambientais, possuir indicadores e instrumentos capazes de mensurar e avaliar a *performance* da empresa com relação aos aspectos sociais e ambientais, ainda, evidencia tais elementos para os *stakeholders* das organizações.

É nesse sentido que Slomski, Kassai e Slomski (2011) destacam o papel do *disclosure* socioambiental, pois na opinião desses autores devido à dificuldade de mensuração de alguns aspectos sociais desenvolvidos pelas empresas, é de grande relevância o papel da evidenciação desses aspectos, não de forma superficial e simplificada ou até mesmo ausente em grande parte das empresas, mas de forma completa, representando de forma fidedigna os eventos relacionados com as operações desenvolvidas pelas empresas, bem como as implicações sobre a situação econômica (desempenho) e patrimonial dessas organizações.

Por isso, vamos discutir de forma um pouco mais detalhada sobre os aspectos relacionados com a evidenciação e os modelos existentes.

3.2 MODELO ESTRATÉGICO DE SUSTENTABILIDADE AMBIENTAL

Na opinião de Hart e Milstein (2004), a implementação de um modelo de sustentabilidade corporativa, que coloque a empresa na direção da criação de valor para o acionista, requer uma visão crítica dos gestores para os seguintes pontos:

- **Aumento de lucros e redução de riscos por meio do combate à poluição:** o combate à poluição está focado na melhoria da eficiência ambiental de produtos e processos, ou seja, na redução de resíduos e emissões das operações. Com isso, reduz-se o custo de matéria-prima. Todavia, um combate eficiente da poluição requer um envolvimento intenso dos empregados, acompanhado de um bom desenvolvimento de potenciais para melhoria contínua e controle da qualidade.

- **Reputação e legitimidade:** o gestor deve otimizar a reputação e a legitimidade por meio do gerenciamento de produto. A gestão do produto deve estender-se além das fronteiras da organização para incluir o ciclo de vida do produto – desde a aquisição da matéria-prima, processo de produção, uso do produto e descarte pelo consumidor. Por outro lado, ao engajar os *stakeholders* nos processos de negócios, as empresas elevam a confiança externa em suas intenções e atividades.

- **Inovação e reposicionamento:** a empresa deve reposicionar suas competências internas em torno de tecnologias mais sustentáveis. Assim, em vez de reduzir os impactos ambientais de suas operações, a empresa se esforça para solucionar problemas socioambientais por meio de desenvolvimento ou aquisição de tecnologias sustentáveis inovadoras.

- **Caminho de crescimento e trajetória:** a organização deve buscar identificar mercados antes nem pensados. Isso é possível por meio do diálogo com os diversos *stakeholders*.

Hart e Milstein (2004, p. 70) chamam a atenção dos gestores para a escolha das métricas de avaliação dos projetos de investimentos para implementação de um modelo de sustentabilidade corporativa, que crie valor para o acionista, pois quase nunca irão satisfazer às necessidades de retorno e alvos de lucratividade de curto prazo. Por isso, recomenda a utilização da abordagem de **opção real** e não a lógica do fluxo de caixa descontado para justificar tais investimentos. As pesquisas empíricas têm demonstrado que as empresas que perseguem o combate à poluição e as estratégias de redução de resíduos realmente aumentam os lucros e reduzem custos.

No contexto organizacional atual, os gestores estão sendo desafiados para alcançar a excelência tanto no desempenho social, ambiental e financeiro simultaneamente. Obviamente, gerir e medir esse paradoxo é muito desafiante. Quando as ações melhoram o desempenho social e financeiro simultaneamente, é mais simples. Todavia, quando há um custo financeiro adicional na melhoria da gestão das ações sociais ou ambientais e não há uma melhoria no desempenho financeiro, então os gestores são confrontados com um dilema de como fazer as escolhas e que ações implementarem (EPSTEIN, 2008).

Para melhorar a integração dos impactos social e ambiental nas decisões do dia a dia, as empresas devem associar a medição e a comunicação desses impactos nos processos decisórios. Além disso, elas devem medir e comunicar esses impactos em termos financeiros e, então, integrá-los aos modelos tradicionais de investimento. Por isso, Epstein (2008) defende que para a implementação de um modelo de sustentabilidade corporativa eficiente é necessário que os gestores:

- compreendam as relações causais das diversas ações a serem escolhidas;

- compreendam o impacto dessas ações na *performance* da sustentabilidade;
- compreendam o impacto real e potencial dessas ações no desempenho financeiro;
- integrem a sustentabilidade nas decisões de alocações de recursos no operacional e estratégico;
- auxiliem os colegas no gerenciamento simultâneo da melhoria da *performance* ambiental e financeira;
- reconheçam que são componentes essenciais para implementação a estratégia e a liderança.

Com base nesses princípios, em suas experiências em organizações e nas pesquisas realizadas, Epstein (2008) desenvolveu o modelo de sustentabilidade corporativa apresentado na Figura 3.1. O modelo descreve os direcionadores de *performance* da sustentabilidade corporativa, as ações que gerentes podem escolher para afetar o desempenho e as consequências dessas ações sobre a *performance* social corporativa e financeira. Além disso, identifica e articula os *drivers* para medir e gerenciar os efeitos bons e ruins do desempenho social e ambiental, considerando as demandas dos *stakeholders* da empresa. O modelo permite uma melhor integração dessas informações nas decisões operacionais do dia a dia das organizações. A Tabela 3.1 descreve algumas métricas para mensuração de ações socioambientais.

Figura 3.1 – *Modelo de sustentabilidade corporativa*

Há três grandes grupos de impacto:
❶ Custos financeiros/benefícios das ações
❷ Impacto social
❸ Impacto financeiro através da sustentabilidade

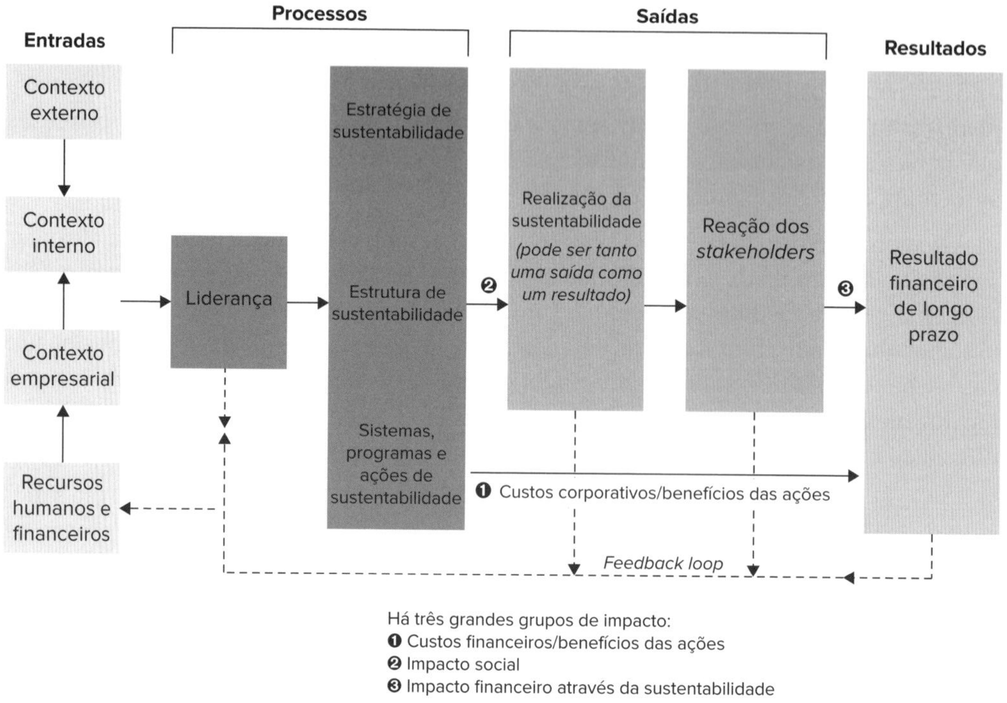

Fonte: Epstein (2008).

Tabela 3.1 – *Exemplos selecionados de medidas de sustentabilidade*

Direcionadores	Medidas de Resultado
Entradas	
Alinhamento da estratégia corporativa de sustentabilidade	
Número e diversidade de unidades de negócios	
Diversidade geográfica de produção e vendas	
Impacto sustentável dos processos, indústria e produtos	
Posição financeira da corporação	
Posição competitiva da indústria	
Sustentabilidade na avaliação do desempenho da gestão	
Recursos disponíveis para a sustentabilidade	
Processos	
Número de visitas às plantas	
Compromisso da liderança corporativa e de sustentabilidade	
Política de trabalho infantil	
Acesso da gestão de sustentabilidade à gestão estratégica	
Excelência dos processos planejados	
Recursos destinados para a sustentabilidade	
Adoção de códigos e padrões para a melhoria da sustentabilidade (incluindo número de instalações certificadas)	
Número e nível de pessoal dedicado à sustentabilidade	
Horas de treinamento de ética por empregado	
Número de fornecedores certificados para a sustentabilidade	
Saídas	
Número de fechamento de fábricas	
Volume de resíduos perigosos	
Volume de embalagens	
Quantidade de compras em fornecedores minoritários	
Percentual de mulheres e minorias em cargos de chefia	
Número de lesões	
Número de derrames, acidentes, descargas	
Volume de violação dos direitos humanos e trabalhistas	
Resultado da auditoria ética	
Taxa de produtos defeituosos	
Número de protesto de consumidores	
Número de reclamações de empregados	
Número de multas	
Número de *recall* de produtos	
Receita com subprodutos	
Número de ações em empresas ou fundos socialmente responsáveis	
Número de prêmios recebidos	
Resultados	
Receita com materiais reciclados	
Receitas relacionadas às ações de marketing	
Aumento das vendas pela melhora da reputação	
Redução dos custos pela redução dos desperdícios	
Redução do *turnover* de empregados	
Aumento das receitas	
Redução dos custos de recuperação ambiental	
Aumento do ROI	
Aumento dos lucros	

Fonte: Epstein (2008).

Epstein (2008) afirma que as decisões de investimentos, de gestão de custos e avaliação da *performance* são elementos críticos para qualquer implementação bem-sucedida, e que o *controller* tem um papel fundamental neste processo, pois é o responsável em definir como as ações devem ser medidas e as pessoas avaliadas. Ele dá o exemplo de como a empresa Canon fez para integrar a sustentabilidade na avaliação dos departamentos. Assim, cada departamento tem o ônus financeiro dos resíduos processados. Os resíduos gerados em cada local de trabalho são coletados e enviados para um centro de reciclagem onde é separado por tipo de resíduos, depois é quantificado e gravado. Cada departamento é avaliado pelo índice que mede a relação entre os resíduos tratados e os resíduos produzidos.

Algumas companhias, segundo Epstein (2008), desenvolveram programas detalhados de autoavaliação para focalizar esforços em áreas do desempenho que criam valor para as partes relacionadas da companhia e que ajudam sustentar melhorias a longo prazo. Então estabelecem frequentemente alvos para medir melhorias e desenvolver um jogo de recompensas para que indivíduos e equipes recompensem o desempenho social e ambiental aperfeiçoado.

O *Institute of Management Accounting* (IMA) publicou, em 1996, um documento sobre *Tools and Techniques of Environmental Accounting for Business Decisions*, no qual sugere alguns instrumentos gerenciais para integrar os impactos ambientais nas decisões gerenciais. Esses instrumentos compreendem análise de custos, análise de investimento e avaliação da *performance*, a saber.

Análise de custos

Os instrumentos, segundo o IMA, que auxiliam na definição das atividades, processos e produtos que causam custo ambiental são:

- alocação dos custos ambientais;
- avaliação de ciclo de vida do produto (LCA);
- análise da hierarquia dos custos ambientais;
- custeio baseado em atividades;
- quantificação e monetarização das externalidades e custos ambientais das atividades da cadeia de valor.

Análise de investimento

Os instrumentos, segundo o IMA, que auxiliam os gestores para justificar os investimentos em ações socioambientais são:

- avaliação do custo total (TCA);
- avaliação multicritério;
- análise de incerteza e riscos.

Instrumentos para avaliação de desempenho

Os instrumentos, segundo o IMA, que auxiliam na avaliação da *performance* ambiental são:

- avaliações das instalações, das unidades estratégicas de negócio e da empresa;
- incentivos individuais;
- multiplicadores ambientais;
- taxas ambientais e redução de resíduos;
- *balanced scorecard*.

A Companhia de Eletricidade do Estado da Bahia (Coelba) é um exemplo de empresas que utilizam esses instrumentos. O modelo estratégico utilizado pela empresa para implementar suas metas sociais e ambientais foi o BSC, conforme descrito no Capítulo 5. Outras empresas usam o Sistema de Gestão Ambiental (SGA) proposto pela série da ISO 14000.

3.3 SISTEMA DE GESTÃO AMBIENTAL (SGA)

Os sistemas de gestão ambiental são importantes ferramentas na gestão das atividades desenvolvidas pelas empresas e que, de alguma forma, têm um impacto sobre o meio ambiente. O SGA deve ser flexível para atender às necessidades específicas de cada empresa de maneira tal que possa realizar o acompanhamento das ações da empresa desde o seu planejamento estratégico até o controle.

Na opinião de Tinoco e Kraemer (2004, p. 121), o SGA pode ser definido como:

> Um conjunto de procedimentos para gerir ou administrar uma organização, de forma a obter o melhor relacionamento com o meio ambiente. Consiste, essencialmente, no planejamento de suas atividades, visando à eliminação ou minimização dos impactos ao meio ambiente, por meio de ações preventivas ou medidas mitigadoras.

O conceito de Tinoco e Kraemer contribui e reitera o nosso entendimento de que o SGA deve servir de suporte para o processo de tomada de decisões com relação às atividades da empresa e que vão impactar o meio ambiente. Entretanto, de acordo com a nossa proposição apresentada no capítulo, o SGA deve funcionar de forma integrada com o Sistema de Controladoria Ambiental (SCA), uma vez que os objetivos apresentados pelo SCA serão cumpridos na organização quando a mesma tiver implementado um SGA.

Quando falamos em SGA, não poderíamos deixar de fora desse debate a normatização ISO 14001:2004, cujo objetivo é criar diretrizes que facilitam a vida das empresas para a implantação e uso do SGA. Por essa norma o SGA é definido como "uma estrutura desenvolvida para que a organização possa consistentemente controlar seus impactos significativos sobre o meio ambiente e controlar continuamente as operações e o negócio".

Dessa forma, o SGA contribui diretamente para o estabelecimento da política ambiental das organizações, que por sua vez é conceituado pela ISO 14001:2004 como "Direção e intenções gerais de uma organização relacionadas ao seu desempenho ambiental, conforme expressas formalmente pela alta direção".

Nesse sentido, quando a ISO 14001 estabelece o contínuo controle das operações, nos leva a entender que o SGA contribui ainda para a gestão de recursos da organização e, consequentemente, para a gestão de custos. Assim, a criação de indicadores de desempenho, estabelecimento de custos ambientais por produtos ou atividades, bem como a identificação dos impactos ambientais para cada atividade representam alguns itens que devem ser contemplados nesse aspecto.

Assim, entendemos que dentre os benefícios proporcionados pelo SGA estão a redução dos custos, aumento dos lucros, além de contribuir para uma melhoria da imagem institucional, uma vez que os impactos socioambientais serão minimizados. O Quadro 3.1 sumariza os potenciais benefícios para um SGA.

Quadro 3.1 – *Benefícios potenciais de um SGA*

Benefícios Potenciais Internos	Benefícios Potenciais Externos
Sistematização das medidas ambientais já implantadas	Melhoria da imagem perante a sociedade
Motivação dos colaboradores	Fortalecimento da competitividade
Prevenção de riscos e evitação de responsabilidade	Facilidades de negócios em bancos e seguradoras
Reconhecimento de potenciais de redução de custos	Facilidades no trato com órgãos ambientais

Além disso, deve ser observado que o bom funcionamento do SGA requer uma equipe multidisciplinar em função dos múltiplos fatores relacionados com a obtenção de dados e a geração de relatórios específicos para atender tanto às necessidades informacionais dos usuários internos quanto dos usuários externos. Como anteriormente foi visto, o SGA deve funcionar de forma integrada com o SCA, sendo a contabilidade um pilar fundamental de sustentação no processo de reconhecimento, mensuração e evidenciação das informações para o processo decisório.

A implantação de um SGA requer como a implantação de qualquer outro sistema a identificação dos processos e atividades desenvolvidos pela empresa, bem como os impactos gerados para o meio ambiente. De acordo com Tinoco e Kraemer (2004, p. 121), a implementação de um SGA requer a revisão das seguintes áreas:

- legislação e outros instrumentos legais e normativos;
- aspectos ambientais;

- análise das práticas e procedimento de gestão ambiental; e
- avaliação dos incidentes/acidentes prévios.

Quando se pensa em implantar um SGA em uma empresa, faz-se necessário tornar o processo de conhecimento de todos. O processo de comunicação transparente é um pré-requisito para o sucesso de qualquer sistema e que tornará todos os envolvidos corresponsáveis por essa atividade. Tão importante quanto essa tarefa é a atribuição de responsabilidades para cada um que trabalhará, direta ou indiretamente, com o SGA. A empresa deve deixar claro para todos os envolvidos quais as consequências para a empresa e para o meio ambiente decorrente das atividades desenvolvidas.

Nesse processo de implantação do SGA, é válido observar a abordagem de melhoria contínua da ISO quanto ao PDCA (Planejamento-Fazer-Checar-Agir). O atendimento a essa abordagem contribuirá para a gestão de qualidade dos recursos e acompanhamento da execução da política ambiental, sendo que tal metodologia terá como resultado do processo de retroalimentação a melhoria contínua das atividades da organização. A Figura 3.2 sistematiza a abordagem da ISO 14001.

Figura 3.2 – *Sistema de gestão ambiental ISO 14001*

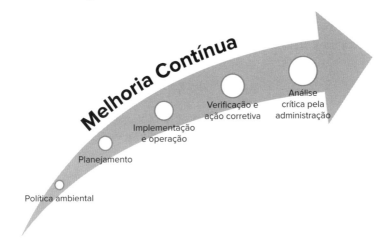

Fonte: ISO 14001:2004 – Adaptada.

Para que esse ciclo funcione bem, é necessário o acompanhamento de todas as etapas, buscando medir cada processo. Para isso, a normatização ISO 14001 define três classificações para medição dos processos. São elas:

a) **Medição de processo**: envolve atividades que necessitam de controle, tais como emissões, e pode incluir a calibração de equipamento usado para medições.

b) **Medição de conformidade**: avalia o desempenho em relação aos requisitos legais.

c) **Medição de sistema**: inclui o progresso em relação a objetivos e o resultado de auditorias internas.

Não podemos esquecer que é fundamental que o SGA possa quantificar física e monetariamente os custos ambientais e outros itens relacionados com os aspectos socioambientais. Neste momento, vale lembrar uma contribuição de Kaplan e Norton (1992), de que o que não é medido não é gerenciado. Esse processo de mensuração será de fundamental importância para que o desempenho ambiental possa ser analisado, que será evidenciado por meio de resultados mensuráveis da gestão dos aspectos ambientais (ISO 14001:2004).

É diante desse cenário que a composição de indicadores que atendam às necessidades de gestão de cada empresa ganha destaque, pois são esses indicadores que contribuirão para o processo de quantificação, além de fornecerem subsídios para a análise de desempenho da empresa. Esses indicadores serão mais bem discutidos no próximo capítulo.

3.4 EVIDENCIAÇÃO DE INFORMAÇÕES SOCIAL E AMBIENTAL

O termo *evidenciação* é utilizado em contabilidade para o processo de divulgação de informações para os seus diversos usuários. A evidenciação de informações tem como propósito reduzir o ambiente de incerteza, em função dos prováveis cenários que podem se apresentar para uma empresa, e, consequentemente, gerar um ambiente de maior segurança para o processo de tomada de decisão.

Para Iudícibus (1997, p. 115), a evidenciação é

> "um compromisso inalienável da Contabilidade com seus usuários e com os próprios objetivos. As formas de evidenciação podem variar, mas a essência é sempre a mesma [...] propiciar uma base adequada de informação para o usuário".

Esse conceito apresenta uma adequada aplicação quando o analisamos sob o foco da evidenciação das questões socioambientais. Vamos compreender melhor esse processo!

A evidenciação de natureza socioambiental é de caráter voluntário, ou seja, é realizada por mera liberalidade das empresas. Entretanto, nos últimos anos tem crescido de forma significativa o número de empresas publicando informações sobre suas ações sociais e ambientais. Tal fato nos leva a pensar que a evidenciação dessa informação tem tido alguma importância e gerado, consequentemente, benefícios para essas empresas.

Aliado a esse aspecto, há de se pontuar que atualmente temos vários modelos para a evidenciação das questões socioambientais, que serão discutidos mais adiante, e tal constatação é pertinente com a afirmação de Iudícibus (1997), quando afirma sobre a possibilidade de variação na forma de apresentação das informações. Entretanto, uma questão que não pode ficar de fora da nossa discussão é: as informações de ordem social e ambiental têm estado revestidas das características que dão utilidade à informação contábil, conforme preconiza a Resolução CFC 1374/2011, ou seja, essas informações têm representado adequadamente o que se propõem representar? As informações de natureza social e ambiental são relevantes para o processo de tomada de decisão a ponto de influenciarem os usuários a optar ou não por determinado investimento ou ação? Esses questionamentos são potencializados quando buscamos refleti-los à luz de outras três perguntas fundamentais indicadas por Hendriksen e Van Breda (1999, p. 511) e que devem ser respondidas quando discutimos sobre evidenciação:

- A quem deve ser divulgada a informação?
- Qual a finalidade da informação?
- Quanta informação deve ser divulgada?

A resposta para essas perguntas sob o foco da evidenciação de informações de natureza socioambiental ficará mais bem compreendida se inserirmos as contribuições da Teoria da Legitimidade neste debate.

Teoria da Legitimidade

De acordo com Dias Filho (2009), a Teoria da Legitimidade tem sido bastante utilizada para explicar os mecanismos de evidenciação, principalmente quando se trata de informações de natureza socioambiental. Essa teoria tem como fundamento um "contrato" que existe entre as empresas e a sociedade, sendo que as empresas utilizam a publicação de informações socioambientais para reduzir a pressão social, diminuindo assim os custos políticos, preconizados pela Teoria da Agência e, como consequência, reduzindo os custos operacionais. Esse processo contribui para a consolidação da imagem da empresa, fazendo com que os clientes continuem comprando seus produtos e serviços.

A partir do pressuposto dessa teoria, fica mais fácil compreender por que grande parte das empresas de vários ramos de atividade tem investido na evidenciação de informação socioambiental de forma voluntária. Olhando por essa mesma janela, podemos compreender também as ações com relação à responsabilidade social (interna e externa) realizada pelas empresas. É importante lembrar que a contribuição para o desenvolvimento da sustentabilidade também inclui os aspectos sociais, uma vez que o seu tripé está amparado nas questões econômicas, ambientais e sociais.

Para tornar ainda mais claro esse processo, vamos trazer alguns exemplos de ações empresariais que estão alinhadas com o cenário do desenvolvimento sustentável e contribuem para a legitimidade organizacional. Vamos lá!

> **É HORA DE REFLETIR!**
>
> O Banco Bradesco divulga voluntariamente em seu *site* as ações de responsabilidade socioambiental realizada pela instituição. Em uma rápida pesquisa, é possível encontrar as frentes de trabalho desenvolvidas com relação às finanças sustentáveis, gestão responsável e responsabilidade com relação a projetos que buscam contribuir para a recuperação e preservação da Amazônia, Mata Atlântica e Tamar. Além disso, é possível encontrar os trabalhos realizados com relação ao incentivo para os esportes e cultura, bem como o relatório de sustentabilidade desenvolvido pelo Banco.
> Fonte: http://www.bancodoplaneta.com.br/site/
>
> A AmBev também divulga em seu *site* quais são os valores ambientais e sociais da empresa, além de publicar os esforços da empresa no sentido de evitar o desperdício com o consumo de recursos naturais no processo de fabricação dos seus produtos. Com um programa e metas definidas a partir de um sistema de gestão ambiental e procedimentos de ecoeficiência, é possível verificar a gestão de recursos e os impactos para o meio ambiente.
> Fonte: http://www.ambev.com.br/pt-br
>
> Além dessas empresas, outras diversas empresas poderiam ter sido citadas, tais como Natura, Coelba, Petrobras, em função das ações desenvolvidas com relação às questões socioambientais e a evidenciação por meio das informações com diversidade de formas.

Na opinião de Dias Filho (2009, p. 324), "a legitimidade acaba atuando como um recurso estratégico que as organizações utilizam para ganhar competitividade". Nesse sentido, as empresas buscam a legitimidade com o propósito de continuarem operando no mercado globalizado por longos períodos diferenciando-se a partir das estratégias e políticas organizacionais alinhadas com as demandas socioambientais, uma vez que as empresas desenvolvem suas atividades, recebem influência e influenciam o ambiente onde estão atuando.

Pensando esse debate a partir das premissas assumidas pela Controladoria Ambiental, não podemos deixar de lembrar que conforme afirmam Nascimento e Reginato (2009) as empresas devem ser entendidas como um sistema aberto, que mantém um relacionamento com o ambiente.

Dentro desse contexto, existem duas características advindas das contribuições da teoria sistêmica que valem ser destacadas por possuírem aderência com a lógica da evidenciação voluntária de informações socioambientais. Os sistemas abertos devem importar energia para manter o sistema (atividades operacionais da empresa) em funcionamento e, ainda, devem a entropia negativa, ou seja, a falta de energia (recursos) que contribuam para a não continuidade do sistema. Assim, é papel da Controladoria Ambiental buscar alternativas para que as atividades da empresa possam ser realizadas com baixos custos não somente operacionais, mas também ambientais, reduzindo dessa forma os impactos ambientais e, consequentemente, contribuindo para que não haja a falta de fornecimento de recursos para a continuidade da organização.

Reafirmando essa lógica, a legitimidade de acordo com Hybels (1995, citado por DIAS FILHO, 2009, p. 324) "não é mais do que a representação simbólica de uma avaliação coletiva que se faz da organização, mas que tem o poder de afetar o fluxo de recursos vitais à sua continuidade".

Evidências da Teoria da Legitimidade

Como falamos anteriormente, as empresas têm buscado várias formas para alcançar legitimidade e uma das mais recorrentes tem sido por meio da evidenciação voluntária de informações socioambientais. Esse tipo de estratégia reflete as preocupações da sociedade, uma vez que esse tipo de informação tem como objetivo reduzir as cobranças da sociedade e de outras partes interessadas nas atividades e ações desenvolvidas pelas empresas (GRAY, BEBBINGTON e WALTERS, 1993; HOPWOOD, 2009). Nos últimos anos, o volume de evidenciação de informações socioambientais tem crescido bastante, mas ainda é necessário melhorar a qualidade e a quantidade de informação divulgada, pois na maioria dos relatórios as informações são divulgadas fragmentadas e de forma não integrada (ADAMS, HILL e ROBERTS, 1998).

Em função dessa problemática, várias implicações surgem por causa da fragmentação e da seleção quanto ao que será divulgado pelas empresas no que diz respeito às informações socioambientais, por exemplo, como apontam Deegan e Rankin (1999), existe uma maior dificuldade com relação a tomadas de decisões mais confiáveis, uma vez que a evidenciação dessas informações não reflete com precisão os riscos inerentes ao desenvolvimento das atividades das empresas.

Pesquisas como as de Gray et al. (1996), Deegan e Gordon (1996) e a de Hackston e Milne (1996) têm investigado os relatórios socioambientais e observado que o conteúdo, o volume de informações e a forma de apresentação diferem em função do tamanho da empresa, da localização e, principalmente, do ramo de atividade que exploram. No Brasil, a pesquisa realizada por Nossa (2002) contribui para a constatação da ausência e falta de padronização no processo de geração da informação socioambiental, o que dificulta a comparação por parte dos investidores em identificar as empresas que estão mais orientadas para o meio ambiente.

Na pesquisa desenvolvida por Deegan e Rankin (1996), foi verificado que as empresas são mais propensas a apresentar informações em seus relatórios ambientais que sejam favoráveis à sua imagem corporativa, e tendem a omitir informações de natureza negativa que possam impactar em sua legitimidade perante a sociedade. Aerts e Cormier (2009) indicaram que os resultados divulgados pelas empresas dos Estados Unidos e do Canadá em seus relatórios de sustentabilidade têm impacto direto sobre a imagem institucional.

Cho e Patten (2007) afirmam que a evidenciação socioambiental é uma ferramenta de legitimação para as empresas, e que, segundo Deegan e Blomquist (2006), pautado nas ideias de Dowling e Pfeffer (1975) e Lindblom (1994), as empresas ganham ou mantêm legitimidade por meio de incentivos na estratégia do uso da comunicação empresarial, incluindo, além de informações financeiras, informações ambientais que servem como instrumento de legitimidade.

Apesar da percepção de que as informações socioambientais são percebidas como instrumento de legitimação, de acordo com Nossa (2002), ainda não existe um consenso sobre quais os conteúdos que devem conter os relatórios socioambientais, e que muitos teóricos defendem que além das informações exigidas legalmente, outras de natureza voluntária devem compor esses relatórios.

Modelos de Relatórios de Sustentabilidade

Há pouco tempo, as empresas têm empenhado esforços no sentido de publicar demonstrativos contábeis que contenham informações socioambientais. Esses documentos têm sido denominados de Relatórios de Sustentabilidade, que juntamente com o seu recente surgimento têm trazido consigo uma série de discussões.

Dentre essas, podemos citar a ausência de regulamentação sobre a política de evidenciação socioambiental, bem como o estabelecimento de um modelo de padrões que possam facilitar a comparação entre organizações. Com o processo de harmonização vivenciado pelo Brasil, temos assistido à normatização de como tratar contabilmente alguns aspectos relacionados às questões socioambientais. Prova disso são os pronunciamentos emitidos pelo CPC, por exemplo, com relação ao reconhecimento, mensuração e evidenciação do passivo contingente (Resolução 1.180/2009 do CFC), uma vez que grande parte dos aspectos sociais e ambientais apresenta como contingências em sua essência. Além desse, temos ainda o pronunciamento quanto ao tratamento com ativo biológico e produto agrícola (Resolução 1.186/2009). Entretanto, existe um longo caminho a ser trilhado no que diz respeito a uma normatização sobre a forma e o conteúdo mais abrangente sobre a evidenciação de informações socioambientais.

Assim, pensar em um processo de harmonização para as normas incluindo as questões socioambientais é também de fundamental importância, uma vez que ainda existe grande diversidade no tratamento dessas questões entre os países. O Quadro 3.2 evidencia as diferenças com relação às práticas no que tange à matéria ambiental.

Na opinião de Eugênio (2011), temos verificado o empenho em nível institucional de harmonizar critérios de elaboração e apresentação das demonstrações financeiras, todavia, em função de a área ambiental ser relativamente nova, demanda da contabilidade um maior esforço. Podemos trazer a essa problemática o superficial suporte fornecido pelas políticas públicas de alguns países. No Brasil, por exemplo, temos em alguns Estados iniciativas no que diz respeito a implementação do ICMS Verde, que tem como objetivo incentivar a preservação ambiental.

Temos que lembrar que no caso brasileiro constitui obrigação constitucional para o governo o dever de zelar pela proteção ao meio ambiente e combater a poluição. Entretanto, os esforços públicos têm se concentrado muito mais numa política de punição para aqueles agentes que poluem e degradam o meio ambiente, mas pouco se tem feito no sentido de buscar mecanismos de incentivo e compensação para aqueles que preservam e recuperam o meio ambiente. Desse modo, percebemos que ainda são de várias naturezas a divergência no tratamento das questões socioambientais.

Quadro 3.2 – *Diversidade no tratamento de questões socioambientais entre países*

Austrália	A lei das sociedades incorporou, em 1998, uma provisão que obriga a incluir no relatório dos administradores determinadas informações ambientais, nomeadamente se as operações da entidade estão sujeitas a qualquer regulamentação ambiental particular e significativa. Em caso afirmativo, esta deve sinalizar os detalhes da empresa relativamente à regulamentação. Existem outras normas contabilísticas australianas com conteúdo ambiental, como, por exemplo, a norma para as indústrias extrativas, que versa sobre as provisões ambientais, e a proposta de norma ED 88, que trata do reconhecimento e da medida de provisões e contingências ambientais.
Brasil	O Conselho Federal de Contabilidade (CFC), por intermédio da Resolução nº 1.003/2004, de 19 de agosto, aprovou a Norma Brasileira de Contabilidade Técnica (NBC T) 15 – Informações de Natureza Social e Ambiental. Essa norma entrou em vigor a partir de 1º de janeiro de 2006, tendo sido recomendada a sua adoção antecipada. As Normas e Procedimentos de Auditoria (NPA) 11 – Balanço e Ecologia, foram aprovadas em 1996, tendo como objetivo estabelecer a relação entre a contabilidade e o meio ambiente. Dessa forma, as empresas eram chamadas a participar nos esforços em favor da defesa e proteção contra a poluição e agressões à vida humana e à natureza.
Coreia	A Comissão do Mercado de Valores Coreana editou, em 1996, uma norma que recomenda a inclusão de informação ambiental dentro das notas e das demonstrações. Essa informação incluía os seguintes aspectos: – Normas e políticas ambientais da empresa. – Questões relacionadas com a segurança e prevenção de acidentes. – Investimentos relacionados com o meio ambiente. – Consumo de recursos e de energia. – Geração e tratamento de resíduos e de subprodutos.
Japão	Não existe nenhuma norma ou lei para a contabilidade dos aspectos econômicos relativos ao meio ambiente, mas 29,7% das empresas relatam separadamente os custos e investimentos na área ambiental. Quando os impactos ambientais interferem nos resultados financeiros das empresas, atuais ou futuros, estes são evidenciados nos relatórios (FERREIRA, 2009).
França	Tem desenvolvido um balanço patrimonial ecológico relacionando cada empresa com o meio ambiente. As informações são apresentadas em termos monetários sobre a aquisição e o uso de equipamentos para reduzir a poluição, para a reciclagem de produtos e a redução de consumo de energia e de matéria-prima (FERREIRA, 2009). Devem incluir, ainda, custos e benefícios de uma série de itens, a saber: proteção ambiental, *royalties*, licenças e custos de compensação pela preservação da poluição, custos com a manutenção e a operação de equipamentos especialmente adquiridos para ajudar a preservar o meio ambiente e empréstimos obtidos com taxas especiais para a aquisição de equipamentos.

Holanda	Embora não existam normas específicas para a contabilidade ambiental, de acordo com Ferreira (2003), é comum as empresas reportarem informação sobre riscos ambientais, os impactos ambientais por elas causados e esforços de reparar. As informações são de caráter qualitativo e quantitativo, como emissão de partículas, ruído, consumo de energia e de matéria-prima, geração e tratamento de resíduos.
Noruega	Prevê a inclusão de informação ambiental na contabilidade. A Lei das Sociedades, de 1989, obriga a incluir no relatório do conselho de administração informação sobre as emissões e a contaminação da empresa, assim como as medidas para as reduzir.
Itália	Está a ser introduzido o *full-cost*, ou contabilidade para o desenvolvimento sustentável.
Dinamarca	Desde 1996, as empresas devem divulgar informação ambiental em relatório separado. Em 1999, foi realizada uma avaliação à introdução da informação ambiental, tendo-se concluído que 50% das empresas afirmaram ter obtido benefícios financeiros, derivados da elaboração do relatório verde, que compensavam os custos da sua publicação.
Portugal	A Diretriz Contabilística 29 – Matérias ambientais (DC 29) – foi aprovada em 5 de junho de 2002 e homologada por despacho do Secretário de Estado dos Assuntos Fiscais em 25 de junho de 2004. Essa norma é de aplicação aos exercícios que se iniciassem em ou após 1º de janeiro de 2006. Em 2010, entrou em vigor a NCRF 26 – Matérias Ambientais, que substitui a DC 29, sendo documentos muitos semelhantes. Essa norma diz respeito aos critérios de reconhecimento, mensuração e divulgação dos dispêndios de caráter ambiental, dos passivos e riscos ambientais e dos ativos a ele relacionados, resultantes de transações e acontecimentos que afetem, ou sejam, suscetíveis de afetar, a posição financeira e os resultados da entidade que relata.

Fonte: Subtil et al. (2006) (adaptado). Extraído de Eugênio (2011).

No que diz respeito aos aspectos e à forma de apresentação, apesar da contribuição do grande volume das pesquisas que tratam sobre a evidenciação ambiental, ainda são muitos os problemas quando discutimos esse assunto. Quanto à forma e conteúdos dos relatórios de sustentabilidade, Ribeiro (1992) indica que o Relatório da Administração deve conter informações, tais como comprometimento da empresa com as questões ambientais, impactos do desenvolvimento das atividades sobre o ambiente e as ações para reduzir esses impactos. Além disso, deve conter informações sobre os ativos e passivos ambientais nas notas explicativas, não desconsiderando ainda os custos, as despesas e as perdas relacionadas ao meio ambiente.

Um ponto que vale ser destacado, de acordo com Slomski, Kassai e Slomski (2011), o comprometimento da empresa com as questões socioambientais irá depender diretamente do modelo de gestão adotado pelas empresas, que, por sua vez, dependerá das crenças e valores dos gestores da organização. Nessa direção, o gestor poderá não se preocupar com as questões ambientais e buscar a maximização do lucro e do bem-estar para o proprietário. Por outro lado, de forma mais restrita, poderá cumprir apenas a normatização, buscando reduzir os impactos ou de forma mais abrangente preocupar-se com todo o ciclo de vida do produto. Essas formas de relacionar-se com as questões socioambientais irão ter consequências diretas sobre o desenvolvimento das ações das empresas e de alguma maneira serão refletidas na elaboração e apresentação dos relatórios de sustentabilidade.

Nesse cenário, o que não podemos perder de vista quando falamos em informação contábil ambiental são as características que devem revestir essa informação para que ela possa ter utilidade para os *stakeholders* no processo decisório.

Segundo a Resolução 1.374/2011 do Conselho Federal de Contabilidade, para que a informação tenha utilidade no processo de tomada de decisão, ela necessita ter duas características qualitativas fundamentais:

- **Relevância**: é a informação capaz de fazer diferença no processo de tomada de decisão. Para isso, essa informação deve possuir valor preditivo e confirmatório, ou seja, fornecer condições para que os usuários possam confirmar análises previamente realizadas. Aliado a esses fatores e tratando de um aspecto específico da relevância, a informação precisa possuir materialidade, que, por sua vez, pode ser definida por sua natureza ou em sua dimensão.
- **Representação fidedigna**: a informação deve representar com fidelidade o fato a que se propõe representar. Para isso, a informação precisa ser completa, neutra e livre de erro.

Desse modo, é de grande relevância que os relatórios de sustentabilidade atendam a essas características qualitativas, além daquelas que melhoram a informação (comparabilidade, verificabilidade, tempestividade e compreensibilidade). Antes de continuar, vamos dar uma pausa para uma discussão sobre a informação socioambiental e as suas características qualitativas.

Para Discussão:

- As empresas costumam evidenciar de forma completa todas as informações com relação ao impacto das suas atividades sobre o meio ambiente?
- Quais são as consequências do não atendimento das características qualitativas fundamentais para os usuários internos e externos da informação contábil socioambiental?
- Qual a importância de atender às características qualitativas para as empresas que negociam ações na bolsa de valores?
- De que forma a Controladoria Ambiental e o profissional contábil podem interferir positivamente no processo de geração da informação socioambiental?

Com essa discussão, podemos perceber ainda mais a importância da informação sociambiental, que deve estar contida nos relatórios de sustentabilidade. Conforme falamos anteriormente, como a informação dessa natureza é de caráter voluntário, as empresas possuem liberdade para adotar uma forma e o conteúdo que será evidenciado. Entretanto, existem alguns modelos que estabelecem diretrizes, princípios e outros aspectos que devem ser observados no processo de elaboração e apresentação dos relatórios de sustentabilidade. Dentre os modelos mais utilizados estão o modelo do Instituto ETHOS, do Ibase e do *Global Reporting Initiative* (GRI), discutidos com maiores detalhes no Capítulo 5.

É importante que as empresas busquem conhecer sobre os modelos de relatórios de sustentabilidade existentes, pois cada um deles contribui com o estabelecimento de metas e objetivos, que ajudarão as empresas a definirem desde o seu planejamento estratégico até a maneira como irão desenvolver suas atividades e de que forma existirá a integração com a missão, a visão e com os valores da organização. Desse modo, os relatórios cumprem o objetivo de, além de evidenciar informações, fazer a organização pensar estrategicamente e antecipadamente.

A adoção de um modelo permite à empresa obter legitimidade diante do mercado onde atua, além de manter um padrão na publicação de informações que poderá ser de grande utilidade para os investidores, já que o desempenho de cada empresa poderá ser comparado. Ademais, existem modelos mais simples e outros mais detalhados, cabendo às empresas analisar o custo e o benefício da informação socioambiental divulgada.

Em função dessa realidade, percebe-se que a Controladoria Ambiental deve participar de todas as atividades da empresa desde o seu planejamento estratégico passando pela execução e pelo controle, uma vez que todas as atividades da empresa em maior ou menor grau vão gerar um impacto para a sociedade e o meio ambiente. Diante desse cenário, temos que admitir que a questão ambiental deve estar fundamentada no novo paradigma em que o investimento em evidenciação socioambiental, por exemplo, não se constituirá em custos para a organização, mas sim em oportunidade de negócios, diferenciando as empresas umas das outras, buscando uma vantagem competitiva e, consequentemente, posicionando estrategicamente as organizações em nichos mercadológicos onde elas possam alinhar a maximização dos lucros com o desenvolvimento sustentável.

Desse modo, a evidenciação de informações socioambientais está assentada numa plataforma multifatorial, pois, além de cumprir seu objetivo primeiro de publicar informações úteis para o processo de tomada de decisão pelos *stakeholders*, serve como instrumento de legitimação das empresas e, ainda, de ferramental estratégico para avaliação do desenvolvimento e controle das atividades da empresa e alcance da responsabilidade social empresarial definida pela administração e outras partes interessadas.

No ano de 1998, com o propósito de alavancar o número de empresas a adotarem o modelo de balanço social do Ibase, foi criado um selo, que é concedido anualmente às empresas que utilizam este modelo e o elaboram de acordo com a metodologia estabelecida por este instituto. Esse selo, denominado de Selo Balanço Social Ibase/Betinho, normalmente é veiculado nas embalagens dos produtos das empresas e em suas campanhas publicitárias, o que contribui para uma boa percepção dos clientes e outros agentes que mantêm relações comerciais com essas empresas.

DICA DE PESQUISA – PARTE 1

Após essa discussão sobre os modelos de relatórios de sustentabilidade, você já tem condições de realizar algumas pesquisas e gerar dados interessantes para debates sobre as informações socioambientais. Ficam aqui registradas algumas sugestões:

- Pesquise na Internet sobre sanções e/ou multas sofridas pelas empresas em virtude das atividades por elas desenvolvidas, você poderá também pesquisar sobre danos ou acidentes envolvendo algumas empresas, depois verifique se estes fatos estão evidenciados em toda sua extensão (natureza do fato, mensuração, entre outros) nos relatórios de sustentabilidade das empresas pesquisadas. Assim, você poderá discutir:
  a) As questões éticas relacionadas com a evidenciação de informações desta natureza;
  b) O impacto da evidenciação socioambiental para os *stakeholders* das empresas de forma relacionada com a Teoria da Legitimidade.

Para contribuir com a pulverização da ideia subjacente, a evidenciação de informações socioambientais não deve estar apenas relacionada com empresas de médio e grande porte. O Ibase criou modelos aplicáveis à realidade das micro e pequenas empresas, instituições de ensino, fundações, organizações sociais e cooperativas. Todos esses modelos estão disponíveis no *site* do instituto: <http://www.balancosocial.org.br/>.

De forma congruente com a definição de relevância na estrutura conceitual contábil brasileira (Resolução CFC 1.121/2008 e 1.374/2011), o GRI (2007, p. 10) lembra que:

> As informações com relevância presente num relatório deverão abranger questões e indicadores que reflitam os impactos econômicos, sociais e ambientais mais relevantes da organização ou que poderiam influenciar significativamente as avaliações e decisões das partes interessadas que recorram ao relatório.

Desse modo, é perceptível o papel das empresas em analisarem e divulgarem informações que terão impacto sobre o processo decisório dos usuários dessas informações. Nesse sentido, por exemplo, questões relacionadas com o passivo ambiental contingente devem vir acompanhadas de notas explicativas, quadros suplementares e/ou gráficos que tornem o mais claro possível a probabilidade de ocorrência, o desembolso financeiro, caso a contingência seja materializada, entre outros itens, conforme definem os pronunciamentos técnicos da Comissão de Pronunciamentos Contábeis – CPC.

Igualmente importante com as questões relacionadas com a relevância da informação é a identificação das expectativas das partes interessadas nas informações e conteúdos dos relatórios de sustentabilidade.

Além dessas questões, o relatório deve estar revestido de princípios que visem assegurar a qualidade do documento. Nesse sentido, uma das plataformas de base do GRI para a divulgação de informações sobre a sustentabilidade é a transparência, e, nesse sentido, de acordo com o GRI (2007, p. 4), o relatório de sustentabilidade deve fornecer informações claras sobre o desempenho da organização incluindo tanto as contribuições positivas quanto as negativas.

Todavia, parte das empresas continua acreditando que a divulgação de informações negativas terá uma repercussão sobre a imagem institucional, mas é bom lembrar que a omissão dessas informações provocará uma desconfiança nas partes interessadas. Por isso, lembramos que a ética profissional e o compromisso inalienável da contabilidade no que tange à evidenciação de informações justas, completas e neutras, livre de vieses, devem sempre permear o processo de elaboração e apresentação dos relatórios de sustentabilidade.

Outro princípio que deve ser contemplado é a comparabilidade, possibilitando aos usuários o acompanhamento do desempenho da organização por um período e, ainda, realizando análises comparativas com outras empresas. Ademais, as empresas precisam publicar informações com precisão de forma que as partes interessadas possam utilizar o relatório para tomar decisões com relativo grau de confiabilidade.

Além dessas, o relatório deve estar revestido de periodicidade, ou seja, as informações devem ser publicadas atendendo a um cronograma regular de forma que os usuários possam recorrer a essas informações tempestivamente com o objetivo de inseri-las no processo de tomada de decisão. Adicionalmente, as empresas devem divulgar informações claras e compreensíveis para os seus diversos usuários e com fidedignidade, representando em toda sua extensão os eventos a que se propõem representar.

Vale lembrar que essas características apresentam-se congruentes com as características qualitativas fundamentais e as que melhoram a utilidade da informação contábil, ou seja, é a clara aplicação da estrutura conceitual que já conhecemos sobre o processo de elaboração e apresentação de informações sobre sustentabilidade.

A outra parte fundamental no modelo do GRI é a proposição quanto aos indicadores que estão alinhados com as dimensões da sustentabilidade (econômica, social e ambiental). Apesar de existirem outros modelos que adotam ou subdividem-se por meio dos mesmos indicadores, o GRI apresenta como proposta um grau elevado de detalhamento, fomentando, dessa forma, a geração de informações mais completas e que atendam a princípios que garantem qualidade nesse processo. O Quadro 3.3 sintetiza os indicadores, a categoria e os aspectos definidos pelo GRI.

A versão mais atualizada do modelo do GRI (G3) trouxe uma inovação criando extratos quanto aos níveis de aplicação da metodologia proposta por este organismo nos relatórios de sustentabilidade das empresas. Esse nível de aplicação é realizado por meio de uma autoavaliação a partir de critérios definidos no G3. Desse modo, as empresas poderão avaliar o conteúdo dos seus relatórios atribuindo os conceitos A, A+, B, B+, C e C+ dependendo do atendimento aos pré-requisitos definidos pelo GRI.

Quadro 3.3 – *Indicadores, categoria e aspectos definidos pelo GRI*

Dimensão	Abordagem de Gestão
Econômica	Desempenho Econômico
	Presença no Mercado
	Impactos Econômicos Indiretos
Ambiental	Matéria-Prima
	Energia
	Água
	Biodiversidade
	Emissões, Efluentes e Resíduos
	Produtos e Serviços
	Conformidade
	Transporte
Social	Emprego
	Relação entre Trabalhadores e Administração
	Saúde e Segurança no Trabalho
	Formação e Educação
	Diversidade e Igualdade de Oportunidades

Fonte: Global Reporting Initiative (2007).

DICA DE PESQUISA – PARTE 2

Agora que já conhece um pouco mais sobre os relatórios de sustentabilidade, você pode fazer pesquisas que verifiquem o grau de aderência aos modelos e obediência às metodologias propostas para cada modelo.

Elenque os indicadores que compõem cada modelo. Para isso, você pode pesquisar com mais detalhes nos *sites* dos organismos relacionados neste capítulo. Depois verifique alguns relatórios de sustentabilidade e identifique qual o modelo utilizado em cada empresa.

Em seguida, analise:

a) A informação socioambiental divulgada atende aos pré-requisitos do modelo?

b) São divulgadas todas as informações (positivas e negativas) decorrentes das atividades das empresas?

c) O volume de informação em um determinado período tem crescido, manteve-se ou reduziu?

A partir daqui é com você! Sucesso em suas pesquisas.

REVISÃO DE CONTEÚDO

Elaborada pelo Prof. Juliano Almeida Faria

QUESTÃO 1

"A Controladoria é uma área multidisciplinar, cujo principal pilar de sustentação é a contabilidade. E dessa forma alinha-se com o desafio de incluir as questões socioambientais na gestão das empresas, que, por sua vez, é multifatorial."

Com base na interpretação do trecho acima, é possível depreender que:

a) A controladoria ambiental vem perdendo força no sentido amplo para atuar em sentido restrito, setorialmente até mesmo dentro das empresas.

b) A análise ambiental por parte da controladoria e suas ferramentas consiste em um alinhamento desapropriado, visto que faz-se necessário mensurar e atribuir valores ao que é imensurável.

c) O sistema de controladoria ambiental foi gerado baseado nessa estrutura sempre voltada para o atendimento das necessidades informacionais dos *stakeholders*.

d) A multifacetada visão do sistema de controladoria ambiental contribui para análise conjunta de setores distintos sem, entretanto, viabilizar o fornecimento de informações de qualidade para os usuários internos e externos.

e) O trabalho em conjunto da controladoria com setores ambientais, ainda que multifatorial, são perspectivas utópicas de uma parcela da sociedade ao vislumbrar algum apoio contábil neste contexto.

QUESTÃO 2

Segundo Hart e Milstein (2004), a implementação de um modelo de sustentabilidade corporativa, que coloque a empresa na direção da criação de valor para o acionista, requer uma visão crítica dos gestores para vários pontos, entre eles, o da reputação e legitimidade, que consiste em:

a) Um envolvimento intenso dos empregados, acompanhado de um bom desenvolvimento de potenciais para melhoria contínua e controle da qualidade para combate à poluição.

b) Reposicionamento das suas competências internas em torno de tecnologias mais sustentáveis para redução de impactos ambientais.

c) Análise do crescimento e trajetória da organização buscando identificar mercados antes nem pensados por meio do diálogo com os diversos *stakeholders*.

d) Análise ampla das abordagens de controladoria, sobretudo no que tange a sua função organizacional e comportamental.

e) Na ampliação dos aspectos relacionados à gestão do produto para além das fronteiras da organização para incluir o ciclo de vida do produto, desde a aquisição da matéria-prima, até o descarte pelo consumidor.

QUESTÃO 3

No que se refere a um modelo de sustentabilidade ambiental, é possível afirmar que:

I. As pesquisas empíricas têm demonstrado que as empresas que perseguem o combate à poluição e as estratégias de redução de resíduos realmente aumentam os lucros e reduzem custos.

II. No contexto organizacional atual, os gestores estão sendo desafiados para alcançar a excelência tanto no desempenho social, ambiental e financeiro simultaneamente.

III. Quando há um custo financeiro adicional na melhoria na gestão das ações sociais ou ambientais e há uma melhoria no desempenho financeiro, então os gestores são confrontados com um dilema de como fazer as escolhas e que ações implementariam.

Estão corretas as alternativas:

a) I e II.
b) II e III.
c) I e III.
d) Todas estão corretas.
e) Todas estão incorretas.

QUESTÃO 4

Segundo Epstein (2008), para a implementação de um modelo de sustentabilidade corporativa eficiente, é necessário que os gestores executem ações diversas, como as citadas abaixo, exceto:

a) Auxiliem os colegas no gerenciamento simultâneo da melhoria da *performance* ambiental e financeira.

b) Compreendam as relações causais das diversas ações a serem escolhidas.

c) Reconhecem que são componentes essenciais para implementação a estratégia e a liderança.

d) Compreendam o impacto real e potencial dessas ações no desempenho financeiro.

e) Compreendam o valor dessas ações exclusivamente e de maneira restrita na *performance* da sustentabilidade.

QUESTÃO 5

Utilizando os números abaixo, relacione corretamente os direcionadores de sustentabilidade com as respectivas medidas de desempenho de sustentabilidade.

Direcionadores de sustentabilidade   Medidas de resultado

1 – Entradas

2 – Processos

3 – Saídas

4 – Resultados

( ) Diversidade geográfica

( ) Aumento das receitas

( ) Posição financeira da corporação

( ) Número de multas

( ) Política de trabalho infantil

( ) Aumento dos lucros

( ) Número de prêmios recebidos

( ) Horas de treinamento em ética

QUESTÃO 6

Dentre os instrumentos gerenciais disponíveis para integrar os impactos ambientais nas decisões gerenciais, pode-se citar, exceto:

a) Análise de incerteza e riscos.

b) Análise da hierarquia dos custos ambientais.

c) Incentivos individuais.

d) Planejamento tributário.

e) Custeio baseado em atividades.

QUESTÃO 7

Analise as afirmativas:

I. Dentre os benefícios potenciais de um SGA estão a motivação dos colaboradores, facilidades de negócios em bancos e seguradoras, além de fortalecimento da competitividade.

II. Podem-se citar entre os benefícios potenciais externos de um SGA a melhoria da imagem perante a sociedade e o reconhecimento de potenciais de redução de custos.

III. São benefícios potenciais internos de um SGA a sistematização de medidas ambientais já implementadas e prevenção de riscos.

Estão corretas as alternativas:

a) I e II.
b) II e III.
c) I e III.
d) Todas estão corretas.
e) Todas estão incorretas.

QUESTÃO 8

A partir da clássica frase dos autores Kaplan e Norton (1992) "o que não é medido não é gerenciado", pode-se inferir:

a) O processo de mensuração não contribui para que o desempenho ambiental possa ser analisado adequadamente.
b) É fundamental que o SGA possa quantificar física e monetariamente os custos ambientais e outros itens relacionados com os aspectos socioambientais.
c) A evidenciação por meio de resultados mensuráveis da gestão dos aspectos ambientais é um fator delegável a mídias de publicação em massa.
d) A mensuração é um processo de atribuir atividades a valores capazes de desenvolver motivações naqueles que tomam a decisão.
e) A mensuração desvinculada a referências contribui cientificamente para as descobertas ambientais, sobretudo no campo das ciências biológicas.

QUESTÃO 9

De acordo com seus conhecimentos acerca da evidenciação, é possível afirmar que:

I. Atualmente, têm-se vários modelos para evidenciação das questões socioambientais, porém há a regulamentação nacional que impossibilita a variação na forma de apresentação das informações.
II. A evidenciação é um compromisso inalienável da Contabilidade com seus usuários e com os próprios objetivos, podendo variar na forma, mas a essência é sempre a mesma, a de propiciar uma base adequada de informação para o usuário.
III. A evidenciação de natureza socioambiental é de caráter voluntário, ou seja, é realizada por mera liberalidade das empresas.

Estão corretas as alternativas:

a) I e II.

b) II e III.

c) I e III.

d) Todas estão corretas.

e) Todas estão incorretas.

QUESTÃO 10

Consiste no conceito acerca da Teoria da Legitimidade:

a) Não é mais do que a representação simbólica de uma avaliação coletiva que se faz da organização, mas que tem o poder de afetar os fluxos organizacionais não vitais à sua continuidade.

b) É um recurso facilmente comercializado no mercado internacional que, ao ser aplicado nas empresas, acaba atuando como um recurso estratégico que as organizações utilizam para ganhar competitividade.

c) Fundamenta-se num contrato que existe entre as empresas e a sociedade, sendo que as empresas utilizam a publicação de informações socioambientais para reduzir a pressão social, reduzindo os custos operacionais.

d) Canaliza ações dos gestores para legitimar fluxos de informação sobre o meio ambiente no intuito de apresentar aos consumidores exclusivamente os malefícios da sua operação comercial.

e) A evidenciação socioambiental é uma ferramenta de legitimação para as empresas que ganham ou mantêm legitimidade por meio de incentivos na estratégia do uso da comunicação empresarial baseadas unicamente em informações fiscais.

REFERÊNCIAS

ADAMS, C.; HILL, W.; ROBERTS, C. Corporate social reporting practices in Western Europe: legitimating corporate behavior? **The British Accounting Review**, London, v. 30, nº 1, p. 1-21, Mar. 1998.

AERTS, Walter; CORMIER, Denis. Media legitimacy and corporate environmental communication. **Accounting, Organizations and Society**, v. 34, p. 1-27, 2009.

BORINELLI, M. L. **Estrutura conceitual básica de controladoria**: sistematização à luz da teoria e da práxis. 2006. 352 f. Tese (Doutorado em Controladoria e Contabilidade) – Faculdade de Economia, Administração e Contabilidade, Universidade de São Paulo, São Paulo.

CFC – Conselho Federal de Contabilidade. **Resolução CFC 1180/2009 de 24.07.2009. Provisões, Passivos Contingentes e Ativos Contingentes**. Disponível em: <http://www.cfc.org.br/sisweb/sre/Default.aspx>. Acesso em: 2 jul. 2012.

CFC – Conselho Federal de Contabilidade. **Resolução CFC 1186/2009 de 15.09.2009. Ativo Biológico e Produto Agrícola**. Disponível em: <http://www.cfc.org.br/sisweb/sre/Default.aspx>. Acesso em: 2 jul. 2012.

CFC – Conselho Federal de Contabilidade. **Resolução CFC 1374/2011 de 08.12.2011. Estrutura Conceitual para Elaboração e Divulgação de Relatório Contábil-Financeiro**. Disponível em: <http://www.cfc.org.br/sisweb/sre/Default.aspx>. Acesso em: 2 jul. 2012.

CHO, C. H.; PATTEN, D. M. The role of environmental disclosures as tools of legitimacy: a research note. **Accounting, Organizations and Society**, v. 32, p. 639-647, 2007.

DEEGAN, C.; BLOMQUIST, C. Stakeholder influence on corporate reporting: an exploration of the interaction between WWF-Australia and the australian minerals industry. **Accounting, Organizations and Society**, v. 31, p. 343-372, 2006.

_____; GORDON, B. A study of the environmental disclosure practices of Australian corporations. **Accounting and Business Research**, v. 26, nº 3, p. 187-199, 1996.

_____; RANKIN, M. Do australian companies report environmental news objectively? An analysis of environmental disclosures by firms prosecuted successfully by the environmental protection authority. **Accounting, Auditing & Accountability Journal**, v. 9, nº 2, p. 52-69, 1999.

DIAS FILHO, José Maria. Novos delineamentos teóricos em contabilidade. In: FILHO, José Francisco Ribeiro Filho; LOPES, Jorge; PEDERNEIRAS, Marcleide (Org.). **Estudando teoria da contabilidade**. São Paulo: Atlas, 2009.

DOWLING, J.; PFEFFER, J. Organizational legitimacy: social values and organizational behaviour. **Pacific Sociological Review**, v. 18, nº 1, p. 122-136, 1975.

EPSTEIN, M. J. **Measuring corporate environmental performance**: best practices for costing and managing an effective environmental strategy. Chicago, IL: Irwin Professional Publishing, 1996.

_____. **Implementing corporate sustainability**: measuring and managing social e environmental impacts. Strategic Finance Cover Story, 2008.

ETHOS – **Instituto de Pesquisa Aplicada**. Disponível em: <http://www.ethos.org.br>. Acesso em: 23 jun. 2012.

EUGÉNIO, T. C. P. **Contabilidade ambiental**. Portugal: Verlag Dashofer, 2011.

FERREIRA, Aracéli C. de S. **Contabilidade ambiental**: uma informação para o desenvolvimento sustentável – inclui certificados de carbono. 2. ed. São Paulo: Atlas, 2009.

GRAY, R.; BEBBINGTON, J.; WALTERS, D. **Accounting for the environment**: the greening of accountancy. London: Paul Chapman Publishing, 348 p., 1993, part 2.

GRI – GLOBAL REPORTING INICIATIVE. **Diretrizes para Relatórios de Sustentabilidade (2007)**. Disponível em: <http://www.globalreporting.org>. Acesso em: 23 jun. 2012.

HACKSTON, David; MILNE, Markus J. Some determinants of social and environmental disclosures in New Zealand companies. **Accounting, Auditing & Accountability Journal**, v. 9, nº 1, p. 77-108, 1996.

HART, S.; MILSTEN, M. Criando valor sustentável. **Revista de Administração de Empresas – RAE Executivo**, v. 3, nº 7, p. 65-79, maio/jun. 2004.

HENDRIKSEN, E. S.; BREDA, M. F. V. **Teoria da contabilidade**. São Paulo: Atlas, 1999.

HOPWOOD, Anthony G. **Accounting and environment**: accounting, organizations and Society, v. 34, p. 433-439. 2009.

IBASE – Instituto Brasileiro de Análises Sociais e **Econômicas**. Disponível em: <http://www.ibase.org.br>. Acesso em: 23 jun. 2012.

ISO 14001:2004 – **Environmental management systems:** requirements with guidance for use. International Organization for Standardization (2004). Geneva, Switzerland.

IUDÍCIBUS, S. de. **Teoria da contabilidade**. São Paulo: Atlas, 1997.

KAPLAN, R. S.; NORTON, D. P. The balanced scorecard: measures that drive performance. **Harvard Business Review**, v. 70, nº 1, p. 71-79, jan./feb. 1992.

NASCIMENTO, Auter Moreira; REGINATO, Luciane (Org.). **Controladoria**: uma eficácia na eficácia organizacional. São Paulo: Atlas, 2009.

NOSSA, V. **Disclosure ambiental**: uma análise do conteúdo dos relatórios ambientais de empresa de setor de papel e celulose em nível internacional. 2002. 249 f. Tese (Doutorado em Controladoria e Contabilidade) – Faculdade de Economia, Administração e Contabilidade, Universidade de São Paulo, São Paulo.

RIBEIRO, M. de S. **Contabilidade e meio ambiente**. 1992. Dissertação (Mestrado) – Faculdade de Economia, Administração e Contabilidade, Universidade de São Paulo, São Paulo.

SLOMSKI, V. G.; KASSAI, J. R.; SLOMSKI, V. G. Contabilidade gerencial e sustentabilidade. In: MEGLIORINI, E.; PARISI, C. (Org.). **Contabilidade gerencial**. São Paulo: Atlas, 2011.

TINOCO, J. E. P.; KRAEMER, M. E. P. **Contabilidade e gestão ambiental**. São Paulo: Atlas, 2004.

GESTÃO DE CUSTOS AMBIENTAIS

Sonia Maria da Silva Gomes
Márcio Santos Sampaio

4.1 COMPREENDENDO A GESTÃO DE CUSTOS AMBIENTAIS

O Subsistema de Gestão de Custos Ambientais, do Sistema de Controladoria Ambiental, como já foi dito no Capítulo 2, é responsável pelo fornecimento de informações que auxiliam os gestores no gerenciamento dos custos ambientais. Assim, o objetivo desse subsistema é preparar e disponibilizar informação sobre os custos ambientais e sociais, para auxiliar o processo de tomada de decisão empresarial. A informação pode ser agregada para diferentes níveis de decisão. Para a qualidade e credibilidade da informação apresentada, é crucial que se baseie em um sistema de informação consistente e bem estruturado.

A informação ambiental fornecida pelo sistema de **Controladoria Ambiental** ajuda a monitorar e comparar os resultados do desempenho ambiental e análise de custos ao longo do tempo, de modo a identificar o significado das tendências. Permite também fazer comparações com outras empresas ou com a concorrência. É, portanto, fundamental a consistência no reconhecimento, mensuração e evidenciação da informação ambiental.

O primeiro aspecto a ser considerado na configuração de um sistema de custo ambiental é identificar seu objetivo. Para tanto, devem-se fazer as seguintes perguntas:

- Quais informações de custo atendem às necessidades da empresa?
- A informação gerada pelo sistema de custos ambiental será utilizada:
  - para avaliação de estoque?
  - para tomada de decisão?
  - para planejamento e controle?

A resposta a essas perguntas determina a escolha do princípio de custeio, pois os princípios de custeio[1] estão relacionados aos objetivos do sistema de custo (BORNIA, 2002), sendo: (i) custeio por absorção integral, (ii) custeio por absorção ideal e (iii) custeio variável.

O segundo aspecto diz respeito à maneira em que a informação será obtida, ou seja, relaciona-se com os procedimentos do sistema (BORNIA, 2002). Dessa forma, deve-se decidir sobre o método de distribuição dos custos fixos. Os métodos a serem considerados são: o método de rateio simples (absorção), o método de custo-padrão, o método dos centros de custos, o método de custeio baseado em atividades e o método da unidade de esforço de produção.

Por que medir os custos ambientais?

Existem poucos dados quantitativos sobre o valor econômico e social de informações de custos ambientais. A Agência de Proteção Ambiental (E.P.A.) dos Estados Unidos relaciona alguns benefícios-chaves de obter, administrar e utilizar essa informação no processo de tomada de decisão (CABREJO, 2008):

- Muitos custos ambientais podem ser reduzidos significativamente ou eliminados como resultado de decisões de negócios, as quais vão desde mudanças operacionais e de preservação, até investimentos em tecnologias de processos verdes, redesenho de processos/produtos. Muitos custos ambientais (ex., desperdício de matérias-primas) não proporcionam nenhum valor adicionado a um processo, sistema, ou produto.

- Os custos ambientais (por conseguinte, o potencial de redução de custos) não devem distorcer as contas de despesas operacionais.

- Muitas empresas têm descoberto que os impactos ambientais podem ser reduzidos, por meio da venda de resíduos, ou pela transferência de licença de contaminação, ou mediante licenças de tecnologias limpas.

- Uma melhor administração dos custos ambientais pode resultar em desempenho ambiental melhor e benefícios significativos para a saúde dos colaboradores e da sociedade, como sucesso nos negócios.

- Conhecer os custos ambientais e o desempenho do processo e produto pode contribuir para apuração de custos e fixação de preços mais acurados. Além disso, permite a redefinição de processos e produtos com tecnologias mais adequadas, contribuindo, assim, para a empresa obter vantagem competitiva.

- A contabilidade de custos pode dar suporte no desenvolvimento de um sistema de gestão ambiental (SGA). Tal sistema é necessário para empresas de exportação, em que é obrigatória a implantação da ISO 14001, desenvolvida pela *International Organization of Standarization*.

---

[1] Maior aprofundamento sobre o assunto pode ser obtido em Bornia (2002).

4.2 CONCEITO DE CUSTO AMBIENTAL

Conceituar custos ambientais não é uma tarefa fácil, uma vez que a maioria é intangível. Na opinião de Grzebieluckas et al. (2012), a literatura não apresenta uma definição clara e objetiva do que se considera como custo ambiental. Por sua vez, Moura (2006) destaca que os custos ambientais geralmente não são captados nas relações de mercado devido à indefinição de direitos privados de propriedade. Desse modo, o custo da degradação não incide sobre os que degradam, mas recai sobre a sociedade como um todo e sobre as gerações futuras, isso porque o uso do meio ambiente gera externalidades, que são custos ambientais não reconhecidos no sistema de preços e, portanto, externos às funções de custo e de demanda.

Muitas empresas incluem os custos de proteção e recuperação ambiental nos seus custos gerais de *overheads* (CIF). Essa atitude se justificava quando os custos com o cumprimento da regulamentação ambiental eram marginais e os lucros elevados. No entanto, com a crescente conscientização ambiental, competição acirrada e com a necessidade de melhorar o nível da eficiência produtiva, os custos de controlar e medir os gastos ambientais são suplantados pelos benefícios.

Horngren et al. (2000) definem custo como "Recurso que se sacrifica ou que se renuncia para alcançar um objetivo específico". Já os custos ambientais podem ser definidos como aqueles relacionados com prevenção, planejamento, controle, alterações e reparação de lesões ambientais e da saúde humana relacionados com empresas, governos ou pessoas (DDS da ONU, 2001).

Para Carvalho (2008), os custos ambientais são consumos de recursos reconhecidos pela entidade relacionados ao processo produtivo que tenham por objetivo mitigar e prevenir danos ambientais causados pelas atividades operacionais ou outros consumos vinculados à produção. Friedrich (2003, p. 8) afirma que os custos ambientais são gastos aplicados direta ou indiretamente no sistema de gerenciamento ambiental do processo produtivo e em atividades ecológicas da empresa. Quando aplicados diretamente na produção, esses gastos são classificados como custos.

> **PAUSA PARA REFLETIR!**
>
> Agora que já discutimos os conceitos fundamentais da Controladoria Ambiental, escreva com suas palavras a diferença entre despesa e custo ambiental.

O cálculo dos custos ambientais da empresa compreende os gastos com tratamento e prevenção mais os custos dos resíduos, que são constituídos por materiais que foram comprados e pagos, mas que não se transformaram num produto comercializável durante o processo produtivo, portanto, é um indicador da ineficiência da produção. Assim como os custos dos materiais desperdiçados, do capital e do trabalho (Quadro 4.1).

Quadro 4.1 – *Custos ambientais*

Custos ambientais totais da empresa é a soma:
+ Custos de Tratamento e Prevenção
+ Custos dos materiais desperdiçados (resíduo do processo produtivo)
+ Custos das perdas de capital e trabalho

Fonte: DDS da ONU (2001).

Uma investigação realizada pela Divisão para o Desenvolvimento Sustentável das Nações Unidas (DDS da ONU, 2001, p. 13) nos projetos de várias empresas revelou que os custos da gestão dos resíduos produzidos se situam, normalmente, entre 1 e 10% dos custos ambientais totais da empresa, enquanto os custos de compra dos materiais desperdiçados representam, em alguns setores empresariais, 40 a 90% dos custos ambientais.

Os fluxos de materiais são também fluxos de dinheiro e podem ser acompanhados por sistemas de contabilidade convencionais. Também, ao calcular os investimentos em tratamento e prevenção ambiental, é necessário considerar uma maior eficiência de utilização de materiais e de produção. Por meio da análise dos fluxos de entrada e saída de materiais, Figura 4.1, observa-se que apenas 12% dos materiais são incorporados no produto, enquanto 78% são descartados em forma de resíduos. Esse tipo de produção é ecoineficiente, pois produz resíduos!

Figura 4.1 – *Fluxos de materiais não monetários*

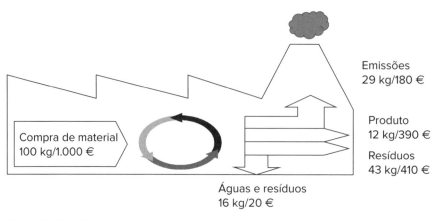

Fonte: DDS da ONU (2001).

A maior dificuldade relacionada com a identificação sistemática das potencialidades para aumentar a eficiência de utilização dos materiais tem relação com os sistemas de contabilidade de custos tradicionais, os quais não fornecem informação relevante sobre o fluxo de materiais não monetários. O fluxo dos resíduos e emissões não é quantificado nem valorizado monetariamente, de forma separada dentro dos sistemas de contabilidade de custos (DDS da ONU, 2001).

4.3 CLASSIFICAÇÃO DE CUSTOS AMBIENTAIS

Em geral, os custos ambientais encontram-se ocultos nas despesas operacionais, visto que ainda não há uma preocupação por parte dos profissionais de contabilidade e dos gestores em identificar e controlar tais custos em contas específicas. Todavia, na medida em que se identificam os custos e a empresa passa a controlá-los, tem-se a possibilidade de analisar as vantagens financeiras de aplicar práticas ecoeficientes no processo produtivo. Isso poderia contribuir para reduzir os custos ambientais, aumentar a rentabilidade do negócio, melhorar a imagem da empresa, dentre outros.

Os custos ambientais podem ser classificados, em função de sua natureza, em custos diretos e custos indiretos. Enquanto os custos diretos são aqueles identificados facilmente a um objeto de custos (produto, processo, setor, cliente, projeto etc.), os custos indiretos não podem ser facilmente atribuídos ao objeto de custo, necessitando de um método de alocação.

Exemplos de Custos Ambientais Diretos:

- Custo de contratação de mão de obra qualificada
- Custos dos materiais de produção
- Custo de tratamento de resíduos
- Custo de transporte de resíduos sólidos e líquidos
- Custo de armazenamento de resíduos sólidos e líquidos
- Custo de matéria-prima alternativa
- Custo de manipulação de sólidos e líquidos

Exemplos de Custos Ambientais Indiretos:

- Custo de mitigação
- Multas de natureza ambientais
- Seguro relacionado a questões ambientais
- Compensações a terceiros por danos ambientais
- Taxa de contaminação de águas
- Custo de gestão ambiental
- Honorários de consultoria
- Custo de inspeção

Na opinião de Hansen e Mowen (2001, p. 567), os custos ambientais são classificados em: custos da prevenção, custos da detecção, custos das falhas internas e custos das falhas externas, estes podendo ser subdivididos em realizados e não realizados. O Quadro 4.2 sintetiza tais custos.

Quadro 4.2 – *Síntese dos custos da qualidade ambiental*

Nomenclatura dos custos ambientais	Interpretação
Custos de preservação ambiental	São custos procedentes da prevenção da produção de contaminantes, bem como das atividades e/ou desperdício que causam danos ao meio ambiente.
Custo de detecção ambiental	Visam analisar se os processos e/ou produtos cumprem normas de procedimentos determinados por leis, normas e regulamentos próprios da empresa. Além das auditorias ambientais, averiguações nos produtos e processos.
Custos de falhas ambientais internas	São custos de atividades executadas porque contaminantes e desperdício foram produzidos, mas não descarregados no meio ambiente.
Custos de falhas ambientais externas	Consiste em verificar os custos de atividades executadas, após descarregar contaminantes e desperdício no meio ambiente.

Fonte: Elaboração baseada em Hansen e Mowen (2001).

Salienta-se ainda que as atividades de falhas internas, normalmente, apresentam como metas: assegurar que os contaminantes e o desperdício produzidos não sejam liberados para o meio ambiente e reduzir o nível de contaminação liberada para um nível que esteja em conformidade com as normas ambientais. Sobre as falhas externas, tais custos podem ser classificados como: resultantes da degradação ambiental e associados com um impacto adverso sobre a propriedade ou bem-estar dos indivíduos.

Moura (2003) classifica os custos ambientais em dois grandes grupos (Figura 4.2): (i) custos de controle da qualidade ambiental (custos da prevenção e custos de avaliação) e (ii) custos da falta de controle ambiental (custos de falhas internas, custos de falhas externas e custos intangíveis).

a) **Custos de controle da qualidade ambiental**

- *Custos de prevenção*: são os custos das atividades que visam prevenir, ou evitar, problemas ambientais nos processos industriais. Nesse grupo, estão enquadrados todos os recursos empregados em favor da proteção ambiental.

Figura 4.2 – *Classifcação de custos ambientais*

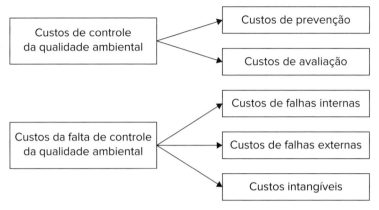

Fonte: Moura (2006).

- *Custos de avaliação*: são valores despendidos para manter os níveis de qualidade ambiental da empresa, através de trabalhos de laboratório e avaliações formais do SGA, para garantir um bom desempenho ambiental da empresa. São exemplos de custos de avaliação: custos com inspeções, testes, auditorias da qualidade ambiental e despesas similares.

b) **Custos da falta de controle da qualidade ambiental**

- *Custos de falhas internas*: são custos decorrentes da falta de controle. Resultam de ações internas na empresa, tais como: recuperação de áreas internas degradadas; desperdícios de material, de energia, de água; tempos parados de máquinas, como resultado de problemas ambientais causados e retrabalhos, em processos causados por não conformidades ambientais e multas por falhas internas referentes ao uso de tecnologias defasadas e poluentes.

- *Custos de falhas externas*: compreendem os custos resultantes de uma gestão ambiental inadequada. São os custos decorrentes de queixas ambientais de consumidores: correção, recuperação de áreas externas degradadas pela atividade da empresa; pagamento de multas aplicadas por órgãos ambientais de controle, indenizações decorrentes de ações legais resultantes de disposição inadequada de resíduos; acidentes no transporte de produtos tóxicos, inflamáveis, corrosivos; prejuízos decorrentes de suspensão de vendas e fabricação de produtos.

- *Custos intangíveis*: são aqueles que, apesar de claramente existentes, são de difícil quantificação. São identificados pela associação de um resultado a uma medida de prevenção adotada. Como exemplos, tem-se: perda de valor das ações da empresa, como resultado de desempenho ambiental insatisfatório; baixa produtividade dos empregados em função de um ambiente poluído, contaminado ou inseguro, dificuldades e aumento de tempo; custos na obtenção de licenciamento ambiental como resultado de multas e problemas anteriormente constatados.

As empresas podem compreender custos ambientais e classificá-los de maneira diferente. Assim como podem utilizar variedade de instrumento para a sua medição. Para tomada de decisão, o importante é que todos os custos relevantes e significativos sejam identificados, medidos e controlados.

4.4 INSTRUMENTOS DE MENSURAÇÃO DE CUSTOS AMBIENTAIS

Burritt, Hahn e Schaltegger (1988) apresentam os instrumentos mais utilizados na contabilidade de gestão ambiental que têm apoiado o processo de decisão empresarial:

a) **Identificação e alocação dos custos ambientais:** não considera os fluxos de materiais, mas principalmente os custos de tratamento e deposição de resíduos, assim como os investimentos em tecnologias de fim de linha. Posteriormente, vieram a ser realizados balanços aos fluxos de materiais na empresa, mas sem uma integração sistemática dos dois sistemas de informação e sem a avaliação dos custos dos fluxos de materiais.

b) **Custeio de Ciclo de Vida (LCA, Life Cycle Assessment – LCC, Life Cycle Cost):** considera os custos atribuíveis à organização que produziu o produto. Inclui fornecedores e a disposição do produto dentro do processo decisório.

c) **Custeio Baseado em Atividades (ABC, Activity Based Cost):** reconhece os *drivers* de consumo de recursos ambientais e que custam objetos atribuídos.

d) **Contabilidade dos custos dos fluxos de materiais:** não visa apenas desagregar os custos de tratamento e prevenção ambiental, mas também detectar todos os fluxos de materiais por meio dos centros de custos da empresa, reavaliar os custos de produção e as quantidades percentuais adicionadas nas várias fases da fabricação, tais como percentagem estimada de desperdícios, taxa de resíduos etc. Os limites do sistema são os vários processos de produção e centros de custos da empresa.

e) **Contabilidade de custos ambientais totais (FCA, Full Costs Accounting):** para externalidades.

É importante esclarecer que a identificação e mensuração dos custos ambientais não devem ser processo isolado da gestão ambiental corporativa. As empresas ambientalmente responsáveis que iniciam um processo de produção mais limpa, como estratégia de gestão ambiental, precisam não somente da estimativa dos custos ambientais, associados aos custos de ineficiência – análise de priorização e diagnóstico –, mas também o controle e o acompanhamento desses custos.

O uso integrado de tais instrumentos, aliado a uma política ambiental e à implantação do Sistema de Gestão Ambiental (SGA), permite o gerenciamento dos custos ambientais, tornando-se uma ferramenta de informação quantitativa útil para a tomada de decisões e avaliação do desempenho.

> Resíduos são matérias-primas (na maioria das vezes adquiridas a alto preço) que não foram transformados em produtos comercializáveis ou em matérias-primas a serem usadas como insumos em outro processo produtivo. Incluem todos os materiais sólidos, líquidos e gasosos que são emitidos no ar, na água ou no solo, bem como o ruído e a emissão de calor (KIPERSTOK et al., 2002).

Os instrumentos de gestão recomendados pela DDS da ONU (2001) para o gerenciamento dos custos ambientais são: avaliação convencional dos custos ambientais; contabilidade dos resíduos produzidos; contabilidade baseada nas atividades; análise de entradas/saídas dos fluxos de materiais; contabilidade dos custos dos fluxos de materiais e custeio do ciclo de vida. Para o propósito deste livro, discutiremos sobre a análise de entradas/saídas dos fluxos de materiais (balanço de massa); custeio baseado em atividades e custeio de ciclo de vida (LCA, Life Cycle Assessment – LCC, Life Cycle Cost).

4.4.1 Balanço de massa

É um dos instrumentos propostos pelo DDS da ONU (2001) para a melhoria do desempenho ambiental. O balanço de massa é uma equação que se baseia no princípio de que todo material que entra na produção terá de sair ou ficar armazenado. Dessa forma, é elaborado um inventário dos materiais utilizados e a correspondente quantidade de produto, resíduos e emissões. Os materiais (materiais, água e energia utilizadas) são medidos em termos de unidades físicas de massa (kg, t), de volume (l, m^3) ou energia (MJ, kWh).

Assim, o objetivo da utilização desse instrumento é o de melhorar a eficiência da gestão dos materiais em termos econômicos e ambientais, ou seja, de ecoeficiência. Significa minimizar resíduos. Na opinião de Kiperstok et al. (2002), para isso é necessário:

- **aumentar a eficiência ecológica da empresa:** transformando toda a matéria-prima em produto;
- **beneficiar-se das vantagens comerciais:** aumentando a competitividade;
- minimizar custos de retrabalho;
- reduzir o impacto ambiental do processo produtivo.

Ao adotar esse instrumento de medição, a empresa deve adequar o sistema de controladoria ambiental para fornecer as informações sobre as quantidades compradas, produzidas e desperdiçadas na produção de bens e serviços. Então, para que o sistema de controladoria ambiental forneça a informação correta sobre o fluxo de insumos do processo produtivo, conforme demonstra a Figura 4.3, é necessário que o sistema elabore o inventário desses insumos.

Figura 4.3 – *Processo industrial*

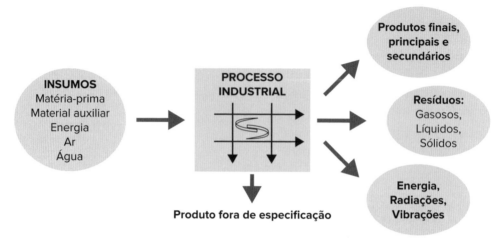

Fonte: Kiperstok et al. (2002).

Com essa mesma compreensão, Kiperstok et al. (2002) afirmam que para minimizar e evitar a geração de resíduos e emissões, faz-se necessário a empresa conhecer os fluxos de massa mais importantes, ou seja, identificar e quantificar os resíduos gerados nas etapas do fluxo. Ademais, devem-se identificar as características e a importância em termos de toxicidade e efeitos ecológicos dos resíduos.

As informações quantitativas para elaboração do balanço de massa são obtidas nos sistemas de contabilidade, gestão de suprimentos (estoque e compras) (Figura 4.3). Para tanto, deve-se determinar:

- quais das substâncias e materiais utilizados na produção já se encontram registrados no sistema de contabilidade;
- quais as contas que a contabilidade de custos considera como custos diretos e indiretos (*overheads*);
- quais são as quantidades utilizadas em cada período;
- qual a extensão e controle dos estoques;
- quais os materiais já estão em produção ou acabados; e
- qual o nível de detalhe dos centros de custos e dos direcionadores de custos.

Recomenda-se que a empresa implante um sistema de medição ou pesagem, que deverá ser colocado nas compras e na expedição para obter informação sobre a quantidade de resíduos.

No balanço de massa, as quantidades são definidas em unidades de massa (kg). Dessa forma, o balanço de massa relata em quilogramas os materiais consumidos e processados e a resultante fabricação de produto e os resíduos gerados no processo produtivo, incluindo as perdas nos armazéns. Para ter informação mais fidedigna, é interessante a empresa registrar, no momento da compra, insumos adquiridos em quilograma.

Quadro 4.3 – *Modelo de balanço de massa*

ENTRADAS em kg/kWh	SAÍDAS em kg
Matérias-primas	**Produto**
Matérias secundárias	Produto principal
Embalagens	Subprodutos
Materiais auxiliares	**Resíduos**
Componentes	Resíduos urbanos
Energia	Resíduos reciclados
Gás	Resíduos perigosos
Carvão	**Águas residuais**
Fuel	Quantidade
Outros combustíveis	Metais pesados
Renováveis (Biomassa, Madeira, ...)	CQO
Solar, Eólica, Hídrica	CBO
Eletricidade produzida externamente	**Emissões atmosféricas**
Eletricidade produzida internamente	CO_2
Água	CO
Água da rede	NO_x
Água subterrânea	SO_2
Água da nascente	Partículas
Águas pluviais/superficiais	NH_4, COV
	Substâncias depletoras do ozônio

Fonte: DDS da ONU (2003).

4.4.2 Custeio Baseado em Atividades (ABC)

O ABC é o método de custeio que mensura o sistema produtivo total, pois tem como pressuposto que as atividades consomem os recursos e os bens e serviços consomem atividades. Consiste em identificar as atividades de uma empresa e atribuir custos a essas atividades, e destas aos objetos de custos. O ABC identifica a relação de causa e efeito entre recursos, atividades e objetos de custo (QUEIROZ, COSTA e GOMES, 2004).

Figura 4.4 – *Modelo custeio baseado em atividades*

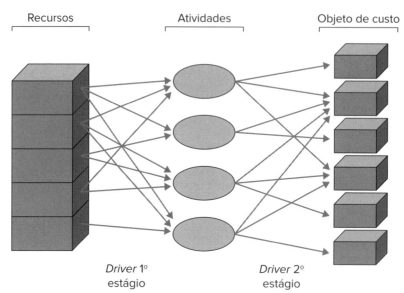

Fonte: Queiroz, Costa e Gomes (2004).

Os recursos são matérias-primas e os serviços, a mão de obra, os equipamentos, os imóveis, os bens e valores em geral (BOISVERT, 1999). Os recursos podem ser alocados em uma atividade ou em um centro de custos de suporte. Na alocação de custos, consideram-se fatores como capacidade, vida útil estimada e tempo médio para execução da atividade. Normalmente, são classificados em quatro categorias básicas: pessoal, materiais, tecnologia e despesas gerais.

Atividade é "um conjunto de tarefas efetuadas pela mão de obra, bem como pelas máquinas em uma empresa" (BOISVERT, 1999, p. 89). As atividades estão relacionadas aos objetivos de custeio (produtos, linha de produtos, clientes, mercados e outros), em algum nível.

Já os direcionadores de custos são "critérios através dos quais é determinado o montante de custos (ou despesas) que será atribuído a cada uma das atividades e a cada um dos objetos de custos" (GASPARETTO, 1999, p. 35). A atribuição dos custos ocorre em dois estágios:

> 1º Estágio: os recursos do período são alocados às atividades que os consumiram, a fim de permitir o cálculo da atividade. São denominados de direcionadores de recursos.

2º Estágio: os custos das atividades são direcionados aos objetos de custo que as consumiram. São denominados de direcionadores de atividades.

O direcionador objetiva a alocação dos custos nas atividades, e destas aos produtos, clientes, mercados, processos e outros. É essencial que os direcionadores de custos sejam mensuráveis, uma vez que serão utilizados para alocar custos nos produtos, devendo ser de fácil obtenção nos sistemas e controles existentes na empresa.

Quadro 4.4 – *Cálculo do custo das atividades*

Recursos / Atividades	Mão de obra	Energia Elétrica	Depreciação	Transporte interno	MO Manutenção	Material de manutenção	Material de consumo e segurança	Vapor	Ar comprimido	Custo total das atividades
Escovar *nubuck*	1.082,93	87,78	541,46	0,00	223,61	275,35	0,00	0,00	14,78	2.225,92
Classificar semiacabado	1.707,55	0,00	75,77	0,00	55,44	138,60	0,00	0,00	0,00	1.977,36
Matizar (teste amostras)	840,84	295,68	345,58	0,00	55,44	107,18	33,26	0,00	186,65	1.864,63
Pintar/secar	1.620,70	415,80	541,46	0,00	476,78	526,68	112,73	264,26	131,21	4.089,62
Engraxar ou aplicar antique	1.029,34	34,37	303,07	0,00	280,90	752,14	3,70	0,00	14,76	2.418,29
Estampar ou proporcionar lisura	1.149,46	887,04	2.237,93	0,00	391,78	585,82	5,54	57,29	14,78	5.329,63
Gravar	2.023,56	1.254,79	2.631,55	0,00	559,94	1.177,18	36,81	0,00	14,78	7.700,62
Polir	975,74	397,69	707,78	0,00	336,34	275,35	0,00	0,00	0,00	2.692,91
Espelhar	1.045,97	126,40	203,28	0,00	280,90	290,14	3,70	0,00	0,00	1.950,38
Classificar	2.191,73	0,00	75,77	0,00	55,44	136,60	0,00	0,00	0,00	2.461,54
Medir acabado	1.729,73	29,57	253,18	0,00	504.50	748,44	72,07	0,00	14,78	3.352,27
Embalar/expedir	840,84	0,00	75,77	582,12	55,44	138,60	0,00	0,00	0,00	1.692,77
Tratar efluentes	5.493,60	2.880,00	5.493,60	230,40	439,20	280,80	1.080,00	0,00	36,00	15.933,60
Transportar/dispor lodo	206,98	114,58	206,96	0,00	55,44	0,00	0,00	0,00	0,00	583,97
Transportar/dispor sobras	1.820,28	0,00	3.294,98	0,00	0,00	0,00	0,00	0,00	0,00	5.115,26
Total dos Recursos	88.948,30	41.955,78	68.801,04	6.726,67	14.875,88	28.845,49	7.414,14	5.022,17	1.988,22	276.091,47

Fonte: Hansen e Mowen (2003).

Sempre que possível, os custos ambientais deverão ser diretamente imputados à atividade que os causa, aos respectivos centros de custos e às origens de custos. Os custos de tratamento, por exemplo, dos resíduos tóxicos originados por um produto deverão ser imputados direta e exclusivamente a esse produto.

A utilização do custeio por atividades permite definir os custos ambientais que serão identificados e mensurados a partir dos recursos consumidos pelas atividades de controle, preservação e recuperação ambiental. Com o uso do custeio por atividades, os gestores da empresa podem ter informações sobre todos os aspectos relevantes e inerentes à função de proteção ambiental, como: (a) os custos de MOD de cada uma das atividades necessárias ao processo; (b) os custos de todo o processo de trabalho desenvolvido; (c) os custos de todas as atividades desenvolvidas pela função, independentemente dos processos que as exigiram; (d) resultado dos centros de custos responsáveis por atividades de controle ambiental.

Os gastos ambientais, sejam de prevenção, controle ou recuperação, têm impacto significativo sobre o patrimônio das empresas. Por essa razão, as estratégias de mensuração e controle devem ser cuidadosamente selecionadas, de maneira a garantir o sucesso dos sistemas de gerenciamento ambiental adotados pelas empresas.

4.4.3 Análise do Ciclo de Vida (ACV)

O instrumento de gestão Análise de Ciclo de Vida (ACV) ou Life Cycle Assessment (LCA) é fundamental para apoiar a implementação de projetos de ecoeficiência. A ACV identifica as consequências ambientais de um produto durante todo o ciclo de vida, e depois busca oportunidades para obter melhorias ambientais.

Para a Sociedade para Toxicologia e Química Ambiental (SETAC), a ACV é um processo sistemático para avaliar a carga ambiental associada a um produto, processo ou atividade, por meio da identificação e quantificação do consumo de energia, materiais utilizados e resíduos descartados ao ambiente. Essa análise inclui todo o ciclo de vida do produto, processo ou atividade, abrangendo extração, processamento de matéria-prima, produção, distribuição, uso, reúso, manutenção, reciclagem e disposição final (Figura 4.5).

Figura 4.5 – *Fluxo do ciclo de vida do produto*

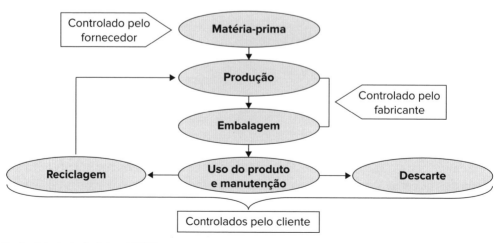

Fonte: Adaptada de Sakurai (1997).

A ACV pode ser utilizada para comparar produtos funcionalmente equivalentes; fornecer informações para processos de auditorias; suportar estratégias de planejamento a longo prazo relacionadas com desenvolvimento e projetos de novos produtos; fornecer informações para avaliar e diferenciar produtos em programas de rotulagem; ajudar no desenvolvimento de políticas de longo prazo com relação ao uso de materiais, conservação de recursos e redução de impactos ambientais durante o ciclo de vida destes, dentre outros. O desenvolvimento da ACV compreende quatro etapas, Figura 4.6, formais: (a) objetivo e escopo; (b) análise do inventário; (c) avaliação de impacto; e (d) interpretação e propostas.

Figura 4.6 – *Etapas da análise do ciclo de vida*

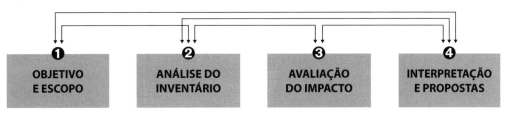

Fonte: Kiperstok et al. (2002).

Primeira etapa – objetivo e escopo

Nessa etapa, é importante definir a finalidade, os motivos e a aplicação do estudo, bem como o público-alvo a ser atendido pelo estudo e as perguntas a serem respondidas pela análise para diagnosticar o problema a ser resolvido. Os objetivos e limites estabelecidos são flexíveis, podendo ser modificados ao longo do estudo.

Atenção!

Da série ISO 14000, os que tratam de ACV são:

ISO 14040 – Gestão Ambiental – Análise de Ciclo de Vida – Princípios e estrutura.

ISO 14041 – Gestão Ambiental – Análise de Ciclo de Vida – Definição e escopo e análise do inventário.

ISO 14042 – Gestão Ambiental – Análise de Ciclo de Vida – Avaliação do impacto do ciclo de vida.

ISO 14043 – Gestão Ambiental – Análise de Ciclo de Vida – Interpretação do ciclo de vida.

ISO-TR-14047 – Gestão Ambiental – Avaliação de Ciclo de Vida – Exemplos para interpretação da ISO 14042.

ISO 14048 – Gestão Ambiental – Análise de Ciclo de Vida – Formato da apresentação dos dados.

ISO-TR-14049 – Gestão Ambiental – Análise de Ciclo de Vida – Exemplos para a aplicação da ISO 14041.

O conteúdo mínimo do escopo de um estudo de ACV deve referir-se às suas três dimensões: onde iniciar e parar o estudo do ciclo de vida (a extensão da ACV), quantos e quais subsistemas incluir (a largura da ACV) e o nível de detalhes do estudo (a profundidade da ACV), conforme estabelece a ISO 14040. Por isso, a empresa deve definir:

a) A função do sistema é identificar e descrever de maneira clara e objetiva a finalidade do sistema, ou seja, o estudo do ciclo de vida de determinado produto (bens e serviços) pretende alcançar que meta organizacional? Por exemplo: fornecimento de energia elétrica ou a função de um bem: secador.

b) A unidade funcional é a medida física (kg, l, kW, un) a ser utilizada na análise do produto. Exemplos de unidades funcionais de alguns produtos ou processos:

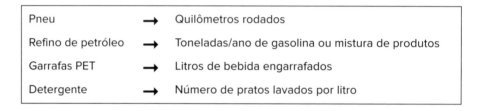

A definição da medida permitirá que os parâmetros de impacto possam ser referidos a uma base única.

c) A unidade de processo é a menor parte do sistema, englobando uma atividade, ou grupo de atividades, de onde pretende-se coletar dados de *inputs* e *outputs*.

Segunda etapa – Análise de inventário

Nessa etapa, são especificados os tipos e as quantidades de entradas de material e energia necessários, e as liberações ambientais resultantes, na forma de resíduos sólidos, líquidos e gasosos. Todos os materiais e energia que entram e saem do sistema são levantados na forma de balanços de massa e energia Essa análise permite que questões-chaves para o produto sejam avaliadas, tais como:

- Quais são as matérias-primas necessárias para cada tipo de produto?
- Quais são os requisitos de energia para produzir cada produto?
- Que tipos de efluentes e emissões são produzidos em cada produto?
- Qual é o potencial de reciclagem?
- Quais são os recursos necessários para o descarte?

Portanto, nessa fase devem ser levantados os dados. É fundamental que os dados sejam obtidos de fontes seguras. A qualidade das fontes utilizadas deve ser devidamente esclarecida. Segundo Lindfors (1995, apud KIPERSTOK et al., 2002), se a qualidade dos dados obtidos não for satisfatória para o cumprimento da meta inicialmente estabelecida, então, pode-se:

1. coletar dados adicionais para melhorar a qualidade. Se não for possível.
2. redefinir a meta e o escopo do estudo. Se não for possível.
3. abandonar o estudo. Largar tudo. Desistir!

Terceira etapa – Análise de impacto

Nessa fase, são atribuídas medidas financeiras, ou seja, quantificam-se monetariamente as informações qualitativas colhidas nas fases anteriores, avaliando os efeitos ambientais de projetos competidores e fornecendo uma classificação relativa de tais efeitos. Com a análise de impacto, os valores gerados pela análise de estoque são avaliados, produtos são comparados e uma decisão indicada. No estudo dos impactos ambientais, deve-se ter o cuidado de realizar:

- **Identificação de categorias**: os impactos são agrupados por tipos: efeitos tóxicos, aquecimento global, acidificação, saúde humana, exaustão dos recursos naturais, dentre outros.
- **Classificação:** os dados do inventário são classificados e agrupados nas diversas categorias, anteriormente identificadas.
- **Caracterização:** os dados do inventário atribuídos a uma determinada categoria são modelados, Quadro 4.5, para que os resultados possam ser expressos na forma de um indicador numérico para aquela categoria.

Quadro 4.5 – *Caracterização dos dados do inventário*

Categoria	Indicador
Exaustão de recursos não renováveis	Medida em relação à oferta global do recurso.
Potencial de aquecimento global	Medida em relação a 1 kg CO_2
Formação de oxidantes fotoquímicos	Medida em relação a 1 kg de etileno
Potencial de acidificação	Medida em relação a 1 kg de SO_2
Potencial de toxicidade humana	Massa corpórea por kg de substância
Ecotoxicidade aquática	Volume de água por massa de substância
Potencial de eutrofização	Medida em relação a 1 kg de fosfato e nitrogênio
Potencial de redução da camada de ozônio	Medida em relação a 1 kg de CFC-11

Fonte: Kiperstok et al. (2002).

Quarta etapa – Interpretação, recomendações e conclusões

Essa etapa objetiva reduzir os impactos ambientais revelados nas etapas de análise de inventário e de impacto, em termos operacionais e financeiros; estabelecer formas de redução dos impactos ambientais das alternativas que estão sendo consideradas ou avaliadas e melhorar o desempenho ambiental de produtos e processos existentes. Na opinião de Chehebe (1998, apud KIPERSTOK et al., 2002), deve-se:

- analisar os resultados obtidos nas duas fases anteriores;
- tirar conclusões compatíveis com os objetivos estabelecidos;
- explicar as limitações do estudo;
- identificar oportunidades de melhoria de acordo com o objetivo.

Nessa fase, são identificadas as melhorias pela análise realizada, assim como a maneira como o estudo pode ser aperfeiçoado, com indicação do uso de outras ferramentas, realização de pesquisa para um novo *design* de produto, mudanças de matérias-primas, a maneira de usar e descartar determinado produto. Enfim, é realizada uma avaliação crítica do próprio estudo, indicando caminhos para aperfeiçoá-lo.

> **Lembrando!**
>
> Discutiram-se as quatro fases de estudo de uma ACV. Essa divisão pode variar um pouco de autor para autor. Todavia, os conteúdos são similares.

A utilização dos instrumentos aqui discutidos pode gerar os seguintes benefícios para as empresas (EPA, 2000): incremento nas vendas, em virtude da melhoria na imagem da empresa; acesso a crédito; patrimônio mais atrativo para investidores, aumento da produtividade e moral dos funcionários, o que aumenta a taxa de retenção de funcionários e redução de custos de recrutamento e treinamento, melhoria das relações com os reguladores e outras partes interessadas (clientes, funcionários, fornecedores, investidores etc.)

Os sistemas de informação e as tecnologias ambientais atualmente permitem a identificação, medição objetiva dos custos ambientais que são necessários para estabelecer uma política ambiental e um sistema de gestão ambiental alinhados à obtenção dos resultados desejados. Dessa forma, os benefícios econômicos virão em razão do posicionamento estratégico alcançado com o compromisso social e ambiental visível, transparente e verificável.

REVISÃO DE CONTEÚDO

Elaborada pelo Prof. Juliano Almeida Faria

QUESTÃO 1

Dentre os benefícios em se medir custos ambientais, encontram-se:

I. Redução dos impactos ambientais, por meio da venda de resíduos, ou pela transferência de licença de contaminação, ou mediante licenças de tecnologias limpas.

II. Entender os custos ambientais e o desempenho de processo e produtos podem promover um custo e fixação de preços mais exatos.

III. Uma melhor administração dos custos ambientais pode resultar em desempenho ambiental melhor e benefícios significativos para a saúde dos colaboradores.

Estão corretas as alternativas:

a) I e II
b) II e III
c) I e III
d) Todas estão corretas.
e) Todas estão incorretas.

QUESTÃO 2

"São consumos de recursos reconhecidos pela entidade relacionados ao processo produtivo que tenham por objetivo mitigar e prevenir danos ambientais causados pelas atividades operacionais ou outros consumos vinculados à produção."

O conceito acima refere-se a:

a) Despesa ambiental.
b) Ativo ambiental.
c) Passivo ambiental.
d) Riscos ambientais.
e) Custo ambiental.

QUESTÃO 3

São exemplos de custos ambientais indiretos, exceto:

a) Custo de tratamento de resíduos.
b) Multas de naturezas ambientais.
c) Taxa de contaminação de águas.
d) Custo de gestão ambiental.
e) Honorários de consultoria.

QUESTÃO 4

São custos de controle da qualidade ambiental:
a) Custos de prevenção e custos de falhas internas.
b) Custos de avaliação e custos de falhas internas.
c) Custos de falhas externas e custos intangíveis.
d) Custos de falhas internas e custos intangíveis.
e) Custos de avaliação e custos de prevenção.

QUESTÃO 5

A literatura especializada afirma que os instrumentos mais utilizados na contabilidade de gestão ambiental no apoio do processo de decisão empresarial são, exceto:
a) Custeio de ciclo de vida.
b) ABC.
c) Custos dos fluxos de materiais.
d) *Fair value*.
e) Custos ambientais totais.

QUESTÃO 6

O balanço de massa é uma equação que se baseia no princípio de que todo material que entra na produção terá de sair ou ficar armazenado. Para que a ecoeficiência seja atingida por meio desse relatório, é necessário ainda:
a) Reduzir a eficiência ecológica da empresa – transformando toda a matéria-prima em produto.
b) Beneficiar-se das vantagens comerciais – aumentando a competitividade.
c) Maximizar amplamente os custos de retrabalho.
d) Aumentar o impacto ambiental do processo produtivo.
e) Capacitar os entes poluentes para manter seu nível de atividade local.

QUESTÃO 7

Fonte: Kiperstok et al. (2002).

De acordo com a interpretação da figura acima, é possível gerar as seguintes informações quantitativas, exceto:

a) Os materiais que já estão em produção ou acabados.

b) Os itens de registro individuais da contabilidade de custos considerados como custos diretos e indiretos.

c) Identificação da extensão e controle dos estoques.

d) A escala de detalhamento dos centros de custos sem os direcionadores de custos.

e) Qual o volume utilizado em cada período.

QUESTÃO 8

"Os recursos podem ser alocados em uma atividade ou em um centro de custos de suporte. Na alocação de custos, consideram-se fatores como capacidade, vida útil estimada e tempo médio para execução da atividade."

A afirmação acima refere-se ao método de custeio:

a) Variável.

b) RKW.

c) Direto.

d) Meta (ou Target Cost).

e) ABC.

QUESTÃO 9

"É fundamental para apoiar a implementação de projetos de ecoeficiência, pois identifica as consequências ambientais de um produto e depois busca oportunidades para obter melhorias ambientais."

O trecho acima está se referindo a:

a) Custeio baseado em atividades.

b) Análise do ciclo de vida.

c) Custeio por processo.

d) Processo industrial ambiental.

QUESTÃO 10

O desenvolvimento da análise do ciclo de vida da empresa consiste em quatro etapas, que são:

1 – Interpretação e propostas.

2 – Objetivo e escopo.

3 – Avaliação do impacto.

4 – Análise do inventário.

A ordem formal correta de ocorrência da análise é:

a) 2 – 4 – 3 – 1.

b) 4 – 3 – 1 – 2.

c) 1 – 2 – 4 – 3.

d) 3 – 1 – 2 – 4.

e) 2 – 1 – 3 – 4.

REFERÊNCIAS

BOISVERT, Hugues. **Contabilidade por atividades**: contabilidade de gestão – práticas avançadas. Tradução de Antônio Diomário de Queiroz. São Paulo: Atlas, 1999.

BORNIA, A. C. **Análise gerencial de custos**: aplicação em empresas modernas. Porto Alegre: Bookman, 2002.

BURRITT, Roger L.; HAHN, Tobias; SCHALTEGGER, Stefan. Towards a comprehensive framework for environmental management accounting – links between business actors. **Emerald Management Reviews**, ISSN: 1474-6085, Online from: 1988.

CABREJO, Sabina Talero. El lugar de los costos ambientales de producción: ¿qué son, cómo clasificarlos y por qué tenerlos en cuenta? **Contabilidad**, v. 9, nº 25, jul./dic. 2008.

CARVALHO, Gardênia Maria Braga de. **Contabilidade ambiental**: teoria e prática. 2. ed. Curitiba: Juruá, 2008.

DDS – DIVISÃO PARA O DESENVOLVIMENTO SUSTENTÁVEL DAS NAÇÕES UNIDAS. Contabilidade da gestão ambiental: procedimentos e princípios. NAÇÕES UNIDAS, Nova Iorque, 2001

FRIEDRICH, João; ALMEIDA, Cláudia Carrano. A gestão ambiental sob a ótica contábil. Artigo apresentado na IX CONVENÇÃO DE CONTABILIDADE DO RIO GRANDE DO SUL. **Anais**... Gramado, 2003.

GASPARETTO, Valdirene. **Uma discussão sobre a seleção de direcionadores de custos na implantação do custeio baseado em atividades**. 1999. Dissertação (Mestrado em Engenharia de Produção) – Programa de Pós-Graduação em Engenharia de Produção e Sistemas – UFSC, Santa Catarina.

GRZEBIELUCKAS, Cleci; CAMPOS, Lucila Maria de Souza; SELIG, Paulo Mauricio. **Contabilidade e custos ambientais**: um levantamento da produção científica no período de 1996 a 2007. Prod., abr. 2012, v. 22, nº 2, p. 322-332. ISSN 0103-6513.

HANSEN, Don R.; MOWEN, Maryanne M. **Gestão de custos**: contabilidade e controle. São Paulo: Pioneira Thomson Learning, 2001.

HORNGREN, Charles T. et al. **Contabilidade de custos**. Tradução de José Luiz Paravato. 9. ed. Rio de Janeiro: LTC, 2000.

ISO 14001. Norma Internacional de Sistema de Gestão Ambiental.

KIPERSTOK, Asher et al. **Prevenção da poluição**. Brasília: SENAI/DN, 2002, 290 p.

MOURA Luiz Antonio Abdalla de. **Economia ambiental**: gestão de custos e investimento. 3. ed. São Paulo: Juarez de Oliveira, 2003.

QUEIROZ, Antônio Diomário de; COSTA Renato; GOMES, Sonia Maria da Silva . O ABC em uma empresa de desenvolvimento de software: um estudo de caso. **Revista de Contabilidade Contemporânea**, v. 1, 2004.

SAKURAI, Michiharu. **Gerenciamento integrado de custos**. Tradução de Adalberto Ferreira das Neves. São Paulo: Atlas, 1997.

GESTÃO DA *PERFORMANCE* AMBIENTAL E SOCIAL

Sonia Maria da Silva Gomes
Rita de Cássia Souza Ribeiro Torres

5.1 COMPREENDENDO O SISTEMA DE INDICADORES SOCIAL E AMBIENTAL

O Subsistema de Gestão da Performance Ambiental e Social, do Sistema de Controladoria Ambiental, Figura 2.1, é responsável por fornecer informações que permitam à organização delinear o conjunto de indicadores ambientais para proporcionar base à tomada de decisão em todos os níveis sobre a *performance* ambiental.

Para esse delineamento, é fundamental que sejam considerados alguns fatores que influenciam a utilidade e o significado do indicador. São eles: (a) condições de monitorar ao longo do tempo; (b) constituídos por duas variáveis, uma medição absoluta e uma medição relativa; (c) comparáveis entre diferentes unidades fabris e empresas. Por outro lado, devem-se considerar também os atributos qualitativos na implantação de um sistema de avaliação de desempenho ambiental (JASCH; RAUBERGER, 1997).

Ademais, é necessário responder a algumas questões antes de iniciar o processo de construção e implantação de um sistema de indicadores de desempenho socioambiental:

- Quais os aspectos gerais que são relevantes para um projeto de gestão ambiental e social com sucesso?
- Quem necessita da informação e qual tipo?
- Quais são as atividades relevantes e onde se encontram na empresa?
- Que tipo de informação será coletada, de onde e como?
- Como as variáveis serão medidas, comparadas e acompanhadas?
- Como os resultados serão comunicados e para quem?

Os indicadores de desempenho ambiental e social fornecem, ao gestor, a informação necessária sobre uma grande variedade de dados. Dessa forma, possibilitam aos decisores obter um panorama geral dos problemas de proteção ambiental e social ainda por resolver. O Capítulo 6 apresenta o Sistema de Gestão Ambiental e Social da Companhia de Eletricidade do Estado da Bahia (Coelba).

Nessa perspectiva, Siena (2008) afirma que a materialização do desenvolvimento sustentável é dificultada no momento de estabelecer os critérios de escolha dos indicadores de sustentabilidade disponíveis no mercado, pois não existem bases conceituais que determinem quais os impactos gerados e como esses indicadores devem ser tratados.

A Divisão para o Desenvolvimento Sustentável das Nações Unidas (2001) estabelece para um sistema de indicadores ambiental os seguintes princípios:

- **Relevância:** os indicadores devem refletir adequadamente os principais aspectos e impactos ambientais da empresa e devem ser selecionados pelos responsáveis pelo controle, monitoramento e estabelecimento dos objetivos.
- **Clareza:** os indicadores devem ser claros e atender à necessidade de quem for utilizar a informação.
- **Consistência:** os indicadores devem possuir método de cálculo consistente com o sistema de informação e indicadores financeiros.
- **Orientação por objetivos:** os indicadores devem corresponder aos objetivos de melhoria ambiental.
- **Comparabilidade:** os indicadores devem permitir a comparação ao longo do tempo e com outras unidades.
- **Perspectiva completa:** o conjunto de indicadores selecionado para a gestão da empresa deve cobrir todas as áreas e impactos das atividades.
- **Continuidade:** os indicadores tornam-se mais significativos se forem monitorizados com o mesmo método no decorrer dos anos.

Para definir o conjunto de indicadores, muitas empresas utilizam a técnica conhecida como SMART (*Specific, Measurable, Achievable, Realistic, Time-bound*), ferramenta usada para auxiliar na definição e avaliação da qualidade dos objetivos. A sigla inglesa SMART, que representa os requisitos da técnica, significa:

- *Specific* (específico/seletivos): os indicadores devem ser específicos para explicar claramente o que deverá ser medido, para se atingir o resultado pretendido, além de serem compreendidos por todos da empresa.
- *Measurable* (mensurável): os indicadores devem ser quantificáveis, baseados em dados que podem ser documentados, comparados e rastreados.
- *Achievable* (alcançável): os indicadores devem estar alinhados às estratégias e prioridades da organização, com recursos financeiros e humanos disponíveis.

- **Realistic** (realista): os indicadores devem ser ambiciosos, mas devem ser possíveis de alcançar.
- **Time-bound** (com prazo determinado): cada indicador deve ter um tempo estabelecido e viável para coleta de dados e medição.

De acordo com Meadows (1998), os indicadores são parte de um sistema de informação sobre o desenvolvimento sustentável, que deve coletar e gerenciar informações e fornecê-las para a ferramenta de avaliação e tomada de decisão. No mesmo sentido, Gallopin (1996) considera como função básica dos indicadores de desenvolvimento sustentável apoiar e melhorar a política ambiental e o processo de tomada de decisão em diferentes níveis, sendo o maior nível o global ou internacional. A utilização de indicadores é uma maneira intuitiva de monitorar complexos sistemas que a sociedade considera importantes e que precisam ser controlados.

5.2 CLASSIFICAÇÃO DOS INDICADORES DE DESEMPENHO AMBIENTAL E SOCIAL

As pesquisas e a prática organizacional têm demonstrado que definir e classificar um conjunto de indicadores, que permita à empresa medir e acompanhar o desempenho de suas ações para proteger e recuperar o meio ambiente e respeitar os direitos humanos, é uma tarefa muito complexa. Por isso, várias ONGs têm sistematizado indicadores socioambientais para ajudar nessa tarefa.

Os indicadores de desempenho ambiental são classificados em: (i) indicadores de desempenho operacional; (ii) indicadores do desempenho da gestão; e (iii) indicadores das condições ambientais, de acordo com a ISO TC 207 SC4 "Environmental Perfomance Evaluation" e a norma ISO 14031. Os **indicadores de desempenho operacional** fornecem informação sobre o desempenho ambiental das operações de uma organização. O consumo de materiais, energia e água, e a geração de emissões e resíduos são exemplos desses indicadores. Os **indicadores de desempenho da gestão** medem as ações empresariais aplicadas para preservar e recuperar o ambiente. Os **indicadores das condições ambientais** medem as condições da qualidade do estado do ambiente, fornecem informação sobre as emissões atmosféricas na qualidade do ar ou das águas. O Quadro 5.1 apresenta exemplos desses indicadores.

A *Global Reporting Initiative* (GRI) classifica os indicadores com base nas diretrizes: (i) aspectos sociais; (ii) econômicos e ambientais; (iii) evidenciação de políticas, estratégias e sistemas de gestão, cujo objetivo é descrever os impactos econômicos, ambientais e sociais (*triple bottom line*) de uma organização, incluindo informações positivas e negativas.

O Instituto ETHOS classifica os indicadores, que objetivam propiciar às organizações um instrumento de diagnóstico e gerenciamento dos aspectos de responsabilidade social, em sete temas: (i) valores, transparência e governança; (ii) público interno; (iii) meio ambiente; (iv) fornecedores; (v) consumidores e clientes; (vi) comunidade; (vii) governo e sociedade. No próximo item, veremos esse assunto com mais detalhes.

Quadro 5.1 – *Indicadores de desempenho ambiental*

	Quantidade absoluta	Quantidade relativa Ecointensidade
Volume de Produção (VP)	kg, litro	
Consumo de matérias-primas	kg	kg/VP
Matérias secundárias	kg	kq/VP
Embalagem	kg	kg/VP
Matérias auxiliares	kg	kg/VP
Energia	kWh	kWh/V P
Água	m^3	m^3
Resíduos	kg	kg/VP
Águas residuais	m^3	m^3/VP
Cargas específicas de poluição	kg	kg/VP
Emissões atmosféricas	m^3	m^3/VP
Carga das emissões atmosféricas	kg	kg/VP
Outros denominadores		
Número de empregados	Número	
Vendas	Valor monetário	
Resultado operacional	Valor monetário	
Horas de produção	Tempo	
Dias de trabalho	Dias	
Área de construção	m^2	
Indicadores do desempenho da gestão		
Número de objetivos e metas alcançadas		
Número de inconformidades, ou grau de cumprimento da legislação		
Número de fábricas com sistemas de gestão ambiental (SGA) certificados		
Número de fábricas com relatórios ambientais		
Percentagem das vendas de fábricas com SGA certificados		
Percentagem das vendas de produtos ambientalmente mais adequados (p. ex., produtos agrícolas orgânicos *versus* produtos agrícolas convencionais)		

Fonte: DDS da ONU (2001).

O Instituto Brasileiro de Análises Sociais e Econômicas (Ibase) é uma instituição sem fins lucrativos criada em 1981 e um dos principais incentivadores e divulgadores do Balanço Social no Brasil. Nessas propostas, os indicadores são divididos em: (i) indicadores sociais internos; (ii) indicadores sociais externos; (iii) indicadores ambientais; (iv) indicadores do corpo funcional.

5.3 MODELOS DE INDICADORES AMBIENTAL E SOCIAL

5.3.1 Balanço Social (BS)

A primeira iniciativa brasileira de um modelo de indicadores social e ambiental foi promovida pelo Instituto Brasileiro de Análises Sociais e Econômicas (Ibase), na pessoa do seu presidente o sociólogo Herbert de Souza, o Betinho, que convocou toda empresa a divulgar o Balanço Social, criado em 1997, por entender ser essa demonstração um convite à conscientização do empresariado e uma convocação a uma participação mais ativa no desenvolvimento econômico, social e ambiental da nação. O Quadro 5.2 sintetiza a proposta do modelo de BS do Ibase.

O "Balanço Social é um instrumento de gestão e de informação que visa evidenciar, da forma mais transparente possível, informações econômicas e sociais, do desempenho das entidades, aos mais diferenciados usuários, entre estes os funcionários" (TINOCO 1984); assim, objetiva tornar pública a responsabilidade social empresarial, construindo maiores vínculos entre a empresa, a sociedade e o meio ambiente.

No mesmo sentido, Iudícibus et al. (2007) consideram que o Balanço Social tem como objetivo demonstrar o grau de responsabilidade social assumido pela empresa e assim prestar contas à sociedade pelo uso do patrimônio público, constituído dos recursos naturais, humanos e o direito de conviver e usufruir dos benefícios da sociedade em que atua.

Como instrumento de medição do desempenho social e ambiental da entidade, fornece:

- **aos gestores:** informações relevantes à tomada de decisões, no que se refere aos programas e às responsabilidades sociais que cumpre à empresa enfrentar e desenvolver;
- **aos funcionários:** indicadores dos investimentos na melhoria das condições de trabalho e qualificação do trabalhador etc.;
- **à sociedade:** elementos para avaliação do desempenho social da empresa;
- **ao governo:** subsídios para elaboração de normais legais e tributação de impostos.

Quadro 5.2 – *Estrutura do balanço social – Ibase*

Modelo de Balanço Social	
1 – Base de cálculo	Receita líquida (RL) Resultado operacional (RO) Folha de pagamento bruta (FPB)
2 – Indicadores sociais internos	Alimentação Encargos sociais compulsórios Previdência privada Saúde Segurança e saúde no trabalho Educação Cultura Capacitação e desenvolvimento profissional Creches ou auxílio-creche Participação nos lucros ou resultados Educação
3 – Indicadores sociais externos	Cultura Saúde e saneamento Esporte Combate à fome e segurança alimentar Tributos (excluídos encargos sociais)
4 – Indicadores ambientais	Investimentos em programas e/ou projetos externos Investimentos relacionados com a produção/operação da empresa
5 – Indicadores do corpo funcional	Nº de admissões durante o período Nº de empregados(as) terceirizados(as) Nº de estagiários(as) Nº de mulheres que trabalham na empresa % de cargos de chefia ocupados por mulheres Nº de negros(as) que trabalham na empresa % de cargos de chefia ocupados por negros(as) Nº de pessoas com deficiência ou necessidades especiais
6 – Informações relevantes quanto ao exercício da cidadania empresarial	Número total de acidentes de trabalho Definição dos projetos sociais e ambientais Definição dos padrões de segurança e salubridade no ambiente de trabalho Posição da empresa quanto à liberdade sindical, ao direito de negociação coletiva e à representação interna dos(as) trabalhadores(as) Previdência privada Participação nos lucros ou resultados Padrões éticos e de responsabilidade social e ambiental adotados pela empresa na seleção de fornecedores Incentivo à participação de empregados(as) em programas de trabalho voluntário Número total de reclamações e críticas de consumidores(as) % de reclamações e críticas solucionadas Distribuição do Valor Adicionado (DVA)
7 – Outras informações	

Fonte: Modelo adaptado de Balanço Social (2011).

No modelo de Balanço Social do Ibase, os quatro primeiros indicadores são evidenciados em valores monetários absolutos e em percentuais relativos à Folha de Pagamento Bruta e em relação a Receita Líquida, sendo calculado:

- **Base de Cálculo:** é dividido em Receita Líquida, Resultado Operacional e Folha de Pagamento.
- **Indicadores Sociais Internos:** apresenta os gastos relacionados à alimentação, encargos sociais compulsórios, previdência privada, saúde, segurança e medicina no trabalho, educação, cultura, capacitação e desenvolvimento profissional, creches ou auxílio-creche, participação nos lucros ou resultados e outros. Esse critério evidencia informações relacionadas aos funcionários e suas famílias.
- **Indicadores Sociais Externos:** trata de investimentos em educação, cultura, saúde e saneamento, habitação, esporte, lazer e diversão, creches, alimentação, combate à fome e segurança alimentar e outros, além dos tributos arrecadados aos cofres públicos. Os investimentos desses estão vinculados à comunidade, por isso são considerados externos.
- **Indicadores Ambientais:** indica os investimentos sobre meio ambiente e separa os investimentos relacionados às atividades da empresa dos programas ou projetos externos.
- **Indicadores do Corpo Funcional:** descreve os números de empregados ao final do período, de admissões durante o período, de empregados terceirizados, de estagiários, de empregados acima de 45 anos, de mulheres, de negros e de portadores de deficiência ou necessidades especiais que trabalham na empresa, além do percentual de cargos de chefia ocupados por mulheres e por negros.
- **Informações relevantes quanto ao exercício da cidadania empresarial:** tem por finalidade evidenciar outras informações relevantes quanto ao exercício da cidadania empresarial.

5.3.2 Modelo do Instituto ETHOS

A proposta do Instituto ETHOS de Empresas e Responsabilidade Social busca propiciar às organizações um instrumento de diagnóstico e gerenciamento dos aspectos da responsabilidade social corporativa. É uma instituição sem fins lucrativos, não governamental, fundada em 1998, e objetiva mobilizar, sensibilizar e ajudar as empresas a gerir seus negócios de forma socialmente responsável, tornando-as parceiras na construção de uma sociedade sustentável e justa.

Para implantação de uma política de Responsabilidade Social Corporativa (RSC), o Instituto ETHOS define como princípios: (i) primazia pela ética; (ii) diálogo entre as partes interessadas; (iii) transparência; (iv) marketing responsável; e (v) comunidade de aprendizagem. Os indicadores de RSC estão divididos em sete temas, sintetizados no Quadro 5.3.

Quadro 5.3 – *Estrutura dos indicadores do Instituto ETHOS.*

Tema/Dimensões	Subtema	Questões/Indicadores
VALORES E TRANSPARÊNCIA	AUTORREGULAÇÃO DA CONDUTA	1 – Compromissos Éticos 2 – Enraizamento na Cultura Organizacional 3 – Governança Corporativa 4 – Relações com a Concorrência 5 – Diálogo e Engajamento das Partes Interessadas (*Stakeholders*) 6 – Balanço Social
PÚBLICO INTERNO	DIÁLOGO E PARTICIPAÇÃO	7 – Relações com Sindicatos 8 – Gestão Participativa
	RESPEITO AO INDIVÍDUO	9 – Compromisso com o Futuro das Crianças 10 – Compromisso com o Desenvolvimento Infantil 11 – Valorização da Diversidade 12 – Compromisso com a Não Discriminação e Promoção da Equidade Racial 13 – Compromisso da Empresa com a Promoção da Equidade de Gênero 14 – Relação com Trabalhadores Terceirizados
	TRABALHO DECENTE	15 – Política de Remuneração, Benefícios e Carreira 16 – Cuidados com Saúde, Segurança e Condições de Trabalho 17 – Compromisso com o Desenvolvimento Profissional e a Empregabilidade 18 – Comportamento nas Demissões 19 – Preparação para Aposentadoria
MEIO AMBIENTE	RESPONSABILIDADE FRENTE ÀS GERAÇÕES FUTURAS	20 – Compromisso com a Melhoria da Qualidade Ambiental 21 – Educação e Conscientização Ambiental
	GERENCIAMENTO DO IMPACTO AMBIENTAL	22 – Gerenciamento do Impacto no Meio Ambiente e do Ciclo de Vida de Produtos e Serviços 23 – Sustentabilidade da Economia Florestal 24 – Minimização de Entradas e Saídas de Materiais
FORNECEDORES	SELEÇÃO, AVALIAÇÃO E PARCERIA COM FORNECEDORES	25 – Critérios de Seleção e Avaliação de Fornecedores 26 – Trabalho Infantil na Cadeia Produtiva 27 – Trabalho Forçado (ou Análogo ao Escravo) na Cadeia Produtiva 28 – Apoio ao Desenvolvimento de Fornecedores

Tema/Dimensões	Subtema	Questões/Indicadores
CONSUMIDORES E CLIENTES	DIMENSÃO SOCIAL DO CONSUMO	29 – Política de Comunicação Comercial 30 – Excelência do Atendimento 31 – Conhecimento e Gerenciamento dos Danos Potenciais dos Produtos e Serviços
COMUNIDADE	RELAÇÕES COM A COMUNIDADE LOCAL	32 – Gerenciamento do Impacto da Empresa na Comunidade de Entorno 33 – Relações com Organizações Locais
	AÇÃO SOCIAL	34 – Financiamento da Ação Social 35 – Envolvimento com a Ação Social
GOVERNO E SOCIEDADE	TRANSPARÊNCIA POLÍTICA	36 – Contribuições para Campanhas Políticas 37 – Construção da Cidadania pelas Empresas 38 – Práticas Anticorrupção e Antipropina
	LIDERANÇA SOCIAL	39 – Liderança e Influência Social 40 – Participação em Projetos Sociais Governamentais

Fonte: Adaptado do Sistema dos Indicadores do Instituto ETHOS (2011).

Os temas de RSC do Instituto ETHOS são:

- **Valores, Transparência e Governança:** os valores e princípios éticos orientam a conduta organizacional. A adoção de uma postura clara e transparente fortalece a legitimidade social das atividades, refletindo positivamente no conjunto de suas relações com todas as partes interessadas.

- **Público Interno:** a empresa socialmente responsável, além de investir no desenvolvimento pessoal e profissional de seus empregados, na melhoria das condições de trabalho e no estreitamento de suas relações com os empregados, também respeita as culturas locais e as minorias existentes.

- **Meio Ambiente:** a empresa deve criar um sistema de gestão que assegure que ela não contribui com a exploração predatória e ilegal das florestas.

- **Fornecedores:** a empresa socialmente responsável relaciona-se com seus fornecedores e parceiros, cumprindo os contratos estabelecidos e sendo responsável pelos atos praticados por toda a cadeia de valor para a produção dos seus produtos ou prestação de serviços.

- **Consumidores e Clientes:** a responsabilidade social em relação aos clientes e consumidores exige da empresa investimento permanente no desenvolvimento de produtos e serviços confiáveis, que minimizem os riscos de danos à saúde dos usuários e das pessoas em geral.

- **Comunidade:** a empresa deve investir na comunidade em que está inserida, respeitando os costumes e as culturas locais.

- **Governo e Sociedade:** a empresa possui papel de formadora de cidadãos e por isso deve promover programas de conscientização para a cidadania e importância do voto para seu público interno e comunidade de entorno.

O Instituto ETHOS, recentemente, desenvolveu uma análise comparativa de sua proposta com outras iniciativas, tais como GRI, Norma ABNT NBR ISO 26000, Objetivos do Milênio, Pacto Global e a Norma SA8000 e resolveu mudar o Questionário dos Indicadores do Instituto ETHOS para os seguintes temas: incorporação dos princípios de responsabilidade social; práticas de gestão; relacionamento com partes interessadas; governança; direitos humanos; público interno; meio ambiente; cadeia de valor; comunidade e sociedade; governo e mercado.

5.3.3 Modelo da GRI

O modelo da GRI é a primeira iniciativa em escala mundial que busca um consenso a respeito de uma série de diretrizes de comunicação sobre a responsabilidade social, ambiental e econômica das empresas. Foi desenvolvido em 1997 a partir de uma parceria entre a *Coalition for Environmentally Responsible Economy* (CERES), instituição não governamental americana composta por organizações ambientais, de trabalhadores, religiosos, profissionais de investimento socialmente responsável e investidores institucionais e o Programa das Nações Unidas para o Meio Ambiente (PNUMA). Seu objetivo é elevar a qualidade dos relatórios de sustentabilidade a um nível passível de comparação, consistência e utilidade.

O modelo de relatório proposto pela GRI (2006) deve ser adotado voluntariamente pelas organizações que desejam divulgar o resultado de suas ações econômicas, ambientais e sociais. Para a *Global Reporting Initiative* (2006), os princípios e diretrizes que asseguram qualidade das informações relatadas são:

- **Materialidade:** a materialidade é o limite a partir do qual um tema ou indicador se torna suficientemente expressivo para ser relatado. Os temas e indicadores relevantes são os que podem ser considerados importantes por refletir os impactos econômicos, ambientais e sociais da organização ou por influenciar as decisões dos *stakeholders*, devendo, portanto, ser incluídos no relatório.

- **Inclusão dos *stakeholders*:** a organização deve identificar e engajar sistematicamente os *stakeholders* para compreender seus interesses e expectativas procedentes e explicar no relatório que medidas foram tomadas em resposta às mesmas.

- **Contexto de sustentabilidade:** a organização deve relatar o seu desempenho no contexto da sustentabilidade (ambiental, social e econômica).

- **Equilíbrio:** a organização deve relatar aspectos positivos e negativos relacionados ao seu desempenho.

- **Comparabilidade:** as informações devem ser consistentes e devem permitir comparabilidade ao longo dos tempos.

- **Exatidão:** as informações devem ser precisas e permitir que os *stakeholders* avaliem o desempenho da organização.
- **Periodicidade**: a organização deve estabelecer um período para divulgação sistêmica das informações.
- **Clareza:** a informação deve estar acessível de forma que atenda ao máximo número de usuários mantendo um nível de detalhamento adequado.
- **Confiabilidade:** a organização deve relatar as informações de forma que permita a sua rastreabilidade.

As diretrizes para definir o conjunto de indicadores da GRI incluem um sistema de níveis de aplicação. Há três níveis de aplicação (A, B e C) que designam de forma crescente a cobertura dos critérios de relatório, sendo A o nível mais alto e C o mais baixo. Para que uma empresa obtenha algum nível de aplicação com o sinal "+", como, por exemplo, A+, ela precisa participar de um processo de auditoria das informações relatadas, comprovando a sua veracidade e adequação aos indicadores propostos pela GRI. Os indicadores são organizados nas dimensões econômica, ambiental e social, subdivididos em categorias, aspectos e em indicadores quantitativos ou qualitativos, conforme demonstrado no Quadro 5.4.

5.3.4 Modelo da NBC T 15 – CFC

A Norma Brasileira de Contabilidade NBC T 15 foi aprovada pela Resolução do Conselho Federal de Contabilidade (CFC) nº 1.003/04, e estabelece procedimentos para a elaboração da Demonstração de Informações de Natureza Social e Ambiental. Essa norma objetiva evidenciar informações de natureza social e ambiental, para demonstrar à sociedade a participação e a responsabilidade social da entidade.

As informações a serem divulgadas na interação com o meio ambiente são:

1. Investimentos e gastos com manutenção nos processos operacionais para a melhoria do meio ambiente.
2. Investimentos e gastos com a preservação e/ou recuperação de ambientes degradados.
3. Investimentos e gastos com a educação ambiental para empregados, terceirizados, autônomos e administradores da entidade.
4. Investimentos e gastos com outros projetos ambientais.
5. Quantidade de processos ambientais, administrativos e judiciais movidos contra a entidade.
6. Valor das multas e das indenizações relativas à matéria ambiental, determinadas administrativa e/ou judicialmente.
7. Passivos e contingências ambientais.

Quadro 5.4 – *Estrutura dos indicadores GRI*

Temas/Dimensões	Indicadores – Suplemento Setorial
Estratégia e Análise	
Perfil Organizacional	EU1 a EU5
Parâmetros para o Relatório	
Governança, Compromissos e Engajamento	
Indicadores de Desempenho Econômico – EC	Aspectos: – Disponibilidade e Confiança (EU6 e EU10) – Gestão da Procura (EU7) – Pesquisa e Desenvolvimento (EU8) – Energia Nuclear (EU9) – Eficiência do Sistema (EU11 a EU12)
Indicadores de Desempenho Ambiental – EN	Aspectos: – Biodiversidade (EU13) – Informações Adicionais
Indicadores de Desempenho Referentes a Práticas Trabalhistas e Trabalho Decente – LA	Aspectos: – Emprego (EU14 a EU18) – Informações Adicionais
Indicadores de Desempenho Referentes a Direitos Humanos – HR	– Informações Adicionais
Indicadores de Desempenho Social Referente à Sociedade – SO	Aspectos: – Comunidade (EU19, EU20 e EU22) – Plano de Contingência (EU21) – Informações Adicionais
Indicadores de Desempenho Referentes à Responsabilidade pelo Produto – PR	Aspectos: – Acesso (EU23, EU26 a EU30) – Prestação de Informação (EU24) – Saúde e Segurança do Cliente (EU25) – Informações Adicionais

Fonte: Adaptado de Diretrizes GRI (2006, p. 34).

Os modelos de indicadores ambiental e social, em geral, são delineados para os *stakeholders* (partes interessadas), cada um com objetivos específicos. Enquanto a GRI tem como propósito apoiar a tomada de decisões, por meio de indicadores de desempenho econômico, social e ambiental, o modelo do Instituto ETHOS é utilizado mais comumente pelas empresas como ferramenta de gestão da Responsabilidade Social Empresarial. Por outro lado, os modelos Ibase e NBC T15 demonstram os investimentos sociais e ambientais relacionados com a riqueza da empresa.

Tanto o Ibase, quanto a NBC T 15 possuem aproximadamente 50 itens que dão subsídio a seus indicadores. O questionário do Instituto ETHOS, apesar de ter 40 questões, possui diversos indicadores binários e indicadores quantitativos derivados de cada item. Para atender à GRI, a empresa precisa levantar mais de 140 informações. Por isso, é necessário que a empresa possua um controle interno bem estruturado, que as áreas sejam bastante integradas e que os profissionais dominem os indicadores para saber exatamente o que deve ser medido e informado.

Quando a abordagem for direcionada a um segmento específico do mercado, é fundamental que se conheçam as suas especificidades, além das diretrizes e ferramentas que podem ser direcionadas e adaptadas ao mesmo.

REVISÃO DE CONTEÚDO

Elaborada pelo Prof. Juliano Almeida Faria

QUESTÃO 1

O Subsistema de Gestão da Performance Ambiental e Social é responsável por fornecer informações que permitam à organização delinear o conjunto de indicadores ambientais. Para que isso seja possível, são necessárias algumas condições, conforme descritas abaixo, exceto:

a) Condições de monitorar ao longo do tempo.

b) Constituição de uma medição absoluta.

c) Constituição de uma medição relativa.

d) Comparação entre diferentes unidades fabris e empresas.

e) Quantificação de multas ambientais registradas pelo Ibama.

QUESTÃO 2

De acordo com Siena (2008), a materialização do desenvolvimento sustentável é dificultada no momento de estabelecer os critérios de escolha dos indicadores de sustentabilidade disponíveis no mercado.

A partir do trecho acima, é possível depreender que:

a) Os indicadores de desempenho ambiental e social fornecem, ao gestor, a informação pouco útil sobre uma grande variedade de dados.

b) Os indicadores possibilitam aos decisores obter um panorama geral dos problemas de proteção ambiental e social ainda por resolver.

c) Os critérios de escolha dos indicadores devem ser determinados pelos clientes, principais beneficiários dos produtos da empresa.

d) A padronização disponível na literatura e exigida pela legislação pertinente torna o trecho irrelevante para esta discussão.

e) Os indicadores não tempestivos são os mais eficientes para a tomada de decisão ambiental.

QUESTÃO 3

São princípios para um sistema de indicadores ambiental:

a) Relevância, clareza e comparabilidade.

b) Consistência, materialidade e descontinuidade.

c) Orientação por metas, perspectiva local e continuidade.

d) Comparabilidade, descontinuidade e perspectiva completa.

e) Clareza, relevância e orientação por processos comerciais.

QUESTÃO 4

"É um instrumento de gestão e de informação que visa evidenciar, da forma mais transparente possível, informações econômicas e sociais, do desempenho das entidades, aos mais diferenciados usuários, entre estes e os funcionários."

O conceito acima refere-se à(ao):

a) Análise de ciclo de vida.

b) Custeio variável ambiental.

c) Balanço social.

d) Relatório de indicadores fisco-sociais.

e) Demonstração do valor adicionado.

QUESTÃO 5

Para a *Global Reporting Initiative* (2006), os princípios e diretrizes que asseguram qualidade das informações dos relatórios ambientais estão descritos abaixo, exceto:

a) Equilíbrio.

b) Comparabilidade.

c) Inclusão dos *stakeholders*.

d) Obviedade.

e) Clareza.

REFERÊNCIAS

CONSELHO FEDERAL DE CONTABILIDADE. Resolução CFC 1.003 – NBC T 15. Informações de natureza social e ambiental. Disponível em: <http://www.cfc.org.br/sisweb/sre/Default.aspx>.

DDS – DIVISÃO PARA O DESENVOLVIMENTO SUSTENTÁVEL DAS NAÇÕES UNIDAS. Contabilidade da gestão ambiental: procedimentos e princípios. NAÇÕES UNIDAS, Nova Iorque, 2001.

GALLOPIN, G. C. Environmental and sustainability indicators and the concept of situational indicators. A system approach. **Environmental Modelling & Assessment**. 1: 101-117, 1996.

GRI – Global Reporting Initiative. **Sustainability Reporting Guidelines – 2006**. Disponível em: <http://www.globalreporting.org>. Acesso em: 15 nov. 2011.

IBASE. **Balanço social, dez anos**: o desafio da transparência. Rio de Janeiro: Ibase, 2008.

INSTITUTO ETHOS DE EMPRESAS E RESPONSABILIDADE SOCIAL. **Indicadores Ethos de Responsabilidade Social Empresarial – 2007**. Disponível em: <http://www.ethos.org.br>.

ISO 14031 Environmental Management – Environmental Performance Evaluation – Guidelines, International Standardisation Organisation, Geneva, 2000.

IUDÍCIBUS, Sérgio de; MARTINS, Eliseu; GELKBKE, Ernesto Rubens. **Manual de contabilidade das sociedade por ações**: aplicável às demais sociedades. 7. ed. São Paulo: Atlas, 2007.

JASCH, C.; RAUBERGER, R. A guide to corporate environmental indicators. On behalf of the German Federal Ministry for the Environment and the German Federal Environmental Agency in Bonn, Auch in spanischer und baskischer Sprache herausgegeben, December 1997.

MEADOWS, D. Indicators and Informations Systems for Sustainable Development. **Hartland four corners**: the sustainability institute, 1988.

RUTHERFORD, I. Use of models to link indicators of sustainable development In: MOLDAN, B.; BILHARZ, S. (Eds.). **Sustainability indicators**: report of the project on indicators.

SIENA, Osmar. Método para avaliar desenvolvimento sustentável: técnicas para escolha e ponderação de aspectos e dimensões. **Produção**. v. 18, nº 2, p. 359-374, 2008.

TINOCO, João E. P. **Balanço social**: uma abordagem socioeconômica da contabilidade. 1984. Dissertação (Mestrado) – Faculdade de Economia e Administração – USP, São Paulo.

GESTÃO DE IMPACTOS SOCIAIS E AMBIENTAIS

Cláudio Osnei Garcia
Frederico Nacor Frazão Carvalho
Rita de Cássia Souza Ribeiro Torres
José Manoel Tito da Motta

6.1 MODELO DE ESTRUTURA DE REFERÊNCIA

Para sobreviver no contexto econômico atual, as organizações precisam investir em inovações, como já foi discutido no Capítulo 1. A bem da verdade, para inovar nesse novo cenário, é necessário que as instituições desenvolvam instrumentos que lhes possibilitem um desenvolvimento sustentável. Este capítulo objetiva apresentar um modelo de estrutura de referência, a partir da lógica dos sistemas adaptativos complexos, e, assim como, uma metodologia para mapeamento de impactos sociais e ambientais; abordar o tema Indicadores para Controle de Impactos Sociais e Ambientais.

A compreensão desse conceito possibilita às empresas identificarem soluções para minimizar os impactos gerados por suas atividades aos seus clientes e à sociedade, além de permitir o aperfeiçoamento de critérios na definição de seus investimentos. Para o desenvolvimento dessa estrutura de referência, são utilizados conceitos relacionados à Teoria da Complexidade.

A complexidade que caracteriza esse tema demanda abordagens e reflexões, por parte dos atores organizacionais, no sentido de identificar soluções que assegurem a superação de desafios da integração e consolidação de práticas sustentáveis à estratégia de negócios. O desafio maior é responder qual metodologia permite integrar as práticas de sustentabilidade às estratégias de negócios.

Antes de discutirmos sobre prática de sustentabilidade, faz-se necessário, primeiro, entender o que é um Sistema Adaptativo Complexo. Esse sistema é composto por uma variedade de atores, que por meio de um processo de interação interna e com o meio ambiente procuram selecionar as melhores estratégias para o seu aperfeiçoamento (AXELIOD; COHEN, 1999). Os atores possuem funções específicas, mas atuam no sentido de colaborar com o desempenho do sistema como um todo. As organizações são exemplo de um Sistema Adaptativo Complexo.

O conceito de Sistemas Adaptativos Complexos se aplica a uma realidade onde muitos atores buscam se adaptar mutuamente e onde a previsão de um futuro próximo é de difícil execução. Esse é o caso de muitos setores de nossa economia. Imaginem, por exemplo, a situação de empresas que atuam em setores de uso intensivo de tecnologia, como as empresas de telecomunicações e informática. Essas empresas, necessariamente, precisam estar monitorando sistematicamente o ambiente em que se encontram inseridas e adaptando suas estratégias e práticas de gestão para assegurarem suas sobrevivências. A evolução tecnológica nesses setores e, consequentemente, a oferta de novos produtos por seus concorrentes ocorrem em uma velocidade muito grande. Não acompanhar essas evoluções pode resultar em perda de clientes e mercado (AXELIOD; COHEN 1999).

Essa estrutura de referência conceitual não é um modelo fixo e definitivo para a análise e construção dos sistemas de gestão de empresas. Caracteriza-se como uma estrutura dinâmica, coerente com a realidade, e que possibilite o desenvolvimento de reflexões e aperfeiçoamento contínuo das práticas utilizadas pelas empresas na busca por um desenvolvimento sustentável. Para alguns autores como Coelho (2001), uma estrutura de referência não é um produto acabado com qualidades conhecidas, mas perspectivas que irão ajudar no processo contínuo de uma autorreflexão com resultados que não se podem prever.

A dinâmica da sociedade contemporânea impõe às empresas a necessidade de mecanismos de controles que lhes permitam identificar transformações ocorridas no ambiente. Não se pode analisar e compreender o sistema de controle de gestão de uma organização sem considerar o contexto social em que a mesma encontra-se inserida. Assim, intensificar a **interação com a sociedade** em que atuam **e com os seus respectivos** *stakeholders* **(clientes, fornecedores, empregados etc.)** se apresenta como caminho crítico para o processo de adaptação das organizações à nova realidade.

Para intensificar essa interação, a empresa precisa selecionar um conjunto de informações que permita o monitoramento do ambiente externo e interno. Essa é uma das características fundamentais de empresas eficientes. Entretanto, a variedade de informações disponíveis no ambiente atual é elevada, dificultando o esforço para identificação das dimensões, tanto externas como internas, que efetivamente impactam o processo de adaptação das empresas às exigências do mercado.

Entre os tipos de informação a serem necessariamente observados e analisados pelas empresas contemporâneas destacam-se seus **ativos tangíveis e intangíveis**. Ativos intangíveis são ativos que não possuem existência física e que não aparecem de forma explícita nas demonstrações contábeis das organizações. Entretanto, esses ativos intangíveis têm grande influência sobre o valor de mercado das organizações.

Para as empresas contemporâneas, o controle de ativos dessa natureza possui caráter estratégico. Um que assume importância significativa nesse contexto é a **imagem** da organização. Para alguns autores como Harvey (1993), vivemos atualmente a ditadura da imagem. A linguagem visual assume caráter estratégico. Em alguns setores da economia, como, por exemplo, o setor elétrico brasileiro, a percepção dos clientes sobre os serviços prestados pelas empresas pode influenciar no preço de seus serviços.

Variáveis que refletem o **desempenho** e os **custos** necessários para manter a estrutura (ativo) para a prestação dos seus serviços também devem ser objetos de monitoramento. Variáveis dessa natureza, que refletem o ativo tangível das empresas, necessariamente, devem compor o conjunto de variáveis a serem acompanhadas por seus sistemas de controle e, portanto, são contempladas pela estrutura de referência proposta.

A sustentabilidade empresarial trata do compromisso da empresa com o desenvolvimento sustentável. Nesse sentido, as organizações devem atuar buscando um equilíbrio entre as dimensões econômica, ambiental e social. A organização deve considerar, em seus objetivos estratégicos, aspectos de cuidado com o ambiente e de bem-estar das partes interessadas, além da constante melhoria da sua própria reputação e do seu negócio.

Tal visão de negócios, levando em conta as dimensões econômico-financeira, ambiental e social, ancora-se no chamado *triple bottom line* e pressupõe mapeamento adequado de riscos e oportunidades, nas diversas áreas de interferência da corporação sobre a sociedade e seus agentes. Essa abordagem do *triple bottom line* enfatiza a integração dos aspectos econômico, social e ambiental.

Se o conjunto de todos esses aspectos reflete a atuação das organizações e sua interação com o ambiente externo, por outro lado, eleva a quantidade de variáveis com necessidade de acompanhamento. Essa situação, se não administrada, pode inserir nos sistemas de controle de gestão das empresas uma variedade tão grande de informações que distorce a percepção exata de quais são seus objetivos fundamentais. Assim, é necessário que as empresas estabeleçam **focos precisos** para o desenvolvimento de suas ações. Esses objetivos irão atuar como referências para o direcionamento das iniciativas e investimentos das organizações.

Alguns setores da economia reforçam esse aspecto. A quantidade e diversidade de informações disponíveis em alguns setores como os de telefonia, tecnologia de informação e distribuição de energia elétrica, por exemplo, em muitos casos, podem gerar dúvidas sobre o conjunto de variáveis a serem controladas e o direcionamento das iniciativas organizacionais.

No mesmo sentido, como sistemas adaptativos complexos, tais empresas são constituídas por um conjunto de atores (força de trabalho) que estão em constante interação, mas com formações e histórias de vida diferenciadas. O entendimento de cada um desses atores sobre qual a melhor postura a ser adotada frente aos desafios diários que lhes são impostos, consequentemente, também é diferenciado. As empresas devem ser capazes de estabelecer critérios para o alinhamento das ações desenvolvidas por sua força de trabalho.

Um outro aspecto reveste-se de importância nessa discussão: a definição de **critérios de sucesso**. Critério de sucesso ou medida de desempenho se constitui em uma ferramenta para identificar e atribuir crédito para estratégias e comportamentos bem-sucedidos dentro das empresas. Trata-se de um mecanismo que possibilita a identificação dos comportamentos considerados desejáveis pelas empresas.

A identificação desses comportamentos e estratégias consideradas desejáveis pelas empresas é importante, pois possibilita à sua força de trabalho adequar sua atuação em função desses critérios, a partir de estímulos promovidos por suas lideranças. Desse modo, a tendência é que se eleve a frequência com que esses comportamentos considerados desejáveis sejam identificados na empresa. O resultado é um maior alinhamento das ações organizacionais. A ausência de critérios dessa natureza pode levar uma empresa a dispersar seus esforços.

Esse processo permite o desenvolvimento de mecanismos com o objetivo de **estimular os comportamentos desejáveis** na organização. Segundo a lógica dos sistemas complexos, ao estimular sua força de trabalho a adotar comportamentos, do seu ponto de vista, considerados desejáveis, as empresas estabelecem um processo de seleção sobre os diversos comportamentos verificados em suas instalações.

Entretanto, deve-se estar atento para o fato de o estímulo a comportamentos semelhantes e desejáveis no interior de uma organização não resultar na redução da variedade de pensamentos discordantes em sua força de trabalho. Em um ambiente competitivo, o potencial de criação/inovação de uma empresa se constitui em uma vantagem competitiva. Tal situação representaria a limitação da capacidade de pensar formas de fazer diferentes e a consequente redução desse potencial criativo.

Em setores onde os desafios se apresentam de forma diferenciada e com graus de complexidade elevada, limitar a capacidade criativa de uma empresa se constitui em um risco. As organizações que atuam nesses ambientes, além de estabelecer claramente critérios de sucesso e estimular comportamentos desejáveis, também devem prever mecanismos que **estimulem a reflexão e a capacidade criativa** de sua força de trabalho.

Como forma de estimular a reflexão e criatividade de seus profissionais, uma empresa do setor elétrico brasileiro, por exemplo, estabeleceu como prática providenciar para que todos os líderes da empresa se reúnam com suas equipes, no mesmo dia, para discutir os resultados corporativos da empresa e formas criativas para melhorar o seu desempenho. Esse dia é conhecido na empresa como o "Dia do Aprendizado Estratégico".

O aprendizado organizacional, resultado desses processos de reflexão e experimentação, auxilia a consolidação da visão e a própria sobrevivência da empresa. Inovações sociais e tecnológicas também são cruciais para a definição e implantação de soluções de menor impacto social e ambiental. A criatividade tem se caracterizado como uma das mais importantes fontes de inovação para a sustentabilidade empresarial. Em um ambiente de frequentes mudanças em praticamente todas as áreas da sociedade, a capacidade de aprendizagem de uma organização constitui-se em vantagem competitiva significativa. Consequentemente, a busca por um ambiente favorável à reflexão e ao aprendizado deve estar presente nas organizações como forma de assegurar vantagem competitiva.

A implantação de mecanismos que possibilitem às empresas avaliar e, principalmente, desenvolver seu potencial de aprendizado torna-se fundamental. As frequentes mudanças da sociedade, praticamente, impõem às empresas a adoção de sistemas de controle que enfatizem o desenvolvimento de suas capacidades de aprendizado de forma sistemática.

Como destaca o documento Vision 2050, produzido pela *World Business Council for Sustainable Development* (WBCSD, 2010), a dinâmica que caracteriza o ambiente atual impõe às empresas a necessidade de um processo contínuo de interação com os diversos atores da sociedade e avaliação **(acompanhamento sistemático)** de sua atuação, como forma de viabilizar seu processo de aprendizagem, adaptação e identificação de novas oportunidades de negócio. Nesse processo, as pessoas assumem um papel fundamental.

É a **visão compartilhada** pelas pessoas de uma organização que fornece o foco e a energia necessários para a sua aprendizagem. É importante não confundir a visão imposta a uma pessoa pela empresa com a visão compartilhada. Segundo Peter Senge (1998), a visão compartilhada conta com o verdadeiro comprometimento de muitas pessoas, pois reflete a visão pessoal de cada uma delas. Tal fato torna ainda maior o desafio imposto às empresas.

O processo de compartilhamento de uma visão, fundamental para o seu processo de aprendizagem, demanda das pessoas que atuam na organização e, principalmente de seus líderes, uma nova postura na condução de suas atividades. Algumas empresas desenvolvem práticas específicas com esse propósito. Uma grande empresa da área de educação, por exemplo, utiliza todos os canais de comunicação da empresa (*site*, murais etc.) para estar sempre divulgando sua visão entre seus profissionais. A empresa também estabeleceu um programa de remuneração variável aos seus professores e gestores vinculando cumprimento de Objetivos e Metas da instituição. A avaliação desses resultados ocorre sistematicamente por meio de reuniões para troca de ideias entre a liderança da empresa e seus funcionários.

Uma outra variável importante nesse modelo é o papel da **liderança**. Abordagens como as desenvolvidas pela *European Foundation for Quality Management* (EFQM) e pela Fundação Nacional da Qualidade (FNQ) enfatizam o papel dos líderes organizacionais na consolidação de sistemas de controle de gestão nas organizações contemporâneas. Cabe aos executivos das empresas atuarem como líderes e estimularem as mudanças. Caso contrário, suas estratégias correm o risco de não serem implantadas. O contexto atual demanda dos líderes de negócio repensar a forma como operam para que possam estar alinhados com as políticas e práticas para um mundo sustentável.

Quando se pretende identificar uma abordagem para o tema sustentabilidade, coerente com o cenário atual, o papel desempenhado pelos líderes organizacionais não pode ser desconsiderado. A estrutura de referência apresentada neste capítulo incorpora mais essa perspectiva ao conjunto de conceitos já discutidos.

A reflexão realizada torna evidente alguns aspectos importantes para as empresas contemporâneas colaborarem para a construção de um mundo sustentável. Entretanto, a identificação de aspectos relevantes nessa discussão não implica, necessariamente, na definição de um modelo específico para o desenho e análise de seus sistemas de gestão.

A Figura 6.1 demonstra o modelo da estrutura de referência discutido neste capítulo, o qual pode ser aplicado quando da construção e análise de práticas relacionadas com sustentabilidade empresarial. A estrutura se constitui em um mecanismo fundamental para a análise de questões concretas e vinculadas à realidade das empresas de classe mundial, principalmente do setor elétrico.

Figura 6.1 – *Modelo de estrutura de referência para sistemas de gestão da sustentabilidade*

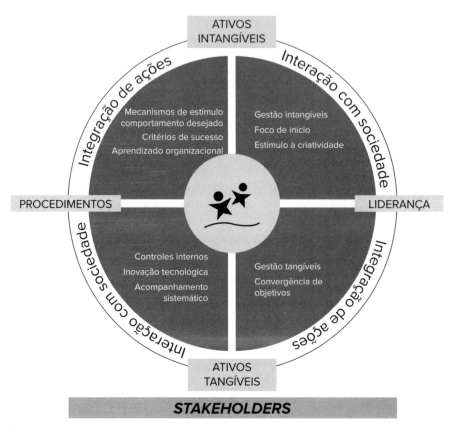

Fonte: Os autores.

Nesse modelo, as empresas, por meio de interações internas e externas com atores da sociedade, acompanham de forma sistemática um conjunto de variáveis tangíveis (econômico-financeiras e técnicas) e intangíveis (cultura, responsabilidade social e imagem, dentre outras) fundamentais para que atinja sua visão (foco definido). Por meio de critérios de sucesso predefinidos ou redefinidos, são avaliados os comportamentos de sua força de trabalho, estimulando o comportamento socialmente responsável desejado. Nesse processo, as lideranças das empresas atuam como referências a serem seguidas, colaborando, também, para a consolidação de uma visão organizacional compartilhada e sustentável. Essa visão compartilhada aliada a outros mecanismos de estímulo à contínua aprendizagem organizacional irá viabilizar a consolidação de sua sustentabilidade empresarial.

Também é possível identificar a existência de interdependência entre essas dimensões. Não se pode desconsiderar, por exemplo, a influência exercida por um líder na transformação cultural de uma organização. O comportamento do líder organizacional constitui-se em uma das variáveis mais significativas nesse processo. É a partir da observação do comportamento dos seus líderes que se inicia e se consolida o processo de mudança cultural no interior de uma organização. O perfeito entendimento de tal relação pode facilitar a configuração de sistemas de controle mais eficazes.

Da mesma forma, pode-se afirmar que a identificação de uma política de responsabilidade social por parte da empresa envolve necessariamente, uma reflexão sobre os valores culturais que caracterizam a sociedade em que se encontra inserida.

6.2 METODOLOGIA PARA MAPEAR OS IMPACTOS SOCIAIS E AMBIENTAIS

Este tópico apresenta uma metodologia que pode auxiliar as empresas no mapeamento dos impactos sociais e ambientais gerados por suas atividades. Adota-se como referência para o desenvolvimento dessa metodologia os resultados do projeto de P&D Aneel 0047_00132009, desenvolvido por uma empresa do setor elétrico brasileiro (Coelba) e a Universidade Federal da Bahia (UFBA). Essa metodologia é construída com base nos fundamentos teóricos dos Sistemas Adaptativos Complexos, discutidos no item anterior (6.1), adotando como princípio a Agenda de Responsabilidade Social do Instituto ETHOS. Dessa forma, é desenvolvida com a premissa de que os impactos socioambientais da empresa ocorrem como consequência de suas atividades, as quais estão relacionadas a um determinado processo.

Por outro lado, a definição da Política Social e Ambiental deve estar alinhada com o Planejamento Estratégico, alicerçado no modelo do *Balanced Scorecard* (BSC), conforme o Mapa de Estratégia descrito na Figura 6.2. O objetivo dos mapas estratégicos é traduzir as estratégias das empresas para os níveis operacionais. Segundo o modelo do BSC, tais estratégias são traduzidas em metas mensuráveis. A partir dos objetivos estratégicos definidos no BSC, anualmente, as empresas devem reunir suas equipes para definir as principais iniciativas e planos de ação a serem desenvolvidos para o alcance das metas estabelecidas, dentro do prazo previsto. A alocação de recursos para implantação dos planos de ação deve ser assegurada em função dos principais objetivos estratégicos e com avaliação dos custos das respectivas iniciativas estratégicas.

A metodologia para gerenciar os impactos sociais e ambientais adota como referência os processos de negócio e de gestão das empresas, conforme demonstra a Figura 6.3. No exemplo, os processos são desenhados e classificados em função de suas características específicas e de sua relação com as seguintes dimensões: Mercado, Serviços Fornecidos, Rede Elétrica e Vendas e têm como foco central a satisfação dos Clientes (Figura 6.3).

Figura 6.2 – *Exemplo de mapa de estratégias de uma distribuidora de energia elétrica*

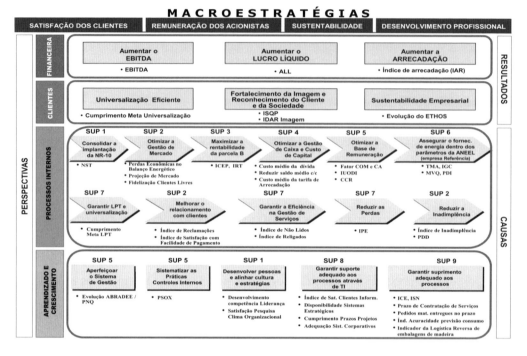

Figura 6.3 – *Exemplo para configuração de um mapa de processos*

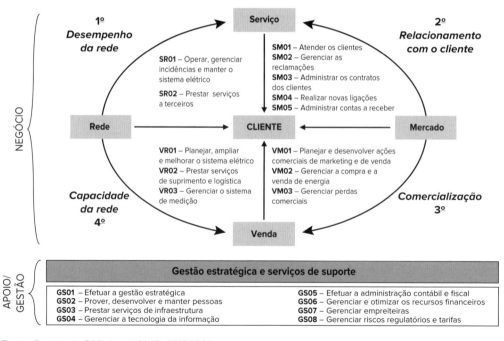

Fonte: Projeto de P&D Aneel 0047_00132009.

O conjunto de processos organizacionais que se relacionam diretamente com a prestação de Serviços para atender ao Mercado compõe, por exemplo, o 2º quadrante – Relacionamento com o Cliente (quadrante SM). Da mesma forma, o conjunto de processos que se relacionam com a manutenção da estrutura física (Rede Elétrica) necessária para a prestação dos Serviços pela empresa compõe o 1º quadrante – Desempenho da Rede (quadrante SR).

Cada processo é identificado com uma sigla composta de letras e números. As letras representam as iniciais das dimensões a que o processo se relaciona e os números são sequenciais, como, por exemplo: o processo SM01 – Atender os clientes é o primeiro processo que se encontra no 2º quadrante, Relacionamento com o Cliente, derivado da relação existente entre as dimensões Serviço (S) e Mercado (M).

Os processos de apoio devem dar suporte à execução dos processos principais de negócio. No exemplo, esses processos encontram-se classificados como Gestão Estratégica (G) e Serviços de Suporte (S), sendo identificados com as iniciais GS. Para todos os processos são definidas suas Missões, Entradas (insumos) e Saídas (produtos e serviços) e os responsáveis de cada atividade (Figura 6.4). Além disso, as empresas devem acompanhar os custos necessários para a execução de cada atividade que compõe seus processos.

Figura 6.4 – *Exemplo de um modelo para mapeamento de um processo*

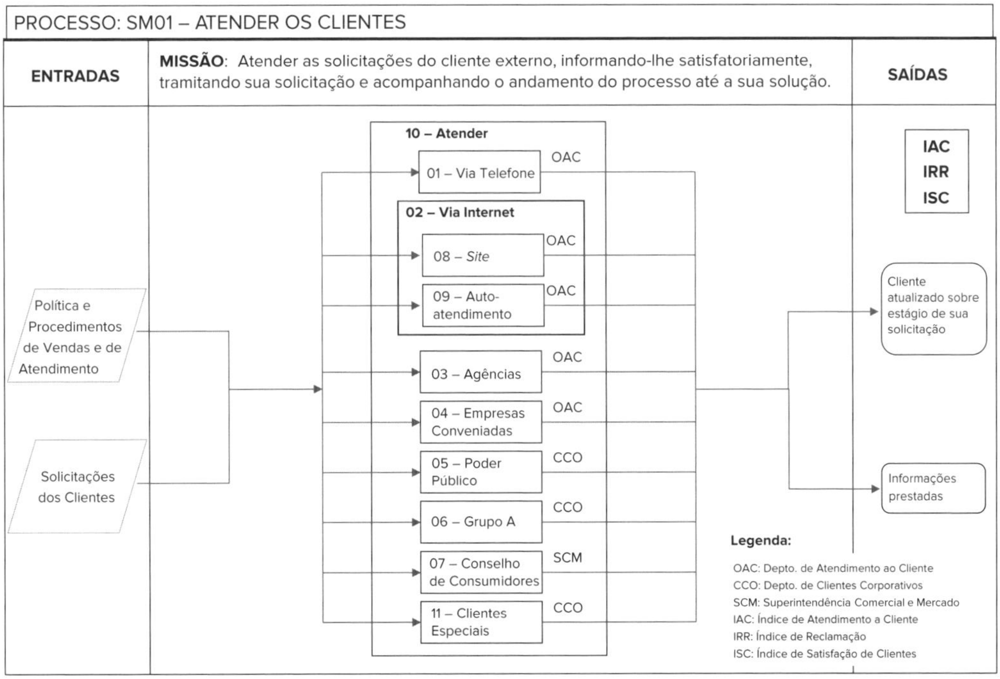

Fonte: Projeto de P&D Aneel 0047_00132009.

Todas as atividades dos processos devem possuir um conjunto de padrões de trabalho (técnicos e administrativos) específicos, com responsáveis e orçamento de custeio identificado. Os padrões podem ser estabelecidos, por exemplo, em três tipos de documentos: Diretrizes, Normas e Procedimentos Operacionais, organizados por processos e atividades. Segundo a metodologia, o custo alocado a cada uma das atividades dos processos (controle de custos por atividades) deve ser classificado de acordo com os grupos Pessoal, Material, Serviços de Terceiros e Outras Despesas, permitindo o acompanhamento do orçamento necessário para a execução das atividades.

O controle de todas as variáveis apresentadas é um dos pontos enfatizados por essa metodologia. O atendimento aos requisitos dos processos (resultados), bem como o valor agregado em cada uma das atividades dos processos devem ser controlados por meio de indicadores específicos, de acordo com sua natureza.

Com os processos de negócio e apoio identificados, o próximo passo é desenvolver o modelo para medir os impactos sociais e ambientais de suas atividades. A metodologia baseia-se na premissa de que os impactos socioambientais das empresas ocorrem como consequência das suas atividades que estão diretamente ligadas a um determinado processo. Inicialmente, o modelo apresentado identifica as atividades dos processos com os maiores impactos socioambientais e, posteriormente, define indicadores e ações para a gestão desses impactos.

Para tanto, a gestão dos impactos socioambientais é realizada por meio da avaliação dos temas do Programa de Responsabilidade Social Corporativa, baseados na Agenda de Responsabilidade Social Empresarial do Instituto ETHOS: Valores, Transparência e Governança; Público Interno; Consumidores e Clientes; Meio Ambiente; Fornecedores; Comunidade e Governo e Sociedade, conforme o Quadro 6.1.

Quadro 6.1 – *Classificação dos impactos socioambientais*

	ITENS DE CLASSIFICAÇÃO DOS IMPACTOS SOCIOAMBIENTAIS					
	Público Interno	Fornecedores	Meio Ambiente	Sociedade	Clientes
ASPECTOS ESPECÍFICOS	Qualidade de Vida	Seleção e Contratação	Arborização	Educação	Comunicação Comercial
	Informações	Desenvolvimento e Capacitação	Preservação	Cultura	Atendimento
	Relações Trabalhistas	Avaliação e Reconhecimento	Tratamento de Resíduos	Imagem	Reclamações
	Desenvolvimento		Eficiência Energética	Inclusão Social	
	Saúde e Segurança			Segurança	
				Relações Governamentais	

Fonte: Instituto ETHOS (2010).

Gestão de Impactos Sociais e Ambientais **129**

O modelo contempla o desenvolvimento de ações agrupadas basicamente em cinco etapas: (i) priorização dos processos; (ii) definição dos indicadores de gestão; (iii) adequação dos documentos normativos; (iv) adequação dos orçamentos de custeio e de investimento; (v) gerenciamento dos impactos socioambientais (Figura 6.5).

Figura 6.5 – *Etapas dos modelos de gestão dos impactos socioambientais*

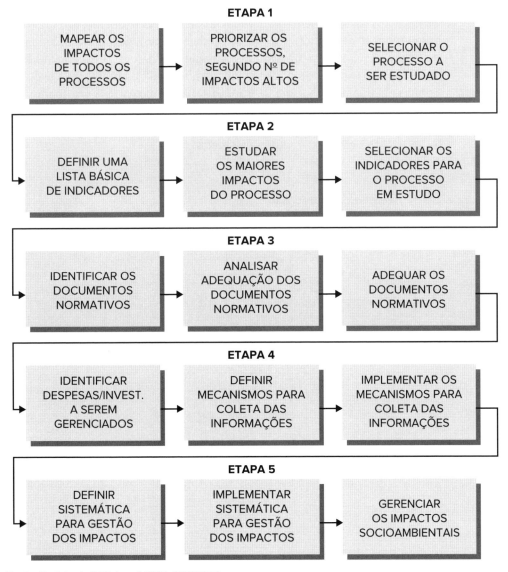

Fonte: Projeto de P&D Aneel 0047_00132009.

A etapa 1 – **Priorização dos Processos** – tem como objetivo identificar os processos mais críticos para efeito de gestão dos impactos socioambientais. Essa etapa compreende três atividades: (i) mapear os impactos dos processos; (ii) ordenar os processos; e (iii) selecionar os processos prioritários.

1. **Mapear os impactos dos processos**: os processos organizacionais são analisados e classificados de acordo com a intensidade do impacto causado por suas atividades em: nenhum tipo de impacto, baixo impacto (b) e alto impacto (A). Os impactos socioambientais gerados pelas atividades também são classificados em função de sua natureza (aspecto de atuação). O Quadro 6.2 demonstra, como exemplo, um processo de "Atender os Clientes". Em cada atividade que compõe o exemplo: atende via telefone, *site*, autoatendimento e agências, é analisado o impacto socioambiental (b = baixo impacto e A = alto impacto) e em conformidade com a classificação da Agenda de Responsabilidade Social Empresarial do Instituto ETHOS: público interno, fornecedores, meio ambiente, sociedade e clientes; detalhes no Quadro 6.2.

Quadro 6.2 – *Mapeamento de processo*

PLANEJAR, AMPLIAR E MELHORAR A REDE ELÉTRICA	Áreas	Público Interno					Fornecedores			Meio Ambiente				Sociedade					Clientes		
		QV	IF	RT	DS	SS	SC	DC	AR	AR	PR	TR	EE	ED	CT	IM	IS	AS	SG	RG	CC	AT	AR
01 – Planeja o Desenvolvimento da Rede	EPI									A áreas prot.	A áreas prot.		A perd. técn.			b				A proj. govern.			
02 – Elabora Projeto e Orçamento – RD	EMS, OER, EPI, OOE				b					A áreas prot.	A áreas prot.	A mat. utiliz.	A perd. técn.			b			A padr. adot.	b		b	
03 – Elabora Projeto e Orçamento – LT	EMS, EPI				b					A áreas prot.	A áreas prot.	A mat. utiliz.	A perd. técn.			b			A padr. traç.	b			
04 – Elabora Projeto e Orçamento – SE	EMS, EPI, EAT				b						b	b	A mat. utiliz.	A perd. técn.			b			A acess. vizinh.				
05 – Executa/ Comissiona – RD	EMS, OER, EPI, OOE		A hex demis.		A NST				A fisc. serv.	A SGA	A SGA	A SGA							A acid. 3os				
06 – Executa/ Comissiona – LT	EMS, EPI		A hex demis.		A NST				A fisc. serv.	A SGA	A SGA	A SGA				A impacto cliente e sociedade			A acid. 3os				
07 – Executa/ Comissiona – SE	EMS, EPI, EAT		A hex demis.		A NST				A fisc. serv.	A SGA	A SGA	A SGA							A acid. 3os				

Fonte: Projeto de P&D Aneel 0047_00132009.

2. **Ordenar os processos**: os processos são ordenados segundo a quantidade de impactos gerados por suas atividades. Aqueles processos que apresentam altos impactos devem ser ordenados em uma escala classificatória, conforme exemplo no Gráfico 6.1. No gráfico, o eixo das abscissas é representado pelos processos da empresa (SR01, GS01 etc.) e o eixo das ordenadas pela quantidade de impactos socioambientais identificados nesses processos.

Gráfico 6.1 – *Ordenamento dos processos*

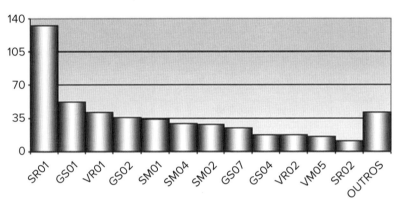

Fonte: Projeto de P&D Aneel 0047_00132009.

3. **Selecionar os processos prioritários**: nessa etapa, elabora-se uma "Matriz de Seleção" (Quadro 6.3), para possibilitar a priorização dos processos. No exemplo, os processos são priorizados segundo o número de impactos altos (passo anterior) e pelo número de estratégias que ocorrem por meio dos processos:

Número de impactos altos: um grande número de impactos altos das atividades do processo sobre os aspectos socioambientais está relacionado à eficiência de gestão, já que a gestão desse processo implicará no controle de um grande número de impactos.

Número de estratégias impactadas: quanto maior o número de Estratégias Organizacionais impactadas pelo processo em questão, maior a importância e a abrangência dos benefícios advindos de melhorias da gestão do processo. Para isso, é necessária uma Matriz de Relacionamento entre Estratégias Organizacionais e Processos Organizacionais.

Quadro 6.3 – *Exemplo de uma matriz de seleção para priorizar os processos*

CRITÉRIOS PARA PRIORIZAÇÃO	Método de Pontuação			PONTUAÇÃO DOS PROCESSOS				
	Alto = 3 ptos.	Médio = 2 ptos.	Baixo = 1 pto.	SR01	GS01	VR01	GS02	SM01
Nº de Impactos "Altos" sobre aspectos de responsabilidade socioambiental	>=40	>=20	<20	3	3	3	2	2
Nº de Estratégias (BSC) impactadas pelo processo	>=5 Estrat.	>=3 Estrat.	< 3 Estrat.	2	3	3	2	1
Pontuação Total (para Priorização)	Somatório			5	6	6	4	3

Fonte: Projeto de P&D Aneel 0047_0013209.

A etapa 2 – **Definição dos Indicadores de Gestão** – tem o propósito de definir um conjunto de indicadores que permitam um acompanhamento adequado e eficaz para gestão dos impactos sociais e ambientais. Estabeleceram-se os critérios Geração de Valor e Dificuldade de Implantação para priorizar os indicadores que devem ser acompanhados. Essa fase compreende três atividades: definir lista de indicadores, estudar os maiores impactos socioambientais do processo e selecionar os indicadores para a gestão dos impactos socioambientais do processo.

1. **Definir lista de indicadores**: o objetivo é selecionar indicadores de desempenho existentes na empresa e que possam ser utilizados para a gestão dos impactos socioambientais mapeados na etapa anterior. A metodologia propõe que essa seleção seja realizada a partir dos indicadores existentes no Balanço Social e Ambiental, Instituto ETHOS, GRI e no *Balanced Scorecard*, conforme o Quadro 6.4.

Gestão de Impactos Sociais e Ambientais **133**

Quadro 6.4 – Lista de indicadores socioambientais

INDICADOR	SIGLA	BSC	ETHOS	RG	GIR	QV	IF	RT	DS	SS	SC	DC	AR	AR	PR	TR	EE	ED	CT	IM	IS	AS	SG	RG	CC	AT	AR
						\multicolumn{5}{c}{Público Interno}	\multicolumn{3}{c}{Fornecedores}	\multicolumn{5}{c}{Meio Ambiente}	\multicolumn{7}{c}{Sociedade}	\multicolumn{2}{c}{Clientes}
Índice de Reclamações	IRR	X																									X
Índice de Qualidade de Vida no Ambiente de Trabalho	IQV	X				X																					
Taxa de Frequência de Acidentes – Empregados Próprios	TFA_Coelba		X							X																	
Taxa de Frequência de Acidentes – Empregados Terceirizados	TFA_EPS		X							X																	
Taxa de Gravidade de Acidentes – Empregados Próprios	TGA_Coelba		X							X																	
Taxa de Gravidade de Acidentes – Empregados Terceirizados	TGA_EPS		X							X									X								
Taxa de Gravidade de Acidentes – Terceiros	TGA_3os		X																	X			X				

Fonte: Projeto de P&D Aneel 0047_0013209.

2. **Análise dos impactos socioambientais do processo:** nesta atividade é identificada a natureza do controle a ser implementado para a gestão dos impactos socioambientais gerados pelos processos. São considerados apenas os impactos mapeados e sinalizados como de alto impacto, conforme a Figura 6.6. Por exemplo, na atividade "planeja o desenvolvimento da rede" do processo apresentado são identificadas as necessidades de implementar o controle para os temas: Meio ambiente (AR = arborização, PR = preservação, EE = eficiência energética) e Sociedade (RG = relações governamentais).

Figura 6.6 – *Análise dos impactos socioambientais das atividades*

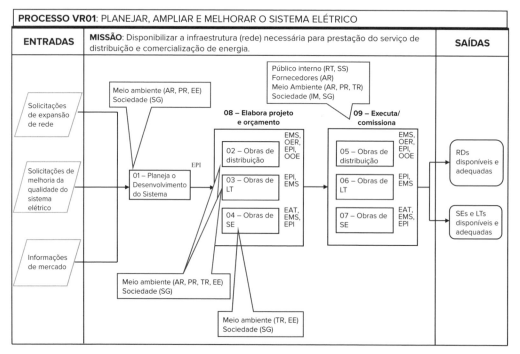

Fonte: Projeto de P&D Aneel 0047_00132009.

3. **Selecionar os indicadores para a gestão dos impactos socioambientais do processo:** para os impactos estudados em cada atividade, são definidos indicadores de gestão, a partir da lista básica de indicadores dos processos. No final dessa etapa, obtém-se uma relação de indicadores a serem controlados e os processos (e atividades) que devem ser gerenciados para identificação de oportunidades de melhorias, do ponto de vista socioambiental. No Quadro 6.5, podem ser visualizados, como exemplo, alguns indicadores selecionados para esse fim (Resultados da Pesquisa de Clima, Custo de Poda de Árvore etc.) e os processos aos quais estão vinculados (Processo GS01, Processo Vr01 etc.).

Quadro 6.5 – *Matriz de indicadores socioambientais e processos*

INDICADOR	SIGLA	GS01	VR01	SM04	GS07	SR01
Resultado da Pesquisa de Clima Organizacional	CO	X				
Custo de Poda de Árvores e Limpeza de Faixa	CPLF	X		X		X
Índice de Cumprimento dos Planos de Ajuste, Derivados de Processos de Auditoria	CPRA	X				
Consumo Médio Total por Cliente	CTC		X			
Custo de Treinamento por Empregados de EPS	CTEPS				X	
Duração Equivalente de Interrupção do Fornecimento	DEC					X
Número de Casos de Descumprimento da Política de Segurança da Informação	DPSI	X				
Frequência Equivalente de Interrupção do Fornecimento	FEC					X
Gastos com Capacitação e Desenvolvimento Profissional	GCDP	X				
Gastos com Licenciamento Ambiental	GLA	X				
Gastos com Projetos Relativos à Cultura	GPCT	X				
Gastos com Educação Ambiental	GPEA	X				

Fonte: Projeto de P&D Aneel 0047_00132009.

Na etapa 3 – **Adequação dos Documentos Normativos** – é avaliada a necessidade de ajustes nos procedimentos operacionais relacionados aos processos prioritários (Etapa 1 – atividade 3), com o propósito de mitigar os impactos socioambientais identificados. Essa etapa está dividida em três atividades: identificação dos documentos normativos, análise da adequação dos documentos normativos e adequação dos documentos normativos.

1. **Identificar os documentos normativos**: são identificados os documentos normativos relativos às atividades dos processos organizacionais, iniciando pelos processos prioritários – atividades com alto impacto socioambiental.

2. **Analisar adequação dos documentos normativos**: avalia se os documentos normativos existentes consideram ações de prevenção/correção dos respectivos impactos socioambientais.

3. **Documentos normativos**: ajusta os documentos normativos que não estejam adaptados para a gestão dos impactos socioambientais.

A etapa 4 – **Adequação dos Orçamentos de Custeio e de Investimento** – tem como objetivo inserir, nos orçamentos de custeio e de investimento, mecanismos que permitam extração automática de informações relativas aos valores despendidos com responsabilidade socioambiental. A etapa é composta por três atividades: identificar as despesas e os investimentos a serem gerenciados, definir mecanismos para coleta das informações e implementar mecanismos para coleta das informações.

1. **Identificar as despesas e os investimentos a serem gerenciados**: identifica as despesas e investimentos considerados no Balanço Social e Ambiental, e/ou no Questionário Ethos e/ou no *Balanced Scorecard*.

2. **Definir mecanismos para coleta das informações**: verifica quais informações de custeio e investimento já são disponibilizadas pelas empresas e, para as demais, define mecanismo específico para coleta das informações. Cada uma das informações identificadas na atividade anterior é analisada, e são definidos instrumentos para as respectivas coletas de informações, conforme exemplo no Quadro 6.6. Nesse quadro, podemos identificar cada um dos tipos de despesas e investimentos vinculados às atividades/processos com impacto socioambiental (Base de Cálculo). Também podem ser identificados exemplos de fontes dessas informações financeiras.

3. **Implementar mecanismos para coleta das informações**: para a implantação dos mecanismos definidos na etapa anterior, avalia-se a necessidade de adequação da estrutura orçamentária das empresas. Quando se justifica a introdução de alterações nessa estrutura, implantam-se os mecanismos de coleta de dados, efetuando-se os testes necessários. Por exemplo, para o caso de empresas que utilizam o sistema SAP (gestão de informações corporativas), uma possibilidade é inserir na estrutura orçamentária disponibilizada por esse sistema de informações corporativas, mecanismos conhecidos como Ordens Estatísticas que lhe permitem ter acesso aos dispêndios realizados especificamente nas atividades que resultam em impactos socioambientais (Quadro 6.6).

Quadro 6.6 – *Mecanismos de coleta de informações*

1 – Base de Cálculo	Processo	Processo relacionado	Atividade	Solução
2 – Indicadores Sociais Internos				
2.2 Alimentação	GS02			A informação será obtida pelo PGOE/PCG diretamente do SAP R/3.
2.2.1 Vale-refeição/Alimentação (parte da empresa – Planilha RAT)	GS02	Prover, desenvolver e manter pessoas	Rel. trabalhistas e benefícios	
2.3 Encargos sociais compulsórios	GS02	Prover, desenvolver e manter pessoas	Rel. trabalhistas e benefícios	A informação será obtida pelo PGOE/PCG junto à área responsável
2.4 Previdência privada	GS02	Prover, desenvolver e manter pessoas	Rel. trabalhistas e benefícios	A informação será obtida pelo PGOE/PCG diretamente do SAP R/3.
2.5 Saúde	GS02	Prover, desenvolver e manter pessoas		Será criada uma Ordem Estatística para acompanhar o item.
2.5.1 Plano de Saúde	GS02	Prover, desenvolver e manter pessoas	Rel. trabalhistas e benefícios	
2.5.2 Plano de Saúde (Suplementação de auxílio-doença)	GS02	Prover, desenvolver e manter pessoas	Rel. trabalhistas e benefícios	
2.5.3 Suplementação de auxílio-acidente	GS02	Prover, desenvolver e manter pessoas	Rel. trabalhistas e benefícios	
2.5.4 Pecúlio-Acidente	GS02	Prover, desenvolver e manter pessoas	Rel. trabalhistas e benefícios	
2.5.5 Programa de Atendimento ao Deficiente (PAD)	GS02	Prover, desenvolver e manter pessoas	Rel. trabalhistas e benefícios	
2.5.6 Auxílio-saúde dependente	GS02	Prover, desenvolver e manter pessoas	Rel. trabalhistas e benefícios	

Fonte: Projeto de P&D Aneel 0047_00132009.

A etapa 5 – **Gerenciamento dos Impactos Socioambientais** – objetiva sistematizar a gestão dos impactos socioambientais. Para tanto, todos os indicadores de controle definidos nas etapas anteriores, bem como os procedimentos operacionais que normatizam as atividades dos processos organizacionais devem ser monitorados como forma de assegurar o desempenho desejado. Esta etapa é composta por três atividades: definir sistemática para gestão dos impactos, implementar sistemática para gestão dos impactos, gerenciar os impactos socioambientais. Essas atividades serão detalhadas no item 6.3, deste capítulo.

O gerenciamento dos impactos sociais e ambientais envolve o controle dos indicadores de forma sistemática. Seus resultados devem ser utilizados como insumo para o desenvolvimento de uma reflexão contínua sobre suas práticas para mitigar os riscos de impactos sociais e ambientais. Para que essas reflexões possam se desenvolver baseadas em informações que realmente expressem a realidade da empresa, é preciso estar atento a alguns requisitos básicos para a escolha e composição dos indicadores de processo a serem utilizados. Um desses requisitos estabelece, por exemplo, que as informações relativas aos indicadores devem ser factuais, ou seja, não podem ser utilizadas informações que não sejam baseadas em fatos e dados. Sem essa condição atendida, o risco de ocorrer uma decisão indevida por parte dos líderes da empresa torna-se significativo.

Outra forma de gerenciar práticas de gestão de impactos sociais e ambientais é monitorá-los pelos ciclos de auditoria interna da empresa, com o objetivo de assegurar a melhoria contínua e a perenidade do modelo desenvolvido. Ou seja, a empresa pode inserir em suas práticas de auditoria interna, já existentes, aspectos e requisitos relacionados com a gestão de impactos sociais e ambientais. A partir dessas práticas, o monitoramento das atividades e seus respectivos desempenhos (indicadores) é sistematizado, viabilizando a gestão efetiva dos seus riscos ambientais e sociais.

Todo o procedimento de monitoramento das atividades dos processos identificados como potenciais geradores de impactos sociais e ambientais termina por gerar uma quantidade de dados e informações significativa. As empresas com modelos de gestão mais avançados se utilizam de aplicativos computacionais para otimizar a organização e análise dessas variáveis.

6.3 INDICADORES PARA GESTÃO DE IMPACTOS SOCIAIS E AMBIENTAIS

O Sistema de Gestão dos Impactos Sociais e Ambientais (SGI) apresentado foi delineado com base na Agenda de Responsabilidade Social do Instituto Ethos. Sua estruturação ocorre a partir do *Balanced Scorecard* e o Mapa de Processos das empresas, discutido no item anterior. O Sisa foi desenvolvido com a premissa de que os impactos socioambientais das empresas ocorrem como consequência de suas atividades, as quais estão relacionadas a um determinado processo, podendo ser classificado como processo de negócio ou apoio. O Sisa foi desenvolvido em seis etapas: (1) estabelecer matriz de sustentabilidade; (2) definir lista de indicadores; (3) definir critérios de seleção de indicadores; (4) definir os indicadores; (5) criar as fichas dos indicadores; (6) elaborar lista-resumo dos indicadores; (7) priorizar os indicadores; e (8) gerenciar os impactos socioambientais.

Primeira Etapa – Estabelecer matriz de sustentabilidade – o objetivo dessa etapa é identificar quais indicadores uma mesma informação atende ou quais as informações necessárias para atender a um indicador. Dessa forma, são listadas as informações relacionadas ao tema sustentabilidade que a empresa acompanha ou reporta periodicamente, devido a compromissos, adesões ou gestão do tema. Depois, faz-se uma matriz para identificar os indicadores e as relações com o tema sustentabilidade, conforme demonstrado no Quadro 6.7 – Matriz de indicadores.

Quadro 6.7 – *Matriz de indicadores*

GRI	Aneel	Ethos	Ibase	NBC T15	Pacto Global	ODM	Descrição	Indicador
							Indicador – RECURSOS HUMANOS	
LA1	3.4.1A	18.6	X	X		3	Total de trabalhadores, por tipo de emprego, contrato de trabalho e região	
LA1	3.4.1.A	14.5	X	X		3	Número de trabalhadores terceirizados (mulheres e homens)	NTT
							Indicador – MEIO AMBIENTE	
EN30	3.5.1.A	24.7	X	X	8	7	Total de investimentos e gastos em proteção/gerenciamento ambiental, por tipo (arborização, manejo sustentável com equipamentos e redes protegidas) (R$ mil)	
EN16	3.5.1.B	24.11			7 e 8	7	Volume anual de gases do efeito estufa (CO_2, CH_4, N_2O, HFC, PFC, SF_6) emitidos na atmosfera (em toneladas de CO_2 equivalentes)/emissões diretas e indiretas de gases de efeito estufa, por peso (toneladas de CO2)	
	NTT – Reduzir a quantidade de trabalhadores terceirizados							

Fonte: Projeto de P&D Aneel 0047_00132009.

O Quadro 6.7 apresenta a relação existente entre o GRI, Relatório Socioambiental da ANEEL, Questionário Ethos, Balanço Social Ibase, Norma Brasileira de Contabilidade (NBC-T15), Pacto Global e Objetivos de Desenvolvimento do Milênio. Por exemplo, a informação (Quadro 6.6) "Número de terceirizados por gênero" (mulheres e homens) atende:

- Indicador LA1 do GRI – Total de trabalhadores, por tipo de emprego, contrato de trabalho e região.

- Indicador 3.4.1A da ANEEL – Indicadores Sociais Internos.
- Questão 14.5 do Questionário Ethos – Total de trabalhadores (mulheres e homens) terceirizados.
- Indicadores do corpo funcional do Ibase.
- Recursos Humanos da NBC T 15.
- Objetivo 3 do Milênio – Igualdade entre sexos e valorização da mulher.

Para que a matriz seja desenvolvida com eficácia, os responsáveis por sua criação devem conhecer profundamente os indicadores selecionados e seguir os protocolos e orientações de cada organismo, como, por exemplo, o GRI, que possui como direcionador as diretrizes e protocolos de cada indicador.

Segunda Etapa – Definir lista de indicadores – o objetivo é selecionar indicadores que possuíam periodicidade definida e que dependem de informações já acompanhadas pela empresa. Dessa forma, são selecionados indicadores quantitativos de sustentabilidade já controlados e medidos pelas empresas e que atendem às descrições da matriz apresentada no Quadro 6.6. Por exemplo, o indicador "Reduzir o Número de Trabalhadores Terceirizados – NTT", ao possibilitar o acompanhamento da quantidade por gênero, estará atendendo ao indicador LA1 do GRI, o 3.4.1A da Aneel, ao Ibase e NBC T 15, e responderá à questão 14.5 do Questionário Ethos, além de demonstrar apoio ao 3º Objetivo do Milênio.

Terceira Etapa – Definir critérios de seleção de indicadores – para priorizar as informações que serão utilizadas na gestão dos impactos socioambientais identificados pelas empresas, é necessário que a mesma defina critérios para selecionar os indicadores que permitam um acompanhamento adequado e eficaz.

Utilizando os conceitos de materialidade, pode-se, por exemplo, estabelecer dois critérios: (i) Geração de Valor e (ii) Dificuldade de Implantação para priorizar os indicadores que devem ser medidos, controlados e acompanhados. Como exemplo, o Quadro 6.8 demonstra os critérios adotados por uma distribuidora de energia elétrica (a Coelba) para Geração de Valor. No exemplo, cada critério foi subdividido em itens que permitem a análise individual. Considera-se que o maior peso é a melhor opção.

A metodologia usada para escolher o conjunto de indicadores deve ser determinada em cada empresa. Nessa escolha, deve ser possível considerar a opinião ou as partes interessadas, como indicado pela *Global Reporting Initiative* (GRI). Obviamente, os critérios e os pesos definidos pela empresa demonstram suas prioridades e ênfases dadas para cada dimensão do tripé da sustentabilidade.

A definição de critérios, pesos e a forma de avaliação dos indicadores pode ser alterada a qualquer momento que a empresa desejar. Esse é um processo dinâmico e deve retratar as estratégias e ênfase da empresa.

Quadro 6.8 – *Critérios de geração de valor*

	Critérios Geração Valor					
1	**Impacto Econômico**	**Peso**	5	**Alinhamento Estratégico**		**Peso**
	Sem Evidência	0		Não		0
	Algumas Evidências	1		Sim		1
	Fortes Evidências	2				
			6	**Atende a mais de 1 tema**		**Peso**
2	**Processo de Negócio**	**Peso**		Não		0
	Não	0		Sim		1
	Sim	1				
			7	**Quantidade de Processos Afetados**		**Peso**
3	**Indicador de Resultado**	**Peso**		1 processo afetado		0
	Não	0		De 2 a 4 processos afetados		1
	Sim	1		Mais de 4 processos afetados		2
4	**Tema Legal (Impacto na Tarifa)**	**Peso**				
	Não	0				
	Sim	1				

Fonte: Projeto de P&D Aneel 0047_00132009.

Para priorizar o conjunto de indicadores possível de ser medido, controlado e acompanhado, propõe-se a análise de sete atributos do **critério Geração de Valor**: (a) Impacto Econômico, (b) Processo de Negócio, (c) Indicador de Resultado, (d) Tema legal (impacto na tarifa), (e) Alinhamento estratégico, (f) Atende a mais de um tema, (g) Quantidade de processos afetados e três atributos do **critério Dificuldade de Implantação**: (a) Periodicidade de Apuração, (b) Indicador Apurado Atualmente e (c) Indicador está no SAP/BW.

Atributos do Critério Geração de Valor:

a) **Impacto Econômico:** os indicadores que possuem evidência de seu impacto no resultado econômico da empresa recebem Peso 2. No exemplo, o indicador Reduzir as Despesas Operacionais que possui relação direta com o impacto econômico recebeu peso 2. Os pesos foram determinados pelos gestores responsáveis em controlar os indicadores.

b) **Processo de Negócio:** um processo de negócio relacionado à atividade-fim da empresa, como, por exemplo, um processo de atender clientes, é classificado com o Peso 1, enquanto processos de gestão que dão apoio/suporte, como o processo de gestão estratégica (GS01), é classificado com o Peso 0.

c) **Indicador de Resultado:** com o intuito de abranger as três dimensões da sustentabilidade, a empresa deve estabelecer peso maior para os indicadores socioambientais que possuem impacto direto com o resultado econômico da empresa.

d) **Tema legal (impacto na tarifa):** indicadores que refletem ações da empresa que impactam na tarifa de energia elétrica, de acordo com os critérios estabelecidos pela Aneel, possuem Peso 1.

e) **Alinhamento estratégico:** são aqueles indicadores estabelecidos anualmente no mapa de estratégia das empresas, alinhados às perspectivas financeiras, clientes, processos internos ou aprendizado e crescimento (mapa de estratégias).

f) **Atende a mais de um tema:** indicadores alinhados a mais de um tema estabelecido no trabalho (Público Interno, Fornecedores, Meio Ambiente, Sociedade e Clientes).

g) **Quantidade de processos afetados:** indicadores alinhados a uma quantidade definida de processos, sendo de gestão ou apoio.

Atributos do Critério Dificuldade de Implantação:

a) **Periodicidade de Apuração:** consideram-se prioritários aqueles indicadores que são acompanhados com o prazo máximo de três meses.

b) **Indicador Apurado Atualmente:** possuem melhor classificação os indicadores que já são apurados atualmente.

c) **Indicador está no SAP/BW:** são priorizados os indicadores que possuem informações que podem ser extraídas do *software* de gestão empresarial – SAP.

No Quadro 6.9, estão demonstrados os critérios sugeridos pela metodologia e que determinam a Dificuldade de Implantação de controle de um determinado indicador. Cada critério foi subdividido em itens que permitem a análise individual. Considera-se que o menor peso é a melhor opção.

Quadro 6.9 – *Critérios de dificuldade de implantação*

Critérios Dificuldade de Implantação					
1	Periodicidade de Apuração	Peso	3	Indicador está no SAP/BW	Peso
	Até 3 meses	0		Está	0
	Maior que 3 meses até 6 meses	1		Não está	1
	Maior que 6 meses	2			
2	Indicador Apurado Atualmente	Peso			
	Sim	0			
	Não	1			

Fonte: Projeto de P&D Aneel 0047_00132009.

Para efetuar uma análise global e criar um acompanhamento que permita a realização de uma nova etapa de priorização, quando necessário, pode-se elaborar uma planilha contendo os pesos que cada indicador alcançou após a análise. O cálculo do resultado de cada indicador é feito por meio do total dos produtos dos pesos de cada critério, considerando a análise individual dos indicadores e o peso geral definido pela empresa para cada critério. O peso deve refletir prioridades da empresa, de acordo com os objetivos e estratégias empresariais. A Figura 6.7 demonstra a análise feita e o resultado alcançado para o indicador IIV – Índice de Infecção por Vírus na rede.

Cálculo do IIV: (0,1)

- Critérios de Geração de Valor: $(3 \times 0) + (2 \times 0) + (1 \times 0) + (2 \times 0) + (2 \times 0) + (1 \times 0) + (1 \times 0) = 0$
- Dificuldade de Implantação: $(1 \times 0) + (3 \times 0) + (1 \times 1) = 1$

Figura 6.7 – *Planilha geral de indicadores*

Cód.	Nome do indicador	Critérios Geração Valor							Resultado 1	Dificuldade de Implantação			Resultado 2
		Impacto Econômico	Processo de Negócio	Indicador de Resultado	Tema Legal (Impacto na Tarifa)	Alinhamento Estratégico	Atende a > 1 dimensão	Quantidade de Processos Afetados		Periodicidade de Apuração	Indicador Apurado Atualmente	Indicador está no SAP/BW	
Peso Coelba		3	2	1	2	2	1	1		1	3	1	
IV	Indicador 46	0	0	0	0	0	0	0	0	0	0	1	1
Produto dos pesos		0	0	0	0	0	0	0	0	0	0	1	1
IIV – Índice de Infecção por Vírus na rede									Soma dos produtos		Soma dos produtos	

Fonte: Projeto de P&D Aneel 0047_00132009.

Quarta Etapa – Definir os indicadores – todas as atividades que compõem os processos são analisadas no que diz respeito aos impactos socioambientais. Quando as mesmas possuem alto impacto, devem ser identificados os temas e os aspectos de atuação mais envolvidos. Para cada impacto identificado, deve-se selecionar um indicador, já definido na etapa 2, com a devida priorização da etapa 3, aqueles mais adequados ao controle dos impactos em questão.

Caso não exista um indicador adequado já acompanhado pela empresa, podem ser criados novos, observando todos os critérios da etapa 3. No final dessa etapa, obtém-se uma relação dos indicadores a serem controlados por processo. Para cada impacto, podem existir um ou mais indicadores de acompanhamento. Além dos critérios de priorização, deve ser analisada a adequação dos indicadores já utilizados em outros processos. Um mesmo indicador pode ser utilizado em mais de uma atividade, mais de um tema e mais de um aspecto de atuação dos processos.

A Figura 6.8 apresenta um exemplo de análise feita no processo **Gerenciar Perdas Comerciais**, em uma distribuidora de energia elétrica, que possui três atividades. A letra "A", como já foi dito, sinaliza que a atividade tem alto impacto socioambiental. Observa-se, por exemplo, que a Atividade 1 não foi considerada como impactante, ao contrário das demais. A Atividade 2 – Regularização e Bloqueio de Perdas possui impacto no tema Público Interno, nos aspectos Qualidade de Vida e Saúde e Segurança e no tema Sociedade no aspecto Imagem. Já a Atividade 3 – Montagem do Processo – possui impacto apenas no tema Sociedade, considerando os aspectos Imagem e Relações com o Governo. Nesse caso, foi utilizado o indicador "IRCI – Índice de Reclamações-Cobrança por Irregularidade" para acompanhar os impactos dos aspectos de atuação relacionados.

No exemplo, quanto maior o Índice de Reclamações, maior será o impacto na imagem da empresa, assim como prejudicará as relações com órgãos reguladores do governo que exigem qualidade do serviço e do atendimento.

Figura 6.8 – *Indicadores por processo*

Atividades	Departamentos envolvidos	VM03 – GERENCIAR PERDAS COMERCIAIS											
		Público Interno						Sociedade				
		QV	IF	RT	DS	SS	ED	CT	IM	IS	AS	SG	RG
Atividade 01 – Diagnóstico de Perdas	OIN, CGC												
Atividade 02 – Regularização e Bloqueio de Perdas	OIN, CSC, OOE	A				A			A				
Atividade 03 – Montagem do Processo/ Cálculo e Fatura	OIN								A				A
Atividades	Departamentos envolvidos	Público Interno						Sociedade				
		QV	IF	RT	DS	SS	ED	CT	IM	IS	AS	SG	RG
Atividade 01 – Diagnóstico de Perdas	OIN, CGC												
Atividade 02 – Regularização e Bloqueio de Perdas	OIN, CSC, OOE	TFA_Coelba TGA_Coelba TFA_eps TGA_eps				TFA_Coelba TGA_Coelba TFA_eps TGA_eps			IDAT_ Fraudes				
Atividade 03 – Montagem do Processo/ Cálculo e Fatura	OIN								IRCI				IRCI

INDICADORES DE RESPONSABILIDADE SOCIAL DO PROCESSO VM03	
TFA_Coelba	Taxa de Frequência de Acidentes – Empregados Próprios
TGA_Coelba	Taxa de Gravidade de Acidentes – Empregados Próprios
TFA_eps	Taxa de Frequência de Acidentes – Empresa Prestadora de Serviço
TGA_eps	Taxa de Gravidade de Acidentes – Empresa Prestadora de Serviço
IDAT_Fraudes	Índice de Desempenho do Atributo – Fraudes e Furtos
IRCI	Índice de Reclamações – Cobrança por Irregularidade

Fonte: Projeto de P&D Aneel 0047_00132009.

Quinta Etapa – Criar as fichas dos indicadores – para cada indicador de controle definido na etapa anterior é elaborada uma ficha que disponibiliza informações detalhadas. A Figura 6.9 apresenta um modelo para essa ficha. Para maior entendimento, escolheu-se descrever a ficha de um indicador de responsabilidade social (RS). É importante que as áreas responsáveis pela medição dos indicadores sejam envolvidas na elaboração das fichas.

Detalhamento da Ficha:

Indicador de Responsabilidade Social – RS – (TFA_eps = Taxa de frequência de acidentes – empresa prestadora de serviços)

a) Tema: público interno.

b) Aspecto de atuação: QV (qualidade de vida) e SS (saúde e segurança).

c) Definição: – descreve o objetivo do indicador.

d) Processos/Atividades: descreve as siglas dos processos e o número correspondente às atividades que o indicador foi selecionado para acompanhar. Exemplo: nesse caso, têm-se os processos SR02, VR01, SM03 etc.

e) Áreas envolvidas nos processos/atividades: discrimina a sigla das áreas definidas em cada processo, observam-se várias áreas, por exemplo: EMS (área de manutenção) e OER (área de operação). Também é descrita a área responsável pela informação, isto é, responsável pelo acompanhamento e levantamento de informações que compõem o indicador. Nesse item, ainda são identificados a periodicidade para medição e o acompanhamento do indicador, bem como a unidade de medida utilizada no resultado, podendo ser percentual, número, valor monetário, entre outros. Nesse exemplo, a unidade é número.

f) Método de cálculo: descreve o método utilizado para medir o indicador.

g) Realizado: este item apresenta o histórico do indicador nos últimos anos.

h) Acompanhamento: demonstra o comportamento do indicador, de acordo com a periodicidade definida.

i) Meta: apresenta a meta estipulada para cada faixa de avaliação. No exemplo, as faixas são: Excelente, Muito Bom, Bom, Suficiente e Insuficiente.

j) Gráfico: mostra a visão geral do indicador, incluindo o histórico, a meta, o resultado atual e a interpretação da empresa quanto a sua avaliação. Por exemplo, a avaliação feita por uma empresa com relação ao indicador Taxa de Frequência de Acidentes em Empresa Prestadora de Serviço (TFA_eps) é que quanto menor o resultado alcançado, melhor.

Figura 6.9 – *Ficha de descrição dos indicadores*

Indicador de RS	TFA_eps	Taxa de Frequência de Acidentes – Empresa Prestadora de Serviço		
Tema	Público Interno		Aspectos de atuação	QV, SS
Definição	Este indicador visa mensurar a taxa de frequência de acidentes com colaboradores das EPS (TFA_eps).			
Processos – Atividades	VR 01 – 05, 06, 07	GS 07 – 02, 03, 04	SM 04 – 06, 07, 08, 09, 10, 11	SR 01 – 07, 08, 09, 10, 14, 15, 16, 19
	SR02 – 03	SM05 – 10. 11 16 17 e 18	VR03 – 04	VM03 – 03
	SM03 – 04, 05, 06	GS02 – 11		
Áreas envolvidas nos processos/atividades	EMS, OER, EPI, OOE, EAT, OCM, ONL, FAR, CSC, OIN	Área Responsável pela informação: GSS	Periodicidade: Trimestral	Unidade: Nº
Método de Cálculo	TFA_Empreiteiras = $\dfrac{\text{acidentados com afastamento} \times 1.000.000}{\text{tempo de exposição ao risco}}$ Planilha do NST – Informação acumulada			

Realizado	
2007	4,12
2008	4,26
2009	3,65
Acompanhamento 2010	
1º Trim.	3,03
2º Trim.	2,53
3º Trim.	2,58
4º Trim.	3,01
Meta 2010		
Avaliação	De	Até
Excelente	0	7,28
Muito Bom	7,29	7,64
Bom	7,65	8.08
Suficiente	8,09	8,51
Insuficiente	8,52	10

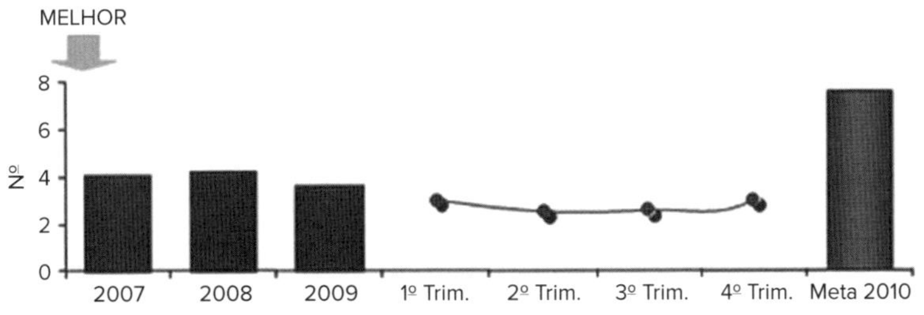

Fonte: Projeto de P&D Aneel 0047_00132009.

Sexta Etapa – Elaborar lista-resumo dos indicadores – nessa etapa, elabora-se um resumo com informações dos indicadores selecionados para acompanhamento dos impactos. Esse resumo permite uma visão geral da quantidade total de indicadores, processos envolvidos, temas e aspectos de atuação relacionados. O Quadro 6.10 apresenta quatro indicadores e as informações correspondentes.

Quadro 6.10 – *Resumo dos indicadores*

Sigla	Indicador	Processos	Tema	Aspectos de atuação
ICRH	Índice de conformidade na gestão de recursos humanos	VR01, SR01, VR02	Público interno	RT, QV, SS
IIV	Índice de infecção do parque de informática por vírus	GS01	Público interno Consumidores e clientes Sociedade e comunidade	IF CC, AT, AR RG
QPJC_forn	Quantidade de processos judiciais (cíveis) relativos a fornecedores	GS01	Fornecedores	SC
VRMA	Valor da energia verde repassado para o reflorestamento da Mata Atlântica	VM01	Meio ambiente	AR, PR

Fonte: Projeto de P&D Aneel 0047_00132009.

Sétima Etapa – Priorizar os indicadores – após a realização da etapa 6, com a criação da lista-resumo, a empresa deve analisar se a quantidade de indicadores possibilita uma gestão adequada dos seus impactos socioambientais. Caso atenda, a etapa 7 pode ser desconsiderada. Caso exista a necessidade de diminuir o escopo, uma nova etapa de priorização é realizada. Na Coelba, foi preciso diminuir o escopo. A Figura 6.10 demonstra o resultado geral e o resultado específico do indicador IIV – Índice por Vírus na rede, ou seja, o método utilizado no exemplo para estabelecer a matriz de prioridade.

Além do peso definido pela empresa, já discutido nas etapas anteriores, é inserida a informação do peso máximo de cada critério, classificado por meio de análise específica do indicador. Por exemplo, adotou-se como critério que o indicador relacionado ao Processo de Negócio possui peso 1, no entanto, terá peso 0 se tiver relação com o processo de apoio. Sendo assim, o peso máximo considerado para o cálculo foi o peso 1.

O resultado global de cada critério, independentemente da classificação individual dos indicadores, é encontrado a partir do total dos produtos dos pesos estabelecidos pela empresa e os pesos máximos específicos utilizados na análise de cada indicador. Nesse caso, os valores máximos obtidos são 16 pontos para Critérios de Geração de Valor e 6 pontos para Critérios Dificuldade de Implantação.

Cálculo geral:

Critérios Geração de Valor: $(3 \times 2) + (2 \times 1) + (1 \times 1) + (2 \times 1) + (2 \times 1) + (1 \times 1) + (1 \times 2) = 16$

Dificuldade de Implantação: $(1 \times 2) + (3 \times 1) + (1 \times 1) = 6$

Figura 6.10 – *Cálculo de prioridades*

Sigla	Impacto Econômico	Processo de Negócio	Indicador de Resultado	Tema Legal (Impacto na Tarifa)	Alinhamento Estratégico	Atende a >1 dimensão	Quantidade de Processos Afetados	Resultado 1	Periodicidade de Apuração	Indicador Apurado Atualmente	Indicador está no SAP/BW	Resultado 2	Quadrante	
	Critérios Geração Valor								Dificuldade de Implantação					
Peso Coelba	3	2	1	2	2	1	1		1	3	1			
Peso específico	2	1	1	1	1	1	2		2	1	1			
Resultado Global	6	2	1	2	2	1	2	16	2	3	1	6		
IIV	0	0	0	0	0	0	0	0	0	0	1	1	3º	0x1
IIV – Índice de Infecção por Vírus na rede							Soma dos produtos		Soma dos produtos					

Fonte: Projeto de P&D Aneel 0047_00132009.

No exemplo, para definir o conjunto de indicadores, após o cálculo de prioridades, decidiu-se escolher os indicadores do 1º quadrante, considerando o limite mínimo para os Critérios de Geração de Valor de 8 e limite máximo para os Critérios Dificuldade de Implantação de 4, conforme Figura 6.11. Ressalta-se que os limites definidos para o 1º quadrante foram determinados com base na experiência organizacional.

Os indicadores do 1º quadrante representam a melhor classificação, pois possuem os indicadores com maior geração de valor e menor dificuldade de implantação. Essa análise possibilita que se reduza o conjunto de 134 para 40 indicadores e que se verifique se os indicadores estão relacionados aos temas do modelo da Agenda de Responsabilidade Social do Instituto ETHOS (Público Interno, Fornecedores, Meio Ambiente, Sociedade e Clientes).

Figura 6.11 – *Matriz de indicadores*

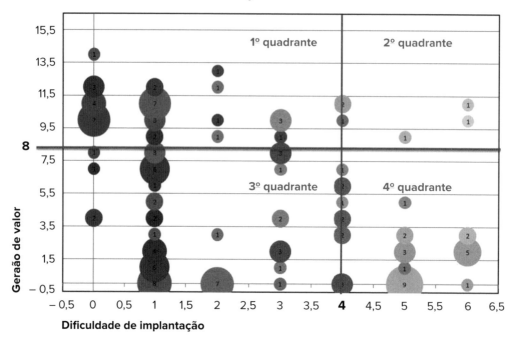

Fonte: Projeto de P&D Aneel 0047_00132009.

Oitava Etapa – Gerenciar os Impactos Socioambientais – essa etapa tem como objetivo sistematizar a gestão dos impactos socioambientais por meio dos indicadores definidos na etapa anterior. Os indicadores são agrupados por tema e subdivididos nos aspectos de atuação relacionados, possibilitando uma rápida análise dos indicadores que estão impactando positiva ou negativamente.

O Quadro 6.10 apresenta como exemplo o formato de uma planilha de acompanhamento. Nela são apresentados o tema analisado, os aspectos de atuação e os indicadores correspondentes. Em relação aos indicadores, existem informações sobre o nome, a sigla, a unidade de medida, a área responsável pela informação, as faixas de avaliação e o resultado alcançado.

Para facilitar a visualização da avaliação do indicador, foram criados símbolos relacionados a cada faixa de avaliação. A pontuação máxima obtida em cada tema é de 1.000 pontos, portanto, a quantidade de pontos de cada indicador depende da quantidade total de indicadores. Os pontos realizados são computados com base na avaliação. Se o indicador alcançar a faixa de Excelente, ele fica com 100% dos pontos. Se alcançar Muito Bom, fica com 75%. Se estiver na faixa Bom, permanece com 50%. Se Suficiente, adquire apenas 25% e se insuficiente não registra nenhuma pontuação. No exemplo a seguir, o indicador Quantidade de Processos Judiciais relativos a Fornecedores – QPJF_forn foi classificado como Excelente. Dessa forma, a sua pontuação realizada foi igual à planejada.

Figura 6.12 – *Resumo dos indicadores por tema*

Aspectos de Atuação		Indicador	Área Responsável	Pontos Planejados	Pontos Realizados	Valor / Nível Obtido	Avaliação	Faixas de avaliação		Avaliação	Legenda
Seleção e Contratação	SC	Índice de Inconformidades nos processos de serviços da SOP I_GIFS Unidade: %	OCM	143	143	19,5%	👍	0%	25%	Excelente	👍
								25%	28%	Muito Bom	😊
								29%	30%	Bom	😐
								30%	40%	Suficiente	☹
								40%	70%	Insuficiente	💣
	SC	Quantidade de Processos Judiciais (cíveis) relativos a Fornecedores QPJC_forn Unidade: Nº	PRJ	143	143	0	👍	0	0	Excelente	👍
								1	1	Muito Bom	😊
								2	2	Bom	😐
								3	3	Suficiente	☹
								4	10	Insuficiente	💣
SELEÇÃO E CONTRATAÇÃO				286	286	100%	👍				
DESENVOLVIMENTO DE FORNECEDOR				429	249	58%	😐				
AVALIAÇÃO				286	286	100%	👍				
		TOTAL		1000	821		👍				

Faixas de avaliação

Min.	Máx.	Avaliação	
875	1000	Excelente	👍
725	874	Muito Bom	😊
550	724	Bom	😐
400	549	Suficiente	☹
0	399	Insuficiente	💣

Fonte: Projeto de P&D Aneel 0047_00132009.

Com base nos pontos totais realizados e nas faixas de avaliação demonstradas no Quadro 6.12, o tema é avaliado de forma geral. O seu resultado é calculado com a soma dos pontos realizados por todos os indicadores.

A quantidade de informações e variáveis a serem controladas após a aplicação da metodologia apresentada é significativa. O controle dessas informações pode ser facilitado com o uso de uma ferramenta de informática adequada. Como exemplo, é apresentada uma sugestão de *software* a ser configurado com esse propósito: o Sistema de Gestão de Impactos Sociais e Ambientais, desenvolvido pela equipe responsável pelo projeto de P&D Aneel 0047_00132009.

O Sistema de Gestão dos Impactos Sociais e Ambientais (SGI) tem como objetivo alcançar maior credibilidade das informações sobre os impactos sociais e ambientais das atividades da empresa, segurança da informação e qualidade dos diagnósticos. O SGI foi construído para simplificar e tornar ágil o processo de obtenção das informações, além de propiciar integração entre os indicadores e as atividades/processos, as áreas executoras das atividades e os respectivos normativos de trabalho.

Assim, o sistema promove uma visão integrada entre o modo de execução das atividades da empresa e o resultado desse trabalho em termos de impactos sociais e ambientais. O *software* foi desenvolvido por uma empresa especializada, segundo os requisitos definidos pela equipe do projeto de P&D Aneel 0047_00132009:

- Plataforma *web*.
- Possibilidade de integração com outros sistemas (principalmente SAP).
- Flexibilidade (sistema modular).
- Possibilidade de utilização por várias empresas.
- Possibilidade de priorização dos indicadores (através de pesos).
- Facilidade de visualização e análise (medidores, gráficos, tabelas).

A Figura 6.13 mostra a tela principal do SGI, detalhando a situação geral da empresa e a situação por tema. A representação do velocímetro segue o modelo de avaliação dos objetivos empresariais com faixas definidas para Excelente (E), Muito Bom (MB), Bom (B), Suficiente (S) e Insuficiente (I). A faixa em que cada tema encontra-se depende da pontuação alcançada pelo somatório dos pontos dos indicadores relacionados. Aqui também são apresentados os custos por temas de atuação e por grupos de processos (quadrantes do mapa de processos), através da obtenção dos custos por atividade, já acompanhados pela empresa.

Figura 6.13 – *Tela principal do SGI*

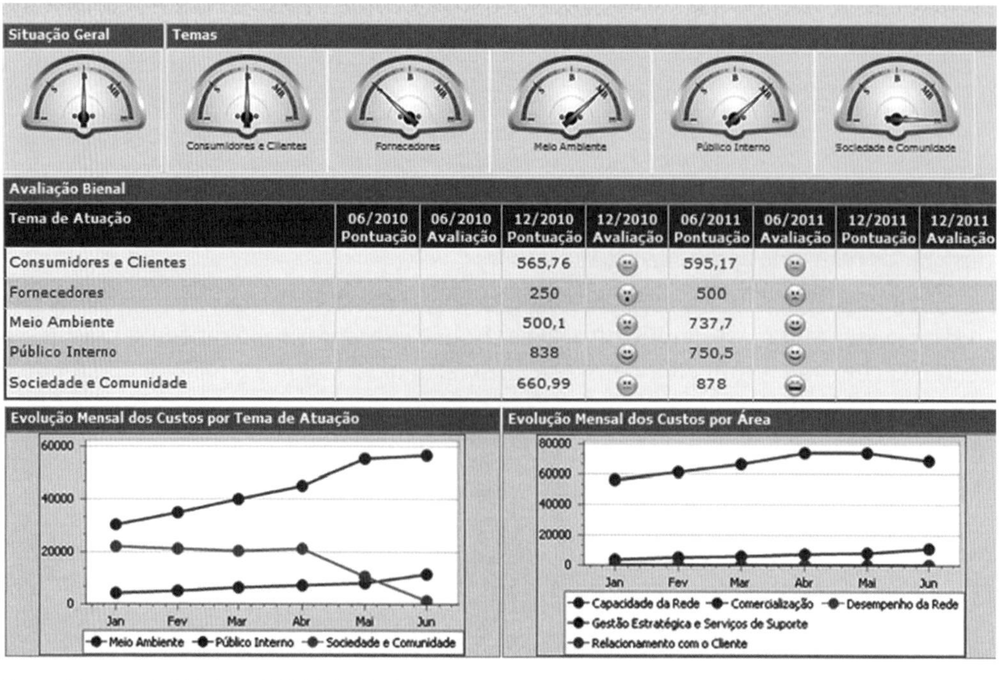

Fonte: Projeto de P&D Aneel 0047_00132009.

O SGI também lista os documentos normativos relacionados a cada atividade de cada processo. Dessa forma, há a possibilidade, por exemplo, de se verificar o procedimento de trabalho de uma atividade que possui alto impacto social ou ambiental, orientando um movimento de melhoria do processo.

O método adotado permite a realização da gestão dos impactos socioambientais da empresa. Todavia, deve ser considerado como um método dinâmico que necessita de análises constantes. Todas as definições podem ser alteradas, como os temas e aspectos de atuação adotados, os critérios definidos para priorização e principalmente os indicadores selecionados. Cabe à empresa verificar se o impacto socioambiental identificado está minimizando-se com a execução de ações para alcançar bons resultados nos indicadores. Nem sempre um resultado apresentado como bom demonstra a realidade da empresa.

REVISÃO DE CONTEÚDO

Elaborada pelos autores deste capítulo

1. Por que as empresas contemporâneas têm procurado abordar o tema sustentabilidade dentro de uma perspectiva sistêmica?
2. Com base no modelo de estrutura de referência conceitual apresentada, qual seria o papel a ser exercido pela liderança de uma empresa em busca de sua sustentabilidade empresarial?
3. Um dos principais desafios para qualquer empresa é a integração das diversas atividades desenvolvidas em seus setores. Com base nos conceitos apresentados neste capítulo, que mecanismos uma empresa poderia utilizar para integrar suas iniciativas em busca da sustentabilidade?
4. Quais seriam as principais motivações de uma empresa para gerenciar os impactos socioambientais de suas atividades?
5. Existe alguma correlação entre ter um negócio sustentável e ter um negócio lucrativo?
6. Para se desenvolver um negócio lucrativo, é necessário ter um modelo de negócio sustentável? Por quê?
7. Seria possível obter vantagem competitiva ao conhecer todos os impactos socioambientais das atividades de um negócio?
8. Qual o papel que a sociedade possui em um modelo de gestão de impactos socioambientais de um serviço público? E de um produto?

ESTUDO DE CASO

A empresa Alfa é uma distribuidora de energia elétrica que está iniciando o mapeamento dos impactos socioambientais de seus processos de negócio e a definição dos indicadores que irá acompanhar esses impactos.

Este trabalho, que será coordenado por você, deve estar sustentado nas seguintes premissas:

a) O processo a ser analisado é **Realizar Novas Ligações**, que contempla as seguintes atividades:
- Receber solicitações de clientes.
- Elaborar projeto.
- Negociar pagamento.

- Executar a obra.
- Executar a ligação.

b) As partes interessadas (*stakeholders*) consideradas pela empresa são: público interno, fornecedores, sociedade e clientes.

c) O indicador que a empresa já acompanha: taxa de frequência de acidentes.

Com base nas premissas apresentadas, você deve:

- Mapear os possíveis impactos sociais e ambientais gerados em cada atividade do processo.
- Definir os indicadores que permitam realizar o controle de cada um dos impactos identificados.

REFERÊNCIAS

AXELIOD, R.; COHEN, Michael D. **Harnessing complexity**: implications of a scientific frontier. New York: The Free Press, 1999.

COELHO, Christianne C. de S. Reinish. **Complexidade e sustentabilidade nas organizações**. 2001. (Tese) – Universidade Federal de Santa Catarina, Florianópolis.

EUROPEAN FOUNDATION FOR QUALITY MANAGEMENT. O modelo EFQM de excelência câmbios. Brussels, 1999.

FUNDAÇÃO PARA O PRÊMIO NACIONAL DA QUALIDADE. **Planejamento do sistema de medição do desempenho global**, 2001.

GRI – Global Reporting Initiative. **Sustainability Reporting Guidelines – 2006**. Disponível em: <http://>. Acesso em: 15 nov. 2011.

HARVEY, David. **A condição pós-moderna:** uma pesquisa sobre as origens da mudança cultural. Tradução de Adail Ubirajara Sobral, Maria Stela Gonçalves. São Paulo: Loyola, 1993.

KAPLAN, Robert S.; NORTON, D. P. **Alinhamento**: utilizando o balanced scorecard para criar sinergias corporativas. Tradução de Afonso Celso da Cunha Serra. Rio de Janeiro: Elsevier, 2006.

SENGE, Peter. M. **A quinta disciplina**: arte, teoria e prática da organização de aprendizagem. São Paulo: Best Seller, 1998.

SUSTAINABLE MEASURES. **Sustainable measures**: what is sustainability Indicators? Disponível em: <http://www.sustainablemeasures.com/>. Acesso em: 15 jan. 2012.

WORLD BUSINESS COUNCIL FOR SUSTAINABLE DEVELOPMENT (WBCSD). Disponível em: <http://www.wbcsd.org/home.aspx>.

7 LOGÍSTICA REVERSA

Francisco Gaudêncio Mendonça Freires

7.1 CONCEITOS FUNDAMENTAIS

O conceito de logística reversa (LR) ainda está em formação. Por isso mesmo, procura-se, neste capítulo, não apenas delimitar o que se considera ser LR, mas também discutir alguns tópicos fortemente encontrados na revisão da literatura. A logística reversa é relacionada a assuntos ambientais ou ecológicos. Isso deve-se ao fato de a reciclagem ser um dos pontos principais da LR e, também, porque a origem de muitos foi sobre o tema.

Para Stock (1998), a LR "é um termo normalmente utilizado para referir-se à logística na reciclagem, deposição e gestão de materiais contaminantes que, numa perspectiva mais ampla, inclui atividades logísticas de redução de emissão, reciclagem, substituição, reutilização de materiais e deposição".

Na opinião de Rogers e Tibben-Lembke (1999), logística reversa é o processo de planejamento, implementação e controle eficiente (inclusive os custos) de matérias-primas, materiais em processo, produtos acabados e informações relacionadas do ponto de consumo para o ponto de origem para atender às necessidades de recuperação de valor e/ou obter a deposição correta/controlada conforme demonstra a Figura 7.1, Fluxo da logística reversa.

Agora para não esquecer:

> Logística reversa é o processo de planejamento, implementação e controle eficiente e eficaz do fluxo de entrada e armazenagem de materiais secundários e informações relacionadas, opostas à direção tradicional da cadeia de suprimento com o propósito de recuperar valor ou depositar corretamente materiais (FLEISCHMANN, 2001).

Figura 7.1 – *Fluxo da logística reversa*

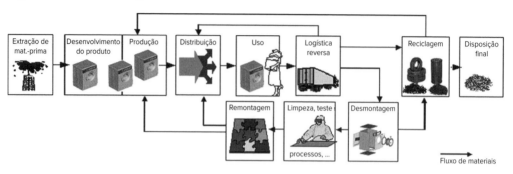

Fonte: Ometto (2009).

Dessa forma, a logística reversa estuda os fluxos de materiais que vão do consumidor final do processo logístico original (ou de outro ponto anterior, caso o produto não tenha chegado até esse ponto) a um novo ponto de consumo ou de aproveitamento. Exemplos de processos logísticos reversos são a recolha de vasilhames de garrafas, a devolução de mercadorias e a recuperação e/ou reciclagem de materiais.

As atividades principais na logística reversa são a recolha dos produtos a serem recuperados e sua distribuição após reprocessamento. Embora esse problema se assemelhe ao problema clássico de distribuição, existem algumas diferenças. São elas:

a) existem muitos pontos de onde os bens precisam ser recolhidos;

b) a recolha da embalagem dos produtos é geralmente uma questão problemática;

c) a cooperação do remetente é, em muitos casos, bastante necessária;

d) os bens tendem a possuir um baixo valor.

As diferenças entre logística reversa e fluxo não se resumem apenas no sentido do fluxo de materiais, ou seja, dos movimentos dos clientes para os fornecedores. Caso contrário, pode-se simplesmente dizer que esses são fluxos "normais" que começam no cliente (nesse caso fazendo papel de fornecedor) e terminam no começo de outro fluxo logístico qualquer, num fornecedor que irá aproveitar aqueles materiais (nesse caso, um cliente desse processo). Na logística reversa, os canais logísticos (Figura 7.2) utilizados diferem dos canais da distribuição tradicional devido a:

a) velocidades diferentes, sendo que uma empresa pode reabastecer seus distribuidores em 24 horas, enquanto promete devolver um produto reparado em 10 ou 15 dias;

b) o número de pontos de retorno (ou recolha) na LR também é muito mais elevado;

c) a LR requer também necessidades específicas de manipulação, como, por exemplo, necessidade de acondicionamento e transporte especiais. No caso do retorno de garrafas PET, especificamente, estas devem ser compactadas de forma a aumentar o espaço de acondicionamento nos caminhões. O retorno de pneus usados exige caminhões específicos para essa atividade, pois não deve haver mistura com os pneus novos.

Figura 7.2 – *Atividades da logística reversa*

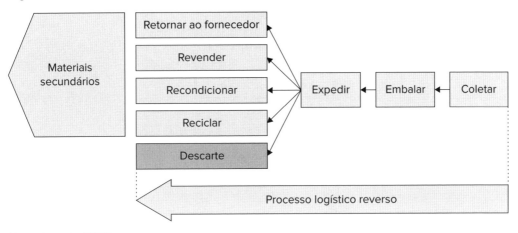

Fonte: Lacerda (2009).

No início dos anos 1990, o *Council of Logistics Management* (CLM) publicou dois estudos sobre LR. O primeiro estudo (STOCK, 1992) reconhecia de uma forma genérica a LR como relevante para a sociedade e para os negócios. O segundo foi desenvolvido por Kopicki et al. (1993) e já apontava as vantagens da reciclagem e recuperação dos produtos. No início deste século, a logística reversa passa a ser associada a questões mais operacionais. Vários trabalhos foram dedicados à otimização e à gestão da logística reversa, tais como o trabalho de Guide et al. (2000) sobre as características da LR para os sistemas de refabricação. Mais recentemente, De Brito (2004) explora as questões da LR aplicada ao planejamento e controle da produção.

A fronteira entre o fluxo da logística direta (da matéria-prima ao consumidor final) e o fluxo da LR (do consumidor final à recuperação de valor) não é estritamente definida. Um produto que chegue ao final de vida ou uso numa cadeia pode tornar-se matéria-prima em outra. Como exemplo, cite-se o caso de produtos como garrafas de vidro e papel, que são considerados materiais essenciais para a produção de outros tipos de vidro e de papel, respectivamente.

Uma visão holística sobre cadeias de suprimentos, combinando ambos os fluxos diretos e reversos, é abordada pelo conceito de cadeias de circuitos fechados (*closed loop supply chains*). A denominação *cadeias de circuito fechado* enfatiza a importância da coordenação entre os fluxos diretos e reverso (GUIDE et al., 2000).

7.2 DIMENSÕES DA LOGÍSTICA REVERSA

A estrutura da logística reversa é analisada sob a ótica de cinco dimensões: (i) determinantes; (ii) razões; (iii) características; (iv) estruturas; e (v) atores, conforme a Figura 7.3. Em cada dimensão, será apresentada uma ou mais classificações de seus elementos. Essa caracterização baseia-se nas propostas de Fleischmann et al. (1997) e De Brito (2002, 2004).

Figura 7.3 – *Dimensões da logística reversa*

Determinantes
Forças/razões que direcionam as empresas para a logística reversa

Estruturas
Opções e processos de recuperação

Logística reversa

Características
Tipos de produtos e suas propriedades

Razões
Motivos pelos quais os produtos ou materiais são retornados

Atores
Os membros envolvidos na logística reversa, suas funções e relacionamento

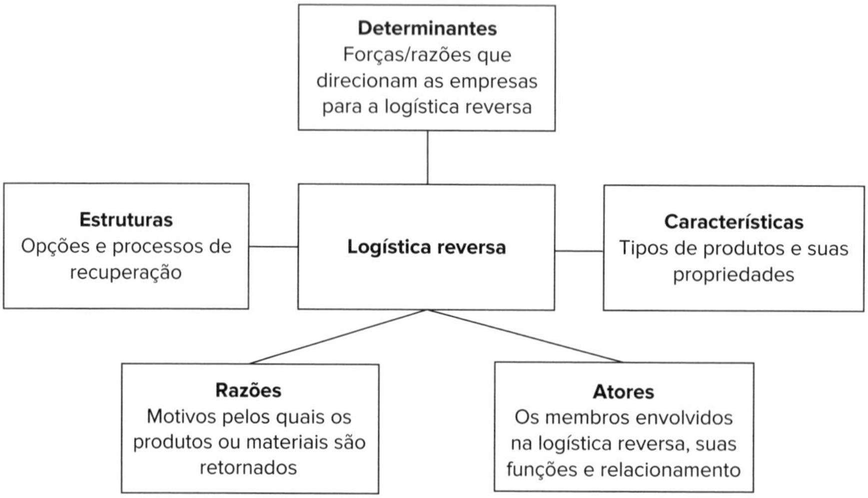

Fonte: Adaptada de Fleischmann et al. (1997) e De Brito (2002, 2004).

7.2.1 Primeira dimensão – determinantes

Muitos autores apresentam fatores determinantes para a logística reversa, tais como: fatores econômicos, legislação ambiental e consciência ambiental dos consumidores. De forma geral, pode-se dizer que as empresas se envolvem com a logística reversa por perceberem oportunidades de lucro; por terem que cumprir a legislação e/ou por serem pressionadas pela sociedade. Os determinantes para a logística reversa incorporam três elementos:

1. **Econômicos:** são os fatores determinantes que envolvem ganhos diretos (consumo de materiais, redução de custos e recuperação de valor) e os ganhos indiretos (antecipação ao cumprimento da legislação, proteção de mercado, imagem da empresa e melhoria da relação com clientes e fornecedores).

Um programa de logística reversa pode fornecer ganhos diretos aos fabricantes de equipamentos (OEMs – *Original Equipment Manufacturers*), através de reduções do consumo das matérias-primas, da agregação de valor aos produtos recondicionados e da diminuição dos custos de deposição final. O mercado de materiais metálicos é um exemplo disso. Por meio da recolha e venda de metais recicláveis para as companhias siderúrgicas, é possível a redução nos custos de produção por meio da adição de resíduos metálicos ao material virgem processado.

Mesmo sem ganhos imediatos, uma empresa pode estar associada com a logística reversa. Questões estratégicas relacionadas com o mercado e a competição podem ser exploradas de forma a obter ganhos indiretos. Por exemplo, as empresas podem desenvolver sistemas de recolha e recuperação de produtos de forma a se anteciparem a uma futura legislação. Isso passa a ser uma questão estratégica (LOUWERS et al., 1999). De forma a enfrentar a competição, a recolha pode ser um mecanismo de proteção contra a obtenção de determinada tecnologia ou prevenção da entrada de novos competidores no mercado.

A recuperação pode constituir uma forma de reforçar as relações entre clientes e fornecedores. Por exemplo, uma situação é fornecida por um fabricante de pneus que também oferece aos seus clientes a opção de recauchutagem, constituindo uma maneira de reduzir os seus custos (FERRER, 1997).

2. **Legislação:** diz respeito aos direitos dos consumidores, segurança do trabalho e cumprimento das leis ambientais. A legislação refere-se a qualquer jurisdição indicando que uma empresa deve recuperar os seus produtos e efetuar a sua recolha para posterior deposição adequada. Em muitos países e em especial na União Europeia, é crescente a importância das leis ambientais, tais como: quotas de reciclagem, legislação sobre recolha de embalagens e extensão da responsabilidade dos fabricantes. Cite-se o exemplo da diretiva europeia sobre os resíduos dos produtos elétrico-eletrônicos (*WEEE, Waste of Electronics and Electric Equipment*).

No Brasil, a Lei nº 12.305/2010 instituiu a Política Nacional de Resíduos Sólidos, dispondo sobre seus princípios, objetivos e instrumentos, bem como sobre as diretrizes relativas à gestão integrada e ao gerenciamento de resíduos sólidos, incluídos os perigosos, às responsabilidades dos geradores e do poder público e aos instrumentos econômicos aplicáveis.

Com a sanção dessa Lei, as organizações são obrigadas a implementar instrumentos capazes de tratar tais resíduos, e terão que incorporar em seus sistemas de controles gerenciais mecanismos capazes de medir as atividades de impacto socioambiental das organizações geradoras de resíduos sólidos, tais como:

a) *Gerenciamento dos resíduos sólidos*: conjunto de ações exercidas, direta ou indiretamente, nas etapas de coleta, transporte, transbordo, tratamento e destinação final ambientalmente adequada dos resíduos sólidos e disposição final ambientalmente adequada dos rejeitos, de acordo com plano municipal de gestão integrada de resíduos sólidos ou com plano de gerenciamento de resíduos sólidos, exigidos na forma desta Lei.

b) *Gestão integrada de resíduos sólidos*: conjunto de ações voltadas para a busca de soluções para os resíduos sólidos, de forma a considerar as dimensões política, econômica, ambiental, cultural e social, com controle social e sob a premissa do desenvolvimento sustentável.

c) *Logística reversa*: instrumento de desenvolvimento econômico e social caracterizado por um conjunto de ações, procedimentos e meios destinados a viabilizar a coleta e a restituição dos resíduos sólidos ao setor empresarial, para reaproveitamento, em seu ciclo ou em outros ciclos produtivos, ou outra destinação final ambientalmente adequada.

d) *Padrões sustentáveis de produção e consumo*: produção e consumo de bens e serviços de forma a atender às necessidades das atuais gerações e permitir melhores condições de vida, sem comprometer a qualidade ambiental e o atendimento das necessidades das gerações futuras.

De fato, indústrias como a da eletrônica e a dos automóveis estão sob grande pressão legal. Algumas vezes, empresas desses setores participam de protocolos voluntários, de forma a lidarem ou se anteciparem ao cumprimento da legislação.

3. **Responsabilidade social**: representa a atitude da empresa com relação ao respeito das normas sociais e comportamento ético-empresarial. No contexto da logística reversa, responsabilidade social diz respeito a um conjunto de valores ou princípios que direcionam uma empresa ou organização a tornar-se responsavelmente envolvida com a logística reversa (FARROW; JOHNSON, 2000). De fato, muitas empresas possuem programas de responsabilidade social, onde ambas as questões sociais e ambientais se tornam prioridade. Essa é a expressão geralmente utilizada pelas empresas para expressar seu compromisso com os bons princípios de uma sociedade. Observa-se que existem também outros temas relacionados, tais como a ética empresarial e a cidadania corporativa.

7.2.2 Segunda dimensão – razões

De forma geral, os produtos são retornados ou depositados por não funcionarem de maneira adequada ou porque as suas funções já não são mais necessárias. As razões para esses retornos são a seguir apresentadas conforme as etapas usuais de uma cadeia de suprimento, iniciando com a fabricação, passando pela distribuição até os produtos atingirem os consumidores finais. Dessa forma, optou-se por se classificarem as razões de retorno em: retornos de fabricação ou manufatura, retornos de distribuição e retornos dos consumidores.

Retornos de fabricação

Define-se retorno de fabricação como qualquer retorno no qual exista a necessidade de recuperação de produtos ou componentes durante a fase de fabricação. Esses retornos ocorrem por uma variedade de razões: a matéria-prima pode tornar-se inadequada para utilização; podem ocorrer falhas na qualidade durante a manufatura dos produtos, acarretando retrabalho ou o próprio produto acabado pode possuir falhas, retornando ao fabricante para correções. As razões anteriormente citadas constituem a categoria de retornos por falha no processo de fabricação. Os produtos e matérias-primas também podem retornar à fabricação devido ao excesso de produção. Nesse caso, tem-se uma categoria de retornos por excesso de produção.

Retornos de distribuição

São os retornos que ocorrem após o início da distribuição dos produtos. Referem-se aos B2B – retornos comerciais (produtos não vendidos e falha na entrega), *recall* de produtos, ajustes de *stock* e retornos funcionais. Os retornos comerciais acontecem na perspectiva das relações atacadista-varejista ou varejista-cliente, onde o comprador tem o direito de devolver o produto, normalmente, dentro de um certo período. A razão da opção de retorno difere entre os casos. Na primeira situação (atacadista-varejista), o varejista enfrenta o problema de quanto pode vender e se lhe é dada a opção de retorno dos bens não comercializados.

No caso varejista-cliente, a razão para a opção de retorno pode ser o fato de o cliente não estar seguro se o produto realmente satisfaz suas exigências. De uma forma resumida, os retornos comerciais são os tipos de retorno onde um comprador tem a opção contratual de retornar o produto ao vendedor. Esses retornos podem se referir às falhas na entrega dos produtos ou a produtos não vendidos.

O *recall* de produtos acontece quando estes são retornados devido a falhas na segurança ou problemas de saúde. Geralmente, o processo de retorno é iniciado por um fornecedor ou pelo próprio fabricante, e não pelos consumidores finais. Um exemplo desse tipo de retorno é a ocorrência de *recalls* por parte de fabricantes de veículos. Quando os fabricantes de automóveis verificam que uma determinada peça está retornando da rede de distribuidores autorizados repetidas vezes com defeitos, podem analisar as séries de fabricação das peças e terminar por descobrir que serão obrigados a substituir toda uma série antes que problemas maiores possam ocorrer. Para tanto, será também necessário todo um planejamento dessa logística de substituição e retorno das peças defeituosas (KOPICKI et al., 1993).

Com relação aos ajustes de estoques, acontecem quando um membro da cadeia redistribui seus *stocks* para outros pontos de venda. Esse tipo de retorno ocorre entre armazéns ou lojas com relação a produtos sazonais. Um exemplo desses ajustes ocorre no setor das confecções, onde excessos de estoque são distribuídos para outros pontos de venda ou retornados a um armazém central. Dessa forma, os ajustes de *stocks* se diferenciam dos retornos comerciais, pois estes envolvem mais de uma empresa, enquanto aqueles ocorrem dentro de uma mesma companhia.

Existem produtos cujas características fazem com que retornem e depois sigam adiante na cadeia de suprimento. Recipientes, embalagens e garrafas são tipicamente artigos que podem ser reutilizados sem muito trabalho. Sugere-se que esse tipo de retorno seja chamado de retornos funcionais, sendo aqueles nos quais os produtos retornam por conta de características inerentes à sua função, tais como itens de distribuição (razões para retornar e tipos de produtos). Um exemplo claro é o caso dos contentores retornáveis: sua função é conter produtos e retornar para novo carregamento, servindo a este propósito várias vezes (DUHAIME; RIOPEL; LANGEVIN, 2001).

O processo de redistribuição envolve muitos atores. Tanto os atores do canal direto de distribuição como os operadores do fluxo reverso encontram-se envolvidos nesse tipo de retorno. Algumas vezes, até os competidores se encontram envolvidos. Nesse contexto, manter o controle sobre os itens de distribuição constitui um problema. Uma das questões é prevenir "fugas" na cadeia, por exemplo, evitar que os itens se percam ou sejam roubados ao longo da cadeia. Observe-se que a distribuição direta depende, em grande parte, da disponibilidade destes itens. Portanto, duas questões cruciais são: disponibilidade de dados (quantidade e localização dos itens) e previsão (quantidade de itens retornados e tempo de retorno).

Retornos dos consumidores

São aqueles iniciados uma vez que os produtos chegam aos consumidores finais. Novamente, existe uma variedade de razões para esse tipo de retorno, tais como: B2C – retornos comerciais (retornos por garantia, reembolso e outras formas), retornos de serviço (reparação, peças componentes etc.), retornos de final de uso e retornos de final de vida. A gestão dos retornos é uma área crucial de decisão, onde é levantada a seguinte questão: existe ou não a necessidade de que os processos diretos e reversos sejam combinados?

Os **retornos comerciais** (B2C), tais como reembolso e garantia do produto, proporcionam aos consumidores a oportunidade de mudança de opinião sobre determinada compra quando suas expectativas não foram atendidas. Com relação ao reembolso, considere-se o caso das vendas por catálogo. Após o recebimento do produto solicitado, o cliente possui um certo tempo para devolvê-lo e solicitar reembolso (razões para retornar). Esse tipo de indústria oferece reembolso, em parte pelo fato de as companhias desejarem fortalecer as relações com seus clientes e, por outro lado, existir uma imposição legal (razões para receber).

Em princípio, bens de consumo como os vestuários, os quais são amplamente vendidos por catálogo, não se deterioram de forma física, entretanto, devido à questão sazonal, os produtos sofrem deterioração econômica (tipos de produtos). O vestuário da moda deve ser revendido durante a mesma estação, devido à deterioração sazonal. Portanto, a rapidez na revenda torna-se um fator relevante. Os produtos não vendidos são retornados ao depósito, sua integridade é verificada e são novamente reembalados. Desse modo, pelo menos um ator envolvido na distribuição também participa da cadeia reversa (atores).

Os **retornos de serviço** podem-se originar de três modos. Em primeiro, os produtos podem ser trazidos ou enviados a um centro de reparação. Se a reparação tiver êxito, eles são devolvidos. De outra forma, um novo produto é entregue e o avariado é depositado.

O segundo é aquele onde se precisa de um produto cujo funcionamento é contínuo. Nessa situação, pode-se substituir diretamente todo o produto ou separar a parte avariada e substituí-la por uma nova. Em muitos negócios os contratos de serviços pós-venda são, em geral, bastante lucrativos, pois estes serviços são cruciais para a manutenção do sistema industrial, sendo normalmente negociáveis a longo prazo (razões para receber), nos casos de equipamentos de alto valor agregado, tais como aviões (razões para retornar e determinantes).

Quando determinado equipamento industrial passa a ter mau funcionamento, o *Original Equipment Manufacturer* (OEM) envia uma equipe técnica para repará-lo e restabelecer sua condição original. De forma a arranjar o equipamento, a equipe técnica traz um *stock* de peças e ferramentas para executar os procedimentos de reparação (atores e processos). Um resultado desse procedimento é que certos componentes devem ser substituídos durante a reparação. De acordo com sua condição, esses componentes substituídos retornam para recuperação. As peças não utilizadas são retornadas e dão novamente entrada no *stock* de reposição (processos).

Pelo fato de serem bens industriais, o serviço passa a ser um fator crítico. Nesse contexto, a agilidade torna-se crucial. Esse fato abre espaço para os operadores logísticos, tais como os serviços de entrega rápida (atores). Também dá uma maior importância às áreas de decisão, como o projeto da rede logística (centralização *versus* descentralização; área de cobertura da rede) e a gestão de *stocks* (distribuição dos *stocks* e acessibilidade).

Os retornos de produtos em fim de uso são aqueles arrendados, alugados ou entregues por um período determinado. Um caso típico de retornos de fim de uso é o *leasing* de equipamentos industriais, tais como fotocopiadoras. De uma forma geral, após o final do contrato de *leasing*, o bem industrial é retornado (razões para retornar). Por serem projetadas para terem alta durabilidade, essas copiadoras representam produtos de elevado valor (características dos produtos). Devido a essas características, existe uma grande oportunidade para a obtenção de ganhos econômicos com a refabricação destes produtos (razões para receber).

Em geral, esses produtos são retornados ao fabricante original do equipamento (OEM), pois são eles que possuem o conhecimento tecnológico e os recursos necessários para tratar desses produtos de relativa complexidade (atores). Por serem retornáveis, é natural que a recuperação passe a ser integrada nas operações de refabricação (processos). Uma questão que surge é definir o nível de integração da recuperação aos processos de produção e como realizar tal integração de forma eficiente. Existe também uma questão relacionada à qualidade. Portanto, surge a questão de quão longe os esforços de desmontagem e recuperação de um produto devem ir sem que exista desperdício de recursos. Como ponto adicional, pode-se afirmar que a recuperação torna-se mais eficiente quando um produto já foi previamente concebido para refabricação (*design for remanufacturing*).

A diferença entre fim de vida e fim de uso pode ser menor que aparenta. No caso de produtos em fim de uso, a recuperação diz respeito somente aos componentes de maior valor, considerando que outros bens são produzidos a partir dos produtos devolvidos. Para exemplificar a análise de uma situação de retorno em fim de vida, considere-se o caso de um circuito fechado bastante comum, a indústria de papel. O papel em fim de vida recolhido retorna à própria indústria sob a forma de polpa.

Esse tipo de indústria tem um ganho econômico direto com a recuperação do papel em fim de vida (razões para retornar). A legislação também pode constituir um motivo para a recuperação de papel em fim de vida, pois por este meio as empresas são forçadas a aumentar o percentual de papel reciclado para a fabricação de novo (determinantes). Por constituir também um material, a única forma de recuperá-lo e ao mesmo tempo proporcionar seu aproveitamento na indústria é através da reciclagem (atores e processos).

Por ser um produto que não se deteriora rapidamente, a velocidade não constitui um fator determinante para a reciclagem. Portanto, a gestão dos *stocks* e os processos de reciclagem podem ser centralizados. Existe, entretanto, uma necessidade de grandes investimentos com relação à tecnologia de reciclagem. Grandes quantidades devem ser recolhidas de forma que sejam atingidas economias de escala. Assim, a recolha passa a ser uma questão importante, pois é necessária a colaboração do consumidor final para a separação do papel reciclável no lixo. Além desse fato, o papel apresenta uma grande dispersão geográfica, o que requer mais investimentos no processo de recuperação.

7.2.3 Terceira dimensão – características

Essa dimensão da logística reversa leva em consideração as características dos produtos depositados ou retornados e suas propriedades (tamanho, peso, valor, facilidade de transporte, entre outras). Um dos primeiros trabalhos a investigar o impacto dos produtos e suas propriedades sobre a gestão da cadeia de suprimento foi realizado por Fisher (1997). Com base nos trabalhos de De Brito (2002), são propostas quatro propriedades que exercem influência sobre a organização de sistemas logísticos reversos, são elas: propriedades de manipulação (volume, forma, facilidade de transporte e armazenagem, unitização *versus* uso individual), valor dos produtos (ex.: deterioração econômica e física), complexidade (homogeneidade e facilidade de desmontagem) e variedade (tamanho, peso, localização, materiais componentes). As características influenciam a decisão do tipo de sistema de armazenagem e manuseio a adotar, bem como na escolha do transporte mais adequado (COYLE; BARDI; LANGLEY, 1996).

Propriedades de manipulação

As propriedades de manipulação são aquelas que influenciam o modo como um produto pode ser manuseado. A literatura sobre as propriedades de manipulação dos produtos é variada (Quadro 7.1). Bowersox e Closs (1996) associam este assunto à administração de materiais, nomeadamente tecnologias de gestão de armazéns. Coyle et al. (1996) também exploram as propriedades dos produtos com relação a determinados aspectos técnicos e operacionais. Com relação ao tema da logística reversa, as propriedades de manipulação dos produtos estão associadas às embalagens (FLEISCHMANN et al., 1997), à definição de sistemas logísticos reversos (GUNGOR; GUPTA, 1999) e à definição dos processos de recolha e desmontagem (GOGGIN; BROWNE, 2000).

Quadro 7.1 – *Propriedades dos produtos que influenciam a sua manipulação*

	Bowersox e Closs (1996)	Coyle et al. (1996)	Fleischman et al. (1997)	Gungor e Gupta (1999)	Goggin e Browne (2000)
Peso	X	X		X	X
Volume	X	X		X	X
Forma	X	X	X		X
Embalagem		X	X		X
Fragilidade	X	x	X	X	X
Durabilidade				X	X
Aspectos ambientais			X		X

Complexidade dos produtos

De uma forma simples, a complexidade de um produto relaciona-se de forma direta com os níveis existentes em sua estrutura de materiais (*bill of materials*), ou seja, quanto maior for o número de componentes e subprodutos, maior será a complexidade de um produto (exemplos de estruturas de materiais são ilustrados na Figura 7.4). O conceito de complexidade do produto pode ter diferentes significados para distintos atores. Por exemplo, para o consumidor final, um pneu é constituído por dois componentes principais (carcaça e banda de rodagem) que servem para manter sua função. Para o produtor, a percepção é a mesma. Contudo, para um reciclador de pneus, pneu-resíduo é visto com três componentes diferentes: borracha, metal e fibras sintéticas. Por configurarem materiais distintos, constituem subprodutos com complexidades diferentes. Além disso, cada um desses subprodutos possui mercados específicos.

A complexidade do produto tem impacto direto na configuração de sistemas logísticos. Uma complexa e vasta rede de fornecimento dificulta o alcance da eficiência logística, o que justifica certas recomendações para que a base de fornecedores numa cadeia de suprimento seja estreitada (COOPER et al., 1997).

A complexidade de um produto constitui uma barreira para a agilidade de cadeias de suprimento (CHRISTOPHER, 2000). A modularização de produtos complexos pode racionalizar o sistema logístico de modo a alcançar a customização em massa (VAN HOEK et al., 1998). Um exemplo de racionalização do suprimento para produtos complexos é a indústria automobilística, onde a dificuldade em gerir uma grande rede de fornecedores resultou em estruturas constituídas por fornecedores de módulos/sistemas.

Figura 7.4 – *Estruturas de produtos*

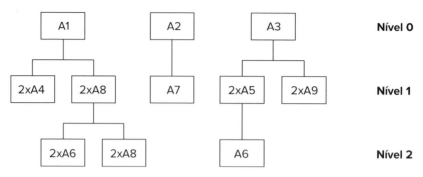

Fonte: Elaboração própria.

Segundo Krikke (1998), a heterogeneidade de um produto desempenha papel importante no seu processo de recuperação, influenciando as decisões acerca dos fluxos de materiais. Goggin e Browne (2000) afirmam que não somente o número de componentes, mas o modo como esses componentes se combinam afeta a facilidade de reprocessamento desses componentes, desse modo, influenciando as atividades desempenhadas no sistema logístico reverso.

Valor dos produtos

O valor de produtos recuperados, em fim de vida e reciclados é normalmente baixo, além disso, varia de acordo com as frações do produto e o mercado. No caso de materiais metálicos, especificamente o alumínio, o seu valor de mercado é considerado adequado. Já a mesma situação não ocorre com os pneus-resíduo, os quais, em parte devido à sua grande disponibilidade, ainda são considerados como um produto com pouco ou nenhum valor econômico. O valor de um produto constitui um dos fatores determinantes para uma estratégia logística eficiente, posto que produtos de alto valor possuem custos intrínsecos mais elevados do que os de menor valor (BOWERSOX; CLOSS, 1996; PAGH; COOPER, 1998).

O conceito de valor é associado à perspectiva de clientes, em geral. Uma das características da gestão da cadeia de suprimento, de acordo com a abordagem enxuta, é oferecer valor aos clientes (COX, 1999). Quanto mais eficaz e eficiente for a gestão da cadeia, maior será o valor agregado aos produtos e serviços. Um fato interessante é que no sistema de logística reversa (SLR), o consumidor final passa a exercer o papel de fornecedor.

Dois atributos que exercem influência direta sobre o valor de um produto são preço e qualidade. A análise de valor de um produto tem como objetivo encontrar a melhor combinação da função deste produto com o seu custo total (ABREU, 1996). A expressão *valor aplicado a um produto* pode ser definida com relação ao:

a) Valor especulativo: relação entre função e custo.

b) Valor funcional: representado pelo menor custo para desempenhar uma função.

c) Valor básico: valor funcional atribuído para a principal função de um produto.

Com relação a produtos recuperados e reciclados, Chandrashekar e Dougless (1996) fazem uma comparação entre esses produtos e as *commodities*. Para eles, o conceito de valor de um produto reciclado é estabelecido pelo preço de mercado. Apesar de o valor desses produtos ser estipulado pelo mercado, a qualidade também é fator relacionado com o seu valor, continuando válida para produtos recuperados ou reciclados.

Em um sistema logístico reverso, o valor cresce por meio da cadeia até alcançar o consumidor final. Após a utilização, ou seja, quando atinge o fim de vida, o produto apresenta um valor baixo, nulo ou até mesmo negativo para o consumidor (Figura 7.5). Uma vez iniciado o processo de recolha, o valor é novamente agregado ao produto através da cadeia.

Figura 7.5 – *Agregação de valor numa cadeia de suprimento incluindo a reciclagem*

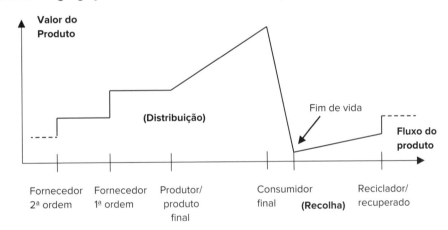

Fonte: Baseada em Porter (1985).

Numa perspectiva de mercado, existem benefícios financeiros e ambientais associados à aquisição de materiais recicláveis e produtos com componentes reciclados (STOCK, 1998). Em geral, os materiais reciclados são mais baratos do que os virgens, o que significa uma redução direta dos custos (ROGERS; TIBBEN LEMBKE, 2002). Em determinados casos, existe uma redução considerável do consumo energético durante o processo produtivo quando são incorporados materiais reciclados. Uma situação típica é a produção de alumínio, cuja fabricação, a partir do minério de bauxita, conduz a um elevado consumo energético, mas a incorporação de alumínio reciclado ao processo reduz de forma considerável este consumo energético.

Para alguns produtos, a recuperação e o reúso proporcionam benefícios líquidos. Isso significa que o valor de alguns produtos retornados excede os custos associados com as operações de retorno. De acordo com Kopicki et al. (1993), exemplos desses produtos são os equipamentos telefônicos, as placas de circuito e os computadores. Numa situação intermédia, aparecem os resíduos domésticos, onde os custos de recuperação são cobertos pela revenda destes materiais (JAHRE, 1995a). Em contraste, existem produtos em que, pelo menos atualmente, os custos de recolha e processamento ainda são superiores ao valor dos mesmos, exemplo: pneus-resíduo. Esse aspecto será discutido com maior detalhe posteriormente.

Variedade dos produtos

A variedade dos produtos é um parâmetro importante para a escolha da estratégia logística a ser adotada, causando impacto sobre a eficácia e eficiência dos SLRs. A variedade dos produtos engloba o número de diferentes categorias ou modelos. Do ponto de vista do produtor, a estrutura de suprimento é afetada pela variedade dos produtos em certa extensão, contudo, o maior impacto existe na estrutura de distribuição do sistema logístico. O Quadro 7.2 sintetiza a caracterização da logística reversa com relação à dimensão "características".

Coyle et al. (1996) descrevem a complexidade de um sistema de distribuição como resultante de um vasto catálogo de produtos. Quanto maior for a quantidade de modelos ou tipos de produtos que entram em um sistema de distribuição, mais difícil será a gestão deste sistema e maiores serão os custos associados a essa gestão. A famosa afirmação de Henry Ford, "escolha qualquer cor que desejar, desde que seja o preto", ilustra o conceito de eficiência da produção em massa. A lógica anterior pode ser aplicada à logística: grande variedade (dentro de volumes fixos) significa maiores custos para o sistema de distribuição.

Quadro 7.2 – *Atributos da dimensão "características" LR.*

Características	
Propriedades	**Tipos de produtos**
– Complexidade	– Objetos civis
– Variedade	– Bens de consumo
– Valor	– Bens industriais
– Manipulação	– Combustíveis e químicos
	– Embalagens
	– Outros materiais

Em determinadas situações, os efeitos das economias de escala não podem ser alcançados pelo fato de existir uma elevada variedade de produtos. Numa abordagem aos sistemas de produção, possíveis soluções para esse problema podem ser a padronização de produtos, a modularização e a normalização de materiais. Ao assumir uma perspectiva logística, possíveis soluções para o dilema da customização em massa passam pela escolha de uma estratégia de configuração retardada ou *postponement* (VAN HOEK, 1999).

7.2.4 Quarta dimensão – estrutura

Para Cooper et al. (1997), "a estrutura da cadeia de suprimento é representada pela configuração das companhias dentro da cadeia". Entendem as estruturas como um conjunto de nós (as companhias) que, conectados entre si, fornecem a configuração da cadeia de suprimento. Os nós representam os participantes da cadeia de suprimento, ou seja, produtores, consumidores, operadores logísticos e firmas de transporte. Ellram (1991) define que a gestão da cadeia de suprimento representa uma rede de firmas interagindo de forma a fornecer um produto ou serviço ao consumidor final, conectando fluxos desde o fornecimento de matéria-prima até a entrega final.

Segundo Lambert e Cooper (2000), a estrutura de uma cadeia de suprimento é baseada na configuração de seus atores. Essa configuração é de fato complexa, porque várias cadeias de suprimento formam uma estrutura em rede. As estruturas em rede emergem como uma variedade de cadeias de suprimento interligadas a uma empresa focal. As definições de Lambert e Cooper (2000) e de Coyle et al. (1996) serão utilizadas para descrever e definir estruturas de cadeias de suprimento. Os membros da cadeia de suprimento incluem todos aqueles atores com os quais a empresa focal interage. A dimensão estrutural (Figura 7.6) inclui:

a) *a estrutura horizontal*: o número de níveis hierárquicos ou estágios, por exemplo, quanto maior o número de estágios, mais longa será a cadeia de suprimento (H);

b) *a estrutura vertical*: o número de fornecedores e clientes em cada estágio (V); e

c) *a posição horizontal da empresa focal (P)*: perto do início da cadeia, ao centro ou perto do final.

Figura 7.6 – *Estruturas de cadeias de suprimento*

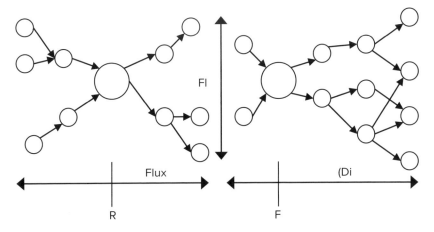

Fonte: Lambert e Cooper (2000) e Coyle et al. (1996).

Um sistema logístico pode ainda ser caracterizado, de acordo com a estrutura, em quatro tipos de fluxos de materiais (COYLE et al., 1996):

1. **Sistemas balanceados**: são aqueles onde a complexidade e o número de relações são balanceados entre os fluxos internos e externos.

2. **Sistemas majoritariamente internos (*heavy inbound*)**: a complexidade e o número de relações são mais elevados para os fluxos internos.

3. **Sistemas majoritariamente externos (*heavy outbond*)**: em contraste ao anterior, a complexidade e o número de relações são mais elevados para os fluxos externos.

4. **Sistemas reversos**: são aqueles em que os fluxos externos ou fluxos de distribuição são complementados por fluxos reversos.

Outro aspecto relacionado com as estruturas dos SLRs diz respeito aos processos desempenhados dentro dessas estruturas, nomeadamente os processos logísticos reversos (recolha, inspeção, seleção, classificação e armazenagem) e os processos de recuperação de valor. A primeira etapa de qualquer fluxo reverso é o processo de recolha. Alguns autores dizem que na realidade essa é a única parte reversa da logística (FLEISCHMANN, 2001).

É nessa etapa que os materiais são reunidos e reintegrados ao fluxo produtivo. A fase de recolha pode ser caracterizada pela participação dos "canais de retorno". A partir daí, o valor é adicionado e os produtos se movem do produtor (recuperador) para um consumidor justamente como na cadeia direta. A importância da recolha é destacada pelo contato com os consumidores finais e pela contribuição de informações que serão utilizadas nos processos subsequentes. Essas informações são importantes para os produtores, informando eventuais avarias prematuras (no caso de retorno de peças e componentes avariados) ou características do produto que possam desagradar os consumidores finais.

Diferente do que ocorre atualmente com matérias-primas virgens, a utilização de matérias-primas secundárias necessita da etapa de inspeção e seleção. Algumas vezes, essa etapa é realizada por um agente especializado dentro da cadeia produtiva (KOPICKI et al., 1993). A condição dos materiais a serem recolhidos/recebidos pode resultar em economias consideráveis. É possível obter economias nos custos de transporte ou aumentar o valor agregado dos materiais devido à recolha de apenas materiais em melhores condições.

Se não for possível saber a condição dos materiais antes da recolha, a seleção poderá ocorrer imediatamente após o recebimento ou apenas antes da necessidade de utilização (*postponement*). No primeiro caso, economizam-se custos de armazenagem, pois o que não estiver em condições de aproveitamento poderá ser depositado em seguida. No segundo, economizam-se custos de seleção, desde que seja possível selecionar um material que eventualmente nunca será requisitado. A classificação depende do valor do material, custos de armazenagem e do transporte.

Após a classificação, caso os produtos possuam qualidade equivalente a um novo, podem ser reintegrados ao mercado através de recuperação direta. Se não for essa a situação, podem existir outros tipos de recuperação, os quais exigem mais ações. Esses tipos envolvem os processos de recuperação de valor (reparação, reforma, refabricação, reciclagem) e constituem a recuperação por processamento. Dessa forma, os processos logísticos reversos estão associados às estruturas de recuperação direta e os processos de recuperação de valor dizem respeito às estruturas de recuperação por processamento.

Dentre estruturas, a opção de recuperação mais frequentemente descrita é a recuperação direta (revenda, reutilização e redistribuição). A reciclagem vem em seguida e, finalmente, a opção de refabricação. Essas opções serão abordadas em seguida.

Estrutura de recuperação direta

A recuperação direta envolve os processos logísticos reversos e apresenta as seguintes opções: revenda, reutilização e redistribuição. A venda de materiais de segunda mão, juntamente com a reutilização, muitas vezes chamada de revenda, é uma das primeiras opções de destino dos materiais recolhidos. Essa venda pode ocorrer no mesmo canal dos materiais novos, contudo normalmente acaba recaindo em canais específicos que conseguem tratá-los mais adequadamente (e agregar maior valor ao bem) ao mesmo tempo em que preservam a "imagem" do canal original.

Assim, além do canal original, podem-se vender materiais de segunda mão (recuperados) através de revendedores especializados em materiais secundários (antes ou após algum tipo de processamento). Muitas vezes, os fornecedores preferem vender seus produtos recuperados através de canais controlados, como os *outlets*. Essa situação ocorre devido ao receio de que produtos com pequenos defeitos, por exemplo, sejam comercializados como novos por comerciantes sem escrúpulos (ROGERS; TIBBEN-LEMBKE, 2002).

Na reutilização direta, o produto é aproveitado sem receber reparações ou melhorias. As atividades necessárias nesse processo resumem-se à limpeza e à seleção dos produtos reutilizáveis. Também pode ser necessário armazenar o produto até que esse tenha procura. Assim, algumas empresas preferem desfazer-se do produto e comprar outro posteriormente, dependendo da relação entre custo do produto, custo de armazenagem e eventual despesa ou lucro na venda ou deposição do mesmo. O caso das embalagens, contentores e garrafas caracteriza-se como redistribuição, pois esses materiais são distribuídos várias vezes. São tipicamente produtos que podem ser reutilizados sem muito trabalho, sendo usados para conter outros bens. No mercado industrial, muitas vezes esses materiais são trocados.

Observe-se que revenda, reutilização e redistribuição constituem aspectos ligeiramente distintos. Revenda aplica-se às situações em que os produtos são novamente vendidos. Na reutilização, o produto é usado seguidas vezes, contudo, não existe nova compra, como, por exemplo, peças de reposição. Redistribuição refere-se aos produtos que são simplesmente distribuídos várias vezes. Em relação a esse tipo de estrutura, há dois aspectos a serem considerados: (i) qual a quantidade ideal de itens distribuídos necessária para apoiar as operações de recolha?; (ii) uma eficiente redistribuição de artigos vazios é um fator crítico de sucesso para o estabelecimento de uma cadeia logística reversa?

Recuperação por processamento

A recuperação por processamento envolve uma série de operações, tais como limpeza, desmontagem e remontagem. Envolve, ainda, a recuperação de valor dos produtos, que acontece em diferentes níveis. No nível do produto, pode-se ter a recuperação como um todo (reparação). No nível modular, o produto, por exemplo, uma grande instalação, uma edificação ou obra de engenharia civil, pode ser objeto de melhorias (reforma). No caso da recuperação de componentes, um produto é desmontado e suas partes/componentes podem ser reutilizadas na fabricação de um novo produto (refabricação).

A canibalização é a situação na qual existe uma seleção de componentes dos produtos utilizados em outros. No nível da recuperação dos materiais, os produtos são geralmente triturados e seus materiais são selecionados e agrupados de acordo com os critérios de qualidade. Portanto, materiais reciclados podem ser novamente introduzidos como matéria--prima em outras indústrias, tais como a de vidros e a de cartões (reciclagem). Finalmente, existe a opção de recuperação energética, que consiste na obtenção de energia pela queima de materiais. Se nenhuma dessas opções ocorre, então o produto segue para os aterros sanitários. A Figura 7.7 representa as opções de estruturas de recuperação de acordo com seu nível. Em seguida, aborda-se cada uma dessas opções de forma mais detalhada.

Figura 7.7 – *Opções de estruturas de recuperação dos produtos*

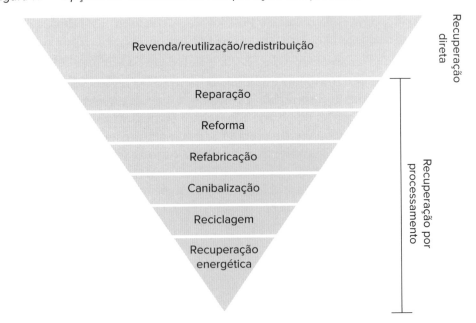

Fonte: Elaboração própria.

Pode-se pensar que as opções do topo da pirâmide (Figura 7.7) são as de maior valor e as que mais respeitam o ambiente. Em contrapartida, as opções mais próximas da base são as que apresentam menores possibilidades de recuperação de valor dos produtos. É necessário afirmar que ambos os pensamentos não são necessariamente verdadeiros.

Na situação da reciclagem de papel, por exemplo, *versus* deposição em aterro, pode ser argumentado que o papel é um material biodegradável, sendo assim, a sua deposição em aterro sanitário é mais adequada que sua opção de reciclagem, pois esta última representa um consumo adicional de energia para transformação desse papel. Com relação ao valor econômico de cada uma dessas opções, esse irá depender da existência e/ou consolidação de um mercado. Isso porque após a recolha, os produtos, materiais e mesmo energia podem entrar no mercado.

Reparação

O conserto (ou reparação) é o tipo de interferência mais brando que o material recuperado pode receber. O produto sempre sofre interferência com a intenção de melhorar ou recuperar suas características originais e, assim, aumentar a possibilidade de reutilização ou venda do mesmo. Após sofrer reparação, a qualidade do produto é geralmente inferior à qualidade de um mesmo produto novo (REVLOG, 2003). As intervenções no produto restringem-se a consertar ou trocar peças que estejam avariadas.

Reforma

Na opinião de Thierry et al. (1995), "a intenção da reforma é levar a qualidade de produtos usados até uma nova especificação. Essa especificação (de recondicionamento) é normalmente um pouco inferior à dos produtos novos". Reforma e refabricação são semelhantes. Normalmente, chama-se de reforma a refabricação de grandes máquinas ou equipamentos, enquanto refabricação ocorre em produtos que podem ser facilmente transportados e usualmente são itens de consumo.

Refabricação

A refabricação é tipicamente aplicada para equipamentos complexos ou maquinaria com diversos módulos e componentes. Normalmente, é uma atividade intensiva de mão de obra. Na refabricação, os produtos são recuperados até o mesmo grau de qualidade dos produtos novos, podendo incluir algum tipo de atualização tecnológica como na reforma (THIERRY et al., 1995). Assim, atingem a mesma qualidade dos produtos novos e muitos são entregues aos clientes sob as mesmas condições de garantia dos novos e/ou vendidos no mesmo canal de distribuição.

Em relação a refabricação, a empresa precisa responder a algumas questões: (i) onde deve ser localizada a unidade de refabricação; (ii) como assegurar um volume sustentável de produtos a serem refabricados; finalmente, (iii) como reduzir a incerteza no fornecimento dos produtos para refabricação.

Canibalização

O objetivo da canibalização é recuperar peças a partir de produtos usados ou defeituosos (pós-utilização) e, eventualmente, até mesmo de produtos novos que não tenham mais mercado (pós-venda). Muitas vezes, fabricar peças simplesmente para o mercado de reposição pode não ser econômico, devido à falta de escala. Nessas situações, a canibalização de peças é uma alternativa bastante interessante.

A canibalização de partes ou componentes de um produto ocorre quando a reutilização ou recuperação do produto na sua integridade não pode ser realizada ou torna-se desvantajosa financeiramente. O benefício do aproveitamento de peças pode, em alguns casos, ser maior que o obtido pela recuperação do produto, "especialmente se as oportunidades de revenda do produto recuperado forem incertas" (FLEISCHMANN et al., 2000). As peças podem ser utilizadas em "reparações, reformas ou refabricação de outros produtos ou módulos e as suas especificações de qualidade dependem de quais processos as utilizarão" (THIERRY et al., 1995).

Reciclagem

A reciclagem muitas vezes é confundida com a logística reversa. Existem definições de logística reversa que obrigatoriamente a relacionam à reciclagem. Para Kopicki et al. (1993), "LR engloba habilidades gestoras e atividades envolvidas na redução, gestão e deposição de resíduos, que consiste no processo da empresa recolher seus produtos ou embalagens, sejam eles usados, danificados ou vencidos, nos seus clientes". Assim, a reciclagem é uma das opções de recuperação de valor da logística reversa, bem como a reutilização direta, revenda, refabricação e outras citadas anteriormente à reciclagem é composta de quatro etapas:

1. recolha de materiais junto às fontes geradoras de "lixo";
2. processamento dos recicláveis, tornando-os matérias-primas chamadas secundárias;
3. utilização dessas matérias-primas para fabricação de novos produtos; e
4. "retorno" desses produtos ao mercado.

Pohlen e Farris (1992) descrevem as estruturas dos SLRs em termos dos atores envolvidos com processos de seleção e processamento de produtos recicláveis. Eles também discutem as opções de tratamento de produtos recicláveis. Especificamente com relação às estruturas para reciclagem, faz-se uma distinção entre estruturas públicas e privadas para a reciclagem. A diferença entre as cadeias de tais estruturas é apresentada a seguir.

a) Estruturas públicas

De um modo geral, as estruturas públicas tratam de produtos de baixo valor econômico e com considerável risco ambiental, tais como baterias. Enquanto Bartels (1998) discute a reciclagem de baterias, Koster et al. (2002) abordam os aspectos envolvidos na transação e reciclagem de bens de linha branca e bens de linha castanha. Os da linha branca são eletrodomésticos e os da linha castanha são eletrodomésticos pequenos, tais como cafeteiras, grelhadores e torradeiras. Devem-se considerar os seguintes aspectos para estruturas públicas:

- O modo como a reciclagem é financiada, quem realiza e a que custos. A reciclagem é frequentemente paga por uma taxa de depósito sobre os produtos recentemente vendidos. A quantidade necessária de dinheiro depende dos objetivos de reciclagem fixados anteriormente entre as partes atuantes no sistema.
- A reciclagem consiste em quatro fases: desmantelo do produto e remoção de materiais perigosos; redução do produto em pequenas partes; a separação dessas partes e o seu processamento final. Também é necessário um eficiente sistema de transporte.
- A logística reversa em redes públicas de recuperação e reciclagem é um processo empurrado, ou seja, os materiais têm necessariamente que ser recolhidos e os aspectos da legislação ambiental constituem o objetivo principal do sistema.

b) Estruturas privadas

As estruturas privadas são desenvolvidas para produtos que possuem um relativo valor econômico e que podem ser incorporados ao processo de produção de novos produtos, por exemplo, a incorporação de alumínio reciclável na produção de barras e chapas de alumínio. As cadeias logísticas reversas privadas tendem a ser um processo puxado (*pull*). O processador dos materiais é quem paga o transporte e a reciclagem. O processo de aquisição é muito mais importante nesses casos, pois frequentemente um certo volume precisa ser processado para a reciclagem ser economicamente viável. Além do fato de que cadeias reversas privadas só reciclam as frações e componentes economicamente atraentes e não todos os produtos depositados. O Quadro 7.3 apresenta as caracterizações das etapas e opções de recuperação para a dimensão estruturas.

Quadro 7.3 – *Caracterização da dimensão "estruturas" para logística reversa*

Estruturas	
Recuperação Direta (processos logísticos inversos)	**Recuperação por Processamento** (processos de recuperação de valor)
– revenda	– reparação
– reúso	– reforma
– redistribuição	– refabricação
	– canibalização
	– reciclagem
	– recuperação energética

7.2.5 Quinta dimensão – atores

Os atores são os membros da logística reversa, sendo: atores da cadeia logística direta (fornecedores, produtores, atacadistas e varejistas); atores especializados em cadeias reversas (recicladores, organizações setoriais e consultorias); instituições governamentais e organizações não governamentais (organizações de caridade e organizações ambientais), na opinião de Fuller e Allen (1997).

O grupo de atores envolvidos nas atividades de logísticas reversas, tais como recolha e processamento, são geralmente intermediários independentes, companhias específicas de recolha, empresas de reciclagem, prestadoras de serviços logísticos, municípios e organizações privadas criadas para gerir a recolha. Os atores executam basicamente as seguintes atividades: gestão, execução e acomodação. Na atividade de gestão, os membros são responsáveis pela organização da cadeia ou sistema logístico reverso. Outros membros simplesmente executam as atividades dentro do sistema. O último papel a adicionar é o de acomodador, desempenhado tanto por quem inicia o processo de recuperação como pelo mercado secundário, sem o qual a recuperação não teria muito sentido (FULLER; ALLEN, 1997).

Com referência ao relacionamento entre os atores em sistemas logísticos reversos (SLI), a maioria dos estudos descreve mecanismos/políticas para o estímulo dos sistemas em forma de incentivos que podem ser usados para induzir um comportamento desejado dos atores de uma cadeia de abastecimento reversa no contexto da recuperação de produtos. Há duas categorias de incentivos: (i) estímulos que podem ser usados para adquirir bens que uma empresa gostaria de recuperar; e (ii) estímulos que podem ser usados para influenciar outros atores a aceitarem os bens que uma empresa deseja que sejam depositados.

Por exemplo, um produtor de cartuchos de *toner* pode interessar-se por incentivos para ter de volta seus cartuchos, ou uma companhia que compra substâncias químicas em barris para produzir seus produtos, pode querer recolher esses barris e desejar que os mesmos sejam processados pelo seu fornecedor de maneira ambientalmente responsável de forma a evitar os altos custos associados à deposição dos mesmos quando estiverem vazios.

Definir incentivos para influenciar o comportamento dos atores requer perspicácia, tendo em vista os custos envolvidos (tempo, dinheiro, espaço) e benefícios relacionados a cada uma das alternativas. Os casos dizem respeito aos retornos funcionais, retornos de serviço, retornos de fim de vida e retornos de fim de uso. Os estímulos para influenciarem a aquisição e/ou outros a aceitarem bens para recuperação:

Estímulos econômicos para a recuperação de produtos

- **Taxa de depósito:** essa taxa pode dizer respeito ao próprio produto ou a embalagem utilizada para sua distribuição, como uma garrafa, caixa, palete ou contentor.

- **Opção de recompra:** no momento em que um produto é vendido, é oferecida ao comprador a possibilidade de revenda ao produtor por um preço prefixado quando o produto atende a algumas exigências estabelecidas no momento de retorno, como quilômetros rodados.

- **Preço reduzido na aquisição de um "novo":** um comprador adquire uma redução na aquisição de um produto semelhante ou diferente quando entrega um produto usado que cumpre certas exigências durante determinado período de tempo. Um exemplo bem conhecido é o dos negociantes de automóveis, quando, na aquisição de um veículo novo, oferecem um reembolso mais alto pelo veículo recebido (dependendo do que é entregue e do ano de fabricação).

- **Taxa de devolução:** essa taxa é paga quando um produto é entregue para recuperação. Normalmente, a taxa depende da condição e configuração do produto entregue. Contudo, às vezes também depende do momento em que um produto é entregue porque isso pode determinar as possibilidades para usá-lo novamente. Um exemplo encontrado na literatura é o caso do fabricante alemão das baterias Varta, que paga 50 centavos de libra no Reino Unido, por qualquer bateria recarregável devolvida a um ponto de recolha (FARIA DE ALMEIDA; ROBERTSON, 1995). Um outro caso é o da UNISYS, que paga uma quantia por cada cartucho de *toner* devolvido (BARTELS, 1998).

- **Retorno com ou sem custos para o fornecedor:** alguém que quiser dispor de um produto pode fazer isso sem custo ou por um preço mais baixo que teria que pagar por outro. Um exemplo seria o caso da recolha de lã de pedra após utilização pela Rockwool Lapinus, subsidiária da companhia dinamarquesa Rockwool, produtora de lã de pedra na Holanda (WIJSHOF,1997).

Estímulos não econômicos para a recuperação de produtos

- **"Novo por velho":** esse incentivo é usado pela Daimler-Benz para os motores de furgões e veículos de passageiros que ela produz (DRIESCH et al., 1998). Os proprietários de um furgão ou veículo de passageiros Mercedes-Benz (MB) podem dirigir-se a um revendedor autorizado para terem os seus motores substituídos por um recondicionado. O revendedor Mercedes-Benz remove o motor presente e envia-o para um depósito central, onde é recondicionado. Desse depósito, o motor recondicionado é novamente enviado ao revendedor no prazo de 24 horas.

- *Leasing* **ou aluguel de carros**: nesse caso, os produtos não são vendidos, mas arrendados ou alugados. Na assinatura do contrato, são declaradas a data de fim e a duração do contrato. Normalmente, a configuração e a condição do produto arrendado ou alugado são bem conhecidas. De acordo com a duração do contrato, o momento e a condição de retorno do produto podem ser variáveis (STERMAN, 2000).

- **Métodos que facilitem ou estimulem o fornecimento**: podem ser encontrados dois sistemas de suprimento: sistemas *de recolha*, onde produtos ou partes a serem recuperadas são recolhidas nos locais onde são dispostos; e sistemas de entrega, onde o depositor tem que entregar os bens para deposição final em um determinado local (KOPICKI et al., 1993).

Na prática, ambos os sistemas existem de forma combinada, como no caso da recolha de recipientes de vidro, onde os moradores têm que levar o vidro a um contentor que é esvaziado por um coletor que então entrega o vidro a um processador (LUND, 2001). Alguns fornecedores de cartuchos de *toner*, incluindo UNISYS, entregam os seus cartuchos numa caixa que pode ser reenviada para eles através do correio (BARTEL, 1998) ou por um operador logístico subcontratado, como no caso da Hewlett-Packard (MCGAVIS, 1994). Existem vários exemplos onde as companhias querem somente determinadas partes dos produtos a serem devolvidas. Por exemplo, os produtores de bebidas estão interessados em ter apenas o retorno das garrafas vazias. Contudo, não querem receber as caricas dessas garrafas porque estas não podem ser reutilizadas. Isso requer que essas tampas possam ser de fácil remoção por parte dos consumidores.

- **Legislação:** restrições à deposição de certos produtos e altos custos associados a essa atividade podem estimular uma forma barata de recepção e recuperação de tais produtos por companhias que promovam a sua reciclagem.

- **Poder:** como sempre, pode ser usado para forçar um comportamento desejado. Um exemplo é o da companhia Windsor, que produz espumas sintéticas. Um dos clientes dessa companhia, a Walden Paddlers usa seu poder como cliente para forçar a empresa Windsor a levar de volta as caixas de papelão utilizadas para distribuir seus assentos acolchoados e seus carpetes de espuma (FARROW; JOHNSON, 2000).

- **Apelo à consciência ambiental:** esse estímulo normalmente requer muito esforço publicitário e não é, em geral, muito seguro, como é ilustrado pela recolha de cartuchos de *toner* pela Hewlett-Packard (MCGAVIS, 1994).

- **Apelo à consciência da caridade:** para cada produto recebido para recuperação, uma organização sem fins lucrativos recebe uma quantia monetária. Esse estímulo foi usado pela HP de forma a promover o retorno dos seus cartuchos de *toner*. Antes de recorrer a esse tipo de estímulo, a Hewlett-Packard não havia conseguido atingir um número economicamente satisfatório de retornos (MCGAVIS, 1994).

Observe-se que os incentivos econômicos (taxas de depósito, opção de recompra e às vezes também redução do preço novo) e os incentivos não econômicos ("novo por velho" e *leasing*/aluguel) resultam em mudanças no relacionamento entre os produtores, distribuidores e seus clientes finais. Isso é especialmente percebido no caso de companhias que não vendem seus produtos, mas os arrendam ou alugam.

Um dos principais problemas com cada um dos incentivos anteriores é a maneira de avaliar a configuração e condição do artigo retornado. O uso de *chips* em produtos nos quais seus dados são armazenados é uma ferramenta bastante eficaz para a execução desta avaliação (KLAUSNER; HENDRICKSON, 2000). O Quadro 7.4 resume os aspectos da logística reversa relacionados com a dimensão "atores".

Quadro 7.4 – *Caracterização da dimensão "atores" da logística reversa.*

Atores	
Membros do sistema direto: – fornecedores – fabricantes – grocistas – retalhistas – organizações setoriais **Membros do sistema inverso:** – especialistas (reciclagem e recolha) – operadores logísticos – empresas de tratamento de resíduos – associações	**Atividades desempenhadas:** – gestão/organização – execução – acomodação **Incentivos ao relacionamento:** – econômicos – não econômicos

Fonte: Elaboração própria.

Discutiram-se as cinco dimensões básicas com informações que auxiliam a identificação de questões problemáticas e suas respectivas áreas de decisão/correção. A exata influência e as relações com as cinco dimensões apresentadas constituem ainda um ponto aberto que necessita de maior investigação. Entretanto, foram identificados alguns trabalhos relevantes, tais como:

Goggin e Browne (2000) desenvolveram caracterizações que auxiliam na determinação do nível de retorno partindo das características dos produtos, tais como complexidade de desmontagem, nível de aproveitamento dos produtos e capacidade de reabsorção pelo mercado. No caso, foram exploradas as situações de refabricação, recuperação de componentes e de materiais. A complexidade é definida em termos dos níveis e quantidade de componentes existentes na lista de materiais que descreve o produto. Os autores restringiram seu estudo a um determinado tipo de produto (eletrônicos) e duas opções de recuperação (reúso e reforma). Futuros trabalhos poderão abordar um número maior de produtos e mais opções de recuperação, cobrindo uma diversidade de sistemas logísticos.

Krikke et al. (1999) investigaram formas de agregação de valor com os retornos. Foram escolhidas sete situações de retorno. Todas as situações foram caracterizadas de acordo com as características dos produtos (obsolescência, complexidade e ciclo de vida); a influência da legislação sobre os sistemas logísticos; opções de retorno mais associadas; e características do mercado. Realizada a categorização, os autores relacionaram os fluxos com tipos específicos de sistemas logísticos reversos. Os sistemas foram caracterizados com relação ao principal determinante; grau de centralização; processos envolvidos; e tecnologias de informação adotadas.

As caracterizações constituem uma oportunidade de estruturar a logística reversa e explorar as principais questões e *gaps* existentes nesse campo na perspectiva de cada dimensão proposta. Finalizando, a identificação dessas dimensões pretende ser um primeiro passo para a construção de uma estrutura analítica, a qual poderá progressivamente ser aprofundada e definir os limites da logística reversa.

7.3 FERRAMENTAS PARA A GESTÃO DOS CUSTOS DA LOGÍSTICA REVERSA

Com as mudanças ocorridas no mundo empresarial, os tradicionais sistemas de custeio perderam espaço e, por outro lado, novas ferramentas foram desenvolvidas a partir do método Custeio Baseado em Atividades (ABC). Na identificação dos custos da cadeia logística, atualmente, estão emergindo novos conceitos, definindo ações específicas para o custeio dessas atividades. Apesar de tais esforços, ainda há dificuldade na identificação dos gastos de toda a cadeia logística.

Os problemas da determinação e avaliação dos custos de uma cadeia logística já são reconhecidos desde 1930 (HECKER apud POHLEN; LALONDE, 1996). Segundo Pohlen e LaLonde (1996), desde o início dos anos 1960 existe uma maior preocupação com a apuração e análise dos custos na logística. Além disso, conceitos relativos ao gerenciamento da cadeia logística têm crescido em importância no ambiente empresarial.

O aumento crescente da exigência de nível de serviço logístico e o poder das transações realizadas entre os componentes de uma cadeia renovaram a preocupação com o gerenciamento desses custos. Os esforços empreendidos para aumentar a visibilidade dos custos envolvidos na cadeia logística levaram à criação de ferramentas, tais como Direct Product Profitability (DPP), Customer Profitability Analysis (CPA), Total Cost of Ownership (TCO) e Efficient Consumer Response (ECR). Algumas dessas ferramentas só foram viabilizadas a partir da implantação de sistemas de custeio ABC/ABM.

7.3.1 Lucratividade Direta por Produto ou DPP

A ferramenta Lucratividade Direta por Produto (DPP) tem ganho grande aceitação na análise dos custos logísticos, especialmente no setor varejista. Essa ferramenta descreve a lucratividade do produto de maneira mais apurada na medida em que subtrai da Margem de Contribuição os custos diretamente atribuídos aos produtos. A DPP utiliza parcialmente o conceito do Custeio Variável para análise da lucratividade por produto, uma vez que são inicialmente deduzidos da receita de vendas os gastos variáveis e, então, identificam-se e medem-se os gastos diretamente alocáveis ao produto, como mão de obra, espaço, estoque e transporte. O lucro direto do produto é o termo atribuído à margem de lucro de um item que é calculada do seguinte modo:

I. Ajusta-se a margem bruta de cada produto para refletir os descontos e abatimentos.

II. Identificam-se e medem-se os custos que podem ser atribuídos diretamente ao produto individualmente (custos diretos do produto, tais como mão de obra, espaço, estoque e transporte).

No Quadro 7.5, descrevem-se as etapas para a mudança de medição simples da Contribuição Marginal para a Lucratividade Direta por Produto, que corresponde à contribuição líquida pelas vendas de um produto depois de adicionadas as sobretaxas e subtraídos todos os gastos que possam ser racionalmente alocados ou atribuídos ao produto individualmente.

Quadro 7.5 – *Lucratividade Direta por Produto (DPP)*

```
Receitas
(–) Custo das mercadorias vendidas
(=) Lucro bruto + Sobretaxas e desconto
(=) Lucro bruto ajustado
(–) Custos do armazém
Mão de obra
        Instalações (área e cubagem)
Estoque (estoque médio)
(–) Custo de transporte (cubagem)
(–) Custo do varejo
        Mão de obra de estocagem
Mão de obra dos balconistas
Instalações
        Estoque
(=) Lucro Direto do Produto
```

Fonte: Christopher (2000).

Levando em consideração que as características de cada produto e os seus custos associados variam de item para item, com relação a volume, peso, embalagem, espaço ocupado, custo de manuseio de estoques e giro, os administradores de armazém consideram a DPP em nível de item. Como o espaço físico é um fator limitante para quem trabalha com suprimentos, o metro quadrado passou a ser uma medida-chave para o desempenho da Lucratividade Direta por Produto. A Figura 7.8 demonstra como a DPP por metro quadrado é diferente da margem bruta para diferentes produtos que se deslocam através da cadeia logística dos fornecedores.

Figura 7.8 – *Variação da Lucratividade Direta por Produto pela área de armazenagem*

	Lucro Bruto	DPP	DPP/m²
	%	%	%
Feijão e arroz	11	3,4	0,11
Gorduras e óleos	11	3,9	0,24
Produtos de papel	11	7,3	0,98
Geleias e compotas	22	16,7	1,01
Produtos de limpeza	24	17,3	1,05
Sorvetes	27	6,2	0,99
Manteiga	31	18,6	1,42

Fonte: Pillsburry (1998).

Existem vários fatores que o fabricante ou fornecedor podem variar para alterar a DPP por metro quadrado de uma forma positiva. O tamanho das caixas e paletes, o aumento da frequência de entregas, a promoção de entregas diretamente às lojas são elementos que influenciam na lucratividade direta dos produtos. Posteriormente, esses fatores serão retomados quando o assunto ECR for discutido.

Essa técnica procura identificar os custos que incorrem por produto ou por pedido, à medida que estes se deslocam através da cadeia de suprimentos. Em comparação aos sistemas tradicionais de custeio, o DPP tem demonstrado significativa vantagem. Os varejistas tradicionalmente têm tomado decisões com base em análises da margem bruta de lucro e na margem de contribuição.

Em uma visão estratégica dos custos, pode-se afirmar que, em muitas transações, os clientes irão provocar custos que vão além do preço de venda imediato do produto. Em algumas situações, esses custos podem ser suficientemente grandes para reduzir ou até mesmo anular o lucro líquido de determinado produto. Shank e Govindarajan (1997) afirmam que a determinação do custo do produto no seu ciclo de vida tem permitido às empresas explorar melhor as oportunidades existentes nas interfaces com seus clientes.

Do ponto de vista dos fornecedores, a compreensão do DPP se torna importante porque a sua sobrevivência como fornecedor dependerá dos custos que irão ocorrer à medida que o produto se desloca por meio do sistema logístico. Da mesma forma que distribuidores e varejistas estão muito mais conscientes da importância de um item, é importante que os fornecedores conheçam os fatores que causam impacto em sua DPP.

Shank e Govindarajan (1997) citam o caso de um fornecedor de chocolate para uma fábrica. A matéria-prima era entregue em barras de quatro quilos, a fábrica recebia as barras, derretia e as convertia em barras de tamanho menor. O fornecedor percebeu que a entrega da matéria-prima em formato de barra, além de desnecessária, representava um custo adicional. Decidiu-se entregar o chocolate derretido em caminhões-tanque; com isso, reduziram-se os custos do fornecedor de chocolate e do fabricante. A cadeia de valores do comprador é influenciada pelas ações dos fornecedores. A diferenciação de uma empresa é obtida através da criação de valor para o comprador. Isso é obtido por meio da redução dos custos de seu comprador ou aumento do seu desempenho.

Christopher (2000) afirma que o maior benefício da DPP para o fornecedor vem do fato de se valorizar a estratégia do serviço ao cliente como fator importante para reduzir os seus custos na obtenção do produto. Em outras palavras, o fornecedor deve olhar para o seu produto e fazer a pergunta: como posso influenciar favoravelmente a DPP dos meus clientes, alterando as características dos produtos que eu vendo ou a maneira pela qual distribuo esses produtos?

7.3.2 Custeio Total de Propriedade ou TCO

O Custeio Total de Propriedade é uma ferramenta direcionada para a compreensão dos custos de propriedade de um bem ou serviço de um ou mais fornecedores específicos. Como ferramenta, o TCO requer que o comprador determine quais são os custos mais relevantes para a aquisição, manuseio e subsequente disposição desse bem ou serviço.

Siferd (1997) afirma que a análise por meio da ferramenta TCO compreende que os custos associados com a aquisição, uso e manutenção de um item são considerados como critérios de aquisição desse item, e não somente o seu preço de compra. O TCO considera os custos gerados pelas atividades que ocorrem antes, durante e depois do ato de aquisição de um insumo. Como exemplo de atividades antes da compra podem-se citar: atividade de solicitar propostas de compra, visitar fornecedores, certificar e analisar fornecedores. Atividades durante a compra podem ser: emitir ordem de compra, rastrear compra e expedi-la. Os custos gerados após a transação podem ser relacionados com: o controle da qualidade dos bens adquiridos; retorno e retrabalho dos produtos e problemas com a garantia do produto final.

A compreensão dos vários componentes do TCO pode ser usada por uma empresa para racionalizar suas atividades e estabelecer relações entre tais atividades e a aquisição de produtos e serviços. De acordo com Ellram (1991), existem quatro categorias de custos que afetam os suprimentos. Essas categorias e seus respectivos custos são apresentados no Quadro 7.6.

Quadro 7.6 – *Categorias de custos envolvidas no TCO*

Categorias	Custos
Qualidade	Inspeção
	Retorno
	Defeitos durante o reprocessamento
	Treinamento de fornecedores
Entrega	Atraso ou adiantamento da entrega
	Transportes
	Lead time
	Movimentação de estoque extra
Serviço ao consumidor	Atrasos no atendimento
	Adaptação de sistemas de informação (ex.: *e-mail* em vez de EDI)
	Engenharia de suporte
Preço	Preço pago
	Termos de pagamento (ex.: descontos por quantidades)
	Redução nos preços por conta de melhorias nos processos ou produtos

Fonte: Elaboração própria.

Exemplos da ferramenta TCO

Para uma melhor compreensão do TCO, serão citados os casos das empresas NAD (Northrop Aircraft Division), Texas Instruments e McDonnell Douglas (CARR; ITTNER, 1992). A NAD possui um sistema de avaliação de fornecedores no qual são medidas as despesas administrativas relativas a correções de falhas de seus fornecedores (deficiências na entrega, burocracia, retrabalho etc.). A Tabela 7.1 demonstra alguns tipos de não conformidades, a quantidade de horas despendidas para a sua solução e seus custos. Para cada evento (não conformidade), o número de ocorrências durante o último período é multiplicado pelo custo unitário da não conformidade. Obtém-se assim o custo de não conformidades. Com base no exposto, um índice de desempenho de fornecedores (IDF) é então calculado da seguinte forma:

$$IDF = \frac{\text{Custos de não conformidade} + \text{Preço de Compra}}{\text{Preço de Compra}}$$

O Preço de Compra refere-se aos gastos de aquisição das mercadorias compradas de determinado fornecedor durante o período.

Tabela 7.1 – *Custo-padrão das não conformidades da NAD.*

Não conformidades	Horas-padrão para correção	Custo-padrão (h × $ 50)
Documentação	3	$ 150,00
Inspeção de entrada de material	12	$ 600,00
Retorno ao fornecedor	6	$ 300,00
Retrabalho	15	$ 750,00
Descarregamento	7	$ 350,00
Carregamento	2	$ 100,00
Atraso na entrega	10	$ 500,00

Fonte: Carr e Ittner (1992).

O exemplo a seguir ilustra o método usado para o cálculo do IDF de um fornecedor da NAD em um período contábil. Os valores monetários utilizados neste exemplo foram extraídos de Carr e Ittner (1992).

Gasto de aquisição dos produtos:	$ 250.000
Custos de Não Conformidade:	
Retorno ao Fornecedor: (2 ocorrências × $ 300)	$ 600
Descarregamento: (5 ocorrências × $ 350)	$ 1.750
Atrasos na entrega de produtos: (3 ocorrências × $ 500)	$ 1.500
Custo Total de Não Conformidade:	$ 3.850

$$IDF = \frac{\$\,3.850 + \$\,250.000}{\$\,250.000} = 1,015$$

A avaliação/seleção de fornecedores é realizada com base nesse índice. Para uma melhor visualização, pode-se observar a comparação entre dois fornecedores:

	Fornecedor A	Fornecedor B
Preço de Compra Unitário	$ 100	$ 105
× IDF	1,1	1,0
Custo Total Unitário	$ 110	$ 105

Analisando somente o preço de compra, pode-se concluir que o fornecedor A é mais atraente que o fornecedor B. Entretanto, sob a ótica do TCO, o fornecedor B torna-se melhor que o A. Semelhante ao sistema utilizado pela NAD, a Texas Instruments estabeleceu um sistema baseado em custos adicionais decorrentes da ineficiência de seus fornecedores. O IDF desenvolvido pela Texas baseia-se na seguinte fórmula:

$$IDF = 1 + (1,3 \times \text{taxa de lote rejeitado (\%)}) + (1,3 \times \text{falhas na entrega (peso)})$$

O fator 1,3, que aparece no cálculo da Texas, foi atribuído após estudos da equipe de engenharia industrial da empresa. Como exemplo, supõe-se que a taxa de lotes recebidos pela Texas e posteriormente rejeitados seja de 5%. Para um fornecedor que atrasa suas entregas em média cinco dias será atribuído um peso de 0,10. O cálculo do IDF seria:

$$IDF = 1 + (1,3 \times 5\%) + (1,3 \times 0,10) = 1,195$$

Esse índice mostra que a Texas está gastando 19,5 % a mais do que o preço de compra de seus materiais ou bens. O TCO, nesse caso, aponta deficiências como baixa qualidade e deficiências com a entrega. É possível que no cálculo do IDF insiram-se parâmetros relativos a risco financeiro, capacidade técnica dos fornecedores e segurança. Uma conclusão que se pode tirar dessa fórmula é que as empresas podem trabalhar junto aos fornecedores na implementação de uma série de melhorias para ambas as partes, a partir do conhecimento das deficiências de ambos.

O último exemplo provém da empresa McDonell Douglas (MD). O índice desenvolvido pela MD considera quatro fatores para a determinação dos custos adicionais relativos à deficiência de qualidade de seus fornecedores: tipo de insumo, natureza do problema, localização do problema e destino que a MD deu a esse componente. Após análises de lotes com problemas, a MD criou uma matriz relacionando os fatores citados e os custos, conforme demonstrado no Quadro 7.7.

Quadro 7.7 – *Matriz de custos de horas despendidas na MD*

Custo	Insumo	Natureza do problema	Localização do problema	Disposição
Alto	Elétrico, funcional	Falhas funcionais	Linha aérea, consumidor	Retrabalho na MD
Médio	Químicos, pintura Produção externa	Erros na produção Erros de planejamento	Linha de montagem	Retorno ao distribuidor
Baixo	Matéria-Prima Itens de estoque	Aparência dos itens Cabos de segurança, rebites	Fabricação Recebimento	Negociar preço com o fornecedor

Fonte: Eugene Baker apud Carr e Ittner (1992).

O Quadro 7.7 permite algumas constatações, por exemplo: de que problemas com os componentes elétricos ou funcionais são mais caros para serem solucionados do que problemas com o fornecimento de matéria-prima. Conclui-se, também, que é mais interessante para a MD receber e renegociar o preço de materiais com pequenas falhas na aparência do que retorná-los ao fornecedor. Com base na análise dessa matriz, a MD desenvolveu uma análise dos custos médios causados por ineficiência de seus fornecedores por $ 1.000 pagos, cuja fórmula de cálculo é a seguinte:

$$\text{Taxa} = \frac{\text{Total de \$ perdidos (retrabalho, má qualidade etc.)}}{\text{Total de \$ pagos aos fornecedores}}$$

Com base nessa taxa, a McDonnell Douglas estabeleceu classes de fornecedores. Fornecedores com uma taxa de $ 2 por $ 1.000 ou menos são considerados excelentes. Fornecedores com a taxa na faixa de $ 2,01 a $ 5 por $ 1.000 são aceitáveis. Os que estiverem acima da faixa de $ 5 por $ 1.000 requerem atenção direta e exigem que seja feito um trabalho conjunto para que sejam realizadas as melhorias em seus sistemas de qualidade.

Bennett (1996) afirma que através da comparação dos custos dos fornecedores, do índice de desenvolvimento de fornecedores e do custo por itens adquiridos, é possível criar um *ranking* de expectativa de custos para fornecedores de tipo particular de produto ou canal específico.

As melhorias geradas pelo TCO decorrem, em grande parte, do desenvolvimento das relações entre fornecedores e compradores. A comunicação de problemas geralmente ocorre através dos compradores. Estes podem, ao comunicarem os problemas, trabalhar junto aos fornecedores para melhorar o seu desempenho.

Considerações sobre o TCO e os custos logísticos

O TCO (*Total Cost of Ownership*) ou Custeio Total de Propriedade é uma das mais recentes ferramentas para se custear uma parcela específica da cadeia de suprimentos. Os fornecedores têm um papel bastante importante em empresas que objetivam trabalhar com o sistema JIT (*Just in Time*) de produção e uma política de qualidade total.

Entretanto, muitos sistemas de contabilidade ainda orientam o processo decisório com base somente no preço cotado, sendo assim, ignoram fatores de gastos relevantes associados a outras atividades, tais como: pesquisa e qualificação do fornecedor, expedição, recebimento, inspeção, rejeição, reposição, gastos associados com a correção de falhas e utilização de partes de componentes e materiais. Em geral, tais sistemas alocam esses gastos em despesas ou gastos gerais de fabricação, não sendo incluídos no custo dos produtos. "O Custeio Total de Propriedade é uma aproximação estruturada para a determinação do custo total associado com a aquisição e subsequente utilização de um dado item ou serviço de um dado fornecedor" (CARR; ITTNER, 1992).

Em uma pesquisa realizada por Ellram (1995) com 11 empresas que utilizam o TCO, são evidenciadas muitas razões para a sua adoção. Entretanto, os principais motivos são, respectivamente: suporte decisório para a seleção de fornecedores, estabelecimento de medidas para a avaliação de desempenho dos fornecedores e direcionamento para mudança de processos organizacionais. A maioria das empresas utiliza a ferramenta do TCO para a seleção de fornecedores, mas essas mesmas organizações não fazem a avaliação de desempenho com base no TCO. É importante lembrar que a seleção de fornecedores deveria estar relacionada com a avaliação do desempenho dos mesmos. Apenas quatro das 11 empresas pesquisadas utilizavam o modelo TCO para seleção e avaliação de fornecedores simultaneamente.

Na verdade, as empresas pesquisadas por Ellram (1995) utilizam o TCO como ferramenta para coleta dos custos de transação e para a redução da quantidade de fornecedores. O modelo para a seleção e avaliação de fornecedores proporciona o desenvolvimento de uma relação consistente entre fornecedor e empresa, posto que, para que o TCO seja implementado, é necessário que a empresa e o fornecedor mantenham um relacionamento. A empresa deve conhecer as expectativas do fornecedor e vice-versa, empresa e fornecedores devem conhecer seus pontos fracos e trabalharem para a melhoria desses pontos.

Benefícios para a adoção do TCO no processo de aquisição.

a) *Medidas de desempenho*: o TCO fornece uma boa estrutura para a avaliação de fornecedores, além de ser uma maneira concreta de se medir resultados de esforços de melhoria contínua. Por último, o TCO demonstra ser uma boa ferramenta para *benchmarking*.

b) *Suporte decisório*: demonstra-se interessante para a seleção de fornecedores, força a equipe de compras das empresas a compreenderem os *tradeoffs*, cria uma forma estruturada para a solução de problemas de aquisição de materiais.

c) *Comunicação*: constitui um bom veículo de comunicação entre as empresas e seus fornecedores e viabiliza a integração com outras funções da empresa no processo de aquisição.

d) *Auxílio à compreensão de dados*: proporciona dados para a comparação do desempenho de fornecedores; dados para negociações e para a formação de preço-meta; requer do pessoal de compras uma compreensão dos fatores (que extrapolam a simples análise baseada no preço de aquisição) mais significantes para a formação dos custos de aquisição.

e) *Suporte ao processo de melhoria contínua*: identifica onde os fornecedores devem focalizar seus esforços de melhoria; auxilia na identificação de oportunidades para corte de custos desnecessários; obriga as empresas a padronizarem seus processos internos (demonstra como a falta de padronização de procedimentos de aquisição pode aumentar os seus custos).

Todos esses benefícios são estreitamente relacionados entre si. Por exemplo, o estabelecimento de medidas de desempenho dos fornecedores conduz à melhoria do processo decisório, pode ainda melhorar a comunicação com os fornecedores e também promover uma compreensão dos pontos fracos dos fornecedores e da empresa.

Dificuldades e barreiras para a implantação do TCO

Parte dos problemas de se calcular o TCO parece vir do fato de que os gerentes de compras devem confiar nas informações fornecidas pelos outros departamentos da empresa. De acordo com uma pesquisa realizada por Milligan (1999), 64% desses gerentes recebem essas informações de modo informal. Isso pode-se constituir em um problema, posto que a informação passada dessa forma pode ter várias interpretações.

Algumas barreiras para a implementação do TCO são decorrentes de uma cultura empresarial de resistência a mudanças. Para determinados gerentes de compra, o preço significa tudo. Para outros, existe pouco ou quase nenhum entendimento a respeito de custos ou preços. Outros problemas identificados são decorrentes da falta de treinamento e educação do pessoal envolvido no processo de aquisição. Isso inclui o fornecimento de ferramentas próprias para o uso e entendimento do TCO e da capacidade para identificar quando usar o TCO e que fatores de custo são importantes.

Existe ainda uma falta de sistemas de informação que possam dar suporte aos esforços de implantação do TCO. Os envolvidos com a implementação do TCO, em geral, possuem dificuldades para juntar as informações dos sistemas de informações das empresas, sendo assim, grande parte dessas informações teve que ser coletada no ambiente externo à empresa.

Outro detalhe é que a maioria dos sistemas TCO encontrados nas pesquisas tem seu foco nas falhas de qualidade dos fornecedores e nas deficiências de entrega. Existem outras oportunidades para serem exploradas por sistemas TCO, tais como redução no preço de aquisição de produtos e manuseio dos estoques. Como sugestão, existem os sistemas EDI (Electronic Data Interchange), que reduzem a burocracia e os custos com as atividades envolvidas na requisição e no manuseio de produtos.

7.3.3 Análise da Lucratividade de Clientes (CPA)

A CPA parte da mesma premissa do custeio ABC para produtos, contudo, associam-se atividades a clientes. As atividades associadas aos clientes são distintas das relacionadas a produtos. Em geral, elas são desempenhadas nas fases de planejamento do transporte, carga, manuseio e descarga.

Em geral, os sistemas de custos tradicionais calculam a lucratividade de seus clientes com base no lucro bruto, ou seja, a receita bruta de vendas gerada pelo cliente em certo período menos o custo das mercadorias vendidas. Entretanto, existem muitos outros custos que devem ser considerados antes de se definir a lucratividade real de um certo cliente.

A importância desses custos, que são ocasionados pela realização de atividades como prestação de serviços ao cliente, pode ser importante em termos da forma como as estratégias logísticas devem ser desenvolvidas. Inicialmente, a CPA revelará clientes que proporcionam uma contribuição negativa para os lucros de uma organização.

O princípio básica do CPA é que o fornecedor oriente todos os custos específicos de seus clientes para contas individuais. Em um negócio com milhares de contas de clientes, não seria possível fazer a análise individual da lucratividade de clientes. Entretanto, seria possível selecionar uma amostra representativa, de modo a obter uma visão dos custos relativos associados com diferentes tipos de clientes, ou canais de distribuição, ou segmentos de mercado.

O ponto de partida da análise da lucratividade de clientes é o valor das vendas brutas do pedido, do qual são subtraídos os descontos que são concedidos ao cliente naquele pedido. A seguir, são relacionados os custos das atividades consumidas pelos clientes ou grupos de clientes, então subtraem-se os custos dessas atividades do valor das vendas líquidas. O Quadro 7.8 descreve possíveis custos que podem ser relacionados aos clientes.

Quadro 7.8 – *Custos relacionados aos clientes*

Comissões de vendedores	Custo de manter espaço físico do armazém
Estrutura de vendas	Custo de manusear materiais
Bônus comerciais e descontos especiais	Custo de transporte interno de materiais
Custo de gerenciar contas-chave	Custo de transportar produtos
Custo de processar pedidos	Custo de receber pedidos
Custo de comercializar	Custos de documentar pedidos
Custo de embalar pedidos	Custos de comunicar pedidos
Custo de manter estoques	Custos de devolução

Fonte: Manning (1998).

Miller (1999) escreveu sobre a aplicação da CPA no CIBC (Canadian Imperial Bank of Commerce). No estudo de caso do CIBC, o autor cita algumas mudanças realizadas nos processos-chaves do banco e seus resultados. Tais mudanças nos processos-chaves consistiram em:

a) Designar vendas e serviços específicos para os clientes baseado na lucratividade e segmentação desses clientes.

b) Melhoria da lucratividade das campanhas de marketing através da análise da alocação das despesas das campanhas de marketing contra a melhor combinação dos lucros, potencial para melhoria dos lucros, e propensão para a compra de produtos específicos.

c) Focalizar a oportunidade de melhoria da lucratividade através da relação existente entre os canais de contato com os clientes e os custos de servir a esses clientes.

A CPA pode ser associada com a lucratividade dos canais de distribuição. Tal associação pode ser viabilizada por meio da utilização do ABC. O ABC permite determinar a lucratividade relativa de grupos de clientes e canais de distribuição (MANNING, 1998). A Figura 7.9 ilustra a utilização do ABC para relacionar os custos dos clientes com os vários canais de distribuição.

Figura 7.9 – *Alocação dos custos dos clientes para os canais de distribuição*

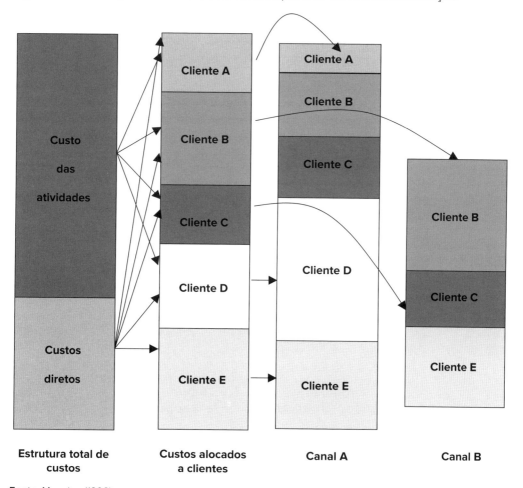

Fonte: Manning (1998).

Essa visão do relacionamento da lucratividade de clientes com os diversos canais de distribuição tem-se mostrado interessante, posto que cada vez mais os clientes estão sendo atendidos e captados através de uma grande variedade de canais, tais como: distribuidores, catálogos, marketing de rede, vendas por televisão, telemarketing, Internet, entre outros.

Considerações sobre a CPA

Os custos dirigidos aos clientes têm tomado dimensão não somente pelo efeito sobre a lucratividade, mas, também, por sua magnitude. A abordagem dos sistemas tradicionais de custeio assume que esses custos são relativamente pequenos e que eles não variam com relação ao volume. Entretanto, em muitos casos, custos relacionados a clientes representam uma parcela significativa dos custos das empresas. Os custos dirigidos aos clientes têm tomado dimensão não somente pelo efeito sobre a lucratividade, mas, também, por sua crescente importância para a logística. Em determinadas situações, o tipo de consumidor afeta o consumo de recursos logísticos de forma mais acentuada que o tipo de produto. Observe-se que os custos de distribuição podem exceder os custos de produção, especialmente na indústria de entrega de encomendas.

A alocação dos custos das atividades de vendas, marketing, distribuição e administração para os clientes deve ser realizada de forma coerente, posto que nem todos os consumidores consomem essas atividades da mesma forma e com a mesma intensidade. Por meio do ABC, é possível identificar as características que geram quais clientes possuem alto custo para atender e quais possuem baixo custo.

A segmentação de clientes, com base na análise da lucratividade, permite que as empresas estabeleçam estratégias para a atuação junto aos mesmos. Kaplan e Cooper (1999) definem matriz de lucratividade por clientes (Figura 7.10) através da qual as empresas definem orientações gerais para um posicionamento estratégico.

Figura 7.10 – *Matriz de lucratividade por cliente*

	Baixo	Alto
Alto	Proteja	Planeje os custos
Baixo	Construa	Zona de perigo

Fonte: Kaplan e Cooper (1999).

A análise da lucratividade de clientes permite a classificação dos clientes por segmentos. Essa abordagem permite um relacionamento diferenciado com os clientes de alta lucratividade e clientes de baixa lucratividade. Muitas empresas enxergam a possibilidade de incrementar sua lucratividade através da oferta de serviços logísticos individualizados para cada perfil de cliente. De maneira breve, as estratégias apropriadas para cada quadrante da matriz são:

- **Construa:** o custo de prestação de serviços para esses clientes é relativamente baixo, contudo, o valor líquido das vendas também é baixo. Deve-se verificar a possibilidade do aumento do volume de vendas sem um aumento proporcional nos custos dos serviços. A equipe de vendas pode ser direcionada para influenciar esses clientes a aumentarem suas compras.

- **Perigo:** os clientes devem ser olhados com muito cuidado. A estratégia deve levar em consideração a possibilidade (a médio ou longo prazo) de melhoria do valor líquido das vendas ou diminuição dos custos dos serviços. Outra questão seria verificar se existe alguma razão estratégica para conservar esses clientes. Mesmo que a margem de lucro seja baixa, esses clientes podem ser necessários pelo volume de vendas que eles representam.

- **Planeje o custo:** esses clientes poderiam ser mais lucrativos, se os custos dos serviços prestados a eles pudessem ser reduzidos. A análise deve observar a existência de algum campo para aumentar o tamanho das entregas. Um aspecto logístico a ser considerado é a possibilidade de consolidar as entregas. Em caso de desenvolvimento de novos clientes na mesma área geográfica, as entregas podem se tornar mais econômicas. Outro ponto seria a criação de canais alternativos para obter os pedidos desses clientes, tais como televendas e pedidos realizados via Internet.

- **Proteja:** clientes com altos valores líquidos de vendas, para os quais os serviços prestados têm um custo relativamente baixo, são de grande valor para a empresa. A estratégia para esses clientes deve ser a procura de relacionamentos que os tornem menos interessados em procurar fornecedores alternativos e, ao mesmo tempo, deve-se constantemente buscar oportunidades de aumento do volume de negócios realizados com eles.

Atingir a lucratividade de clientes não é algo fácil. Algumas empresas utilizam o ABC e outros métodos para alocar custos a clientes individuais quando determinam a sua lucratividade. Entretanto, essa abordagem não contempla a possibilidade de tornar clientes que causam prejuízo hoje tornarem-se clientes lucrativos no futuro. Uma alternativa para solucionar esse problema seria visualizar os clientes a longo prazo, e não somente observar os rendimentos e custos atuais gerados por esses clientes. Deve-se buscar o potencial desses clientes e estabelecer uma visão estratégica dos mesmos.

O esforço realizado pela análise da lucratividade de clientes para identificar clientes lucrativos e não lucrativos é uma tentativa de criar uma "imagem" dos clientes da empresa. Um dos problemas que as empresas encontram para identificar a lucratividade de clientes é que a maior parte delas está organizada em linhas de produtos ou serviços.

Enquanto a determinação da lucratividade de produtos é simples, o mesmo não ocorre para clientes, especialmente para clientes que consomem vários produtos ou serviços de uma empresa. Grandes companhias conseguem desenvolver sistemas de informações que dão suporte à CPA; o mesmo não ocorre com pequenas empresas, e isso constitui mais uma barreira para a implantação e operacionalização da análise da lucratividade de clientes.

Recomenda-se que, para o projeto e a implementação da CPA, todos os gerentes das unidades de negócios e gerentes financeiros cheguem a um consenso sobre a forma como a análise da lucratividade de clientes será utilizada pela organização e a metodologia de cálculo a ser utilizada. Além disso, outra recomendação seria definir a forma como as informações seriam captadas e trabalhadas e que impactos essas informações geram na operacionalização da CPA.

Outra aplicação da CPA pode ser a elaboração de modelos de decisões para o estabelecimento do preço de serviços diferenciados para clientes específicos. Além de que, através da análise das atividades relacionadas a servir clientes, é possível definir quais são as que mais afetam a satisfação dos clientes.

Por meio da análise da lucratividade de clientes, é possível desenvolver estratégias para tornar clientes que atualmente dão prejuízo em clientes lucrativos. Tais estratégias incluem: vender produtos e serviços com margens maiores; cobrar taxas adicionais para serviços diferenciados; substituição de canais de serviço para clientes não lucrativos por outros de menor custo e fazer com que estes clientes comprem a mesma quantidade de itens com uma quantidade menor de ordens (uma maneira de reduzir os custos de processamento de expedição dos pedidos). Tornar clientes não lucrativos em clientes lucrativos pode ser uma questão de mudança de relacionamento entre empresa e cliente.

REVISÃO DE CONTEÚDO

Elaborada pelo Prof. Juliano Almeida Faria

QUESTÃO 1

Entende-se como conceito de logística reversa:

a) É o estudo das características ambientais da empresa que se relacionam à entrega de produtos e serviços na área ambiental.

b) É o estudo dos fluxos de materiais que vão do utilizador final do processo logístico original a um novo ponto de consumo ou de aproveitamento.

c) Compreende o estudo revertido do impacto comercial de produtos e serviços independentemente do impacto ambiental que causam.

d) Relaciona-se com a área ambiental no âmbito da análise dos custos ambientais para entrega de produtos e devolução por parte dos clientes.

e) São os incentivos recebidos pelos governos (federal, estadual ou municipal) para que as comunidades ribeirinhas desenvolvam ações de reciclagem.

QUESTÃO 2

São exemplos de ações inerentes à logística reversa, **exceto**:

a) Multiplicação de postos de coleta de produtos vencidos.

b) Ações para devolução de baterias de celular antigas.

c) Coleta e reciclagem de vasilhames de agrotóxicos utilizados.

d) Substituição de embalagens descartáveis por retornáveis.

e) Publicação de quitação de multas e demais dívidas ambientais.

QUESTÃO 3

"O Brasil é um exemplo de reciclagem de latinhas de alumínio. Quase 100% das latas que são descartadas são reaproveitadas e viram novas embalagens. Uma lei em vigor desde 2010 também quer que outros materiais como plástico e papel sejam descartados de maneira correta. De cada 100 latas de alumínio fabricadas no país, 98 são recicladas. O tempo médio que uma lata fica na rua de São Paulo é dez segundos. O setor movimenta R$ 1,8 bilhão por ano no país, mas esse mercado não funciona sem alguns personagens." **Fonte:** Portal G1, 23/4/2012.

Com base na afirmação acima, depreende-se que a reciclagem das latinhas de alumínio é um processo inerente à:

a) Logística verde.

b) Ecologia industrial.

c) Logística reversa.

d) Logística direta.

e) Ecologia nacional.

QUESTÃO 4

As cinco dimensões da logística reversa atualmente conhecidas são:

a) Determinantes, características, atores, razões e estruturas.

b) Variantes, correlacionadas, determinantes, estruturais e participantes.

c) Razões, imposições, demonstrações, permanentes e preventivas.

d) Componentes, desenvolvidas, estruturais, atores e punições.

e) Punições, características, atores, correlacionadas e imposições.

QUESTÃO 5

Um programa de logística reversa pode fornecer ganhos diretos aos fabricantes de equipamentos. Essa possibilidade será real se houver:

a) Ampliações do consumo de matérias-primas.

b) Redução do valor dos produtos recondicionados.

c) Diminuição dos custos de deposição final (descarte).

d) Recolha e descartes de materiais metálicos, como alumínio.

e) Reutilização de embalagens de agrotóxicos pelo próprio agricultor no seu processo produtivo.

QUESTÃO 6

Como determinantes da responsabilidade social inerentes às questões ambientais relacionadas às empresas na atualidade, têm-se:

a) Direitos do consumidor e respeito ao meio ambiente.

b) Imagem de mercado e incorporação de bons princípios e crenças.

c) Ganhos econômicos financeiros diretos e indiretos.

d) Redução de impostos nas esferas municipal e estadual.

e) Aumento significativo da satisfação dos funcionários que nelas trabalham.

QUESTÃO 7

O uso sistemático da logística reversa pode trazer diversos tipos de retornos, **exceto**:

a) De fabricação.

b) De distribuição.

c) Dos consumidores.

d) De garantia.

e) De impostos.

QUESTÃO 8

Diversos autores vêm estudando as propriedades dos produtos, sobretudo das respectivas embalagens, que interferem diretamente na logística reversa. Dentre estas, os itens que não influenciam nesta última são:

a) Peso, volume e aspectos ambientais.

b) Durabilidade, forma e peso.

c) Embalagem, fragilidade e volume.

d) Fragilidade, aspectos ambientais e durabilidade.

e) Conteúdo, rotulagem e imagem de mercado.

QUESTÃO 9

Considere as alternativas:

I. A complexidade dos produtos correlaciona-se de forma indireta com os níveis existentes em sua estrutura de materiais, ou seja, aumenta conforme o número de componentes.

II. O valor dos produtos reciclados no mercado ainda é baixo e varia de acordo com as frações do produto e o mercado.

III. A variedade dos produtos engloba o número de diferentes categorias ou modelos de produtos causando impacto no sistema de logística reversa.

Estão corretas as alternativas:

a) I e II.

b) II e III.

c) I e III.

d) Todas estão corretas.

e) Todas estão incorretas.

QUESTÃO 10

Os 3 Rs relacionados ao conceito de recuperação direta são:

a) Revenda, reutilização e redistribuição.

b) Recondicionamento, reciclagem e revenda.

c) Redistribuição, reutilização e reciclagem.

d) Replantação, recondicionamento e revisão.

e) Reciclagem, revenda e revisão.

REFERÊNCIAS

ABREU, R. C. L. **Análise de valor**. São Paulo: Qualitymark, 1996.

BARTELS, J. J. C. Reverse logistics systems for recycling car batteries. In: **Handbook of reverse logistics**, Kluwer B. V., Deventer, Holanda, 1998a.

_____. Sistemas de logística reversa para a reciclagem de baterias de carro. In: VAN GOOR, A.; FLAPPER, S.; CLEMENTE, C. **Manual de logística**. Kluwer B. V., Deventer, Holanda, 1998b.

BENNETT, P. ABM in the procurement cost model. **Management Accounting**, Jan. 1996.

BOWERSOX, D.; CLOSS, D. **Logistical management**: the integrated supply chain process. Londres: McGraw-Hill, 1996.

CARR, Lawrence P.; ITTNER, Christopher d. Medir o custo de propriedade. **Jornal da Gestão de Custos**, v. 6, nº 3, p. 42-51, Fall 1992.

CHANDRASHEKAR, A. ; DOUGLESS, T. Commodity indexed surplus asset disposalin the reverse logistics process. **The International Journal of Logistics Management**, v. 7, nº 2, p. 59-68, 1996.

CHRISTOPHER, Martin. **Logística e gerenciamento da cadeia de suprimentos**. São Paulo: Pioneira, 1997.

_____. The agile supply chain. Competing in volatile markets. **Industrial Marketing Management**, v. 29, p. 37-44, 2000.

_____; TOWILL, D. Supply chain migration from lean and functional to agile and customised. **Supply Chain Management: An International Journal**, v. 5, nº 4, p. 206-213, 2000.

COOPER, M.; ELLRAM, L. Characteristics of supply chain management and the implications for purchasing and logistics strategy. **The International Journal of Logistics Management**, v. 4, nº 2, p. 13-25, 1993.

_____; LAMBERT, D.; PAGH, J. Supply chain management: more than a new name for logistics. **The International Journal of Logistics Management**, v. 8, nº 1, p. 1-14, 1997.

COX, A. Power, value and supply chain management. **Supply Chain Management: An International Journal**, v. 4, nº 4, p. 167-175, 1999.

COYLE, J. ; BARDI, E. ; LANGLEY, J. **The management of business logistics**. 6. ed. New York: West Publishing Company, 1996.

DE BRITO, M. **Managing reverse logistics or reversing logistics management?** 2004. Tese (Doutorado) – Erasmus Research Institute of Management, Erasmus University of Rotterdam, Holanda.

_____; VAN DER LAAN, E. A. Inventory management with product returns: the impact of (mis)information. **Relatório Técnico**. Erasmus Research Institute of Management, Erasmus University of Rotterdam, Holanda, 2002.

DE KOSTER, R. B. M.; DE BRITO, M. P.; VAN VENDEL, M. A. Como organizar manipulação de retorno: um estudo exploratório com nove armazéns varejistas. **International Journal of Management**, Varejo e Distribuição, v. 30, p. 401-417, 2002.

DRIESCH, H. M.; FLAPPER, S. D. P.; VAN OYEN J. E. Logistieke besturing van motorenhergebruik bij Daimler-Benz MTR, **Handboek Reverse Logistics**, C2410, 1998.

DUHAIME, R.; RIOPEL, D.; LANGEVIN, A. Value analysis and optimization of reusable containers at Canada Post. **Interfaces**, v. 31, nº 3, p. 3-15, 2001.

ELLRAM, L. Supply chain management: the industrial organization perspective. **International Journal of Physical Distribution & Logistics Management**, v. 21, nº 1, p. 13-22, 1991.

FARIA DE ALMEIDA, A.; ROBERTSON, A. **Domestic batteries and the environment**: a life-cycle approach to consumer electronic products. Concept Proceedings International Conference Clean Electronics Products & Technology, Edinburgo, Escócia, 1995.

FARROW, P. H.; JONHSON, R. R. Entrepreneurship, innovation and sustainability strategies at Walden Paddlers. **Interfaces**, v. 30, nº 3, p. 215-225, 2000.

FERRER, G. **Managing the recovery of value from durable products**. 1997. Tese (Doutorado) – INSEAD, Fontainebleu, França.

FISHER, M. L. What is the right supply chain for your product. **Harvard Business Review**, v. 2, p. 105-116, 1997.

FLEISCHMANN, M. **Quantitative models for reverse logistics**. 2001. Tese (Doutorado) – Erasmus Research Institute of Management, Erasmus University of Rotterdam, Holanda.

_____; BLOEMHOF-RUWAARD, J. M.; DEKKER, R.; VAN DER LAAN, E.; VAN NUNEN, J. A. E. E.; VAN WASSENHOVE, L. N. Quantitative models for reverse logistics: a review. **European Journal of Operational Research**, v. 103, p. 1-17, 1997.

_____; KRIKKE, H. R.; DEKKER, R.; FLAPPER, S. D. P. A characterisation of logistics networks for product recovery. **Omega**, v. 28, nº 6, p. 653-666, 2000.

FULLER, D. A.; ALLEN, J. A typology of reverse channel systems for post-consumer recyclables. In: POLONSKY, J.; MINTU-WINSATT, A. T. (Ed.). **Environmental marketing**: strategies, practice, theory and research. New York: Haworth Press, 1997.

GOGGIN K.; BROWNE, J. Towards a taxonomy of resource recovery from end-of-life products. **Computers in Industry**, v. 42, p. 177-191, 2000.

GUIDE JR., V. D. R.; JAYARAMAN, V.; SRIVASTAVA, R.; BENTON, W. C. Supply chain management for recoverable manufacturing systems. **Interfaces**, v. 30, nº 3, p. 125-142, 2000.

GUNGOR, A.; GUPTA, S. M. Issues in environmentally conscious manufacturing and product recovery: a survey. **Computers & Industrial Engineering**, v. 36, p. 811-853, 1999.

JAHRE, M. Household waste collection as reverse channels – a theoretical perspective. **International Journal of Physical Distribution and Logistics Management**, v. 25, nº 2, p. 39-55, 1995a.

KAPLAN, Robert S.; COOPER, Robin. **O projeto de sistemas de gestão de custos**: texto e casos. New Jersey: Prentice Hall, 1999.

KLAUSNER M.; HENDRICKSON, C. Reverse-logistics strategy for product take-back. **Interfaces**, v. 30, nº 3, p 156-165, 2000.

KOPICKI, R.; BERG, M.; LEGG, L. **Reuse and recycling**: reverse logistics opportunities. Oak Brook, IL: Council of Logistics Management, 1993.

_____ et al. **Reutilização e reciclagem reversa oportunidades de logística**. Oak Brook, IL: Conselho de Gestão da Logística, 1993.

KRIKKE, H. **Recovery strategies and reverse logistics network design**. 1998. Tese (Doutorado) – Institute for Business Engineering and Technology Application, University of Twente, Holanda.

_____; VAN HARTEN, A.; SCHUUR, P. C. Business case one: reverse logistic network re-design for copiers. **OR Spektrum**, v. 3, p. 381-409, 1999.

KRIKKE, H. R. et al. Produto concorrente e closed-loop projeto da cadeia de suprimentos com um aplicativo para refrigeradores. **International Journal of Production Research**, 41 (16), p. 3689-3719, 2003.

LAMBERT, D.; COOPER, M. Issues in supply chain management. **Industrial Marketing Management**, v. 29, p. 65-83, 2000.

LOUWERS, D.; KIP, B. J.; PETERS, E.; SOUREN, F.; FLAPPER, S. D. P. A facility location allocation model for reusing carpet materials. **Computers & Industrial Engineering**, v. 36, nº 4, p. 855-869, 1999.

LUND, H. F. **The McGraw-Hill material recycling handbook**. New York: McGraw-Hill, 2001.

MANNING, K. H. Distribution Channel Profitability. **Management Accounting**. Londres. Janeiro de 1998.

MCGAVIS, D. **The energy bucket and a not-so-drop-in-the-bucket portion of waste stream, consumables**. IEEE International Symposium on Electronics & the Environment, Maio 2-4, San Francisco, 1994.

MILLER, R. Case study: customer profitability measurement at Canadian Imperial de Bank of Commerce. **Bank Accounting and Finance**, v. 12, nº 2, Winter 1999.

MILLIGAN, B. Tracking total cost of ownership proves elusive. **Purchasing**, Boston, Sep. 1999.

OMETTO, Aldo Roberto. VI WORKSHOP DE ADEQUAÇÃO AMBIENTAL EM MANUFATURA, slides de aula, 2005.

PAGH, J.; COOPER, M. Supply chain postponement and speculation strategies: how to choose the right strategy. **Journal of Business Logistics**, v. 19, nº 2, p. 13-33, 1998.

PILLSBURRY, R. **No foreign food**: the american diet in time and place. USA: Westview Press, Boulder, 1998.

POHLEN, T.; FARRIS, T. Reverse logistics in plastics recycling. **International Journal of Physical Distribution and Logistics Management**, v. 22, nº 7, p. 35-47, 1992.

_____; LALONDE, Bernard J. Questões na cadeia de suprimentos de custeio. **International Journal of Logistics Management**, v. 7, nº 1, p. 1-12, 1996.

REVLOG. Revlog, the european working group on reverse logistics. Disponível em: <http://www.fbk.eur.nl/OZ/REVLOG/>. Acesso em: 2003.

ROGERS, D. S.; TIBBEN-LEMBKE, R. S. Difference between forward and reverse logistics in a retail environment. **Supply Chain Management: An International Journal**, v. 7, nº 5, p. 35-47, 2002.

_____; TIBBEN-LEMBKE, R. S. **Going backwards**: reverse logistics trends and practices. Reverse Logistics Council, The University of Nevada, Reno, Estados Unidos. Disponível em: <http://unr.edu/homepage/rtl/reverse/book.html>. Acesso em: 1999.

SHANK, John K.; GOVINDARAJAN, Vijay. **A revolução dos custos.** Tradução de Luiz O. C. Lemos. 2. ed. Rio de Janeiro: Campus, 1997.

SIFERD, S. P. Purchasing: the cornerstone of the total cost of ownership concept. **Journal of Business Logistics**, Oak Brook, 1997.

SMITH, N. C.; THOMAS, R. J.; QUELCH, J. A. Uma abordagem estratégica para a gestão de retornos. **Harvard Business Review**, p. 102-112, 2001.

STERMAN, J. D. **Business dynamics**: systems thinking and modeling for a complex world. New York: McGraw-Hill, p. 42-55, 2000.

STOCK, J. R. **Reverse logistics**. Oak Brook: Council of Logistics Management, 1992.

_____. **Development and implementation of reverse logistics programs**. Oak Brook: Council of Logistics Management, 1998.

THIERRY, M.; SALOMON, M.; VAN NUNEN, J.; VAN WASSENHOVE, L. Strategic issues in product recovery management. **California Management**, v. 37, nº 2, p. 114-135, 1995.

VAN HOEK, R. From reversed logistics to green supply chains. **Supply Chain Management**, v. 4, nº 3, p. 129-134, 1999.

WIJSHOF, C. P. H. Reverse logistics, one practice case. In: VAN GOOR, A. R.; FLAPPER, D. P.; CLEMENT C. (Ed.). **Handbook reverse logistics**. Kluwer B. V., Deventer, Holanda, 1997.

CRÉDITO DE CARBONO

André Luis Rocha de Souza
Antônio Costa Silva Júnior
José Célio Silveira Andrade

8.1 MUDANÇAS CLIMÁTICAS

A sociedade mundial assistiu nos últimos 40 anos à evolução da questão das mudanças climáticas no planeta, que inicialmente era tratada com indiferença e em casos específicos até com certo sarcasmo, para um estágio de pauta obrigatória nas mesas de negociações internacionais. Dessa forma, em virtude de uma quase inércia evidenciada por muitos acordos e discussões, e poucas ações práticas, chega-se a um novo milênio, e a um novo desafio, que não pode ser mais adiado para o confronto com ações práticas e efetivas.

A geração atual de seres humanos vive um momento que tem a responsabilidade de escolher de como serão lembrados pelas futuras gerações no tocante a mitigação dos efeitos das mudanças climáticas. Existem, em discussão internacional, duas opções, a primeira opção, que é a de deixar o discurso e executar as alternativas necessárias para a manutenção da sustentabilidade da biosfera mundial, e a segunda opção, que é a de continuar a prolongar ainda mais as discussões, e ser lembrada como a geração responsável pela nova leitura dos livros de geografia.

Apesar de ter ocorrido há 200 anos, a Revolução Industrial não deve ser só lembrada como um marco histórico no aspecto econômico, político e tecnológico, mas principalmente como o período da história que desencadeou a crise ambiental vivida nos dias atuais. É inequívoca a constatação de que o fato de a Revolução Industrial ter ocorrido sustentada no uso desequilibrado de recursos naturais não renováveis, como fontes de energia, trouxe por um lado aumento da qualidade de vida e dos padrões de consumo, contudo, também trouxe mais poluição, aumento na geração de gases de efeito estufa e, por seguinte, o desequilíbrio da temperatura do globo terrestre.

Estabelecido e consolidado, o cenário supracitado reflete um modelo de desenvolvimento insustentável, pois como as nações do mundo inteiro podem-se preocupar com um crescimento ilimitado de seus respectivos PIBs em um mundo de recursos naturais limitados? Responder a esse questionamento de forma a apontar viabilidade é afirmar que a economia é um sistema maior que o sistema denominado de planeta Terra, ou seja, a biosfera mundial seria um subsistema de um sistema maior, a economia.

Outro fator que respalda esse atual estágio de insustentabilidade é a evolução da população mundial ao longo de sua existência e, por conseguinte, seu respectivo padrão de consumo, pois se chegou ao primeiro bilhão de habitantes nesse planeta no ano de 1800, o segundo bilhão em 1930, ou seja, 130 anos depois, e atualmente a população mundial é de sete bilhões de habitantes. Portanto, levou-se 1.800 anos para se alcançar um bilhão de habitantes e pouco mais de um século para se duplicar essa população, a qual em menos de 80 anos foi mais que triplicada. Tudo isso embasado em um uso exacerbado de energia rica em carbono não renovável a fim de sustentar um padrão de consumo insustentável.

Dessa forma, o mundo globalizado atual pode ser comparado a uma grande máquina de geração de resíduos, pois muitas nações utilizam essas toneladas de resíduo geradas para realizar correlações com seus respectivos PIBs, estabelecendo uma transição de comportamento de seres de um ecossistema complexo para um comportamento de meros consumidores, ou seja, uma sociedade atual do "ter" e não do "ser". Portanto, a atual crise ambiental oriunda das ações antrópicas para as mudanças do clima no globo terrestre seria composta pela integração de três fatores, conforme pode ser visto na Figura 8.1.

Figura 8.1 – *Pilares das mudanças climáticas*

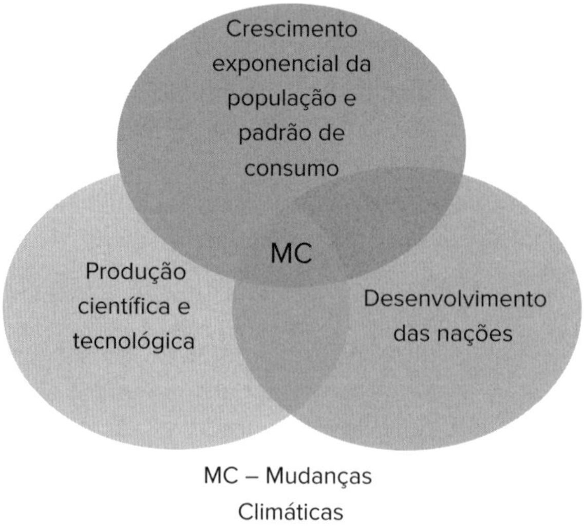

MC – Mudanças Climáticas

Fonte: Silva Júnior (2011).

O fator produção científica e tecnológica exposto na Figura 8.1 representa a capacidade do homem em degradar o meio ambiente, pois com a crescente mecanização de algumas tarefas antes realizadas por humanos, e a evolução das máquinas, o tempo para se exaurir um recurso natural vem diminuindo a cada dia.

Através desse modelo acelerado de exploração de recursos naturais perante os avanços tecnológicos, vem o crescimento econômico, e com ele o crescimento dos grandes centros urbanos, colaborando para um maior acúmulo de gases de efeito estufa na atmosfera. Isso ocorre em virtude de as civilizações mais urbanizadas estarem concentradas no hemisfério Norte, assim como a maior parte de cobertura vegetal do planeta, o que faz o poder de sequestro de carbono diminuir de forma vertiginosa.

Então, perante a integração dos três fatores acima mencionados que apresentam um potencial para colaborar para o agravamento dos efeitos das mudanças climáticas, algumas das consequências já são percebidas em todo o planeta, como podem ser visualizadas na Figura 8.2.

Figura 8.2 – *Efeitos das mudanças climáticas no mundo*

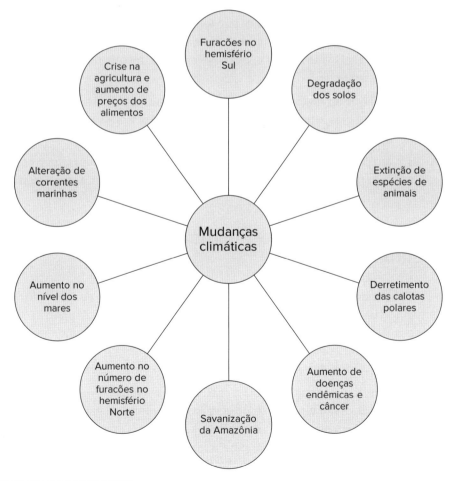

Fonte: Marchezi e Amaral (2008).

Os fatores descritos na Figura 8.2 indicam como os seres humanos já estão tendo que se adaptar, ou seja, estão sendo forçados a aprender a conviver num mundo mais quente. As nações mais ricas têm um poder de adaptação eficiente para essa nova realidade. Já as nações mais pobres são e serão as maiores penalizadas na manutenção desse quadro de aquecimento global.

Além disso, há grande preocupação com os efeitos sociais causados pelo impacto na agricultura, decorrente das perdas de produção de alimentos ocasionadas pela alta temperatura. Entre essas implicações encontram-se: maior risco de fome, inanição, doenças, insegurança alimentar. Há de se considerar, ainda, a possibilidade de deslocamento de populações residentes em áreas baixas e costeiras.

Enfim, as mudanças climáticas é um dos primeiros e verdadeiros desafios do meio ambiente global. Os principais aspectos que o distinguem de outros problemas ambientais são:

- A atmosfera é exemplo clássico de um bem público global, pois as emissões de Gases de Efeito Estufa (GEE) de um país afetam o planeta como um todo.
- O impacto da mudança climática tem toda a probabilidade de ser desigualmente distribuído entre regiões e países, ou seja, os países em desenvolvimento tendem a ser mais vulneráveis e, ao mesmo tempo, menos capazes de responder e de se adaptar.
- A profusão de atividades humanas tem como consequência as emissões de GEE, de modo que os esforços para reduzi-las são necessários em muitos níveis do global ao individual.
- As incertezas quanto ao momento oportuno, abrangência e aos impactos da mudança climática reforçam a relutância em alterar o comportamento econômico.

8.2 PROTOCOLO DE KYOTO – POLÍTICA PÚBLICA AMBIENTAL INTERNACIONAL

Em 1987, foi criado Protocolo de Montreal, que ajudou a mitigar o problema de destruição da camada de ozônio através de um esforço conjunto global, contribuindo não apenas para a resolução de um problema ambiental, mas também colaborando para a criação de novos produtos em substituição aos Clorofluorcarbonetos (CFCs), incentivando assim a pesquisa por novas tecnologias mais limpas e, por consequência, a geração de empregos.

Quase dez anos se passaram, e o mundo assistiu à assinatura de mais um protocolo, o de Kyoto, ilustrando assim um esforço de governança ambiental global, o qual, segundo um consenso dos cientistas, por si só não resolveria o problema do aquecimento global, contudo, representa uma iniciativa para a mitigação desse problema ambiental. A diferença entre o Protocolo de Kyoto e o de Montreal é que o primeiro não está somente combatendo o uso de um produto nocivo ao meio ambiente, mas sim contribuindo para tornar mais sustentável o padrão de consumo e de produção do ser humano, que envolve uma complexa rede de interesses de diversos grupos de nações do mundo.

Nesse momento, é importante salientar que antes dos anos 1970 quase não existiam movimentos em prol da conservação do meio ambiente no mundo, pois a preocupação era mais centrada nos acidentes de trabalho. Foi uma época de industrialização acelerada, e existia por parte dos governos, organizações e sociedade a aceitação de que os prejuízos ambientais deviam ser assumidos pela sociedade, em favor do desenvolvimento econômico, uma vez que a legislação ambiental estava em desenvolvimento no mundo.

Na década de 1970, o marco principal foi a conferência das Nações Unidas sobre Meio Ambiente Humano, no ano de 1972, em Estocolmo, na Suécia, onde pela primeira vez numa conferência internacional foram discutidos, além dos aspectos técnicos científicos, questões sociais, políticas e econômicas ligadas ao meio ambiente, buscando um novo tipo de desenvolvimento que respeitasse a capacidade de suporte dos ecossistemas.

Já a década de 1980 foi marcada pela criação das Organizações das Nações Unidas (ONU) no ano de 1983 e da Comissão Mundial sobre Meio Ambiente e Desenvolvimento (CMMAD), também conhecida como Comissão Brundtland. Fato esse explicado pelo fato de a comissão ser presidida pela primeira-ministra norueguesa Gro Harlem Brundtland, que divulgou o relatório "Nosso Futuro Comum", que defendia o conceito de desenvolvimento sustentável, além de se apontar a pobreza como uma das principais causas dos problemas ambientais no mundo.

Também nessa década ocorreu a consolidação da aceitação por parte da Organização das Nações Unidas da existência do fenômeno do aquecimento global, quando o Programa das Nações Unidas para o Meio Ambiente (UNEP) e a Organização Mundial de Meteorologia (WMO) criaram o Painel Intergovernamental sobre Mudança do Clima (IPCC), composto por cientistas especializados de todo o mundo, tendo como objetivo estudar e monitorar o problema, além de propor medidas mitigadoras.

O IPCC é dividido em três grupos: (a) o primeiro dedica-se a estudar o aspecto científico do sistema climático e das mudanças do clima; (b) o segundo avalia a vulnerabilidade da humanidade e dos sistemas naturais às mudanças do clima, considerando suas consequências positivas e negativas, e também as opções para as adaptações necessárias a estas consequências; (c) e o terceiro grupo analisa as possibilidades de limitação da emissão de GEE, de mitigação da mudança climática e as consequências dessas medidas do ponto de vista socioeconômico.

O trabalho desses pesquisadores identificou que os chamados GEE, grupo formado pelo Dióxido de Carbono (CO_2), Metano (CH_4), Óxido Nitroso (N_2O), Perfluorcarbonos (PFCs), Hidrofluorcarbonos (HFCs) e Hexafluoreto de Enxofre (SF_6), são os principais responsáveis pelo aumento da temperatura na Terra e pelas mudanças climáticas. "Sabe-se que desde a Revolução Industrial até hoje houve um acréscimo de 30% na concentração de CO_2 na atmosfera e que a média de temperatura do planeta aumentou entre 0,3° e 0,6° C no século XX" e que, anualmente, o homem lança cerca de sete bilhões de toneladas equivalentes de CO_2 na atmosfera.

Já a Conferência das Nações Unidas sobre Meio Ambiente e Desenvolvimento, também conhecida como Rio-92 ou Eco-92, que ocorreu no Brasil na cidade do Rio de Janeiro, em junho de 1992, foi o acontecimento mais marcante do início dos anos de 1990, e até os dias atuais é considerada como uma das respostas mais significativas à crise ambiental global enfrentada pela humanidade, onde foram assinados cinco importantes documentos, dentre eles, a realização da Convenção de Mudanças Climáticas.

Portanto, cabe à presente geração a responsabilidade de começar a integralizar as preocupações relativas a meio ambiente e desenvolvimento, de modo que os fatores qualidade de vida e economia tendam a crescer, e que de forma inversamente proporcional, a utilização de recursos e poluição diminuam. Na busca desse cenário promissor de desenvolvimento sustentável, cria-se no mercado consumidor e produtor a consciência pela necessidade de padrões de consumo ambientalmente responsável através de saltos tecnológicos significativos para a conservação ambiental.

Deve-se ter em mente que a sociedade atual faz parte do problema, tendo, então, o dever de fazer parte das soluções. Assim, a participação da sociedade civil na governança ambiental global é uma das tarefas mais importantes a serem executadas por aqueles que tomam decisões e que se preocupam com a sua posterior eficácia. Sendo assim, a sociedade atuaria de forma a coletar e difundir informações, servir de consulta para o desenvolvimento, implantação, avaliação e monitoramento de políticas, assumindo um papel de advocacia em prol da justiça ambiental.

Como o Protocolo de Kyoto é um instrumento de política pública ambiental internacional de cunho econômico, o mesmo se configura como uma alternativa às duas conclusões apontadas no relatório emitido pelo economista Nicolas Stern quanto ao problema mundial das mudanças climáticas. A primeira é que, utilizando os resultados de modelos econômicos, o estudo chega à conclusão de que o total dos custos e riscos das alterações climáticas será equivalente à perda anual de 5% do PIB global em um cenário em que não haja reduções significativas nas emissões de GEE e a segunda conclusão é de que esse dano pode ser evitado com um investimento inferior ao esperado de aproximadamente 1% do PIB global, nos próximos dez e 20 anos.

O relatório supracitado foi oportuno a partir do momento em que foi elaborado por um economista e não por um ambientalista, pois trouxe para alguns céticos quanto à veracidade do problema das mudanças climáticas, em sua maior parte governos, empresários e cientistas econômicos, a certeza de que estavam diante de um entrave relevante e que poderia trazer severas consequências tanto para países ricos como principalmente para os mais pobres.

Outro resultado positivo foi o fortalecimento e a continuação dos trabalhos da Convenção Quadro das Nações Unidas sobre Mudança do Clima (UNFCCC), que estava em vigor desde 1994, que se constitui de um Tratado Internacional assinado por 192 países, e que desde a sua criação reconheceu que o sistema climático é um recurso compartilhado, cuja estabilidade pode ser afetada por emissões industriais ou outras fontes de emissão de GEE. A UNFCCC tem como um de seus objetivos estabilizar a concentração atmosférica dos GEE para evitar a mudança perigosa do clima e como forma de acompanhar o cumprimento desse complexo desafio, começou a ser realizada a Conferência das Partes (COP), conforme o histórico demonstrado no Quadro 8.1.

Quadro 8.1 – *Histórico das COPs*

COP	Ano	País Hospedeiro	Cidade	Ação
1	1995	Alemanha	Berlim	Acompanhamento das obrigações da convenção
2	1996	Suíça	Genebra	Obrigações legais com metas de redução
3	1997	Japão	Kyoto	**Protocolo de Kyoto**
4	1998	Argentina	Buenos Aires	Abertura para assinatura do protocolo de Kyoto
5	1999	Alemanha	Bonn	Continuidade de coleta de assinaturas
6	2000	Holanda	Haia	Negociações suspensas por falta de acordo entre Estados Unidos e União Europeia
7	2001	Marrocos	Marraqueche	Retomada das discussões sem os Estados Unidos e definições sobre o MDL
8	2002	Índia	Nova Delhi	Discussão sobre metas de uso de fontes renováveis na matriz energética dos países
9	2003	Itália	Milão	Regulamentação dos sumidouros de carbono no âmbito do MDL
10	2004	Argentina	Buenos Aires	Aprovadas as regras para entrada em vigor do protocolo de Kyoto
11	2005	Canadá	Montreal	Perspectivas de metas para o período pós-2012
12	2006	Quênia	Nairobi	Estipulação de regras para criação do fundo de adaptação para países mais pobres
13	2007	Indonésia	Bali	Criação do mapa caminho para adoção de ações monitoráveis – adesão dos Estados Unidos
14	2008	Polônia	Poznan	Proposta de reduções de emissões por desmatamento (REDD) e de adaptação
15	2009	Dinamarca	Copenhague	Discussão do acordo climático pós-2012
16	2010	México	Cancun	Criação do fundo verde para financiar projetos de adaptação em países pobres
17	2011	África do Sul	Durban	**Extensão do protocolo de Kyoto 2013-2017**

Fonte: Adaptação com base em Fujihara e Lopes (2009).

A UNFCCC inicialmente não estipulou limites de emissões de GEE e sim emitia disposições embasadas em sua autoridade, denominadas de Protocolo, e que na prática tinha o objetivo de estabelecer limites de emissões. Dentre os protocolos emitidos, o mais relevante e mais popular foi o de Kyoto criado em 1997. Contudo, só entrou em vigor em 2005 após adesão da Rússia como signatária, a fim de cumprir o objetivo de reunir um grupo de países que representasse mais de 55% das emissões de GEE no mundo, tendo como ano-base 1990, em que os países desenvolvidos teriam a meta de reduzir 5,2% de suas emissões.

Assim, os países desenvolvidos, listados no Anexo I do Protocolo de Kyoto, e que são membros da Organização para a Cooperação e o Desenvolvimento Econômico (OCDE), além dos países do Leste Europeu e da Rússia cumpririam essa meta de redução de 5,2% no período de 2008 a 2012 e os outros países não incluídos no Anexo I, como é o caso do Brasil, teriam compromissos gerais com o desenvolvimento de programas nacionais de mitigação de emissões, porém sem metas específicas de redução de emissões, atendendo à premissa do Protocolo de Kyoto de responsabilidades comuns, porém diferenciadas.

Os países desenvolvidos (Anexo I) são representados por três subgrupos, os Estados Unidos que não assinaram o Protocolo de Kyoto, União Europeia e os países da antiga União Soviética e tem como maior característica a divergência entre Estados Unidos e União Europeia com relação à inclusão dos países em desenvolvimento no cumprimento de metas de emissão de GEE. Já os países em desenvolvimento formaram o grupo dos 77 + China e tentaram se articular em defesa de seus interesses em relação aos países desenvolvidos, mas em razão do peso diferenciado de suas economias, da matriz energética e diferenças geomorfológicas, tornou-se ao mesmo tempo um bloco fragmentado e sem um viés definido para negociação.

Essa premissa do Protocolo do Kyoto, responsabilidades comuns, porém diferenciadas, é explicada pelo processo de reversão de CO_2 lançado na atmosfera, pois ele tem uma longa vida, ou seja, leva 12 anos para a natureza reduzi-lo à metade. Daí a responsabilidade histórica dos países ricos, pois já consumiam muito carvão desde o início do século XIX, depois passando ao petróleo e ao gás natural. Outra premissa é que o Protocolo de Kyoto significa um mecanismo de imposição de abrangência internacional e uma tentativa de viabilizar a compensação de danos ambientais ocasionados por determinados países.

Nesse contexto, dentre os mecanismos econômicos criados para ajudarem as nações do Anexo I no cumprimento da meta de redução, estão o Comércio de Emissões (CE), que define que um país pode transferir um excedente de créditos de emissão para um outro que esteja abaixo da meta, a Implementação Conjunta (IC), que estipula que projetos de redução de emissões podem ser desenvolvidos em países do Anexo I, e o MDL, que possibilita o desenvolvimento de projetos de redução de emissão de GEE em países em desenvolvimento financiados por países que possuem metas de redução a serem cumpridas. O Comércio de Emissões e Implementação Conjunta se traduzem em mercados de carbono para países do Anexo I (desenvolvidos) e o MDL como a oportunidade de países em desenvolvimento de promoverem projetos que contribuam para a redução de emissão de GEE e ao mesmo tempo de captar recursos estrangeiros para melhoria da qualidade de vida de sua população.

8.3 MERCADO DE CARBONO

Como foi visto no tópico anterior, um passo importante realizado através do Protocolo de Kyoto para o surgimento do mercado de carbono regulado foi o estabelecimento de três mecanismos que possibilitam o atendimento dos compromissos até então firmados.

Dois destes – a "Implementação Conjunta" e o "Comércio de Emissões" – têm sua atuação restrita aos chamados países desenvolvidos ou industrializados. Já o terceiro, os "Mecanismos de Desenvolvimento Limpo" (MDL), permite a participação de países em desenvolvimento, como é o caso do Brasil.

O mercado de carbono mundial é dividido em voluntário e regulado pelo Protocolo de Kyoto. O primeiro é composto por países e empresas que não têm obrigação de reduzir emissões de GEE, e, por sua vez, o segundo mercado, o regulado, existe para países e empresas que são obrigados a reduzir os níveis do poluente, nos quais o não cumprimento da meta implica em multa e que seguem os postulados do Protocolo de Kyoto. Desde o surgimento do Mercado de Carbono, as relações comerciais internacionais, tendo como foco os créditos de carbono, vêm se tornando cada vez mais fortes entre os agentes vendedores, detentores dos créditos, e os compradores, interessados na compra desses créditos para o alcance de suas metas. No Brasil, as Reduções Certificadas de Emissões (RCEs), como são denominados os títulos de créditos de carbono, são responsáveis por movimentar uma grande quantidade de recursos.

É importante citar que o mercado de carbono, tanto o voluntário quanto o regulado, possui um comportamento considerado instável no tocante às cotações de preço de tonelada de carbono equivalente. Em maio e junho do ano de 2006, os preços dos créditos de carbono apresentaram grande queda nas bolsas de valores internacionais. No mercado europeu, por exemplo, o preço médio caiu de 28,5 euros por tonelada, em abril, para 9,95 euros, em junho. Essa queda ocorreu porque alguns países europeus, entre os quais França e Polônia, anunciaram que iriam reduzir a compra de créditos. O mês de julho, no entanto, representou uma retomada de crescimento, sendo a tonelada negociada por 16 euros. Essa mudança estaria sendo ocasionada por conta da preocupação, de indústrias de diversos países do mundo, com as multas previstas no Protocolo de Kyoto.

Outro aspecto que contribuiu para uma maior volatilidade dos preços das RCEs e sua baixa de preços foi a crise econômica iniciada em 2008 e que até hoje traz reflexos para as principais economias mundiais. O preço da tonelada de carbono é bastante correlato com a cotação do barril de petróleo, portanto, em um cenário de crise econômica, fazendo com que os níveis de produção de bens e serviços diminuam, é comum a cotação de petróleo cair. Menos produção, menos consumo de petróleo e outros combustíveis fósseis, portanto, menos emissão de GEE, fazendo com que os preços das RCEs se comportem da mesma forma e tenham uma tendência de baixa.

Com a crise de 2008, o preço das RCEs chegou ao patamar de 10 euros a tonelada, ou seja, uma redução de praticamente 50%. Mesmo assim, conforme citado anteriormente, não somente a possibilidade de comercializar Créditos de Carbono vem atraindo o interesse de empresas em todo o mundo para a redução das emissões de GEE. Nas últimas décadas, as questões ambientais evoluíram consideravelmente, assim como a economia, exigindo políticas ambientais cada vez mais rígidas. No mundo empresarial, já não é mais suficiente a um fabricante oferecer produtos de qualidade, com preços e prazos atrativos. As pressões sociais pela preocupação com o meio ambiente fizeram com que este seja um fator de sobrevivência competitiva no mercado, em qualquer lugar do mundo e, por esse motivo, cada vez mais as empresas vêm buscando a adoção de uma gestão ambiental.

Para que se possa ter uma ideia do potencial de todo o mercado de créditos de carbono, apenas no ano de 2005, esse mercado movimentou 11,6 bilhões de dólares. Projeções da *International Emissions Trading Association* (IETA) indicam que, entre 2006 e 2012, as demandas mundiais por créditos de carbono seriam de 800 milhões de toneladas. Esse cálculo considera fatores como: inventários das nações sobre as emissões, ou seja, o quanto cada país é obrigado a efetuar reduções de emissões de gases de efeito estufa; o volume a ser reduzido para atingir as metas do Protocolo de Kyoto; e o percentual de créditos de carbono que pode ser usado para cumprimento dessas metas.

Tanto os créditos de carbono oriundos de projetos de MDL (RCEs) quanto os créditos de carbono oriundos de projetos de Implementação Conjunta e Comércio de Emissões (*allowances*) podem ser consideradas como um benefício, um prêmio recebido por uma empresa ou nação como recompensa por seus esforços em evitar ou reduzir suas emissões de GEE, ou então por retirar estes gases da atmosfera, ato que neste mercado recebe o nome de "sequestro" destes mesmos poluentes.

O Brasil é um dos países com maior potencial no mundo para a oferta de Créditos de Carbono. Isso acontece por conta da alta diversidade de possibilidades para atividades que reduzam a emissão de GEE, ou que promovam o seu sequestro da atmosfera, conforme pode ser demonstrado abaixo:

- Cogeração de energia com biomassa.
- Substituição de combustível.
- Recuperação e Queima de Metano.
- Geração de Energia com o Biogás.
- Substituição de Combustível pelo Biogás.
- Cogeração de Energia e Eficiência Energética.
- Produção de Energia Fonte Renovável.
- Utilização de Combustível Renovável em Detrimento de Fóssil.
- Metano em Resíduos Animais e Efluentes Líquidos.
- Florestamento e Aflorestamento.

No entanto, também no Brasil encontra-se um paradoxo: ao mesmo tempo em que aqui se encontra um dos maiores sumidouros florestais do mundo, a maior parte das emissões de gás carbônico do país é proveniente justamente do desmatamento, através de queimadas. Outras bases de contribuição para o lançamento de CO_2 brasileiro na atmosfera estão no tráfego de veículos e na combustão industrial. Talvez por conta desses motivos, o Brasil vem desempenhando um importante papel nas negociações internacionais referentes a questões ambientais.

O inventário de emissões do Brasil do ano de 2005, a emissão de CO_2 equivalente foi de 2.203 milhões de toneladas, sendo que praticamente 60% desse montante de emissões brasileiras são oriundos do desmatamento. Portanto, mesmo o Brasil possuindo uma matriz energética considerada limpa (hidrelétricas), é um dos maiores emissores de GEE do mundo em virtude das queimadas realizadas principalmente na região amazônica.

8.3.1 Mercado de carbono regulado

8.3.1.1 Mecanismo de Desenvolvimento Limpo (MDL) no Brasil

Criados pelo artigo 12 do Protocolo de Kyoto, os projetos de MDL devem demonstrar que o projeto desenvolvido reduz emissões de forma adicional ao que ocorreria na ausência do projeto, parâmetro este que é mundialmente conhecido pelo princípio da adicionalidade, assim como que o projeto se traduza em uma oportunidade para o processo de transferência de tecnologia, que a tecnologia transferida seja ambientalmente segura e por fim que contribua para o desenvolvimento sustentável do país. Portanto, todo projeto de MDL deve possuir uma linha de base de emissões, ou seja, o histórico de emissões antes da implantação do projeto de MDL, e a nova linha de base após a implantação, a fim de apurar o seu direito a créditos de carbono e por seguinte de RCEs, conforme ilustrado na Figura 8.3.

Figura 8.3 – *Demonstração da linha de base antes e depois do projeto de MDL*

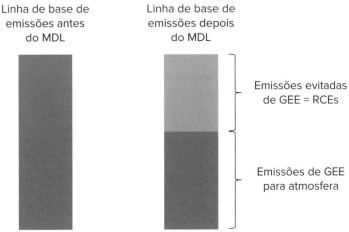

Fonte: Silva Júnior (2011).

Já a estrutura existente para tratar do tema das mudanças climáticas no âmbito das Nações Unidas no que se refere ao MDL em discussões, implementações de ações e controles e principalmente decisões é demonstrada na Figura 8.4.

Figura 8.4 – *Estrutura organizacional do MDL*

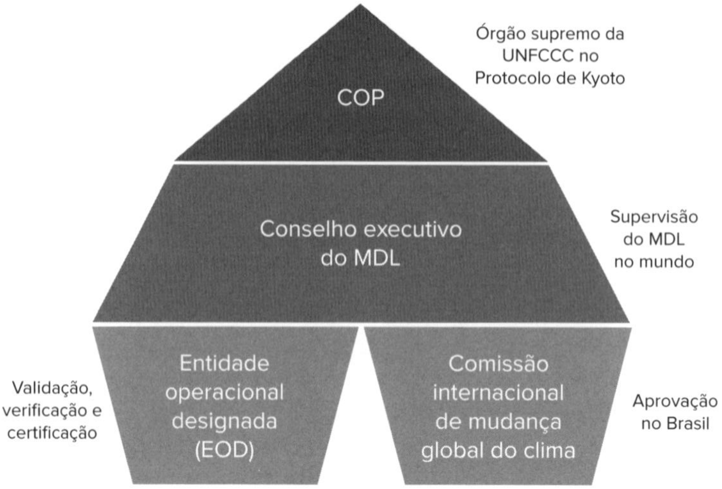

Fonte: Fujihara e Lopes (2009).

Sendo assim, através de uma perspectiva sucinta, um projeto de MDL no Brasil deve passar por um processo de validação e certificação por uma Entidade Operacional Designada (EOD) cadastrada junto ao Conselho Executivo do MDL nas Nações Unidas, depois ser aprovado pela Comissão Interministerial de Mudança Global do Clima (CIMGC) do Brasil para depois finalmente ser aprovado junto ao Conselho Executivo das Nações Unidas, legitimando assim os créditos de carbono através da emissão das RCEs correspondentes às emissões evitadas de GEE.

Neste momento, é importante ressaltar que o mercado de compra e venda de carbono funciona como um *cap-and-trade*, ou seja, um mercado que cria limitações de emissões em um determinado setor ou grupo, regulado por Kyoto, e gera uma nova moeda para o mercado mundial denominada de créditos de carbono. Os países que possuem metas de redução de emissão de GEEs, caso não consigam cumprir as mesmas, devem repor o excedente com créditos de carbono oriundos dos mecanismos de IC e CE que são denominados de *allowances* (permissões), ou através de créditos de carbono oriundos do MDL (RCE).

Os países do Anexo I que possuem metas de redução, para conseguirem cumpri-las, são compelidos a adquirir direitos de poluir no mercado (*allowances* ou RCEs) e com isso pagarão pela instalação de controles ambientais em outros países do Anexo I (IC) ou em países fora do Anexo I (MDL). Em virtude dos preços mais elevados das *allowances*, é uma tendência que eles busquem a compra de RCEs, contribuindo, assim, para a preservação e melhoria da qualidade ambiental nos países em desenvolvimento.

O preço da RCE é inferior ao de *allowances* em razão do custo marginal de redução em países fora do Anexo I e o custo necessário para redução similar em países do Anexo I, como também o fator risco de desempenho dos projetos de MDL, uma vez que os créditos de carbono podem ser comprados desde a concepção de uma simples ideia ou na fase final de emissão das RCEs.

Sendo assim, os maiores compradores mundiais de RCEs são:

- Os fundos governamentais de países do Anexo I ou desenvolvidos.
- A iniciativa privada desses mesmos países, visando cumprir metas de emissões.
- Fundos de investimentos operando de forma a comprar RCE a baixo custo e vendendo futuramente a preços maiores.
- *Brokers* que intermedeiam o negócio entre compradores e vendedores de RCEs.

Portanto, a própria diversidade desses atores supracitados demonstra a envergadura internacional do mercado de carbono regulado por Kyoto tanto como instrumento econômico como instrumento de política pública em prol de uma economia de baixo carbono através de um desenvolvimento mais limpo.

As expectativas teóricas para um projeto de MDL é de gerar uma situação de duplo ganho, pois proporciona aos países desenvolvidos possibilidade de cumprirem suas metas e também contribuírem para a promoção do desenvolvimento sustentável nos países em desenvolvimento como o Brasil. Por outro lado, os custos para o desenvolvimento de um projeto de MDL são altos para a realidade de um país em desenvolvimento, o que propicia um predomínio em participação de grandes empresas e que por si só já se configura como uma barreira para a sua eventual implantação.

Outra barreira relevante é que os governos devem fomentar políticas públicas de modo a cortar de forma gradativa os subsídios a empresas nocivas ao meio ambiente que ainda hoje não possuem uma diferenciação principalmente nos bancos de fomento.

A cobrança de impostos sobre créditos de carbono seria uma boa oportunidade de desenvolvimento de políticas públicas e teria duas aplicabilidades, aquela cuja receita parcial ou integral é gasta para fins ambientais, e aquela cujo propósito é influenciar o comportamento de maneiras compatíveis com os objetivos ligados às mudanças climáticas.

Na esfera mundial, os maiores desenvolvedores de projetos de MDL são China, Índia, Brasil e Coreia do Sul, e um dos motivos para que o Brasil figure apenas na terceira colocação é o fato de que nos dois primeiros países existe uma dependência do consumo de combustíveis fósseis, especialmente o carvão mineral. Daí, um diferencial que esses países possuem em relação ao Brasil, que possui uma matriz energética considerada limpa.

Isso ocorre também porque o Brasil foi um dos idealizadores do MDL e também porque o governo brasileiro finalizou em 2004 a Primeira Comunicação Nacional do Brasil e que foi composta por três partes. A primeira apresenta um panorama geral do país e suas prioridades de desenvolvimento, a segunda compreende o primeiro inventário brasileiro de GEE referente ao período de 1990 a 1994 e a terceira as providências previstas e já implementadas no país e que contribuem para a redução de emissão de GEE. O referido documento comprova que, diferentemente dos países desenvolvidos, no Brasil a maior parcela das emissões de CO_2 é proveniente da mudança no uso da terra (75%) em particular na conversão de florestas para uso agropecuário.

Outro fato que reforça essa posição brasileira de matriz energética limpa são os programas para redução de emissões de GEE, como o Programa Nacional do Álcool, estimulando adoção no mercado de veículos *flexfuel*, Programa Nacional do Biodiesel, que adiciona biodiesel no óleo combustível, o Programa Nacional de Desperdício de Energia (PROCEL), o Programa Nacional de Incentivo a Energias Renováveis (PROINFA), o Programa Nacional de Redução de Emissões de Veículos (PROCONVE) e o Sistema Nacional para Prevenção e Combate de Incêndios Florestais (PREVFOGO).

8.3.1.2 Ciclo de projetos de MDL e os tipos de GEEs envolvidos

Um fator muito importante na estruturação de projetos de MDL é a equivalência de carbono, que representa uma medida definida em virtude do reconhecimento de que os GEEs apresentam diferentes potenciais de contribuição para o aquecimento global. Essa escala é usada para comparar as emissões de diversos GEEs, tendo-se como base a quantidade de dióxido de carbono (CO_2) que teria o mesmo potencial de aquecimento global, conforme exposto no Quadro 8.2.

Quadro 8.2 – *Equivalência do carbono*

Grupo	Nome	Equivalência
CO_2	Dióxido de Carbono	1
CH_4	Metano	21
N_2O	Óxido Nitroso	310
HFCs	Hidrofluorcarbonetos	140 a 11.700
PFCs	Perfluorcarbonetos	6.500 a 9.200
SF_6	Hexafluoreto de Enxofre	23.900

Fonte: Seiffert (2009).

O Quadro 8.2 demonstra a equivalência de carbono para emissão dos créditos de carbono (RCEs), portanto, para cada uma tonelada de CO_2 evitada se gera um crédito de carbono, ou seja, uma relação de um para um. Contudo, em projetos de MDL que tenham como foco a diminuição na emissão de CH_4, cada tonelada evitada vai gerar 21 créditos de carbono (RCEs), a mesma correlação acontecendo com os demais gases obedecendo às suas respectivas taxas de equivalência.

A questão do tipo de GEEs cuja emissão estará sendo mitigada em determinado projeto de MDL é uma consideração importante, pois embora projetos baseados nos gases hidrofluorcarbonetos, perfluorcarbonetos e hexafluoreto de enxofre sejam economicamente mais interessantes devido ao fato de apresentarem elevadas equivalências de carbono, significam a possibilidade de obtenção de um maior número de créditos de carbono. Contudo, podem ser projetos complicados de obtenção de registro junto à UNFCCC, pois esses tipos de projetos de MDL não são em geral muito bem aceitos por se considerar que sua contribuição é limitada dentro da perspectiva do desenvolvimento sustentável.

No Brasil, não existem projetos de MDL de HFCs, PFCs e SF6, e em nível mundial só existem poucos projetos de HFCs na Coreia do Sul e China, contudo suas participações na geração de RCEs são bem superiores aos demais GEEs (N_2O, CH_4 e CO_2), devido ao seu maior potencial de aquecimento, tornando projetos de destruição desses gases mais atrativos economicamente.

Até agosto de 2007, em todo o mundo os projetos de MDL aprovados para recebimento de RCEs já totalizavam 109.000.000 de toneladas equivalentes de CO_2 evitadas distribuídas da seguinte forma:

CO_2 – 27.000.000 de toneladas equivalentes

CH_4 – 14.000.000 de toneladas equivalentes

N_2O – 14.000.000 de toneladas equivalentes

HFCs – 54.000.000 de toneladas equivalentes

Dessa forma, os números supracitados demonstram que nem sempre uma maior quantidade de projetos de MDL é sinônimo de um maior número de RCEs, pois apesar de só representar pouco menos que 5% do total de projetos de MDL no mundo, os projetos de HFCs e N_2O correspondem a 68% dos RCEs emitidos, ficando assim evidente a maior atratividade econômica de projetos que reduzem a emissão desses gases.

Qualquer empresa que queira desenvolver um projeto de MDL terá barreiras a serem transpostas, contudo, os benefícios gerados pelo seu desenvolvimento são relevantes. Isso ocorre, em virtude do fato de contribuírem para a redução de custos no processo produtivo em decorrência de maior eficiência energética e operacional, a própria receita com a venda das RCEs, ganho de imagem de empresa que possui responsabilidade socioambiental e a manutenção de sua reputação no mercado consumidor.

A tramitação de um projeto de MDL apresenta etapas bem características e de certa forma obedecendo a lógica semelhante à certificação de sistemas de gestão segundo o modelo normativo da *International Standard Office* (ISO).

Nesse processo, diferentes agentes apresentam papéis extremamente importantes. Para que as atividades propostas pelos projetos de MDL sejam consideradas elegíveis, devem ser observados alguns critérios fundamentais, entre os quais o da adicionalidade, que pressupõe a comprovação de efetiva redução da emissão de GEE e/ou remoção de CO_2 adicional ao que ocorreria na ausência do projeto e a contribuição do mesmo para o desenvolvimento sustentável do país onde venha a ser implementado, através da transferência de tecnologias ambientalmente seguras.

Vale salientar que esses critérios foram definidos, após longas negociações entre os países signatários do Protocolo, na tentativa de garantir não apenas a contribuição dos países em desenvolvimento para a minimização das mudanças climáticas globais, cujos grandes responsáveis são os países desenvolvidos ou industrializados, mas também a incorporação de um novo modelo de desenvolvimento, com a real integração entre os países em prol de uma solução conjunta a uma problemática que atinge a todos.

O Brasil se destacou no cenário internacional como um importante ator ligado ao MDL, pois, além de a ideia do MDL ter sido inicialmente proposta pela delegação brasileira, o Brasil foi um dos primeiros países a estabelecer localmente as bases jurídicas necessárias para o desenvolvimento de projetos de MDL com a criação da Autoridade Nacional Designada (AND) por meio de decreto presidencial do ano de 1999. E essa postura refletiu na primeira metodologia aprovada no âmbito do MDL junto ao Conselho Executivo que foi a de Aterros Sanitários no município de Salvador no Estado da Bahia, projeto este que será alvo de um dos estudos de caso sobre MDL no Brasil no tópico posterior.

De acordo com as normas estipuladas pelo MCT, para que os projetos sejam aprovados pelo Conselho Executivo de MDL (CEMDL), resultando em RCEs, suas atividades devem, necessariamente, passar pelas sete etapas do Ciclo do Projeto, quais sejam:

1. Elaboração de Documento de Concepção de Projeto (DCP), documento que deve conter todas as informações necessárias para validação, registro, monitoramento, verificação e certificação.

2. Validação por Entidade Operacional Designada (EOD), verificando-se se o projeto está em conformidade com a regulamentação do Protocolo de Kyoto.

3. Aprovação pela Autoridade Nacional Designada (AND), no Brasil representada pela Comissão Interministerial de Mudanças Globais do Clima (CIMGC). Um dos principais elementos dessa fase é a confirmação de que a atividade de projeto a ser desenvolvida contribui para o desenvolvimento sustentável do país.

4. Submissão ao Conselho Executivo (CEMDL), coordenado pela United Nations Framework on Convention Climate Change (UNFCCC) para registro do projeto. O registro representa a aceitação formal, pela ONU, da contribuição da atividade de projeto do MDL para a minimização das mudanças climáticas.

5. Monitoramento. Trata do recolhimento e armazenamento de todos os dados necessários para calcular a redução das emissões de GEE, de acordo com a metodologia de linha de base estabelecida no DCP. Essa etapa é de responsabilidade dos participantes do projeto.

6. Verificação/certificação. Uma outra EOD verifica se as reduções de emissões de GEE monitoradas ocorreram como resultado da atividade de projeto do MDL. A EOD deve relatar, ou seja, certificar que atividade de projeto atinge de fato as reduções de emissões declaradas no período.

7. Emissão de RCEs, de acordo com cada projeto. Nessa etapa, o CEMDL atesta sua certeza de que, cumpridas todas as etapas, as reduções de emissões de GEE

decorrentes das atividades de projeto são reais, mensuráveis e de longo prazo e, portanto, podem dar origem a RCEs.

Na elaboração do DCP, primeira etapa, é que os proponentes do projeto devem realizar a descrição da atividade implementada, indicar os participantes nela envolvidos, detalhar a metodologia e linha de base adotada, relatar os cálculos de redução ou remoção de GEE da atmosfera e apresentar o plano de monitoramento que será utilizado, entre outras informações importantes.

Também nessa etapa, os proponentes devem descrever fatores considerados fundamentais para a aprovação dos projetos de MDL: a apresentação das contribuições do projeto para o desenvolvimento sustentável e os papéis desempenhados pelas partes interessadas. Essas questões têm destaque especial no DCP de qualquer projeto de MDL, sendo objeto de seções específicas no documento. Assim, as informações prestadas pela organização proponente no DCP são indispensáveis para a verificação, tanto por parte da AND quanto do CEMDL, sobre a elegibilidade do projeto.

Quanto ao critério da adicionalidade, destaca-se uma condição básica para a aprovação do projeto: a obrigatoriedade de comprovação de que as opiniões de todas as partes interessadas – incluindo indivíduos, grupos e comunidades – foi considerada para a sua elaboração. Essa preocupação está alinhada com o posicionamento de que nos últimos anos vem crescendo a preocupação das empresas e seus gestores em relação ao nível de atenção dedicado às suas partes interessadas, com destaque para as Organizações Não Governamentais (ONGs) e as próprias organizações comunitárias. Os projetos de MDL devem levar em consideração as opiniões emanadas por essas partes interessadas de forma a criar um mapa de influência dos mesmos.

Cabe ressaltar que nos DCPs dos projetos de MDL, as organizações proponentes apresentam informações sobre a influência de políticas públicas para o financiamento do projeto, sobre as motivações que as levaram a propor os projetos e as principais barreiras encontradas para seu desenvolvimento. Assim como, em todo DCP, deve existir também o Anexo III, que contempla as contribuições do projeto de MDL para a promoção do desenvolvimento sustentável.

Como o Protocolo de Kyoto deixa a cargo de cada país definir quais são os indicadores que cada projeto de MDL deve contribuir para o alcance do desenvolvimento sustentável, o Brasil definiu através de sua AND (CIMGC) que os projetos de MDL brasileiros devem contribuir para:

- Sustentabilidade ambiental local.
- Desenvolvimento das condições de trabalho e a geração líquida de empregos.
- Distribuição de renda.
- Capacitação e desenvolvimento tecnológico.
- Integração regional e a articulação com outros setores.

Quanto à EOD, seu papel é estratégico, pois o fluxo de entrega das RCEs após sua verificação e emissão dos certificados pelo CEMDL ocorre de forma anual. Destaca-se que os projetos de MDL são divididos em ciclos de dez a 21 anos (três ciclos de sete anos) ou um ciclo único de dez anos e de 20 a 60 anos (dois ciclos de 30 anos) para os projetos referentes a florestas.

É importante também, conforme Seiffert (2009), o interessado em implantar um projeto de MDL para a obtenção de RCEs considerar dois fatores importantes: o preço e o risco para desenvolvimento do projeto de MDL. Esses dois vetores possuem movimentos inversamente proporcionais, conforme pode ser observado na Figura 8.5, que compara a relação preço × risco em todas as fases do ciclo do projeto de MDL. Essa abordagem afirma onde quer que se promovam novas iniciativas, seja na própria tecnologia, seja nas áreas em que seu impacto é sentido, criam-se espaços de incertezas, pois uma tecnologia ainda não testada em escala não tem um preço confirmado, e é difícil avaliar o custo das consequências de sua adoção geral.

Figura 8.5 – *Correlação preço versus risco das RCEs nas etapas de um projeto de MDL*

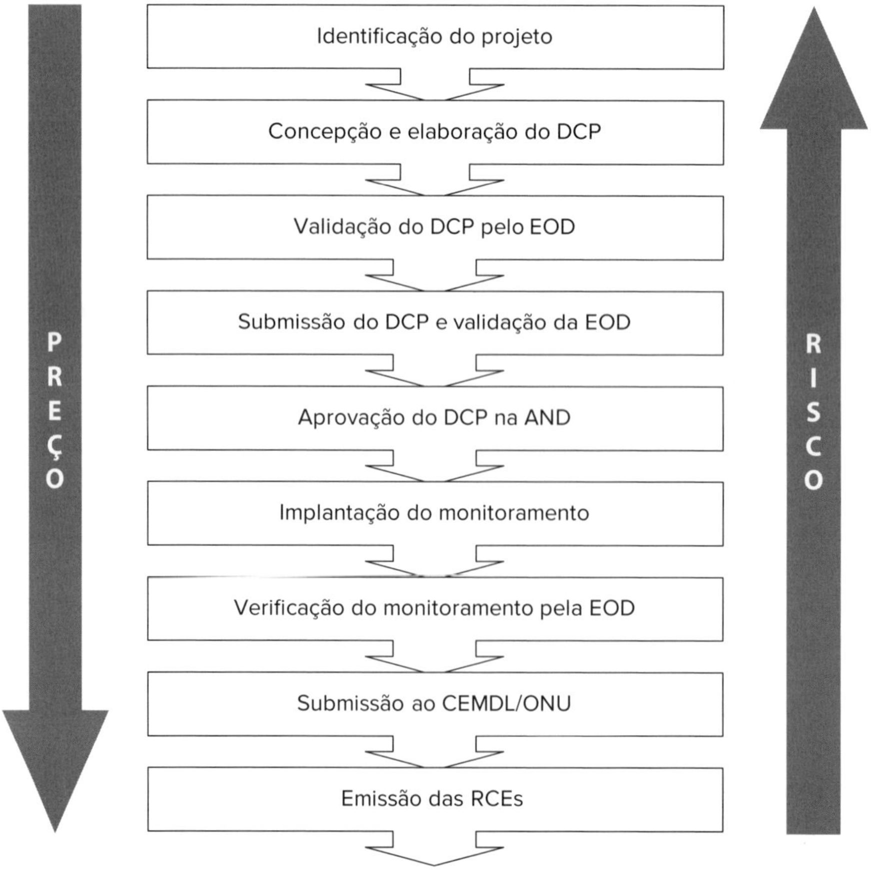

Fonte: Seiffert (2009).

Perante a exposição da Figura 8.5, entende-se por que o preço das RCEs aumenta em 100% na etapa final do registro de projeto no CEMDL, enquanto o risco apresenta o sentido inverso, aumentado para 100% no sentido das fases iniciais de submissão do projeto. É interessante chamar a atenção para o fato de que os projetos de MDL brasileiros, que já receberam a carta de aprovação do CIMGC, podem vir a obter o mesmo valor de RCEs que projetos já registrados junto ao CEMDL. Essa avaliação diferencial ocorre em virtude da elevada credibilidade da CIMGC, cujos projetos vêm apresentando uma elevada taxa de aprovação pelo mesmo valor de venda de um projeto já registrado no CEMDL. Os projetos brasileiros são considerados mais atrativos, quando comparados com projetos chineses, representando um risco muito menor.

O MDL foi estabelecido para criar alternativas economicamente viáveis para a elaboração de projetos que envolvam a implementação de medidas adicionais àquelas que estariam sendo usualmente tomadas pelas empresas em países em desenvolvimento, tais como modificações no processo produtivo, melhoria na eficiência de equipamentos, troca de combustíveis fósseis e atividades de florestamento e reflorestamento, visando reduzir as emissões ou aumentar a absorção de GEE.

Sendo assim, a proposição de um projeto de MDL envolve altos custos de transação, além de riscos e incertezas, representando possíveis barreiras para sua plena utilização no Brasil e demais países em desenvolvimento. Evidência que é ratificada quando se tem ciência de que o custo médio para o desenvolvimento de um projeto de MDL varia entre 50 e 115 mil dólares americanos e seu tempo de aprovação pode variar de seis a 18 meses.

8.3.1.3 Projetos de MDL no Brasil

Nesse tópico são demonstradas algumas experiências práticas de desenvolvimento de projetos de MDL no Brasil em diferentes escopos setoriais oriundas de pesquisas de campo e análise de seus respectivos DCPs. Nesse momento, é importante registrar que o DCP de qualquer projeto de MDL aprovado no Brasil pode ser acessado no *site* do Ministério da Ciência e Tecnologia, facilitando assim a realização de pesquisas e maior conhecimento das possibilidades e oportunidades no mercado de carbono brasileiro.

8.3.1.3.1 Rosa dos Ventos

A empresa Rosa dos Ventos Geração e Comercialização de Energia S.A. é uma produtora independente de energia, constituída por dois projetos de energia eólica: a Lagoa do Mato e a Canoa Quebrada, ambos em Fortaleza/Ceará (CE). O primeiro possui 3,23 MW e o segundo 10,50 MW.

Essa empresa, fomentada pela Eletrobrás, se localiza no município de Aracati-CE e pertence a um grupo de investidores portugueses. O início da construção da planta eólica, tanto da Lagoa do Mato quando da Canoa Quebrada, ocorreu no dia 20/3/2007. A construção e operação, no dia 31/12/2007.

O projeto da Rosa dos Ventos prevê uma redução média de GEE de 17.814 toneladas de dióxido de carbono equivalente por ano, entre 2008 e 2014. Suas plantas foram contratadas no âmbito do PROINFA, programa governamental criado para promover fontes de energia renovável, desenvolvimento de tecnologias mais limpas e ambientalmente menos impactantes. O objetivo de ambas as plantas é a geração de energia renovável através do emprego de sete turbinas eólicas SUZLON com 2.1003 kW de capacidade nominal, totalizando uma potência de 13,73 MW. Isso resulta em uma produção, no período de um ano, de aproximadamente 66,6 GWh de energia.

As principais barreiras para a implantação desse parque eólico foram o excesso de burocracia e a falta de regras mais claras por parte do PROINFA no tocante ao repasse das receitas dos créditos de carbono oriundos do desenvolvimento do projeto. Além disso, também os riscos atrelados ao desenvolvimento do projeto, uma vez que era uma iniciativa pioneira e a ausência de fornecedores nacionais qualificados tanto para o fornecimento de materiais, como para manutenção dos equipamentos. Contudo, a barreira mais relevante foi a resistência da comunidade local à instalação do projeto, em virtude de o local se tratar de um polo turístico muito conhecido em nível nacional, a comunidade local via o projeto como uma ameaça às suas praias e, por conseguinte, à sustentabilidade do turismo na região.

Vale destacar que, apesar das críticas dos gestores do projeto ao PROINFA no tocante à venda dos créditos de carbono, é reconhecida a importância estratégica do PROINFA para a realização do presente projeto, sem o qual este não sairia do papel. Como a matriz energética brasileira é predominantemente hidroelétrica, onde já existe toda uma infraestrutura montada para sua distribuição, gerando assim determinada economia de escala. Portanto, o surgimento de novas fontes de energia renovável tende a se traduzir numa oferta de energia com um custo mais elevado. Assim, mesmo com a existência do MDL, projetos de pequeno porte como o da Rosa dos Ventos seriam inviáveis economicamente.

Esse projeto demonstra a importância de uma política pública brasileira através do PROINFA, para garantia da compra da energia gerada, e também do Banco do Nordeste, banco de fomento público que repassa os recursos do PROINFA para o desenvolvimento de fontes de energia renovável no Brasil.

Já no tocante a motivações para a execução do projeto, o aspecto de desenvolver fontes de energia mais limpa no Brasil foi o mais preponderante, justificando que atualmente o projeto não traz rentabilidade, ou seja, atualmente o projeto está se pagando. Contudo, conforme relatado nos parágrafos anteriores, os gestores do projeto Rosa dos Ventos ainda não receberam os recursos financeiros da venda dos créditos de carbono, portanto, o fato de o projeto atualmente estar gerando receitas suficientes para pagar seus custos demonstra a importância do PROINFA como instrumento financiador para o desenvolvimento da energia eólica no Brasil.

No tocante aos benefícios para a sociedade, também se destacam os programas sociais desenvolvidos pelo projeto, a fim de estreitar o relacionamento com as comunidades locais. Em relação a mão de obra, a empresa ofereceu cursos de jardinagem, manutenção elétrica, vigilância e capacitação básica sobre aerogeradores para os funcionários.

No aspecto ambiental, destaca-se o reflorestamento de áreas adjacentes com espécies nativas de restingas. Além disso, são questões importantes o fato de o parque não estar localizado em rotas das aves migratórias, e principalmente a preocupação em minimizar o dano ao meio ambiente na construção das vias de acesso, considerando que as torres são localizadas próximas às dunas e à praia. Aspectos de redução de emissão de GEEs, promoção ao fomento de energias limpas no Brasil e o reflorestamento da vegetação nativa destacam-se como os principais benefícios da dimensão ambiental no projeto da Rosa dos Ventos.

Vale ressaltar o benefício quanto à comprovação da viabilidade econômica e técnica do desenvolvimento de pequenos projetos de energia eólica em localidades isoladas como Canoa Quebrada, pois o presente projeto é composto por apenas cinco aerogeradores (ver Figura 8.6), e a partir de seu pleno funcionamento estimulou o desenvolvimento de novos parques eólicos na região.

Figura 8.6 – *Parque eólico Rosa dos Ventos em Canoa Quebrada*

Fonte: Silva Júnior (2011).

8.3.1.3.2 Votorantim energia: usina hidrelétrica Pedra do Cavalo (UHEPC)

O grupo Votorantim foi criado em 1918, na cidade paulista de Votorantim e originalmente era uma fábrica de tecidos. Hoje o grupo é uma *holding*, denominada Votorantim Participações (VPar), que, em 2001, iniciou o processo de internacionalização de seus negócios, atende em 16 países e no Brasil representa um dos maiores conglomerados industriais privados. Após a internacionalização de suas atividades, a empresa incorporou outras diretrizes institucionais, a exemplo da adoção do modelo de governança corporativa, visando assegurar o crescimento e a perenidade dos negócios com o controle acionário familiar e o fortalecimento de novas lideranças.

Em 2004, mediante uma concorrência pública promovida pela Agência Nacional de Energia Elétrica, a *holding* tornou-se responsável pela execução do projeto da Usina Hidrelétrica Pedra do Cavalo (UHEPC), situada nas proximidades do Rio Paraguaçu, nos municípios de Governador Mangabeira e Cachoeira, no Estado da Bahia. A média anual das reduções estimadas das emissões de CO_2 equivalente corresponde a 59.485 toneladas e a geração de energia na ordem de 494.064 MW/ano.

A atividade do seu projeto de MDL constitui-se de uma central hidrelétrica com reservatório existente em que o volume e a área inundada do reservatório não foram aumentados. Nele incluiu a construção de subestações elétricas e a fabricação e a instalação de turbinas e geradores com capacidade instalada de 160 MW. Esse projeto, assim como os demais projetos de MDL, propõe não só as reduções dos GEEs, como também benefícios sociais, ambientais e econômicos.

No aspecto social, destacam-se os benefícios quanto à primeirização da força de trabalho da usina, sendo todos os funcionários incorporados ao grupo Votorantim, a contratação de 500 funcionários na fase de construção da usina, melhoria da infraestrutura local dos municípios, capacitação dos profissionais para operação e manutenção da usina e utilização de parte dos recursos oriundos da venda dos créditos de carbono para construção de praças públicas e promoção de projetos sociais como a construção da casa do mel e das ceramistas no município de Cachoeira.

Além da redução de emissão de gases de efeito estufa, o projeto de MDL da Votorantim contribui para a preservação da fauna e flora na área de abrangência do empreendimento, reflorestamento da mata ciliar e realização da vazão ecológica que consiste na abertura das comportas da Usina, a fim de aumentar a vazão do rio, fazendo com que a correnteza gerada leve os dejetos descarregados pelas populações ribeirinhas no rio, ou seja, essa vazão ecológica promove uma limpeza em toda jusante do rio.

Já no aspecto econômico, além da geração de tributos tanto para Estado da Bahia, municípios e a União, verifica-se o aumento da diversificação das atividades da Votorantim agora também como uma empresa de energia e aquisição de equipamentos no Brasil contribuindo assim para a economia nacional. Outro benefício na dimensão econômica foi a garantia dada pelo Operador Nacional do Setor Elétrico de receitas financeiras mesmo com a usina parada, e isso ocorre em virtude de a usina ter sido construída aproveitando-se uma barragem já existente, conforme a Figura 8.7, e que tem não só a função de proteger as cidades a jusante do rio contra enchentes, mas também no fornecimento de água potável para a região metropolitana da cidade de Salvador.

Assim, a depender do regime de chuvas, a Usina possui uma faixa de segurança que deve cumprir para poder operar, caso contrário, é obrigada a parar suas atividades de geração de energia. Portanto, segundo Carvalho (2009), o Operador Nacional garante o consumo de 56,4% anual da capacidade de energia gerada pela Usina de Pedra do Cavalo a preços prefixados, garantindo assim estoque de energia em casos de pico de consumo nacional ou em virtude de realizações de manutenções de outras linhas de geração de energia.

Figura 8.7 – *Barragem de Pedra do Cavalo*

Fonte: Silva Júnior (2011).

As barreiras para a implantação do projeto consistiram no excesso de burocracia para obtenção de investimentos de bancos de fomento público, a presença de pescadores e caçadores na área de abrangência do projeto de MDL e o processo de indenização de famílias ribeirinhas da margem da barragem de Pedra do Cavalo, uma vez que houve a necessidade de um pequeno aumento da área alagada do projeto. Já no aspecto das motivações do grupo Votorantim para o desenvolvimento do projeto, destacaram-se os aspectos de diversificação de suas atividades, a crise energética que o Brasil atravessou no ano de 2001, a rentabilidade da operação da usina, estando ela funcionando ou não, e principalmente em razão de a usina servir como fonte de energia para indústrias cimenteiras do grupo Votorantim.

A Votorantim percebeu que além da diversificação de suas atividades, o presente projeto contribuiria para o fornecimento de energia para suas indústrias de cimento situadas na região Nordeste do Brasil. O presente projeto de MDL contribuiu também para o estreitamento de relações entre o governo federal, através do Operador Nacional do Setor Elétrico (ONS) e o grupo Votorantim, no tocante ao fornecimento de energia elétrica no país, assim como o financiamento público por parte do Banco Nacional de Desenvolvimento (BNDES) para sinalizar a importância da participação das políticas públicas nacionais para o desenvolvimento de projeto de MDL no Brasil.

8.3.1.3.3 Vega Engenharia Ambiental S. A.

A Vega Engenharia Ambiental S. A., pertencente à *holding* Solvi, é reconhecida como uma das maiores companhias de limpeza urbana do país, atuando em todas as regiões brasileiras, especializada em gestão de resíduos, saneamentos e valorização energética. No caso específico do MDL, o foco foi o projeto Battre – Bahia Transferência e Tratamento de Resíduos S. A., encarregado pelo fornecimento dos serviços de operação da estação de transbordo e implantação e operação do aterro metropolitano Centro, no município de Salvador, Estado da Bahia.

Trata-se de um projeto que envolve a instalação de equipamentos (*flares* enclausurados) para a queima controlada do biogás gerado pelo aterro, promovendo assim redução de emissão de metano para a atmosfera de 872.375 toneladas equivalentes de CO_2. Como esse projeto de MDL foi um dos pioneiros no Brasil e no mundo, a UNFCCC ainda não previa a possibilidade de geração de energia através do biogás e por esse motivo o presente projeto meramente realiza a queima do metano.

Apesar de não ter sido o primeiro projeto aprovado de MDL no Brasil, o projeto do aterro sanitário da Battre foi pioneiro em todas as etapas necessárias até a emissão das RCEs. Esse projeto teve mais ônus do que bônus em razão do pioneirismo em MDL no Brasil. A implantação do presente projeto de MDL atrelado com a política de responsabilidade social e ambiental da empresa geraram benefícios nos aspectos sociais, ambientais e econômicos.

No aspecto social, 5% do valor dos créditos de carbono do projeto foram direcionados para promoção de projetos sociais nas comunidades locais, como, por exemplo, o projeto de visitas de crianças de escolas públicas e privadas à Battre, visando à educação socioambiental e a projetos de inclusão digital. O projeto também contribuiu para a capacitação de profissionais em biogás, através de convênios de pesquisa com universidades públicas e desenvolvimento de fornecedores nacionais para atender às demandas por serviços e equipamentos específicos para biogás.

Na dimensão ambiental, o projeto promoveu o reflorestamento da mata ciliar na área em torno do projeto, desenvolveu um gerador *flex* (biogás e diesel) e reduziu as emissões de metano para a atmosfera. Em razão do pioneirismo do projeto, um dos benefícios econômicos foi a geração de tributos para as três esferas de governo, pois como o Banco Central do Brasil não sabia como nacionalizar os recursos oriundos da venda dos créditos de carbono, a Battre optou em pagar toda a cesta de tributos passíveis de incidência na referida operação. Ainda sobre o aspecto econômico, foi observada a compra de equipamentos e serviços no mercado nacional, contribuindo para o crescimento da economia local e a oportunidade de transferir a tecnologia desenvolvida pela empresa de cobertura superior através de manta para outros aterros no Brasil e no mundo.

O pioneirismo do presente projeto já se traduz em uma barreira, excessivos gastos com contratação de diferentes consultorias para adequações no DCP, elevada burocracia e falta de regras claras das instituições nacionais, como o Banco Central, gerando pagamentos elevados de tributos foram as principais barreiras enfrentadas pelo presente projeto. Por outro lado, o mercado de carbono foi a grande motivação para a execução desse projeto, uma vez que possibilitava a entrada de recursos externos para aperfeiçoar a tecnologia empregada no aterro da Battre. Portanto, a questão financeira foi a grande motivação, ficando a motivação de melhoria ambiental em posição secundária no processo decisório do investimento.

Ainda segundo Zulauf (2009), o presente projeto representou também a possibilidade de desenvolvimento de inovações incrementais na tecnologia utilizada para tratamento dos resíduos urbanos da região metropolitana de Salvador, através da instalação de mantas para cobertura superior do aterro sanitário a fim de capturar e evitar perdas do biogás gerado, conforme pode ser visto na Figura 8.8.

Figura 8.8 – *Manta superior utilizada para cobertura do aterro sanitário*

Fonte: Silva Júnior (2011).

8.4 MERCADO DE CARBONO VOLUNTÁRIO

A existência de mercado alternativo ao mercado regulado pelo Protocolo de Kyoto, o chamado mercado de carbono voluntário, constitui-se em ambientes nos quais as negociações de créditos de carbono se dão por meio de diversos agentes, como os governos, empresas, ONGs, indivíduos, entre outros.

Nesse momento, é importante diferenciar os certificados negociados no mercado de carbono regulado e no mercado de carbono voluntário. No primeiro, discutido anteriormente, os créditos de carbono são denominados de Reduções Certificadas de Emissões

(RCEs). Já no segundo, os créditos de carbono são denominados de *Verification of Emission Reduction* (VER), que em português significa Verificação de Redução de Emissões.

Segundo Bayon, Hawn e Hamilton (2009), o mercado de carbono voluntário surgiu antes mesmo que o mercado de carbono regulado, quando em 1989 a Companhia Americana de Eletricidade – AES Corp – investiu em um projeto agroflorestal na Guatemala, comercializando os créditos de carbono advindos do reflorestamento de pinus e eucalipto. A AES Corp implantou o projeto com o objetivo de reduzir a emissão de carbono por razões filantrópicas e de marketing.

Nesses mercados, a preocupação dos investidores pauta-se no gerenciamento de seus impactos em relação às mudanças do clima, sua imagem, sua reputação, seus interesses em inovações tecnológicas para redução de GEE. Diferentemente do mercado de carbono regulado, o mercado voluntário não possui metas fixadas para a redução o que justifica o fato de que esse ambiente esteja, globalmente, fragmentado, cujas negociações são pulverizadas no cenário internacional. Como consequência, não dispõe de um arcabouço institucional regulatório, como ocorre no mercado de carbono regulado.

Com a participação de diferentes agentes internacionais, cujas finalidades e interesses acerca dos créditos de carbono são distintos, no mercado de carbono voluntário as transações dos créditos de carbono envolvem diferentes articulações, conforme demonstrado na Figura 8.9.

Figura 8.9 – *Modelo de tipo de transações realizadas no mercado de carbono voluntário*

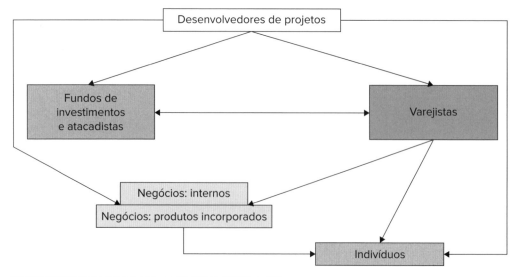

Fonte: Adaptada de Bayon, Hawn e Hamilton (2009, p. 35).

A Figura 8.9 apresenta como funcionam as transações dos créditos de carbono entre agentes compradores e vendedores no mercado voluntário. Os projetos, ao serem desenvolvidos, despertam interesses tanto de agentes que atuam no mercado de varejo quanto de fundos de investimentos ligados aos bancos e os próprios atacadistas. Assim, grandes empresas podem adquirir os créditos de carbono tanto a partir de negociações com os desenvolvedores dos projetos, por meio de seus corretores que são intermediários, ou seja, a ponte de ligação entre demandantes e ofertantes de créditos, quanto de varejistas.

Os próprios desenvolvedores de projetos, também, tendem a comercializar os créditos gerados com terceiros, no mercado interno, por exemplo, em mercado de bolsa de balcão, como o mercado da Nova Zelândia, diretamente para empresas, bancos e indivíduos interessados. Essa estratégia também é executada por varejistas, a exemplos de bancos, dentre outros que negociam com grandes empresas e fundos de investimentos, além de negociar com empresas preocupadas em compensar as emissões decorrentes dos produtos fabricados.

No Brasil, por exemplo, o projeto VCS BAESA, uma central hidrelétrica localizada na divisa entre os Estados de Santa Catarina e Rio Grande do Sul, que já comercializou os créditos de carbono tanto para empresas americanas para fins de compensação de emissões de GEE embutidos nos produtos fabricados ou em função dos impactos ambientais causados, por intermédio de sua corretora, quanto para empresas brasileiras promotoras de eventos que compensam suas emissões de GEE, decorrentes das atividades realizadas por meio da aquisição de créditos de carbono. Prática que não é observada no mercado de carbono regulado, cujas vendas e compras são direcionadas às empresas pertencentes aos países signatários do Protocolo de Kyoto, com metas de reduções fixadas (ENERBIO, 2011).

Dessa forma, os agentes demandantes dos créditos de carbono podem ser entendidos sob duas perspectivas: os compradores que utilizam os créditos para fins de compensação de suas emissões, ou seja, aqueles que consomem as RCEs para cumprir as metas de emissões; e os agentes de intermediação, ou seja, aqueles que fazem uma ponte de ligação entre os ofertantes de créditos de carbono e os demandantes de créditos de carbono. Estes últimos adquirem créditos não só para vender aos consumidores, como também buscam a perspectiva de rentabilidade com os preços futuros desses créditos, ou seja, retornos financeiros no mercado de bolsa, além da atuação como varejistas no comércio desses créditos com vistas a vendê-los para empresas que buscam reduzir seus impactos ambientais e promoção do desenvolvimento sustentável. A atuação desses agentes pode ser entendida a partir da Figura 8.10.

Conforme a Figura 8.10, os compradores institucionais são compostos por agentes da iniciativa privada, o próprio governo (*allowances*),[1] além de agentes da sociedade, como ONGs, dentre outros. Esse contexto demonstra também o papel que cada participante desenvolve no mercado, tendo os intermediários um papel importante na liquidez dos ativos neles negociados. Os agentes individuais buscam, por meio de suas ações, contribuir para o combate das mudanças climáticas.

---

[1] As *allowances* constituem-se em permissões de emissões, cujas quotas são emitidas pelo governo de países que possuem regulação desse setor, de forma gratuita, ficando para as empresas o processo de gerenciamento das reduções de um determinado país, utilizadas em mais de 75% das metas fixadas (LOMBARDI, 2008).

Figura 8.10 – *Diferentes tipos de compradores do mercado de carbono voluntário*

```
                    Compradores do mercado voluntário de carbono
                    ┌───────────────────────┴───────────────────────┐
                Consumidores                                  Intermediários
          ┌──────────┴──────────┐                        ┌──────────┴──────────┐
      Indivíduos            Instituições          Com objetivo de         Responsabilidade
                                                      lucros                social etc.
    ┌──────┴──────┐      ┌──────┴──────┐              │
Do setor privado   Do setor público              Com foco social
```

Fonte: Adaptada de Bayon, Hawn e Hamilton (2009, p. 37); Seiffert (2009, p. 69).

Embora essa dinâmica, tanto na dimensão do mercado em si, quanto de seus participantes, represente uma perspectiva positiva, considerando a preocupação de diferentes agentes na compensação dos impactos gerados ao meio ambiente, decorrentes de suas ações, esse cenário tem sido objeto de discussão entre ambientalistas que têm questionado a estrutura desse mercado no tocante à confiabilidade, uma vez que tem se demonstrado sem transparência.

Tais críticas estão associadas ao fato de esse ambiente ser composto por regras e normas que surgiram a partir das relações entre os agentes participantes como governo, organização não governamental, empresas, dentre outras instituições, o que pode contribuir para um cenário de incertezas para novos entrantes, dado que os créditos de carbono adquiridos em certo momento podem não ser entregues.

Embora ainda fragmentados, e sem uma estrutura regulatória central, os mercados voluntários vêm se expandindo no mundo, nas últimas décadas, com a crescente comercialização de VERs, impulsionados, também, por uma nova concepção de crescimento dos empresários do século XXI que têm agregado aspectos socioambientais nas projeções dos projetos corporativos, visando a resultados positivos para a sociedade, benefícios sociais, ambientais e econômicos sustentáveis (SEIFFERT, 2009; LIMA, 2007).

Assim, diferentemente do mercado regulado, no mercado voluntário há uma maior participação de pequenas e médias empresas no desenvolvimento de projetos e comercialização de créditos de carbono, enquanto, no primeiro, os altos custos de transação e desenvolvimento de projetos favorecem uma participação predominante de indústrias de grande porte.

O principal fator que diferencia o mercado voluntário do mercado regulado é a instituição competente para criação de regras, já que, no primeiro, as regras são fixadas pelas esferas de governo federal e estadual, que exercem o controle da legislação, enquanto no segundo, as regras emergem do próprio ambiente, estando os participantes submetidos a estas.

Assim, as formas de negociações, bem como os agentes envolvidos nas transações, estabelecem entre si os acordos que vão regulamentar as negociações. Além disso, os meios utilizados para comercializar os créditos de carbono podem estabelecer as suas próprias regras, comuns às partes (vendedor e comprador), como o ambiente de negociação americano, a Bolsa de Chicago, o mercado de carbono da Europa, dentre outros ambientes. Sendo assim, a fixação do valor justo na transação ou *Fair Value* emerge do mercado e dos agentes nele atuantes (SIMONI, 2009).

É importante salientar que, embora empresas utilizem o mercado voluntário como um meio para obtenção de créditos de carbono e/ou testarem seu projeto, não é permitido utilizar os mesmos créditos para fins de compensação duas vezes, sobretudo em função de dois fatores: (a) a "reciclagem" de créditos de carbono torna-se incoerente com o princípio da adicionalidade, ou seja, comprovando que a redução de emissão ocorre adicionalmente às reduções que ocorreriam sem a sua implementação (LOPES, 2002), além de não atender ao cenário de linha de base, contribuindo para o desenvolvimento sustentável, porquanto torna o sistema de mercado inconsistente com a proposta de mitigação de mudanças climáticas, considerando que os créditos já foram contabilizados na compensação de emissão em um dos mercados; (b) as metodologias são diferentes entre o mercado voluntário e mercado regulado.

A dupla contabilização foi motivo de caos no mercado europeu em 2010, quando foi transacionado o equivalente a dois milhões de toneladas de redução certificada de CO_2 pelo governo húngaro para uma organização inglesa (PASISHNYK, 2010).

Esses problemas existentes no mercado voluntário passaram a ganhar novos contornos a partir do surgimento de padrões internacionais provenientes da mobilização dos agentes participantes desse mercado, como ONGs, empresas privadas, instituições financeiras, cujas regras foram instituídas de forma a dar credibilidade à concepção dos projetos de redução de emissões, e dar ao mercado a credibilidade necessária para seu efetivo funcionamento.

8.4.1 Os Padrões Internacionais (PIs) e os Projetos de Redução de Emissão de GEE

Os padrões estabelecem regras para o desenvolvimento dos projetos de acordo com seus critérios, que, por sua vez, já são conhecidos pelo mercado, concedendo aos projetos solidez, cujos créditos possuem maior valor. Além disso, exerce o papel, também, de estabelecer diretrizes para empresas/consultorias estarem aptas a aplicar a metodologia dos padrões.

São os padrões institucionais os principais responsáveis pelo aumento da credibilidade do mercado de carbono voluntário na atualidade. Com o surgimento dessas instituições, problemas como a falta de transparência nas regras do mercado voluntário, além do fato de não terem regras vinculadas a compromissos oficiais, como o Protocolo de Kyoto, passaram a ser equalizados. Entre as iniciativas mundiais de concepção de projetos de redução de emissão de GEE, estão os padrões apresentados na Figura 8.11, que possuem regras de certificação e validação próprias para esses projetos.

Figura 8.11 – Market share *dos PIs no mercado de carbono voluntário no mundo*

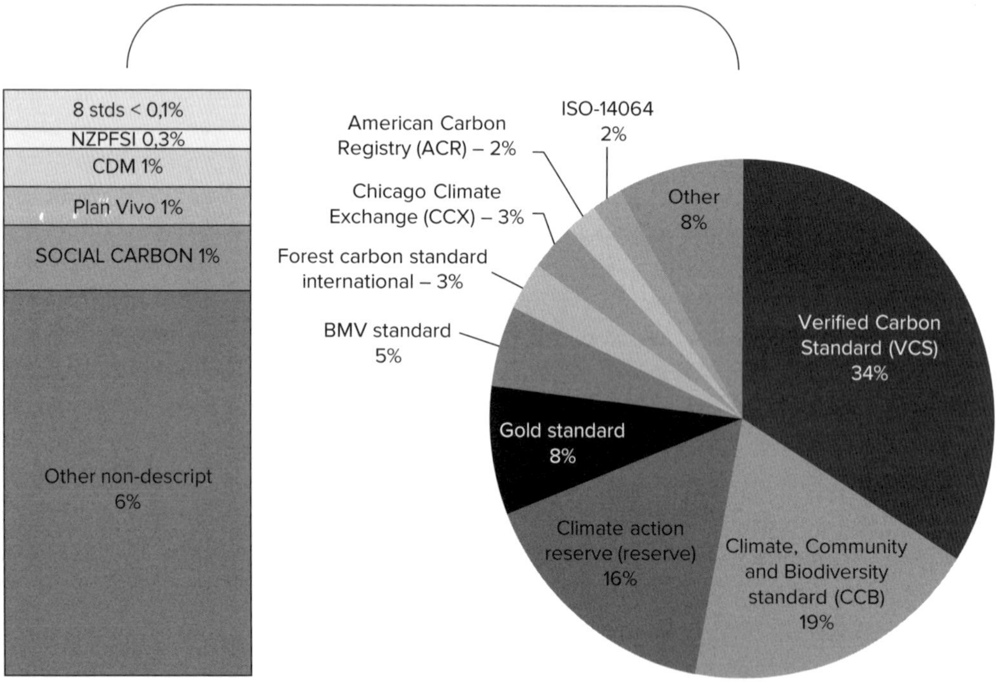

Fonte: Peters-Stanley et al. (2011).

Conforme a Figura 8.11, os padrões que vêm dominando em termos de participação de mercado em projetos de redução de emissões de GEE são: *VCS* com 34% dos projetos negociados, acompanhado pelo CCB com 19%, *CAR-Reserve*, que deteve 16% das transações no período, e GS com 8%.

Esse cenário demonstra que 77% das transações ocorridas no mercado até outubro de 2010 estavam restritas a esses 4 (quatro) padrões. Até outubro de 2009, os PIs que vinham dominando em termos de participação de mercado em projetos de redução de emissões de GEE eram *VCS* com 35% dos projetos negociados, acompanhado pelo *CAR-Reserve*, que possuía 31% das transações no período, e da CCX, que foi responsável por 12% das transações (HAMILTON et al., 2010).

Além disso, nos últimos anos, pôde ser observado, no mercado voluntário, o desenvolvimento de um número considerável de instituições, aparecendo como destaque em 2010, em relação a 2009, três novos padrões, como o BMVS, que detém 5% de participação em projetos, o FCSI, que participa de 3% do mercado, e o *Swiss Charter Standard (SCH)*, que detém menos de 1% dos projetos no mercado, dando um forte sinal de amadurecimento desse segmento (KOLLMUSS; LAZARUS; LEFRANC et al., 2010).

Os padrões possuem o propósito de oferecer um produto compreensível, transparente e com credibilidade, favorecendo uma relação de confiança entre o financiador e o comprador (BONFANTE, 2010; ABNT, 2011; SIMONI, 2009a).

A partir do contexto apresentado acima, no mercado de carbono voluntário existe uma grande diversidade de padrões com regras e critérios de concepção de projetos de redução de emissões de GEE próprios. Cada instituição determina as regras ou critérios de aceitação dos projetos, os quais servem de *guidelines* tanto para as empresas elaborarem seus projetos como para aplicarem a metodologia que, no geral, é aceita por qualquer organização, ou seja, metodologias desenvolvidas pelos próprios padrões aos quais os projetos estão vinculados.

Dentre os projetos desenvolvidos no mercado de carbono voluntário, estão os projetos *small-scale*, que não seriam economicamente viáveis em mercados regulados; projetos que não seriam elegíveis por meio do mercado regulado por questões formais, de prazos, adicionalidade ou falta de metodologias; e créditos retroativos, créditos acumulados antes do registro do projeto, que não são elegíveis no âmbito do PK (SIMONI, 2009). Essa é uma parte fundamental do uso dos mercados voluntários como uma ferramenta complementar ao MDL.

Além desses projetos, de acordo com Bayon, Hawn e Hamilton (2009), estão também incluídas no rol de projetos negociados no mercado de carbono voluntário as seguintes atividades: projetos de eficiência energética, energia renovável, troca de combustível fóssil, reflorestamento e aflorestamento, aterro sanitário, pecuária, dentre outras. Com isso, contribui, conforme discutido anteriormente, para uma maior participação de empresas de pequeno porte que dificilmente participariam do mercado regulado considerando os altos custos de transação existentes.

Essas empresas, além de serem motivadas pela possibilidade de comercializar os créditos de carbono, levam em consideração, também, o nível de responsabilidade socioambiental da empresa frente à região e/ou território que ocupam, além da preocupação com o fenômeno do aquecimento global, seus impactos no meio ambiente, a imagem da empresa frente aos seus *stakeholders*, além da busca de eficiência produtiva. Esses projetos, similarmente aos projetos do mercado de carbono regulado, são submetidos a etapas até a sua efetiva aprovação. O ciclo pelo qual os projetos são submetidos no mercado de carbono voluntário será discutido no tópico 8.4.2.

8.4.2 Ciclo dos projetos de redução de emissão de GEE

As VERs do mercado voluntário são provenientes de projetos distintos, dentre os quais se destacam os seguintes tipos: florestais, energia renovável, gases industriais, entre outros. Entre os projetos florestais, um tipo em especial desperta a atenção no Brasil. Trata-se das Reduções de Emissões por Desmatamento e Degradação (REDD), vista por muitos e principalmente pelo governo brasileiro como um incentivo para a redução de desmatamento e cumprimento das metas da Política Nacional de Mudanças Climáticas (PNMC), instituída pela Lei nº 12.187, de 29 de dezembro de 2009.

No tocante ao ciclo dos projetos de redução de GEE no mercado voluntário, normalmente, é menos burocrático e oneroso do que no mercado regulado pelo Protocolo de Kyoto, seguindo sete etapas, a saber: (i) análise de viabilidade pelos participantes do projeto; (ii) elaboração e concepção do projeto pelos proponentes e consultores; (iii) validação do projeto pela EOD; (iv) registro do projeto pelos PIs; (v) monitoramento pelo proponente; (vi) certificação pela EOD; (vii) Emissão das VERs pelos PIs (IBRI, 2009; SIMONI, 2009). Dessa forma, para que as VERs possam ser emitidas, os projetos devem passar pelas seguintes etapas, conforme mostra a Figura 8.12:

Figura 8.12 – *Ciclo dos projetos no mercado de carbono voluntário*

Fase	Etapa	Responsável
0	Verificação do potencial do projeto e sua viabilidade	Autores/Proponentes do Projeto
1	Elaboração e concepção do projeto pelos proponentes e consultores (Elaboração do Documento do Projeto – PDD)	Autores/ Proponentes do Projeto
2	Validação e verificação das informações e cálculos informados no projeto	Entidade Operacional Designada (EOD)
3	Aprovação e registro	Padrão Internacional de vínculo do projeto
4	Monitoramento de todos os dados necessários para calcular a redução das emissões de GEE e Certificação	Autores/ Proponentes do Projeto
5	Certificação	Entidade Operacional Designada (EOD)
6	Emissão das VERs	Padrão Internacional de vínculo do projeto

Fonte: Souza (2011) a partir de IBRI (2009).

Antes da elaboração do projeto, é necessário que a empresa realize uma análise de viabilidade do projeto de forma a verificar, além das questões econômicas, se o projeto possui retornos mensuráveis, qual a metodologia que será utilizada, ou seja, um conjunto de procedimentos a ser seguido para evidenciar a redução/mitigação da emissão de GEE, constituindo-se na fase 1 do ciclo.

A metodologia, por sua vez, acaba por direcionar a que padrão o projeto deve ser submetido. Depois de realizadas as análises de viabilidade (fase 1), os proponentes do projeto, geralmente, em conjunto com consultorias especializadas, elaboram o Documento de Desenvolvimento do Projeto (PDD), devendo, neste momento, portanto, optar pelo Padrão Internacional ao qual o projeto será submetido (fase 2).

Essas organizações possuem regras a fim de credenciar empresas para a aplicação de sua metodologia. Para tanto, designam EODs para validação e verificação das informações contidas no projeto, constituindo-se na fase 3. Cumpridas as três primeiras fases, o projeto segue para a fase 4, em que são realizadas as atividades de monitoramento do projeto pelos proponentes. Estando o projeto de acordo com os parâmetros de monitoramento, tem suas reduções certificadas pela EOD na etapa 5.

A sexta e última etapa do ciclo de projetos do mercado de carbono voluntário consiste na emissão das *VERs* pelo padrão ao qual o projeto submetido está vinculado. A participação dessas organizações nos projetos tem peso substancial na formação do preço da VER. Isso porque sua credibilidade depende do padrão que validou o projeto, estando os maiores prêmios associados aos padrões mais utilizados.

Diferentemente do mercado de carbono regulado, no mercado voluntário, muitas das validadoras exercem o papel de certificadora de conformidade das atividades de projetos, a exemplo da SGS (Société Générale de Surveillance) e a DNV (Det Norsk Veritas), diferentemente do primeiro, cuja validadora é estabelecida pelo Conselho Executivo do MDL, figura inexistente no primeiro, não permitindo que uma EOD que seja validadora de um projeto seja verificadora do mesmo projeto, a menos que seja em projetos de pequena escala, considerando o fato de ser de menor complexidade (LOMBARDI, 2008).

Nesse cenário, fica evidente a importância dos mercados internacionais de comercialização de créditos de carbono como alternativa de mercado no combate às mudanças climáticas, bem como na promoção do desenvolvimento sustentável, embora se constituam em um ambiente de negócio novo.

A contribuição desses mercados, nas categorias regulada e voluntária, em termos de redução de emissão de GEE, no âmbito do mercado global de carbono, pode ser visualizada a partir do Gráfico 8.1, no qual se verifica que o mercado voluntário é ainda tímido, contribuindo em apenas 10% das reduções de GEE do mercado global de carbono, estando o mercado regulado responsável por 90% das reduções.

O Gráfico 8.1 apresenta a contribuição do MDL, que viabilizou a criação do mercado de carbono regulado e a contribuição dos projetos de redução de emissão de GEE, concebidos por padrões internacionais, principal indutor da criação do mercado de carbono voluntário, para o período de 2008 a 2012. Se comparados os dois mercados, verifica-se que os projetos de MDL têm uma contribuição mais significativa no combate às mudanças climáticas do que os projetos do mercado de carbono voluntário.

Gráfico 8.1 – Market share *global dos mercados regulado e voluntário de comercialização de créditos de carbono*

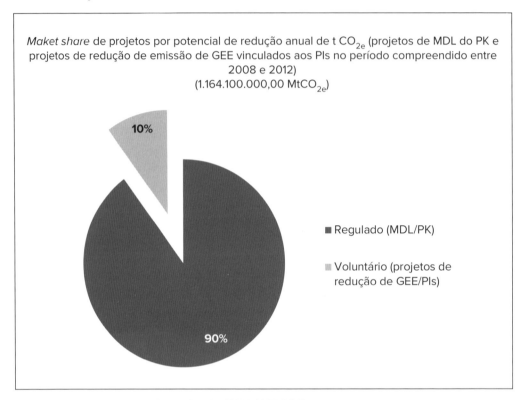

Fonte: Souza (2011) a partir de Peters-Stanley (2011); MCT (2011).

Contudo, se comparados os dois mercados, a partir da sua contribuição para redução das emissões totais de GEE no mundo, incluindo a contribuição dos demais mecanismos, o mercado de carbono voluntário responde por apenas 1% das reduções de emissões do mercado de carbono regulado global (HAMILTON et al., 2010), que, por sua vez, por meio do MDL, responde por apenas 27% das reduções das emissões globais de GEE (ANDRADE, 2011).

Esse cenário demonstra a importância desses projetos na redução das emissões globais de GEE. Tais contribuições podem ser ampliadas a partir de políticas públicas criadas pelos agentes governamentais utilizando esses projetos como instrumento de execução dessas políticas (TELESFORO, 2009), sobretudo nos países emergentes, a exemplo do Brasil, que tem estabelecido dentre suas ações a busca da economia de baixo carbono.

As emissões brasileiras de GEE registradas no segundo inventário de emissões compreendido divulgado na 15ª COP, realizada em Copenhague em 2009 entre o período de 1990 e 2005, entregue pelo governo à ONU por meio da Segunda Comunicação Nacional do Brasil enviada em 2010 totalizam 2,192 gigatoneladas de tCO_{2e} no período (RIBEIRO, 2011; MCT, 2010).

Com vistas a reduzir os níveis atuais de emissão, o governo brasileiro criou em 2009 a Política Nacional de Mudanças Climáticas (PNMC), por meio da qual foram estipuladas metas de redução das emissões projetadas até 2020 entre 36,1% e 38,9%, respectivamente, para a qual prevê o uso de mecanismo de flexibilização, a exemplo dos projetos de redução de emissões de GEE (BRASIL, 2009). Até 2020, estima-se que por meio da PNMC o governo brasileiro reduzirá, aproximadamente, 1 bilhão de toneladas de CO_{2e}. A seguir, apresenta-se uma análise comparativa dos mercados de carbono regulado e voluntário no Brasil, instrumentos econômicos que serão fundamentais para o alcance das metas brasileiras.

8.5 COMPARATIVO DO MERCADO REGULADO E VOLUNTÁRIO NO BRASIL

Como discutido anteriormente, o Brasil tem atuação direta tanto no mercado de carbono regulado quanto no mercado voluntário, participando deles com projetos de redução de emissão em ambas as categorias.

No âmbito do mercado de carbono regulado brasileiro, o número de projetos de MDL totaliza mais de 499. Contudo, nem todos estão devidamente aprovados. Os projetos submetidos passam por várias etapas antes de serem aprovados. Dos 499 projetos, 268 estão aprovados pela AND brasileira, sendo que 264 estão aprovados pela CIMGC, 3 receberam ressalvas para aprovação e 1 encontra-se em revisão na CIMGC (MCT, 2011), conforme a Tabela 8.1, estando 231 em fase de análise pela Secretaria Executiva dos documentos entregues.

Tabela 8.1 – Status *atual dos projetos na AND brasileira*

Status dos Projetos Brasileiros no Mercado de carbono regulado	Quantidade
Projetos aprovados na CIMGC	264
Projetos aprovados com ressalvas na CIMGC	3
Projetos em revisão na CIMGC	1
Projetos cujos documentos entregues ainda estão sendo analisados pela Secretaria Executiva	231
Projetos submetidos para a próxima reunião da CIMGC	0
TOTAL DE PROJETOS NA CIMGC	**499**

Fonte: MCT (2011, p. 9).

As atividades aprovadas com ressalvas são aquelas em que o projeto é elegível, com contribuição para o desenvolvimento sustentável, porém foram identificadas algumas incoerências quantitativas e/ou qualitativas que requerem ajustes, enquanto as atividades em revisão constituem-se em documentos que precisam ser ajustados em função de erros e/ou adequações necessárias para atender ao critério de elegibilidade.

Desses 264, 193 já foram registrados pelo Conselho Executivo do MDL, enquanto 71 estão aguardando registro, conforme a Tabela 8.2.

Tabela 8.2 – Status *atual das atividades de projetos brasileiros no Conselho Executivo do MDL*

Status dos Projetos Brasileiros no Mercado de carbono regulado	Quantidade
Projetos brasileiros registrados no Conselho Executivo	193
Projetos brasileiros pedindo registro no Conselho Executivo	71
TOTAL DE PROJETOS NO CONSELHO EXECUTIVO	**264**

Fonte: MCT (2011, p. 9).

Já no âmbito do mercado de carbono voluntário, no qual as estruturas regulatórias são constituídas na figura dos próprios padrões internacionais, o *status* atual das atividades de projetos apresenta um número de projetos ainda embrionário no Brasil.

Diferentemente dos projetos de MDL, os projetos do mercado voluntário, quando da submissão, vinculados a um padrão, recebem o *status* de aprovado e registrado. Já os projetos que se encontram em análise e/ou submetidos recebem o *status* "no *pipeline*", seja em processo de validação pela EOD ou aguardando aprovação e registro pelo padrão ao qual está vinculado.

Em pesquisa realizada por Souza (2011), foram mapeados 111 projetos brasileiros que já atenderam a todas as etapas do ciclo de projetos no mercado voluntário, dos quais 95 estão devidamente aprovados e registrados pelo PI, ao qual se encontram vinculados, com 14 projetos em processo de validação, condição essencial para aprovação do projeto e posterior registro, e dois projetos validados, aguardando aprovação e registro, conforme mostra a Tabela 8.3.

Tabela 8.3 – Status *dos projetos brasileiros no mercado de carbono voluntário*

Status dos Projetos Brasileiros no Mercado de carbono voluntário	Quantidade
Projetos aprovados e registrados pelo PI	95
Projetos em fase de validação para posterior aprovação e registros pelo PI	14
Projetos validados aguardando aprovação e registo pelo PI	2
TOTAL	**111**

Fonte: Souza (2012, p. 134).

Seja na categoria de mercado regulado (Tabelas 8.1 e 8.2), seja na categoria de mercado voluntário (Tabela 8.3), os escopos setoriais nos quais as atividades de projetos são desenvolvidas são diferentes entre si, havendo algumas diferenças de escopos entre os mercados comparados, conforme discutido no tópico 8.9.

8.6 ANÁLISE DOS PROJETOS DE CRÉDITO DE CARBONO

Neste tópico, são apresentados e discutidos os escopos setoriais existentes no mercado de carbono regulado e no mercado de carbono voluntário, permitindo uma visão ampla das atividades de projetos existentes em ambos os mercados, como também as oportunidades de desenvolvimento de projetos e o descritivo de cada atividade, servindo de suporte para subsidiar a tomada de decisões para novos entrantes nesse mercado e a criação de políticas públicas para o setor, conforme o Quadro 8.3.

Quadro 8.3 – *Escopo setorial dos projetos de redução de emissão de GEE do mercado de carbono regulado e do mercado de carbono voluntário por tipo de atividade de projeto*

Escopo Setorial	Tipo de Atividade	Descrição da Atividade	Mercado de Carbono Regulado	Mercado de Carbono Voluntário
Eficiência energética	Aproveitamento de gás de processo	Aproveitamento de gás de processos, distribuição de energia com menor perda, fogões a lenha mais eficientes	X	X
	Fogões Eficientes – *Efficient Cook Stoves*			X
	Demanda		X	
	Distribuição		X	
Emissões fugitivas	Carvão Vegetal	Uso de carvão vegetal na geração de energia	X	
Energia renovável	Bagaço	Geração de Energia Hidroelétrica, a partir de usina de pequena escala, substituição de usinas termoelétricas (combustível fóssil) por hidroelétrica, eólica e cogeração por bagaço de cana	X	
	Eólica		X	
	Outras Biomassas		X	X
	Pequenas Centrais Hidrelétricas – PCH		X	X
	Usina Hidrelétrica – UHE		X	X
Manejo dejetos	Suinocultura	Captura e queima de biogás gerado pela decomposição anaeróbica dos dejetos da criação de porcos	X	X

Escopo Setorial	Tipo de Atividade	Descrição da Atividade	Mercado de Carbono Regulado	Mercado de Carbono Voluntário
Processos industriais	Cimento	Aprimoramento de processos de produção, mudanças de equipamentos, redução de resíduos decorrente da implementação de tecnologias mais limpas, bem como instalação de novos equipamentos como a instalação de catalisadores no final do processo de produção, evitando a emissão de GEE para a atmosfera	X	
	Produção de Alumínio		X	
	Redução de N_2O		X	
	Uso de CO_2 Renovável		X	
Reflorestamento	Reflorestamento	Manejo Sustentável de florestas- Compensação florestal e Restauração de hectares de pastagens que foram dedicados a atividades de pastoreiro extensivo, Redução de Emissão por Desmatamento e Degradação (REDD)	X	X
Resíduos	Aterro	Eliminação de produção de metano oriundo da decomposição de biomassa, a partir da combustão. Substitui a eletricidade da rede, usando resíduos de biomassa e licor negro da produção de celulose e papel como combustível	X	
	Efluentes		X	X
Troca de combustíveis fósseis	Troca de combustíveis fósseis	Substituição da utilização do combustível fóssil, por eucalipto, pinus e aparas de madeira, por madeira oriunda de reflorestamento e resíduos lenhosos	X	X
Troca de combustível proveniente de mata nativa	Troca de biomassa nativa por biomassa plantada: carvão vegetal de florestas nativas por carvão vegetal de eucalipto. Troca de biomassa nativa por biomassa oriunda de resíduos de fábricas: carvão vegetal de florestas nativas por *pallets*, cerragem e lascas de madeira. Troca de biomassa nativa por biomassas naturais: carvão vegetal de florestas nativas por bagaço de cana, capim-elefante, bagaço de coco e casca de arroz	Substituição da madeira nativa utilizada no forno por uso de biomassa, por meio do bagaço de cana, de coco, capim-elefante, mata plantada e casca de arroz, cuja biomassa pode ser usada para geração de energia térmica		X
Reciclagem	Reciclagem de geladeiras, *freezers* e metal	Reciclagem de eletrodomésticos descartados, evitando que os GEE contidos nesses equipamentos sejam emitidos para a atmosfera		X

Fonte: Souza (2011, p. 135).

Conforme o Quadro 8.3, há convergências de escopos de atividades de projetos de redução de emissão de GEE entre os mercados regulado e voluntário de carbono, contudo, também há particularidades.

No escopo setorial de eficiência energética, as atividades de projetos de aproveitamento de gás de processo foram identificadas para ambos os mercados, enquanto as atividades de demanda e distribuição de energia só foram verificadas no mercado regulado. Já os fogões a lenha mais eficientes são atividade específica do mercado voluntário do carbono.

Quanto ao escopo setorial de energia renovável, enquanto as atividades de projetos de cogeração de energia através da queima do bagaço de cana, energia eólica foram identificadas apenas no mercado regulado, as atividades de uso de outras biomassas no processo de geração de energia, além de pequenas centrais hidrelétricas e usinas hidrelétricas foram identificadas tanto no mercado regulado quanto no mercado voluntário. Além desse escopo, o de resíduos também dispõe de atividades que são específicas e comuns a ambos os mercados. Enquanto as atividades de aterro sanitário, que estão associadas à captura do metano e queima para cogeração de energia são observadas apenas no mercado regulado, as atividades de efluentes são comuns tanto no regulado quanto no voluntário.

Foram identificadas especificidades nos demais escopos tanto para o mercado regulado quanto para o mercado voluntário. O escopo de emissões fugitivas, as atividades de carvão vegetal e processos industriais, como as atividades de cimento, produção de alumínio, redução de N_2O e uso de CO_2 renovável são específicos do primeiro mercado.

Já os escopos de troca de combustível proveniente de mata nativa e reciclagem foram identificados somente no segundo mercado. As atividades de troca de combustível provenientes de mata nativa englobam troca de carvão vegetal de floresta nativa por carvão vegetal de eucalipto, biomassa nativa por biomassa de resíduos de fábricas, carvão vegetal de florestas nativas por *pallets*, serragem e lascas de madeira, troca de combustível biomassa nativa por biomassa plantada, troca de combustível biomassa nativa por biomassa natural, como carvão vegetal de florestas nativas por bagaço de cana, capim-elefante, bagaço de coco e casca de arroz, enquanto as atividades de reciclagem incluem reciclagem de geladeiras, *freezers* e ar-condicionado, atividades pioneiras nesse mercado no Brasil.

Quanto aos escopos setoriais de manejo de dejetos de suinocultura, reflorestamento que está associado à recuperação de área degradada, manejo florestal e troca de combustíveis fósseis, são escopos com atividades presentes tanto no mercado regulado quanto no mercado voluntário.

Analisando os escopos de atividades desenvolvidos tanto no mercado regulado quanto no mercado voluntário à luz dos objetivos da PNMC, pode-se verificar que os projetos do mercado voluntário, embora incipientes no país, têm grandes possibilidades de aumentar, considerando que a maioria dos projetos nele desenvolvidos está voltada para combater as queimadas e desmatamento de matas nativas, um dos principais focos de emissões de poluentes para a atmosfera e, se considerado no balanço das emissões mundiais, coloca o Brasil entre os principais emissores (MICKINSEY & COMPANY, 2009).

A distribuição das atividades de projetos por escopo setorial em ambos os mercados será apresentada e discutida no tópico 8.6.1, o que permitirá obter um retrato do peso de cada setor nos mercados.

8.6.1 Escopo setorial

Os escopos setoriais permitem uma visão panorâmica sobre os setores de atividades nos quais são desenvolvidos os projetos de redução de emissão. Por meio destes, também, é possível verificar quais os escopos setoriais que mais atraem empresas e/ou investidores no desenvolvimento e/ou na geração de créditos de carbono no Brasil.

De acordo com o Gráfico 8.2, no âmbito do mercado de carbono regulado no Brasil, o escopo com maior número de projetos de MDL é o escopo de energia renovável com 52,3%, corroborando com a principal matriz energética brasileira, que é a renovável, estando em segundo lugar o escopo de suinocultura com 15,4%, seguido do escopo de troca de combustível fóssil com 9,2% e aterro sanitário com 7,6%. Os demais setores compreendidos por projetos de eficiência energética, resíduos, processos industriais, redução de N_2O, reflorestamento e emissões fugitivas respondem por 15,5% do número total de projetos nesse mercado.

Gráfico 8.2 – *Número de projetos brasileiros do mercado de carbono regulado por escopo setorial*

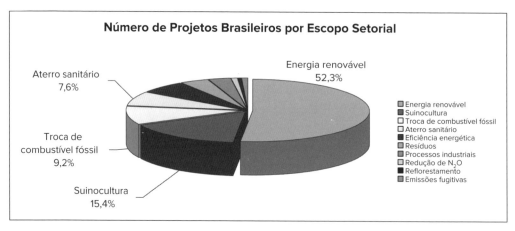

Fonte: MCT (2011, p. 7).

Já no âmbito do mercado de carbono voluntário, conforme o Gráfico 8.3, diferentemente do mercado regulado, o escopo de atividade de projetos dominante é o de combustível proveniente de mata nativa com 32%, estando o escopo de suinocultura em segundo lugar, com 24% dos projetos, seguido de troca de combustível fóssil com 17%. Os demais projetos estão associados aos escopos de reflorestamento, energia renovável, eficiência energética, resíduos e reciclagem, que respondem por 27% do número de projetos nesse mercado.

Gráfico 8.3 – *Número de projetos brasileiros do mercado de carbono voluntário por escopo setorial*

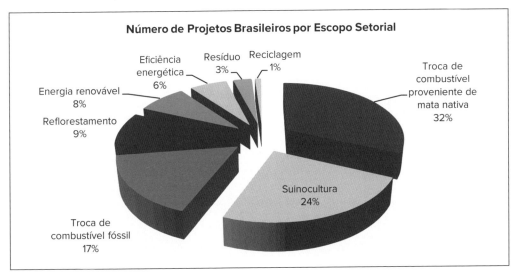

Fonte: Souza (2011).

Por meio do Gráfico 8.3, nota-se um fator específico quanto ao escopo de troca de combustível proveniente de mata nativa e de reciclagem, se comparado com o mercado de carbono regulado. Isso é explicado em função de que, nesse mercado, a atividade ligada à utilização de mata plantada em substituição às matas nativas nas atividades produtivas constitui-se em atividades que já vêm recebendo diversos projetos dessa natureza nesse mercado, diferentemente do mercado regulado, que não aceitava esse tipo de projeto. Já o escopo de reciclagem, com apenas 1% das atividades de projetos, é uma atividade pioneira no Brasil identificada somente no mercado voluntário.

Esses projetos, também, estão entre os principais redutores de emissão no âmbito do mercado de carbono voluntário, embora os projetos do mercado de carbono regulado, principalmente os do escopo de energia renovável sejam o principal redutor e/ou mitigador de GEE no Brasil, conforme discutido no tópico 8.6.2.

8.6.2 Potencial de redução anual de emissão

A análise do potencial de redução anual de emissão de GEE aponta os principais projetos que contribuem para a mitigação das mudanças climáticas. Por meio desse indicador, também é possível gerenciar, por escopo setorial, as contribuições desses projetos e do Brasil no alcance de suas metas estabelecidas na PNMC. A Tabela 8.4 apresenta o potencial de redução anual dos projetos no âmbito do mercado de carbono regulado. Por meio desta, verifica-se que os projetos de energia renovável, principal escopo setorial do Brasil em termos de projetos (52,3%), são os que mais contribuem em redução de emissão, totalizando 40,3% das reduções totais, cujo potencial de redução de emissão anual é de 21.125.083 milhões de tCO_{2e}.

Tabela 8.4 – *Redução anual de emissões de GEE por escopo setorial/tipo de atividade do mercado de carbono regulado*

Projetos em Validação/Aprovação	Número de Projetos	Redução anual de emissão (tCO_{2e}) em milhões	Redução anual de emissão
Energia Renovável	261	21.125.083	40,3%
Aterro Sanitário	38	12.307.823	23,5%
Redução de N_2O	5	6.373.896	12,2%
Manejo de Dejetos de Suinocultura	77	4.244.755	8,1%
Troca de Combustível Fóssil	46	3.329.139	6,3%
Eficiência Energética	30	2.180.709	4,2%
Reflorestamento	3	440.275	0,8%
Processos Industriais[2]	14	1.002.940	1,9%
Resíduos[3]	21	709.921	1,4%
Emissões Fugitivas	4	720.068	1,4%
TOTAL	**499**	**52.434.609**	**100,0%**

Fonte: MCT (2011, p. 8).

A Tabela 8.4 mostra, também, que, embora os projetos de aterro sanitário e redução de N_2O não tenham um número expressivo de projetos desenvolvidos, conforme mostrado no tópico anterior (Gráfico 8.2), estão em segundo e terceiro lugar, respectivamente, em potencial de redução de emissão, sendo que aterro sanitário contribui para uma redução anual de 12.307.823 milhões de tCO_{2e} e os projetos de redução de N_2O com uma redução anual de 6.373.896 milhões de tCO_{2e}. Esse fato é explicado em função dos diferentes potenciais de equivalência dos GEE. Dessa forma, enquanto o dióxido de carbono (CO_2) tem um potencial de aquecimento global de 1, os gases metano (CH_4) e óxido nitroso (N_2O) têm, respectivamente, o potencial de aquecimento global de 21 e 310, explicando, assim, por que esses projetos, embora com um número pequeno de atividades, contribuem bastante para a redução e/ou mitigação de GEE.

---

[2] Não considera os projetos de Redução de N_2O, somente cimento, produção de alumínio e uso de CO_2 renovável.

[3] Não considera os projetos de aterro sanitário, somente efluentes.

Já no âmbito do mercado de carbono voluntário, no tocante à capacidade de redução anual de emissões de GEE, os escopos que mais contribuem são de energia renovável com redução anual de 1.051.649 milhões de tCO$_{2e}$, representando 37% das reduções anuais nesse mercado convergindo com o mercado de carbono regulado cujos projetos também são os principais mitigadores das mudanças climáticas, seguido de troca de combustível proveniente de mata nativa com um potencial de redução anual de 630.680 mil de tCO2e representando 22% das reduções anuais, reflorestamento com um potencial de redução de 417.874 milhões de tCO2e representando 15% das reduções e troca de combustível fóssil, com um potencial de redução anual de 335.027 milhões de tCO$_{2e}$, representando 12% das reduções anuais totais, conforme a Tabela 8.4.

Tabela 8.5 – *Redução anual de emissões de GEE por escopo setorial*

Projetos em Validação/Aprovação	Número de Projetos	Redução anual de emissão (tCO$_{2e}$) em milhões	%
Energia renovável	9	1.051.649	37%
Troca de combustível proveniente de mata nativa	35	630.680	22%
Reflorestamento	10	417.874	15%
Troca de combustível fóssil	19	335.027	12%
Reciclagem	1	226.626	8%
Manejo de dejetos de suinocultura	27	108.949	4%
Resíduo	3	81.286	3%
Eficiência energética	7	24.834	1%
TOTAL	111	2.876.925	100%

Fonte: Souza (2011).

A partir da análise das Tabelas 8.4 e 8.5, é possível afirmar que, apesar de o projeto de manejo de dejetos de suinocultura no mercado regulado e no mercado voluntário ser o segundo maior em termos de projeto, 77 e 27, respectivamente, vem ainda contribuindo muito pouco para a redução das emissões de GEE em ambos os mercados, com apenas 8,1% e 4%, respectivamente, das emissões anuais totais.

Merece destaque o escopo de reciclagem que, embora tenha até o momento um projeto apenas, contribui para uma redução anual de emissões de 226.626 mil de tCO$_{2e}$, representando 8% das reduções anuais totais, estando em quinto lugar. Essa especificidade se dá em função do tipo de GEE que o projeto trabalha, Clorofluorcarboneto (CFC), Hidrofluorcarboneto (HFCs), com potencial de aquecimento global e fator de equivalência em relação ao dióxido de carbono mais potente, sendo, no horizonte de tempo de 100 anos, de: 6500 vezes (CF4), 11700 vezes (HFC-23), 650 vezes (HFC-32), 150 vezes (HFC-41), 2800 vezes (HFC-125), entre outros, que contribuem para a destruição da camada de ozônio, sendo utilizados como gases para refrigeração.

Além desses projetos que estão diretamente ligados à PNMC, os projetos de reflorestamento tanto na categoria regulada quanto na categoria voluntária do mercado de carbono brasileiro também têm uma participação muito tímida na redução anual de emissões de GEE, contribuindo, apenas, respectivamente, com 0,8% e 15%, das emissões anuais totais nos respectivos mercados.

No tocante ao alcance dos objetivos propostos pela PNMC, de redução de 36,1% a 38,9% das emissões de GEE em relação às projeções futuras de 2020, faz-se necessária criação de políticas públicas específicas para o fomento de um número maior de projetos nesses dois setores, além de estimular o desenvolvimento dos demais escopos setoriais, uma vez que 76,4% das emissões brasileiras de CO_2 são provenientes de desmatamento, causadas por mudanças no uso da terra e florestas.

A criação de políticas focadas nesse cenário contribuirá para que algumas das estratégias de redução de GEE propostas pela PNMC sejam alcançadas, tais como: reduzir em 80% e 40% o desmatamento na Amazônia e no Cerrado; e expandir o plantio direto no setor agropecuário (BRASIL, 2009).

Tais políticas devem abranger todas as regiões do país, estimulando o desenvolvimento de projetos, uma vez que, conforme discutido a seguir, as atividades de projetos de redução de emissões de GEE estão presentes em praticamente todo o território nacional, apesar das desigualdades regionais, como pode ser visto no tópico 8.6.3 a seguir.

8.6.3 Projetos por região do país

Neste tópico, apresenta-se como estão distribuídas as atividades de projetos de redução de emissão no Brasil, seja no âmbito do mercado regulado, seja no âmbito do mercado voluntário, em que se percebe uma participação ativa em praticamente todos os Estados brasileiros de atores no desenvolvimento de projetos dessa natureza.

No âmbito do mercado de carbono regulado, verifica-se que a maior concentração de projetos de MDL está situada na região Sudeste do país, com destaque para São Paulo com 21% dos projetos e Minas Gerais com 16%, conforme o Gráfico 8.4, que apresenta onde estão localizados os 264 projetos desse mercado no Brasil.

Gráfico 8.4 – *Distribuição do número de atividades de projeto do MDL no Brasil por Estado*

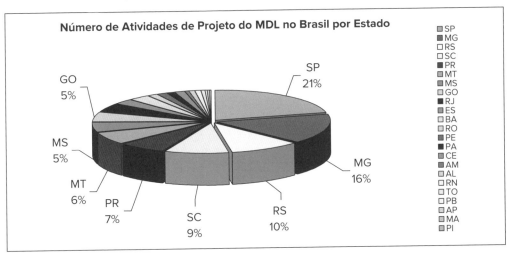

Fonte: MCT (2011, p. 11).

Já no âmbito do mercado de carbono voluntário, no que se refere à distribuição dos projetos por Estados brasileiros, o Gráfico 8.5 apresenta a localização dos 111 projetos desenvolvidos no Brasil, conforme segue.

Gráfico 8.5 – *Distribuição dos projetos do mercado voluntário de carbono por Estados brasileiros*

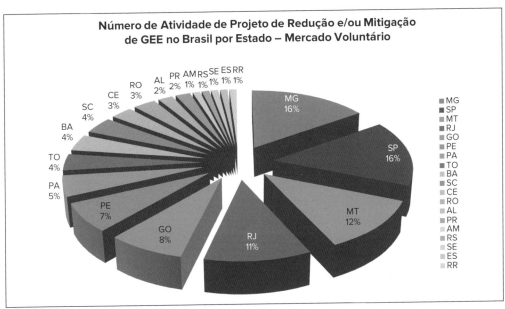

Fonte: Souza (2011).

Destaca-se a participação dos Estados de Minas Gerais e São Paulo com 16% cada, Mato Grosso (12%), Rio de Janeiro (11%), Goiás (8%) e Pernambuco (7%), que juntos respondem por mais de 70% dos projetos desenvolvidos e registrados no mercado de carbono voluntário do Brasil.

É importante enfatizar a importância da região Sudeste no cenário econômico e financeiro nacional, contribuindo, assim, para que os Estados de São Paulo e Minas Gerais liderem o *ranking* de projetos, tanto no mercado regulado quanto no mercado voluntário de carbono no Brasil. Tais projetos obedecem a metodologias específicas que definem o tamanho desses projetos quanto à escala, classificando-os em pequena ou larga escala, cuja discussão pode ser entendida a partir do tópico 8.6.4.

8.6.4 Projeto por escala (metodologia de pequena ou larga escala)

De acordo com o MCT (2011), existem três tipos de atividades que definem um projeto de pequena escala, quais sejam: (1) atividades de projeto de energia renovável (capacidade de até 15 megawatts); (2) atividades de projeto de melhoria da eficiência energética (que reduzam o consumo de energia até o equivalente a 60 gigawatt/hora por ano); (3) atividades de projeto que resultem em reduções de emissões menores ou iguais a 60 quilos de tCO_{2e} por ano. As demais atividades, não enquadradas nesses três tipos, são consideradas de larga escala.

Para cada tipo de metodologia aplicada ao projeto, se pequena ou larga escala, os custos são diferenciados, estando os projetos de grande escala com os maiores custos de transação.

Dessa forma, os projetos de MDL desenvolvidos no âmbito do mercado de carbono regulado brasileiro, em sua maioria, são projetos de larga escala, estando presentes em 58% das atividades de projetos, onde os de pequena escala representam 42%, conforme o Gráfico 8.6.

Gráfico 8.6 – *Distribuição das atividades de projeto no Brasil por tipo de metodologia utilizada do mercado de carbono regulado*

Fonte: MCT (2011, p. 7).

Por outro lado, diferentemente do que mostra o Gráfico 8.6 para os projetos do mercado regulado, há um predomínio de projetos de pequena escala, com 88% das atividades, ficando os projetos de larga escala com apenas 12% no âmbito do mercado de carbono voluntário conforme o Gráfico 8.7.

Gráfico 8.7 – *Projetos brasileiros no mercado de carbono voluntário de acordo com a escala*

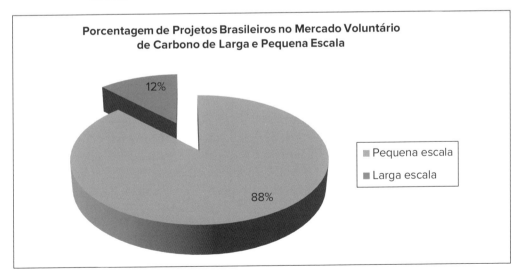

Fonte: Souza (2011).

Esse resultado se dá em função de que as empresas participantes desse tipo de mercado, em sua maioria, são de pequeno e médio porte, desenvolvendo, portanto, projetos de escala menores, motivadas também pelos menores custos de transação, quando comparados com os custos de desenvolver um projeto de MDL no mercado regulado dominado por empresas de grande porte (LOMBARDI, 2008). Segundo Bumpus e Liverman (2008), a maioria dos projetos do mercado voluntário é implementada por empresas locais ou por ONGs nos países em desenvolvimento com financiamento e apoio técnico, bem como revenda para empresas provenientes de países desenvolvidos, que se encontram fora do ambiente institucional do Protocolo de Kyoto.

Dessa forma, considerando que, no mercado voluntário, os custos de desenvolvimento de projeto são menores e considerando que as regras estabelecidas pelos PIs nesse mercado são menos rígidas se comparado ao mercado regulado, isso pode explicar o porquê da predominância de projetos de pequena escala, diferentemente dos projetos do mercado regulado, que, em sua maioria (58%), são de larga escala (MCT, 2011).

A distribuição desses projetos por tipo de padrão/regras às quais estão vinculados pode ser visualizada a partir do tópico 8.6.5 a seguir.

8.6.5 Distribuição dos projetos por padrão internacional

Neste tópico, buscou-se analisar de que forma estão distribuídos os projetos de redução de emissão de GEE, tanto do mercado de carbono regulado, quanto do mercado voluntário, comparando os números de projetos vinculados aos padrões com os números dos projetos vinculados às regras do Protocolo, além de uma análise comparativa entre os próprios PIs e sua atuação em projetos brasileiros.

Assim, quanto à vinculação de projetos a um padrão, se comparado à participação de cada padrão nos projetos brasileiros, incluídas as regras de concepção de projetos de MDL estabelecidos pelo Protocolo, verifica-se que este detém um maior número de projetos no Brasil (81,8%), sendo, portanto, o principal padrão ao qual a maioria dos projetos de redução de emissão brasileiros está vinculada, conforme o Gráfico 8.8, seguido do VCS com 14,3% e CCX com 1,6%.

Por outro lado, excluindo-se o padrão do mercado regulado que é o PK/MDL, para fins de análise do cenário do mercado de carbono voluntário brasileiro, constata-se, por meio do Gráfico 8.9, uma tendência mundial, com o padrão VCS, destacando-se como o principal PI adotado, também, no Brasil, respondendo por 78,4% dos projetos do país nesse mercado, seguido da CCX com 9,0%, CCB com 5,4%, GS com 4,5%, SC, ACR e SCH com 0,9% apenas, respectivamente.

Crédito de Carbono 253

Gráfico 8.8 – *Distribuição de projetos brasileiros registrados nos mercados regulado e voluntário de carbono por tipo de padrão internacional vinculado*

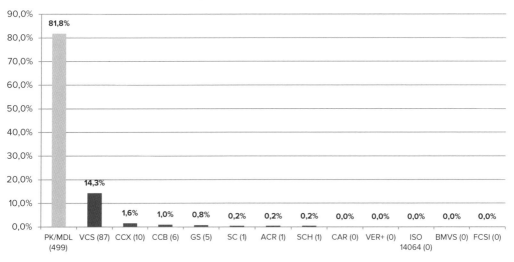

Fonte: Souza (2011).

Gráfico 8.9 – *Distribuição de projetos brasileiros registrados no mercado voluntário de carbono por tipo de padrão internacional vinculado*

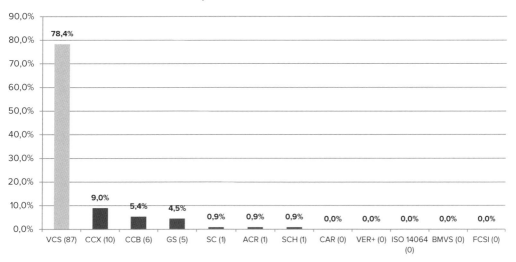

Fonte: Souza (2011).

Assim, a forte atuação do padrão VCS, no cenário nacional, corrobora com o domínio desse PI no mercado global (34%) e com a completude dos critérios adotados para concepção de um projeto por esse padrão, concedendo a esse PI uma posição singular de credibilidade nesse mercado. Entretanto, diferentemente da tendência mundial, o CCX ocupa o segundo lugar em número de projetos no Brasil (9,0%), enquanto, no mundo, ele cai para a sétima posição (3%), atrás dos padrões CCB, CAR, GS, BMVS e FCSI.

Com exceção do GS e CCB, os demais padrões não participam ainda do mercado de carbono voluntário brasileiro, com destaque para o BMVS, que, embora seja um padrão brasileiro, não foram identificados projetos aprovados no país, até o momento, vinculados às suas regras. Contudo, participaram, no mercado mundial, com 5,0% dos projetos globais, no âmbito do mercado voluntário, ocupando a quinta posição.

Outro fator de grande relevância na análise dos projetos de redução de emissão é os tipos de gases reduzidos e/ou mitigados, que são apresentados no tópico 8.6.6.

8.6.6 Distribuição dos projetos por tipo de gás de efeito estufa reduzido

Nesse tópico, são discutidos os tipos de gases que os projetos de redução de emissão tanto do mercado regulado quanto do mercado voluntário ajudam a reduzir e/ou mitigar da atmosfera.

No tocante aos projetos de MDL do mercado regulado brasileiro, no que se refere aos gases reduzidos e/ou mitigados, dentre as atividades dos projetos desenvolvidos, o dióxido de carbono (CO_2) é o mais representativo com 67%, seguido do gás metano (CH_4) com 32%. É importante salientar que esses gases estão fortemente correlacionados com os principais tipos de projetos predominantes nesse mercado, em termos de redução de emissão, quais sejam, energia renovável (CO_2) e aterro sanitário (CH_4), destacando-se, portanto, em relação aos demais óxido nitroso (N_2O) e perfluorcarbonos (PFCs), representando apenas 1% e 0,4% das reduções anuais, conforme o Gráfico 8.10.

Gráfico 8.10 – *Distribuição das atividades de projeto de MDL do mercado regulado no Brasil por tipo de gás de efeito estufa reduzido*

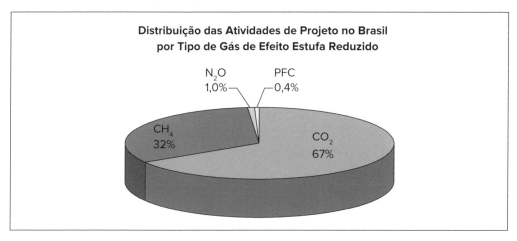

Fonte: MCT (2011, p. 6).

Corroborando com o mercado de carbono regulado, com exceção do gás perfluorcarbonos (PFCs), nas atividades de projetos de redução de emissão de GEE do mercado de carbono voluntário os gases mais representativos são: dióxido de carbono (CO_2), metano (CH_4), óxido nitroso (N_2O), correspondendo, respectivamente, a 59%, 32%, 6%, conforme o Gráfico 8.11.

Gráfico 8.11 – *Distribuição das atividades de projeto de redução de emissão de GEE do mercado voluntário no Brasil por tipo de gás de efeito estufa reduzido*

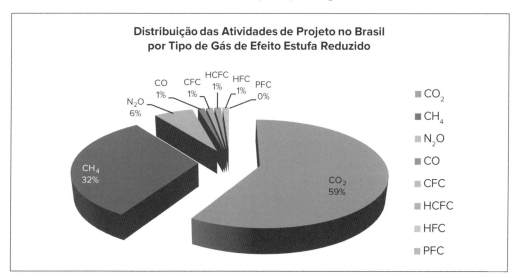

Fonte: Souza (2011, p. 149).

É importante salientar, também, que no Gráfico 8.11 verifica-se que o gás monóxido de carbono (CO), decorrente de resto de queimadas, clorofluorcarboneto (CFCs), hidroclorofluorcarboneto (HCFCs) e hidrofluorcarboneto (HFCs), que estão associados ao escopo de atividade de reciclagem, não identificados dentre os tipos de gases mitigados por meio das atividades de projetos de MDL no mercado de carbono regulado no Brasil, está entre as atividades de projetos de redução de emissão do mercado de carbono voluntário, representando 1%, respectivamente.

8.7 *MARKET SHARE* DOS MERCADOS REGULADO E VOLUNTÁRIO DE CARBONO NO BRASIL

Neste tópico, busca-se apresentar qual o *market share* dos mercados regulado e voluntário de carbono no Brasil, comparando-os com a meta de redução de emissões de GEE brasileiras projetadas até 2020.

As emissões brasileiras de GEE registradas no segundo inventário de emissões compreendido divulgado na 15ª COP, realizada em Copenhague em 2009 entre o período de 1990 e 2005, entregue pelo governo à ONU por meio da Segunda Comunicação Nacional do Brasil enviada em 2010, totalizam 2,192 gigatoneladas de CO_{2e} no período, representando um aumento de 60% em relação ao primeiro inventário, compreendido entre o período de 1990 e 1994, que foi de 1,4 gigatoneladas de CO_{2e}. As emissões projetadas para 2020 correspondem a 3,236 gigatoneladas de CO_{2e}, conforme o art. 5º do Decreto nº 7.390, de 9 de dezembro de 2010 (RIBEIRO, 2011; MCT, 2010, BRASIL, 2010).

Conforme já discutido anteriormente, por meio da PNMC, o governo brasileiro estabeleceu a meta de redução das emissões projetadas até 2020 entre 36,1% e 38,9%, respectivamente. Com isso, o país deverá reduzir até 2020 entre 1.168 milhões de tCO_{2e} a 1.259 milhões de toneladas de CO_{2e}, meta essa fixada no art. 6º do Decreto nº 7.390. Dentre as ações estabelecidas pelo governo brasileiro para o alcance dessas metas, estão a redução do desmatamento da Amazônia em 80% e no Cerrado uma redução de 40%; restauração das áreas de pastos; ampliação do uso do biocombustível; aumento da eficiência energética; fontes alternativas de energias, dentre outros (BRASIL, 2010; 2011; 2012).

Nesse sentido, se as reduções anuais de emissões de GEE dos mercados de carbono regulado (52.284.609 $tCO_{2e/ano}$) e mercado de carbono voluntário (2.876.925 $tCO_{2e/ano}$) fossem consideradas para cumprimento das metas brasileiras de reduções das emissões de GEE até 2020, ter-se-ia uma contribuição da seguinte ordem, conforme o Gráfico 8.12.

A partir do Gráfico 8.12, se comparado à contribuição do mercado de carbono regulado por meio dos projetos de MDL em relação à meta de redução de 36,1% até 2020, sua contribuição seria de 67,34%, enquanto os projetos do mercado de carbono voluntário contribuiriam com 3,69% para a mesma meta, ficando 28,97% da meta para outras ações/projetos de redução de GEE não comercializado no mercado de carbono.

Gráfico 8.12 – Market share *de projetos por potencial de redução anual por tipo de mercado no Brasil para meta de redução de 36,10%*

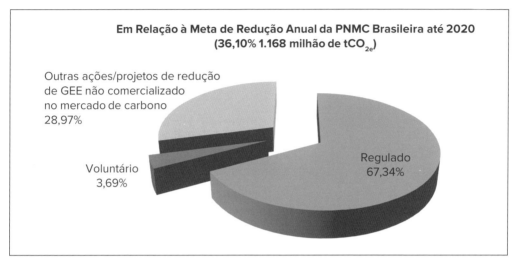

Fonte: Souza (2011) a partir de Brasil (2012; 2011); MCT (2010).

Já em relação à meta de 38,9%, o mercado de carbono regulado contribuiria com 62,47%, enquanto o mercado de carbono voluntário com apenas 3,43%, ficando 34,10% das emissões por conta das outras ações/projetos de redução de GEE não comercializados no mercado de carbono, conforme Gráfico 8.13.

Gráfico 8.13 – Market share *de projetos por potencial de redução anual por tipo de mercado no Brasil para meta de redução de 38,9%*

Fonte: Souza (2011) a partir de Brasil (2012; 2011); MCT (2010).

A partir dos Gráficos 8.12 e 8.13, verifica-se que a contribuição dos mercados (regulado e voluntário) ja é significativa e ainda tem grande oportunidade para crescimento, já que aproximadamente 28,97% (para a meta de 36,10%) e 34,10% (para meta de 38,9%) da meta voluntária de redução de GEE até 2020 do Brasil está condicionada a ações/projetos previstos na PNMC com grande potencial de comercialização futura no mercado de carbono. A prorrogação do PK até 2017, na 17ª COP realizada na África do Sul, em Durban, contribuirá para o fomento desses novos projetos de redução de emissões de GEE, aumentando as possibilidades de crescimento de ambos os mercados de carbono no Brasil.

Convém salientar, porém, que se trata apenas de um exercício de simulação para verificar-se o tamanho desses mercados no Brasil e a contribuição para o alcance das metas voluntárias da PNMC. Entretanto, parte dos créditos de carbono gerados no Brasil por esses mercados é exportada para países compradores (países do Anexo I do PK) que têm metas obrigatórias de redução de GEE, não sendo portanto permitida a dupla contagem desses créditos para a compensação das emissões brasileiras de GEE.

8.8 ASPECTOS CONTÁBEIS DOS CRÉDITOS DE CARBONO

A grande quantidade de recursos que os créditos de carbono têm movimentado no mercado de carbono anualmente chama a atenção para a necessidade de definição das classificações contábeis dadas pelas entidades que compram ou vendem créditos de carbono, seja no seu registro nos ativos quando da sua geração, decorrente do desenvolvimento do projeto de MDL, seja no reconhecimento da receita decorrente da venda, bem como seja quando da aquisição pela empresa compradora, vez que a ausência de norma específica tem deixado a critério das próprias entidades as classificações contábeis, o que pode estar afetando as informações disponibilizadas aos *stakeholders*.

Pesquisas realizadas por Maciel, Coelho, Santos et al. (2009), nas demonstrações financeiras de duas empresas brasileiras (Celulose Irani S.A. e Tractebel Energia S.A.) demonstraram a existência de registros distintos para as receitas auferidas com a comercialização dos créditos de carbono. Em relação à primeira empresa, verificou-se que as informações das vendas foram registradas em notas explicativas (o montante de R$ 2.581.000,00) classificadas como outras receitas operacionais. Já na segunda empresa, que reconheceu as receitas no demonstrativo de fluxo de caixa da empresa (o montante de R$ 8.685.000,00), sendo considerada como redutora do lucro líquido, não havendo a devida classificação se se tratava de uma receita operacional ou não operacional. Esses fatores tornam evidente a importância de uma definição regulatória para o setor.

Nesse sentido, dado que os créditos de carbono interferem na situação patrimonial de uma organização e que a contabilidade existe para atender ao objetivo de controlar as mutações ocorridas no patrimônio das aziendas, é de suma importância que seja realizado o registro correto dos créditos de carbono no sistema contábil das empresas, dado que as RCEs impactam o patrimônio das organizações (SANTOS, 2008). A relevância dos créditos de carbono no contexto patrimonial de uma empresa exige desta o registro em suas demonstrações contábeis. Corroboram nesse sentido Hendriksen e Van Breda (2009, p. 281), ao afirmarem que quando os "recursos e obrigações satisfazem a definição relevante, são mensuráveis, relevantes e precisos, devem ser reconhecidos como ativos e passivos nas demonstrações financeiras".

A falta de normas que regulem os créditos de carbonos em nível nacional faz com que entidades realizem a contabilização de acordo com os seus entendimentos sobre a matéria. Do ponto de vista doutrinário, muitos autores têm classificado os créditos de carbono predominantemente como ativo intangível, estoques e derivativos. Vale ressaltar que, conforme Hendriksen e Van Breda (2009), para que se reconheça um ativo no patrimônio de uma empresa, se faz necessário que o evento atenda a três características básicas, quais sejam: capacidade de gerar benefícios futuros, que sejam controláveis, pertencentes a um determinado agente e que os benefícios gerados pelo ativo sejam decorrentes de uma atividade passada.

Assim, para que os créditos de carbono possam ser classificados como um ativo intangível, obrigatoriamente, devem possuir a característica de gerar fluxo de caixa futuro, ou seja, devem gerar benefícios posteriores para as empresas, pois "todo ativo deve se transformar em disponibilidade para a entidade". À luz dos conceitos definidos pelo *International Accounting Standards Board* (IASB), Perez (2008, p. 57), analisando a possibilidade de classificar os créditos de carbono como um ativo, considera que:

> O benefício econômico futuro embutido no ativo é o potencial para contribuir, direta ou indiretamente, para o fluxo de caixa ou equivalente de caixa para a entidade. [...] percebe-se que os créditos de carbono têm todas as características para enquadramento como Ativos, uma vez que, representam benefícios econômicos futuros que influenciarão o fluxo de caixa na medida em que contribuam para adequar a empresa às metas do Protocolo de Kyoto, e têm origem em eventos ocorridos no passado, que é o momento em que foram negociados.

Dessa forma, considerando a capacidade dos créditos de carbono de gerar benefícios futuros, alguns autores têm discutido a possibilidade de classificá-los como ativos intangíveis, o que tem levantado discussões quanto ao seu enquadramento nos critérios de intangibilidade. O IASB, por meio do *International Financial Reporting Interpretations Committee* (IFRIC), tem buscado soluções para nortear as operações no mercado de emissões, sobretudo quanto ao seu enquadramento no ativo intangível. De acordo com o Comitê de Pronunciamentos Contábeis – CPC (2010, p. 8) em seu pronunciamento técnico CPC 04 aduz que um ativo satisfaz o critério de identificação, em termos de definição de um ativo intangível, quando:

> a) for separável, ou seja, puder ser separado da entidade e vendido, transferido, licenciado, alugado ou trocado, individualmente ou junto com um contrato, ativo ou passivo relacionado, independentemente da intenção de uso pela entidade; ou

b) resultar de direitos contratuais ou outros direitos legais, independentemente de tais direitos serem transferíveis ou separáveis da entidade ou de outros direitos e obrigações.

A entidade deve avaliar a probabilidade de geração de benefícios econômicos futuros utilizando premissas razoáveis e comprováveis que representem a melhor estimativa da administração em relação ao conjunto de condições econômicas que existirão durante a vida útil do ativo.

A entidade deve utilizar seu julgamento para avaliar o grau de certeza relacionado ao fluxo de benefícios econômicos futuros atribuíveis ao uso do ativo, com base nas evidências disponíveis no momento do reconhecimento inicial, dando maior peso às evidências externas.

Assim, as RCEs oriundas dos projetos de MDL, ao gerarem a expectativa de benefícios futuros para a empresa, trazem consigo a possibilidade de ocorrências de fluxos de caixa, representando, dessa forma,

> verdadeiro direito daquele que cumpriu com as exigências estabelecidas no texto normativo. Assim, com base na classificação de bens sedimentada pela legislação e doutrina pátria, é possível afirmar que as RCEs, enquanto direitos sem existência tangível, todavia com valor econômico, enquadram-se com perfeição na acepção de bens intangíveis (SISTER, 2007, p. 37).

Nesse sentido, corroborando com Hendriksen e Van Breda (2009), no tocante à possibilidade de os créditos de carbono gerarem benefícios futuros, alguns autores defendem registrá-los no ativo intangível pelo valor de mercado, cujo registro no sistema de contabilidade deve ser feito pelo valor justo (*fair value*), a partir do recebimento do certificado emitido (IASB, 2001). Na visão de Gonçalves (2007), as RCEs podem ser enquadradas como ativo intangível, considerando que constituem-se em direitos passíveis de serem utilizados e/ou usufruídos pelos seus titulares, em data futura, não os considerando como objeto de comercialização entre as partes em virtude de que os negócios somente podem ser realizados com bens tangíveis (artigo 481, Código Civil/02), o que lhes confere apenas a possibilidade de cessão de direito. Contudo, embora exista um conjunto de argumentos favoráveis ao registro dos créditos de carbono como ativos intangíveis, não há unanimidade, vez que existem autores que defendem a classificação das RCEs como estoques considerando o processo por meio do qual são originadas.

No processo de geração dos créditos de carbono (dado que todo o processo é desenvolvido pela empresa proponente), permite-se que seus custos de produção sejam conhecidos, bem como a quantidade de emissões de GEE evitadas e passíveis de serem comercializadas. Para alguns autores, essa condição é fator indicativo para a classificação dos créditos de carbono no sistema contábil das empresas como estoque, haja vista que as empresas podem manter em seu poder RCEs para fins de oferta no mercado de carbono.

Iudícibus et al. (1998, p. 70) conceituam os estoques como "bens tangíveis ou intangíveis adquiridos ou produzidos pela empresa com o objetivo de venda ou utilização própria no curso normal de suas atividades". Ainda de acordo com CPC 16 (2010, p. 3), "os estoques são ativos mantidos para venda no curso normal dos negócios; em processo de produção para venda; ou na forma de materiais ou suprimentos a serem consumidos ou transformados no processo de produção ou na prestação de serviços".

Nesse sentido, devido ao fato de os custos de redução de emissão de GEE serem conhecidos, sendo, portanto, internalizados pelas empresas como parte dos custos de produção (LOMBARDI, 2008), os benefícios gerados com a comercialização dos créditos de carbono, ou seja, as receitas auferidas, além da introdução de processos tecnológicos (MACIEL; COELHO; SANTOS et al., 2009), favorecem a redução de parte dos custos de produção por meio da compensação de benefícios auferidos com os créditos de carbono (as receitas) o que contribuiria para que os produtos fabricados fossem registrados por meio de estoques líquidos, favorecendo o desenvolvimento de projetos de MDL para as empresas.

Dessa forma, os créditos de carbono decorrentes de um processo de produção com tecnologias ambientalmente seguras (a partir da implementação do MDL), trazem como oportunidade para a empresa a possibilidade de compensar parte de seus custos de produção, dado que as RCEs constituem-se em um subproduto que pode ser comercializado, gerando, portanto, benefícios financeiros e contribuindo para a redução desses custos. Para Gonçalves (2007), isso é possível em função de que o MDL é um instrumento de gestão ambiental que incorpora a lógica de mercado de carbono onde as reduções de emissões de GEE passaram a ser consideradas como *commodities* ambientais e transacionadas no mercado global.

Para Khalili (2009), as RCEs são

> mercadorias originárias de recursos naturais produzidas em condições sustentáveis e que constituem os insumos vitais para a indústria e a agricultura. Obedecem a critérios de extração, produtividade, padronização diferenciada, classificação, comercialização e investimentos. As *commodities* ambientais dividem-se em sete matrizes: água, energia, madeira, minério, biodiversidade, reciclagem e controle de emissão de poluentes (água, solo e ar).

Assim, de acordo com essa percepção, diferentemente da corrente de pensamento que tende a classificar as RCEs como ativos intangíveis, existe a possibilidade de os créditos de carbono serem classificados como um subproduto da empresa antes da etapa de certificação por uma auditoria independente e, após a etapa de emissão dos créditos de carbono pelo Conselho Executivo do MDL, na conta de estoques, bem como todos os custos decorrentes da fase de implantação, o que levaria os créditos de carbono a serem contabilizados no estoque de carbono certificado da empresa desenvolvedora (FERREIRA, 2007). Para Hendriksen e Van Breda (2009, p. 286):

> A ênfase da definição é deliberadamente abrangente e permite que o problema da mensuração seja tratado separadamente. [...] todos os ativos são fundamentalmente idênticos, a despeito da classificação convencional. Tanto os estoques quanto

itens intangíveis geram direitos a benefícios futuros, cuja classificação não altera sua natureza como ativos.

A divergência no reconhecimento das RCEs nos registros contábeis das empresas tem sido polarizada ainda mais quando a discussão se amplia para as formas como os créditos de carbono são comercializados no mercado de carbono. Isso porque, de acordo com alguns especialistas, os créditos de carbono convergem com as características de derivativos que podem ser classificados em contratos futuros, a termo, de opções e *swaps* que são negociados no mercado de balcão ou de bolsas de valores (BRIGHAM et al., 2001). De acordo com Souza e Miller (2003, p. 12), "ao que parece, face ao conceito supra, o valor da RCE e, pois, da transação com ela realizada não resulta de nenhum outro ativo, que se encontre subjacente, o que obsta sua subsunção à categoria dos derivativos, os quais se caracterizam por ser uma variação de uma oferta existente".

Segundo a FIPECAFI (2010, p. 128), "um contrato futuro é o compromisso de comprar/vender determinado ativo numa data futura, por um preço previamente estabelecido". Nos mercados de balcão, os contratos são realizados entre os agentes, de forma não padronizada, cujos negociadores são conhecidos. Já no mercado de bolsas de valores (cujos contratos são padronizados e personalizados), os agentes participantes não se conhecem e os valores são negociados por meio de pregão eletrônico. Pode-se conceituar como derivativos os instrumentos financeiros que derivam ou dependem do valor de outro ativo (BRIGHAM et al., 2001). Para Souza e Miller (2003, p. 12):

> A doutrina leciona, uniformemente que derivativos são os instrumentos financeiros cujo preço de mercado (*market price*) deriva do valor de um ativo real (as *commodities*, ou seja, produtos primários como algodão, soja, minério de ferro etc.) ou outro instrumento financeiro (taxas de câmbio, de juros, moedas, índices de Bolsas etc.). A depender do ativo-referente, os derivativos podem ser financeiros e não financeiros. Os contratos futuros e a termo, as opções e o *swap* são as modalidades derivativas de maior utilização.

Segundo a Comissão de Valores Mobiliários – CVM através da Deliberação n° 604/2010:

> Derivativo é um instrumento financeiro ou outro contrato com todas as três características seguintes:
>
> a) o seu valor altera-se em resposta à alteração na taxa de juros especificada, preço de instrumento financeiro, preço de mercadoria, taxa de câmbio, índice de preços ou de taxas, avaliação ou índice de crédito, ou outra variável, desde que, no caso de variável não financeira, a variável não seja específica de uma parte do contrato (às vezes denominada "subjacente");
>
> b) não é necessário qualquer investimento líquido inicial ou investimento líquido inicial que seja inferior ao que seria exigido para outros tipos de contratos que se esperaria que tivessem resposta semelhante às alterações nos fatores de mercado; e
>
> c) é liquidado em data futura.

Por outro lado, a forma como uma boa parte dos créditos de carbonos são comercializados no mercado, em que alguns compradores tendem a adquiri-los buscando a garantia de preços futuros (visando obter uma melhor rentabilidade das RCEs), além da comercialização por meio de contratos futuros, a termo e de opções, fazem com que algumas empresas os reconheçam como derivativos (RIBEIRO, 2005).

Essa perspectiva de negociação futura pode ser comparada com a concepção de ativos financeiros sob o ponto de vista de Brigham (2001), em virtude da característica de possibilidade de negociação futura, em que as empresas proponentes de projetos de MDL no Brasil se comprometem a entregar o produto dele gerado (créditos de carbono) aos compradores dos países desenvolvidos que têm metas obrigatórias de redução de emissões de GEE estabelecidas pelos compromissos assumidos no âmbito do PK.

> A criação dos projetos MDL, para redução da emissão de GEE, possibilitou o desenvolvimento de um mercado de balcão para negociação dos respectivos créditos de carbono com os países desenvolvidos pertencentes ao Anexo I do PK (RESENDE; DALMÁCIO; RIBEIRO et al., 2006, p. 6).

Nesse mercado, os contratos são negociados com menor rigor, se comparado aos mercados de bolsas, cujos negociadores estabelecem um acordo bilateral para os créditos comercializados. No contexto do mercado de carbono brasileiro, atualmente os créditos de carbono de alguns projetos estão sendo negociados no mercado de balcão, embora exista comercialização dos créditos diretamente aos interessados antes mesmo do desenvolvimento do DCP e/ou certificação dos mesmos pela auditoria independente, sem passar pela Bolsa de Valores, Mercadorias e Futuros (BVM&F).

A CVM, prevendo uma futura regulamentação do mercado de carbono brasileiro, considera possível classificar eventuais instrumentos financeiros relacionados aos créditos de carbono como derivativos. Contudo, descarta, atualmente, considerar sua classificação como título mobiliário, cujas empresas poderiam emitir para captação de recursos no mercado de capital brasileiro (SANTOS; OLIVEIRA, 2009).

Como se observa, constitui-se ainda um mercado incipiente, o que levanta dúvidas quanto à sua correta gestão e desenvolvimento, sobretudo em função das questões de normatização apresentadas (RESENDE; DALMÁCIO; RIBEIRO, 2006). Vale ressaltar que embora existam divergências contábeis no reconhecimento dos créditos de carbono, isso não pode ser considerado motivo para o não reconhecimento das RCEs nos balanços patrimoniais das empresas, vez que essas atendem aos três critérios estabelecidos por Hendriksen e Van Breda (2009), quais sejam: expectativa de geração de benefícios futuros; são controlados por uma empresa e/ou indivíduo; bem como resultam de um conjunto de eventos passados.

REVISÃO DE CONTEÚDO

Elaborada pelo Prof. Juliano Almeida Faria

QUESTÃO 1

No contexto da discussão sobre o crédito de carbono, é possível afirmar que:

a) A Revolução Industrial é um marco histórico fundamental ao desenvolvimento da humanidade e que gerou benefícios capazes de justificar todos os danos ambientais inerentes.

b) Devido à escassez de recursos, a multiplicação acelerada da população deve ser controlada e gerenciada de modo sustentável por meio do controle irrestrito da natalidade.

c) Uso desequilibrado dos recursos naturais não renováveis e aumento da poluição estão entre os malefícios causados pela Revolução Industrial.

d) Apesar do prejuízo ambiental e dos impactos em todo o globo, o mercado de crédito carbono vem perdendo espaço para ações de reciclagem direta.

e) A Revolução Industrial trouxe inúmeros benefícios para a população, assim como a revolução tecnológica, porém ambas ainda não apresentaram soluções viáveis de uso adequado dos recursos ambientais não renováveis.

QUESTÃO 2

O crescimento exponencial da população e padrão de consumo, a produção científica e tecnológica, e o desenvolvimento das nações representam juntos:

a) Os pilares de sustentação da estrutura do crédito de carbono.

b) Os meios de solução da crise ambiental mundial.

c) A solução irrestrita da degradação ambiental desde a Revolução Industrial.

d) Os pilares das mudanças climáticas.

e) Os fatores fundamentais à evolução econômico-social de qualquer civilização.

QUESTÃO 3

É um instrumento de política pública ambiental internacional de cunho econômico que se configura como uma alternativa ao problema mundial de mudanças climáticas no qual afirma que o dano ambiental atual pode ser evitado com um investimento inferior ao esperado de aproximadamente 1% do PIB (Produto Interno Bruto) global nos próximos anos.

Esse conceito refere-se ao:

a) Protocolo de Kyoto.

b) Relatório da Eco-92.

c) Protocolo de Estocolmo.

d) Documento da Rio-92.

e) Relatório de crise ambiental do Greenpeace.

QUESTÃO 4

Considere as alternativas:

I. O mercado dos créditos de carbono leva em consideração o quanto cada país é obrigado a efetuar reduções de emissões de gases potencializadores do efeito estufa.

II. O mercado de créditos de carbono é altamente lucrativo, permitindo inclusive que empresas reduzam investimentos em produtividade para direcionar recursos na especulação deste mercado e comércio de ações.

III. O inventário das nações sobre emissões de gases prejudiciais ao meio ambiente baseia-se no percentual de créditos de carbono que cada país pode utilizar no cumprimento de metas estabelecidas internacionalmente.

Estão corretas as alternativas:

a) I e II.

b) II e III.

c) I e III.

d) Todas estão corretas.

e) Todas estão incorretas.

QUESTÃO 5

O Brasil é um dos países com maior potencial no mundo para a oferta de créditos de carbono. Várias possibilidades podem ser facilmente encontradas no país, **exceto**:

a) Produção de energia de fonte renovável.

b) Substituição de combustível de origem fóssil.

c) Geração de energia eólica.

d) Recuperação e queima de metano.

e) Cogeração de energia por meio da queima de óleo.

QUESTÃO 6

No que se refere às discussões quanto à classificação contábil dos Créditos de carbono, é possível afirmar que giram em torno dos grupos:

a) Receitas operacionais e passivo circulante.

b) Estoques e intangível.

c) Patrimônio ambiental e ganhos.

d) Perdas extraordinárias e intangível.

e) Estoques e receitas ambientais.

QUESTÃO 7

Para uma empresa que dispõe de créditos de carbono em seu patrimônio, sugere-se que a mesma:

a) Não realize o lançamento nas demonstrações contábeis, visto que ainda não há uma padronização internacional.

b) Registre apenas em notas explicativas, em relatório anexo.

c) Registre no patrimônio líquido, logo abaixo da linha relacionada à Reserva de Lucros.

d) Reconheça nas demonstrações visto que atendem a critérios básicos como expectativa de geração futura de caixa e serem controlados pela empresa.

e) Ignore tais valores devido à volatilidade destes no mercado internacional.

REFERÊNCIAS

ASSOCIAÇÃO BRASILEIRA DE NORMAS TÉCNICAS (ABNT). ABNT NBR 15948:2011. **Mercado de carbono voluntário**: princípios, requisitos e orientações para comercialização de reduções verificadas de emissões. Disponível em: <http://www.abnt.org.br>. Acesso em: 29 mar. 2011.

ANDRADE, J. C. S. **Entrevista concedida ao Centro Nacional de Referência em Pequenas Centrais Hidrelétricas (CERPCH). 2011**. Disponível em: < http://www.cerpch.unifei.edu.br/>. Acesso em: 9 dez. 2011.

BAYON, Ricardo; HAWN, Amanda; HAMILTON, Katherine. **Voluntary carbon markets:** an international business guide to what they are and how they work. 2. ed. London: Earthscan, 2009.

BONFANTE, T. **Padrões e mercado de carbono voluntário**. Imaflora, 2010.

BRASIL. **Decreto nº 7.390 de 9 de dezembro de 2010**. Regulamenta os arts. 6º, 11 e 12 da Lei nº 12.187, de 29 de dezembro de 2009, que institui a Política Nacional sobre Mudança do Clima – PNMC, e dá outras providências. Disponível em: <http://222.planalto.govb.br/ccivil_03/_Ato2007-2010/Decreto/D7390.htm>. Acesso em: 24 jan. 2012.

_____. **Metas domésticas**. Disponível em: <http://www.brasil.gov.br/cop/panorama/o-que-o--brasil-esta-fazendo/metas-domesticas>. Acesso em: 17 jan. 2012.

BRASIL. **Lei nº 12.187, de 29 de dezembro de 2009**. Institui a Política Nacional sobre Mudança do Clima – PNMC e dá outras providências. Brasília, 2009. Disponível em: < http://legislacao.planalto.gov.br/legisla/legislacao.nsf/Viw_Identificacao/lei%2012.187-2009?OpenDocument>. Acesso em: 20 jul. 2011.

BRIGHAM, Eugene E.; GAPENSKI, Luis C.; EHRHARDT, Michael C. **Administração financeira**: teoria e prática. São Paulo: Atlas, 2001.

BUMPUS, Adam G.; LIVERMAN, Diana M. Accumulation by decarbonization and the governance of carbon offsets. **Economic Geography**, 2008. p. 127-155.

CARVALHO, Ernani. **Grupo Votorantim**, 2 ago. 2009 (Entrevista pessoal).

COMITÊ DE PRONUNCIAMENTOS CONTÁBEIS (CPC). **Pronunciamentos técnicos emitidos em 2010**. Disponível em: <http://www.cpc.org.br/pdfCPC04_R1.pdf>. Acesso em: 17 jul. 2011.

ENERBIO CONSULTORIA. **Projetando um futuro mais limpo para todos**. Disponível em: <www.grupoenerbio.com.br>. Acesso em: 20 ago. 2011.

FERREIRA, Aracéli Cristina de Souza; BUFONE, André Luiz; MARQUES, José Augusto Veiga da Costa; MUNIZ, Natiara Penalva. Protocolo de Kyoto: uma abordagem contábil. In: IX ENGEM – Encontro Nacional sobre Gestão Empresarial e Meio Ambiente. **Anais...** Curitiba, 2007.

FIPECAFI, FEA/USP. **Manual de contabilidade societária**: aplicável a todas as sociedades. São Paulo: Atlas, 2010.

FUJIHARA, Marco Antônio; LOPES, Fernando Giachini. **Sustentabilidade e mudanças climáticas**: guia para o amanhã. São Paulo: SENAC, 2009.

GONÇALVES, Fernando Dantas Casillo. A natureza jurídica das RCEs e o seu regime jurídico tributário no Brasil. In: SOUZA, Rafael Pereira de et al. (Coord.). **Aquecimento global e créditos de carbono**: aspectos jurídicos e técnicos. São Paulo: Quartier Latin, 2007.

HAMILTON, K.; JARDIM, S.; PETERS-STANLEY, M. et al. **Building bridges**: state of the voluntary carbon markets 2010. Ecosystem Marketplace & Bloomberg New Energy Finance, 2010.

HENDRIKSEN, Eldon S.; VAN BREDA, Michael F. **Teoria da contabilidade**. São Paulo: Atlas, 2009.

INSTITUTO BRASILEIRO DE RELAÇÕES COM INVESTIDORES – (IBRI). O mercado de carbono. Cadernos IBRI. Série Sustentabilidade. 2009. Disponível em: <http://www.ibri.com.br/download/publicacoes/IBRI_Caderno_1.pdf>. Acesso em: 28 jan. 2010.

INTERNATIONAL ACCOUNTING STANDARD BOARD (IASB). **SIC-29 – Disclosure – Service Concession Arrangements**. IASC Foundation, 2011.

IUDÍCIBUS, Sérgio et al. **Contabilidade introdutória**. 9. ed. São Paulo: Atlas, 1998.

KHALILI, Amyra El. **Commodities ambientais em missão de paz**: novo modelo econômico para a América Latina e Caribe. São Paulo: Nova Consciência, 2009.

KOLLMUSS, A.; LAZARUS, M.; LEE, C.; LEFRANC, M.; POLYCARP, C. **Handbook of carbon offset programs**: trading systems, funds protocols and standards – Earthscan, 2010.

LIMA, Lucila Fernandes. Projetos de MDL: ferramenta para a formação da imagem corporativa sustentável. In: SOUZA, Rafael Pereira de et al. (Coord.). **Aquecimento global e créditos de carbono**: aspectos jurídicos e técnicos. São Paulo: Quartier Latin, 2007.

LOMBARDI, Antonio. **Créditos de carbono e sustentabilidade**: os caminhos do novo capitalismo. São Paulo: Lazuli, 2008.

LOPES, I. V. (Coord.). **O mecanismo de desenvolvimento limpo** – *MDL: guia de orientação*. Rio de Janeiro: Fundação Getulio Vargas, 2002.

MACIEL, Carolina Veloso; COELHO, Ana Rogéria Gomes; SANTOS, Andreza Moura dos et al. Crédito de carbono: comercialização e contabilização a partir de projetos de mecanismo de desenvolvimento limpo. **Revista de Informações Contábil**, v. 3, nº 1, p. 89-112, jan./mar. 2009.

MARKEZI, Roberta da Silva Monteiro; AMARAL, Sergio Pinto. O Protocolo de Quioto e o Mecanismo de Desenvolvimento Limpo – MDL conceito e uso do MDL no mundo e no Brasil. **Revista Eletrônica de Gestão de Negócios**, v. 4, nº 1, 2008.

MCT – MINISTÉRIO DA CIÊNCIA E TECNOLOGIA. **Status atual das atividades de projeto no âmbito do Mecanismo de Desenvolvimento Limpo (MDL) no Brasil e no Mundo**. Disponível em: <http://www.mct.gov.br/upd_blob/0215/215908.pdf>. Acesso em: 30 mar. 2011.

_____. **Segunda Comunicação Nacional do Brasil à Convenção – Quadro das Nações Unidas sobre a Mudança do Clima**. Brasília, v. 1, nº 2, 2010.

MICKINSEY & COMPANY. **Caminhos para uma economia de baixa emissão de carbono no Brasil**. Disponível em: <http://www.MICKINSEY.com.br/saopaulo/carbono.pdf.> Acesso em: 20 maio 2010.

PASISHNYK, Natalia. **As desventuras do mercado de carbono europeu**. 2010. Disponível em: <http://exame.abril.com.br/rede-de-blogs/termometro-global/2010/03/23/as-desventuras-do--mercado-de-carbono-europeu/>. Acesso em: 1º ago. 2011.

PEREZ, Renata Andreza; RIBEIRO, Maisa de Souza; CUNHA, J. V. A. et al. Reflexões contábeis e socioambientais dos créditos de carbono brasileiros. **Revista de Educação e Pesquisa em Contabilidade**, v. 2, p. 56-83, 2008.

PETERS-STANLEY, M.; HAMILTON, K.; MARCELLO, T. et al. **Back to the future**: state of the voluntary carbon markets 2011. Ecosystem Marketplace % Bloomberg New Energy Finance, 2011.

RESENDE, Amaury José; DALMÁCIO, Flávia Zóboli; RIBEIRO, Maísa de Souza et al. A potencialidade dos créditos de carbono na geração de lucro econômico sustentável da atividade de reflorestamento brasileiro: um estudo de caso no estado do Mato Grosso do Sul. In: XXX ENANPAD. **Anais...** Salvador, 2006.

RIBEIRO, Arthur Feijó. **Os fundamentos político-econômicos de opções nacionais na mudança climática**. 2011. Monografia (Graduação em Ciências Econômicas) – Departamento de Ciências Econômicas. Curso de Graduação em Ciências Econômicas.

RIBEIRO, Maísa de Souza. **O tratamento contábil dos créditos de carbono**. 2005. Tese (Livre--docência) – Faculdade de Economia, Administração e Contabilidade da Universidade Federal de São Paulo, Ribeirão Preto.

SANTOS, Andréia Regina Soares dos; OLIVEIRA, Rogério Capobianco. Créditos de carbono: uma abordagem da mensuração contábil em empresas brasileiras. In: XIII Encontro Latino Americano de Iniciação Científica e IX Encontro Latino Americano de Pós-Graduação. **Anais...** São José dos Campos – SP, 2009.

SANTOS, Vanderlei. **Créditos de carbono**: aspectos contábeis e tributários em empresas brasileiras. 2008. Monografia (Graduação em Contabilidade) – Universidade Regional de Blumenau – FURB.

SEIFFERT, Mari Elizabete Bernardini. **Mercado de carbono e Protocolo de Quioto**: oportunidades de negócio na busca da sustentabilidade. São Paulo: Atlas, 2009.

SILVA JUNIOR, Antonio Costa. **Projetos de mecanismo de desenvolvimento limpo (MDL)**: promotores de transferência de tecnologia e tecnologias mais limpas no Brasil. Tese apresentada ao Programa de Pós-Graduação em Engenharia Industrial – PEI, Faculdade Politécnica, Universidade Federal da Bahia, 2011.

SIMONI, Walter Figueiredo de. Mercado de carbono. In: FUJIHARA, M. C.; LOPES, F. G. **Sustentabilidade e mudanças climáticas**: guia para o amanhã. São Paulo: Terra das Artes Editora: Editora Senac São Paulo, 2009.

SISTER, Gabriel. **Mercado de carbono e Protocolo de Quioto**: aspectos negociais e tributação. Rio de Janeiro: Elsevier, 2007.

SOUZA, André Luis Rocha de. **Perfil do mercado de carbono no Brasil**: análise comparativa entre os mercados regulado e voluntário. 2011. Dissertação (Mestrado profissional) – Núcleo de Pós--Graduação em Administração. Universidade Federal da Bahia. Escola de Administração.

SOUZA, Clóvis S.; MILLER, Daniel Schiavoni. **O Protocolo de Quioto e o Mecanismo de Desenvolvimento Limpo (MDL)**: as Reduções Certificadas de Emissões (RCEs), sua natureza jurídica e a regulação do mercado de valores mobiliários no contexto estatal pós-moderno. 2003. Disponível em: <http://www.cvm.gov.br/port/Public/.../CVM-ambiental-Daniel-Clovis.doc>. Acesso em: 27 jan. 2011.

TELESFORO, A. C. **Contribuição das políticas públicas ambientais brasileiras como incentivadora de projetos de mecanismo de desenvolvimento limpo (MDL) na área de energia no Brasil**. 2009. Monografia (Graduação em Administração) – Universidade Federal da Bahia. Escola de Administração, Bahia.

ZULAUF, M. **Vega Engenharia Ambiental**. Salvador, 6 maio 2009. Entrevistador: Antonio Costa Silva Júnior (Entrevista pessoal concedida para compor pesquisa).

GESTÃO DE RISCOS AMBIENTAIS

Rodrigo Silva de Souza

9.1 COMPREENDENDO A GESTÃO DE RISCOS AMBIENTAIS

No contexto de competitividade, economia turbulenta e alto grau de instabilidade, a gestão de riscos ambientais deve fazer parte da agenda da Controladoria Ambiental da organização contemporânea, na busca incansável de criar valor para cliente e acionistas.

No mercado atual, a gestão de riscos ambientais pode ser desafiadora. As empresas precisam compreender de que maneira aspectos como: litígio, gestão responsável, reputação, satisfação de acionistas podem impactar na sua continuidade. Então, como equacionar restrições de tempo, alterações no orçamento, expectativas internas e externas e a gestão de riscos ambientais de forma efetiva, eficiente e eficaz do ponto de vista dos custos e benefícios desse gerenciamento?

Por muitos anos, imaginou-se que os riscos de crédito e de mercado poderiam atender a essa demanda por informações mais consistentes e garantir a segurança das organizações. Assim, focou-se em como as operações de crédito estavam sujeitas à inadimplência e na perda de valor das garantias. No caso de transações efetuadas no mercado de ações, observou-se que mudanças repentinas no cenário econômico local e mundial poderiam refletir na perda de milhões de dólares.

Todavia, essas análises não consideravam os riscos causados pelas operações da empresa. Como, por exemplo, problemas legais evidenciados por Organizações Não Governamentais (ONGs) que impactariam a reputação de uma organização, gerando quedas expressivas no lucro e até a bancarrota de corporações ditas inabaláveis. Porém, esses exemplos simples servem somente para demonstrar a enorme teia de inter-relações a que uma organização pode estar exposta.

Isso sem considerar a velocidade da comunicação no mercado globalizado. Agora, um problema em qualquer parte do globo deve ser tratado não mais como uma endemia, mas como uma pandemia, que rapidamente se alastra e atinge não só a corporação na qual o problema foi originado, mas todo um setor, senão a economia mundial em um curto espaço de tempo.

Por isso, aumentaram as pressões para um maior gerenciamento da gestão de riscos em nível mundial. Essas pressões são originárias de instrumentos regulatórios, *stakeholders* e da própria preocupação da empresa com a competitividade do seu negócio (SOUZA, 2010).

No entanto, nesse cenário, um risco que incita bastante atenção são os causados por problemas ambientais. Os problemas ambientais têm afligido sociedade e corporações. E, entre tantos dilemas e discussões sobre o tema, algo que precisa de uma solução é o posicionamento das empresas quanto à gestão de riscos ambientais. Como será possível manter-se competitivo e atender às demandas sociais e ambientais?

Na realidade, algumas corporações já demonstram que as questões ambientais carregam consigo riscos e oportunidades. Dessa forma, empresas como Natura, Braskem, Walmart já demonstram resultados superiores, frutos de investimentos em soluções sustentáveis. Mais do que isso, empresas já exploram novos ramos de negócio sustentáveis, que surgiram tanto na área industrial, como agrícola e de serviços, gerados a partir dessas novas necessidades.

Observa-se, portanto, que maior do que os possíveis riscos gerados pelas mudanças climáticas, a inércia de algumas organizações pode, sim, levá-las à bancarrota e perda de mercado. No entanto, a visualização de novas tendências e formas de gestão também pode gerar novas estratégias que sumarizem no deleite de operar em um oceano azul.[1]

Segundo pesquisa realizada pela revista *The Economist* em 2010,[2] a maioria das empresas ainda não possui um sistema de gestão de riscos ambientais. Portanto, verifica-se a necessidade de uma melhor compreensão da importância que essa ferramenta pode trazer para as organizações que a adotam e possíveis dificuldades presentes nessa implantação.

A concepção de riscos como ameaças e oportunidades é explorada, principalmente, a partir da definição de Enterprise Risk Management (ERM), o qual apresenta diversas traduções no português.[3] Sendo assim, o presente capítulo busca descrever a relação dessa ferramenta gerencial e sua aplicação para o gerenciamento de riscos ambientais.

9.2 CONCEITOS FUNDAMENTAIS DA GESTÃO DE RISCOS AMBIENTAIS

Embora os riscos ambientais sejam associados inicialmente às indústrias, todas as empresas enfrentam hoje alguma magnitude de exposição a riscos ambientais. A socieda-

---

[1] A ideia de estratégias para operar em oceanos azuis foi sistematizada por Kim e Mauborgne (2005). Acredita-se que empresas que buscam se diferenciar dos seus concorrentes e desenvolver-se a partir de novos mercados obtêm uma vantagem competitiva (PORTER, 1997) frente aos seus concorrentes.

[2] Vide *The Economist*, 2010.

[3] Vide *Gestão de riscos estratégicos* (DAMORADAN, 2009), *Gerenciamento do risco corporativo* (CREPALDI; BERTOLUCCI, 2008).

de está mais preocupada com essas questões. Por isso, até mesmo atividades que não são exercidas diretamente por determinada empresa, mas que fazem parte de sua cadeia de produção, precisam ser consideradas. Preocupações relacionadas a reputação e possíveis crises são constantes. Não há empresa grande demais para ruir. E, atualmente, é importante observar não só os negócios da empresa, mas de seus clientes e fornecedores, porque um problema nessa rede de relacionamento pode impactar diretamente uma marca de uma grande corporação. Dessa forma, a assinatura de contratos e a criação de soluções de ciclo fechado[4] são cada dia mais atraentes.

Na realidade, até mesmo a imagem dos dirigentes pode impactar na percepção dos clientes sobre uma determinada marca. Por isso, a insistência para a criação de uma cultura de riscos, visto que a teia de inter-relações pode ser incalculável.

Todavia, deve-se compreender que risco é diferente de incerteza. Segundo Chavas (2004), "o risco pode ser associado com eventos que tenham uma probabilidade determinada de ocorrerem e a incerteza refere-se a eventos em que não há probabilidades que estimem a possibilidade de incidência", conforme a Figura 9.1.

Figura 9.1 – *Diferença entre riscos e incerteza*

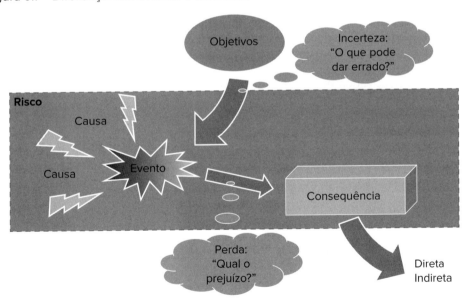

Fonte: Treinamento E&I (2006).

"Risco pode simplesmente ser definido como exposição à mudança. É a probabilidade de que algum evento futuro ou conjunto de eventos ocorra. Portanto, a análise do risco

---

4   O conceito de ciclo fechado.

envolve a identificação de mudanças potenciais adversas e do impacto esperado como resultado na organização" (PAXSON; WOOD, 1998, p. 159).

De maneira geral, as empresas estão expostas aos seguintes riscos:

- **Risco de crédito:** a exposição a perdas reais ou custos de oportunidade como resultado da deterioração da habilidade dos clientes (ou quaisquer outros parceiros) em honrar suas obrigações.

- **Risco de mercado:** mudanças desfavoráveis na capacidade de concorrentes, taxas de juros, taxas de câmbio, inflação, mercado de capitais, comércio internacional, e outras condições econômicas que são ligadas ao ciclo de negócio podem afetar adversamente e até mesmo ameaçar a sobrevivência de uma companhia.

- **Risco operacional:** falhas funcionais, inobservância ou infringência às normas, procedimentos e limites, apropriações indébitas ou fraudes.

- **Risco de imagem:** negligência, imperícia, omissões ou ações impróprias no relacionamento com clientes ou terceiros, bem como desvios de conduta ou práticas ilícitas, que comprometam ou causem danos à imagem, moral ou reputação da organização.

- **Risco legal:** descumprimento das leis, normas e regulamentos que regem as atividades exercidas pela organização, inclusive as de caráter societário, fiscal e trabalhista.

- **Risco de TIC:** indisponibilidade ou inoperância de equipamentos e sistemas informatizados, que prejudique ou impossibilite o funcionamento. Outro risco é o erro de constituição, formalização ou inobservância à legislação, normas regulamentares e jurídicas. Esses erros podem impedir ou prejudicar o recebimento ou execução de cobrança de operações, direitos ou ativos, ou, ainda, a constituição de obrigações indevidas.

De acordo com a conceituação de Veyret e Meschinet de Richemond (2007, p. 63), os riscos ambientais "resultam da associação entre os riscos naturais e os riscos decorrentes de processos naturais agravados pela atividade humana e pela ocupação do território".

A sustentabilidade, atualmente, é um direcionador para os negócios. O Santander, por exemplo, seguindo a filosofia do seu Gestor de Riscos Ambientais, Christopher Wells, evidenciou uma correlação significativa entre riscos ambientais e inadimplência. Por isso, implementou uma avaliação de crédito balizada também por indicadores ambientais. Com isso, conseguiu diminuir o índice de inadimplência da carteira de clientes.

O cuidado com populações indígenas, emissão de efluentes em rios, meios de subsistência revela que a sustentabilidade vai muito além da legitimidade presente no marketing organizacional. Ela perpassa o negócio real da empresa. De tal forma que as pressões surgem da sociedade civil, da percepção sobre o papel social das corporações e da própria regulação. De acordo com Souza (2010), os principais direcionadores que levaram as empresas brasileiras a adotar práticas de gestão de riscos foram as influências externas, como regulação, pressões de *stakeholders* e competitividade do setor.

Assim, a gestão de riscos ambientais gira em torno dos aspectos sociais, ambientais e econômicos que podem impactar o resultado organizacional. Por isso, demonstra um equilíbrio ecossistêmico de conceitos tradicionalmente tratados de forma segregada como riscos de crédito, de mercado e operacional. Na realidade, essa é mais uma ferramenta para atender às expectativas dos *stakeholders*.

9.3 MODELO DE GESTÃO DE RISCOS AMBIENTAIS

Alguns organismos internacionais já desenvolveram metodologia para a gestão de riscos. Contudo, ainda não há um modelo mundialmente reconhecido para a gestão de riscos ambientais. Na discussão dos procedimentos aplicáveis à gestão de riscos ambientais, adotar-se-ão concepções do *Committee of Sponsoring Organizations of the Tredwa* (COSO) em seu *Integrated Framework* (2004) e da ISO 31000 (2009), sistematizada para a gestão de riscos. A Figura 9.2 apresenta as etapas para o desenvolvimento e implementação do modelo de gestão de riscos: (i) estabelecimento do contexto; (ii) identificação de riscos; (iii) análise de riscos; (iv) avaliação de riscos; (v) tratamentos dos riscos; (vi) monitoramento e revisão; e (vii) comunicação e consultoria.

Figura 9.2 – *Modelo de gestão de riscos*

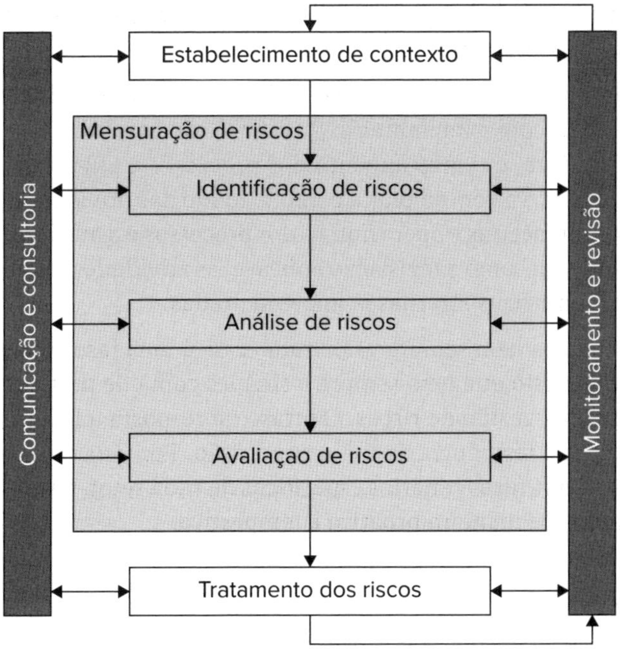

Fonte: ISO 31000.

A Gestão de Riscos é um processo participativo, que envolve a comunicação e consulta em todas as suas etapas. Além disso, funciona em um ciclo retroalimentado, no qual o resultado gera *inputs* para novas análises. Dessa forma, busca-se sempre a melhoria contínua das atividades.

9.4 IMPLANTAÇÃO DO MODELO DE GESTÃO DE RISCOS AMBIENTAIS

A Gestão de Riscos Corporativos ou *Enterprise Risk Management* (ERM) propõe uma visão global e compartilhada por todos os agentes da organização sobre a importância da gestão de riscos em todas as atividades organizacionais. Esse gerenciamento deve ser permanente e contínuo. Os riscos ambientais devem ser compreendidos como oportunidades de negócios e não apenas uma ameaça. De tal forma, essa concepção tornou-se sinônimo de uma boa gestão, sendo vista atualmente como uma garantia externa da capacidade de uma empresa sustentar um padrão viável de comportamento (MILLER; KURUNMAKI; O'LEARY, 2008). Em seguida, são detalhadas as etapas para sua implantação (Figura 9.2).

Primeira etapa – Estabelecimento do contexto

Nessa etapa, deve-se arrumar a casa e entender como está a gestão de riscos, ou seja, analisar o contexto interno e externo (Figura 9.3). O contexto interno pressupõe as práticas de gestão, que nem sempre estão de acordo com as políticas. Já o contexto externo indica as pressões que devem ser ponderadas para o exercício das atividades da empresa e da gestão de riscos inserida neste ambiente.

O gerenciamento de riscos inicia-se pelo planejamento, identificando missão e objetivos organizacionais com a implantação do modelo de gestão de riscos. Outro aspecto indispensável, nessa fase, é o mapeamento dos processos e atividades da organização, classificando-os de modo a contemplar a complexidade das atividades executadas, o volume de transações financeiras e operacionais dos processos e a avaliação consolidada dos riscos identificados, bem como a legislação aplicável às atividades, regulações específicas do setor, políticas e diretrizes internas já implementadas.

Na verdade, embora nem sempre valorizada, essa é uma fase essencial para a gestão de riscos ambientais, visto que nem sempre a simples cópia de práticas consagradas significa o sucesso de uma gestão de riscos. O atraso na resposta a futuros problemas pode impactar diretamente a resiliência de uma corporação. Por isso, é necessário identificar tendências e visualizar futuros cenários específicos de cada setor, para que planos de ação sejam implementados de maneira proativa e tempestiva.

Figura 9.3 – *Riscos internos e externos*

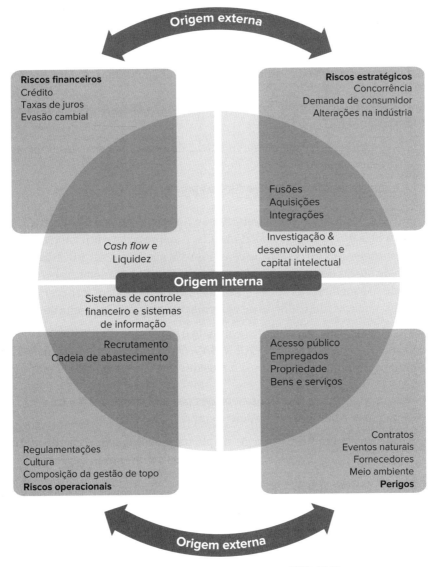

Fonte: Norma de Gestão de Riscos do Institute of Risk Management (IRM), 2002.

É importante lembrar que o aumento de requerimentos para desenvolvimento sustentável pressupõe um foco constante na utilização dos recursos naturais com o mínimo impacto ambiental e social, de maneira que seja gerado um resultado econômico positivo para a sociedade. Modelos de política de desenvolvimento sustentável criados na União Europeia e outros países já reconhecem essa necessidade e várias iniciativas demonstram o foco não somente na redução do desperdício, mas reestruturação de todo o ciclo de vida de produtos e serviços.

Segunda etapa – Identificação dos riscos

Após o estudo dos processos organizacionais e suas interfaces, devem-se identificar os possíveis riscos de cada atividade. A partir do estudo de fluxogramas, leitura de políticas, regulações setoriais, observação e análise de práticas, surgem dúvidas referentes à existência ou não de controles que possam conter determinadas falhas. Alguns exemplos são:

- A organização apresenta-se atualizada quanto às exigências e marcos regulatórios do setor?
- Os processos internos possuem travas de segurança e revisões que evitem a ocorrência de erros?
- A empresa acompanha as tendências para o setor?

Em geral, a identificação de possíveis riscos é realizada de maneira subjetiva, considerando a experiência do corpo gerencial. Contudo, a empresa deve utilizar técnicas como o *brainstorm*, *benchmarking* e a criação de cenários para auxiliar nesse processo. Além disso, a experiência de outras organizações, exame de publicações acadêmicas e técnicas sobre a área e estudo das melhores práticas utilizadas pelo setor podem fornecer informações sobre possíveis ameaças, deficiências de controles ou gargalos de produção.[5]

Os riscos são, dessa forma, descritos seguindo o modelo de DESCRIÇÃO DA AMEAÇA/ OPORTUNIDADE, CAUSAS E CONSEQUÊNCIAS. O risco seria, então, a possível ameaça ou oportunidade a acontecer. Alguns exemplos de ameaças ou oportunidades são:

- **Ameaça:** multas ambientais causadas por não cumprimento da norma "XYZ", gerando perdas financeiras para a empresa "XYZ".
- **Oportunidade:** reestruturação da planta industrial por conta de ineficiências identificadas no processo, originando receitas de crédito de carbono.

Ao reconhecer a dualidade entre ameaças e oportunidades na gestão de riscos ambientais, os bancos desenvolvem novas políticas para concessão de crédito. Os bancos geram poluição em pequena escala por meio de suas atividades. No entanto, são potencialmente responsáveis por danos ambientais causados por empresas que obtiveram crédito em sua instituição.

Assim, após ataques de ONGs, que acusavam instituições financeiras de fazer fortuna financiando empresas social e ambientalmente irresponsáveis, essas organizações passaram a considerar questões ambientais em suas análises de concessão de crédito.

De acordo com Christopher Wells, diretor da área de gestão de riscos ambientais do Santander, alguns fatores ponderados na sua avaliação de crédito representavam impor-

---

[5] Os "gargalos" são todos os pontos dentro de um sistema industrial que limitam a capacidade final de produção. Vide GOLDRATT, Eliyahu M. *Critical chain*. Croton-on-Hudson, NY: North River Press, 1997.

tantes indicativos para futuros problemas decorrentes de incoerências ambientais, mas também para identificação de futuros inadimplentes. Dessa forma, os investimentos nessa nova área representaram receitas superiores aos custos de implantação e manutenção para o Santander. Além de benefícios não mensuráveis originários da sua imagem como banco social e ambientalmente responsável.

Entre alguns dos elementos utilizados nesse novo modelo de avaliação de crédito criado pelo Santander, encontram-se:

- Presença de um gerente de meio ambiente.
- Metas para redução do consumo de energia e água.
- Metas para redução da geração de lixo e para reciclagem.
- Tratamento adequado de lixo e efluentes.
- Implantação da ISO 14001 ou planos para implantação.
- Análise do impacto da cadeia produtiva, principalmente, de fornecedores.

No contexto de gestão de riscos ambientais, os riscos políticos também representam um elemento preponderante, face às constantes atualizações regulamentares ao redor do mundo. Na União Europeia e em uma variedade de outras jurisdições, governos têm desenvolvido novos programas e políticas para valorização do desenvolvimento sustentável e combate à degradação socioambiental.

As regulações exigem a melhoria na eficiência energética, redução do impacto ambiental de produtos e serviços ao longo de todo o seu ciclo de vida. Além disso, iniciativas oriundas de instrumentos de mercado, responsabilidade civil e criminal por poluição gerada e programas voluntários promovem o desenho de um novo modelo de gestão verde.

Dessa forma, uma maneira de identificar possíveis ameaças ou oportunidades ambientais seria analisar todo o sistema envolvido desde a extração até o descarte final de um produto. Assim, poder-se-iam visualizar atores capazes de ser influenciados ou conscientizados para melhorar a eficiência do sistema como um todo.

Sendo assim, essa etapa baseia-se primordialmente em, após compreender o contexto específico da empresa, adotar uma postura crítica frente às informações coletadas, buscando relações que evidenciem atuais e futuras ameaças e oportunidades para a empresa.

Terceira etapa – Análise de riscos

Com base nos riscos identificados, seriam examinados os controles internos já existentes para impedir que possíveis ameaças se materializem, ou para auxiliar na consecução de novas oportunidades. Portanto, essa etapa busca identificar os tipos de riscos a que a empresa está exposta, como exemplificado na Figura 9.4. Dessa forma, confrontam-se os possíveis riscos com o sistema de controle interno para que se possa obter um mapa dos pontos críticos dos controles internos, bem como dos processos dos negócios.

Figura 9.4 – *Tipos de riscos*

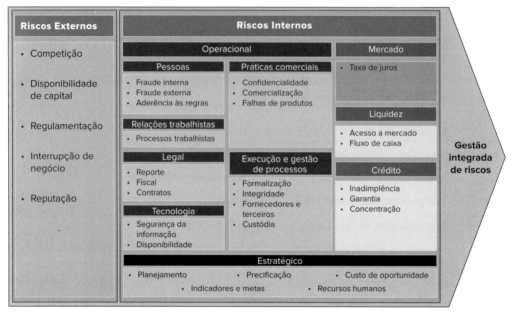

Fonte: Treinamento E&I (2006).

Lembrando o conceito de controle interno:

> Um controle interno é um processo elaborado para fornecer segurança razoável com relação ao alcance de objetivos da organização, priorizando pela eficácia e eficiência das operações, confiança das informações financeiras e cumprimento das leis e regulamentações pertinentes (COSO, 2004).

A análise de riscos, muitas vezes, pressupõe que as respostas ao risco, já implantadas ou utilizadas em outros contextos, podem ajudar na minimização das ameaças e maximização de oportunidades. Por isso, recomenda-se o levantamento do "estado da arte" ou "comparação com as melhores práticas de mercado" nessa fase da implantação.

Na prática, grande parte dessa análise é iniciada pela avaliação da documentação disponível que consubstancia cada atividade. Contudo, algumas vezes, os controles não estão formalizados e são oriundos da percepção de cada responsável pelo processo quanto à necessidade de aprimoramentos nos controles internos. Sendo assim, entrevistas também podem ser utilizadas para a compreensão dos controles existentes.

O risco está relacionado à escolha, não ao acaso, pois decorre da incerteza inerente ao conjunto de possíveis consequências (ganhos e perdas) que resultam de decisões tomadas diariamente pela organização. Dessa forma, é preciso implantar controles internos, para garantir com uma segurança razoável que os objetivos da organização serão atingidos (COSO, 2004).

Portanto, nessa fase, procura-se visualizar as áreas e os responsáveis de cada controle, se eles são feitos de forma manual ou automatizada e se são preventivos ou detectivos. Além disso, é importante conhecer a periodicidade de realização dos controles e como estes são formalizados. Este último item é essencial para avaliar se os controles são eficazes ou não.

Quarta etapa – Avaliação qualitativa de riscos

Nessa etapa, procura-se atestar se os sistemas de controles internos asseguram a manutenção de um nível de risco adequado ao apetite ao risco da organização. Isso é realizado a partir da análise de possíveis falhas ou ineficiências do sistema de controle, que ocasionaram a materialização de um determinado risco.

Vale salientar que um mesmo controle pode ser utilizado para a redução de diversos riscos. Além disso, um risco pode necessitar de vários controles para ser minimizado. Por isso, nessa fase, recomenda-se a utilização de uma Matriz de Risco para a visualização mais completa da maneira como os riscos e controles interagem entre si.

Com base nessa compreensão e nos testes realizados para averiguar a eficácia de cada controle, juntamente com o nível de risco analisado, procura-se avaliar se os riscos são subcontrolados, adequadamente controlados ou supercontrolados. Essa análise é importante, porque os controles representam custos para as empresas e podem gerar uma burocracia excessiva e "engessamento" de algumas atividades. Por isso, o que se busca é um equilíbrio entre esses dois elementos, conforme pode ser observado a seguir:

Figura 9.5 – *Balanceamento entre riscos e controles*

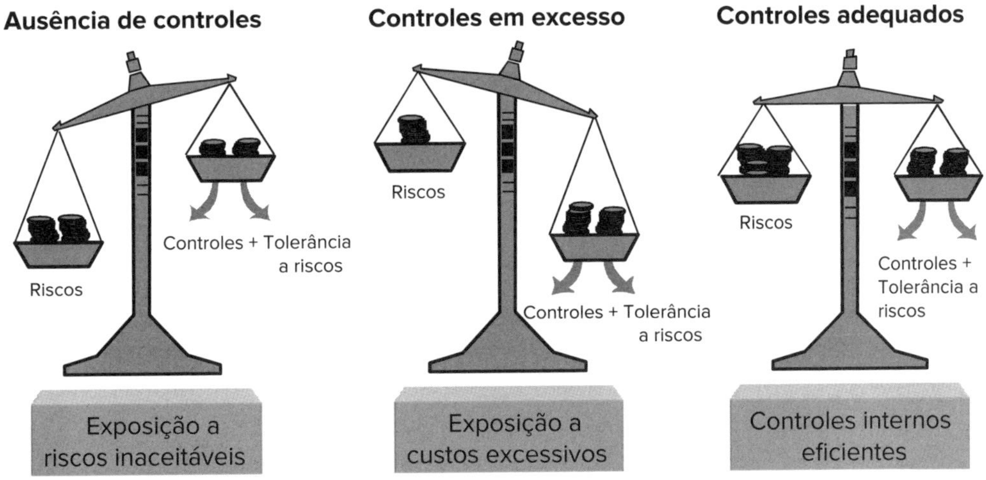

Fonte: Treinamento E&I (2006).

Essas análises são importantes para consubstanciar a definição dos possíveis tratamentos para os riscos subcontrolados. Além disso, também permitem a visualização de riscos "supercontrolados" que estão aumentando os custos em determinadas atividades.

De acordo com a Figura 9.5, observa-se que, a depender da tolerância aos riscos da empresa, os mesmos riscos podem ser inaceitáveis, apresentar controles em excesso, logo, custos excessivos, ou até mesmo ser eficientes. Portanto, o nível de controle adequado precisa ser ponderado juntamente com o nível de risco considerado aceitável, sendo esse um processo dinâmico, modelado a partir das respostas periodicamente analisadas quanto à frequência e impacto dos riscos.

Quinta etapa – Avaliação quantitativa de riscos

As análises quantitativas buscam ofertar maior comparabilidade para evidências encontradas ao longo de períodos diferentes. Assim, por utilizar os mesmos critérios de mensuração, é possível o acompanhamento da evolução ou retrocesso em alguns controles e riscos.

Uma ferramenta muito utilizada para esse fim é a Matriz de Probabilidade e Impacto (Figura 9.6). De acordo com critérios previamente estabelecidos, essa ferramenta possibilita a visualização dos níveis dos riscos (baixo, médio e alto) mais ou menos arriscados. Com essa análise é possível a empresa tomar medidas para mitigar os riscos, deixando-os alinhados com o perfil de risco da organização.

Figura 9.6 – *Matriz de probabilidade e impacto*

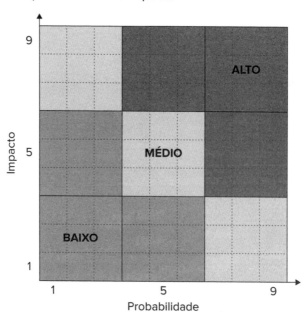

Fonte: Treinamento E&I (2006).

A Matriz de Probabilidade e Impacto (Figura 9.6) classifica os riscos em alto, médio e baixo em uma faixa de três ou nove pontos. O limite dos impactos é determinado através da perda aceitável pela empresa. De tal forma, poder-se-ia considerar uma perda de dois milhões de reais como um impacto alto; entre quinhentos mil e dois milhões, um impacto médio; e abaixo de quinhentos mil um impacto baixo. Contudo, esses valores irão variar de acordo com o porte e o setor de atuação da empresa.

No caso das probabilidades, estas estarão relacionadas com o número de falhas ou eventos encontrados nas análises de riscos. Geralmente, dispostos em termos percentuais, esses limites podem ser determinados do seguinte modo: quando 50% dos eventos analisados apontam falhas, então, o risco é alto; entre 50% e 10%, médio, e abaixo de 10%, um risco de probabilidade baixo. Contudo, mais uma vez, esses percentuais podem variar de acordo com os parâmetros estabelecidos em cada organização.

Na tentativa de garantir maior precisão e comparabilidade para os resultados, recomenda-se a utilização da ferramenta *Failure Mode and Effect Analysis* (FMEA) para a quantificação dos riscos. Baseada em critérios como severidade, ocorrência e detecção, a FMEA (Figura 9.7) procura estabelecer dez níveis hierárquicos para a quantificação dos riscos.

Figura 9.7 – *Exemplo de análise FMEA*

ANÁLISE DE MODO E EFEITOS DE FALHA POTENCIAL – FMEA DE PROCESSO

FMEA: **Nº.:** **Responsável:** **Telefone:**
Data início: **Revisão:** **Preparado por:**
Equipe:

Função do processo / Requisitos	Modo de Falha Potencial	Efeito(s) Potencial(is) da Falha(s)	SEVER	Class	Causa(s) e Mecanismo(s) Potencial(is) da Falha(s)	OCOR	Controles Atuais do Processo Prevenção	Controles Atuais do Processo Detecção	DETEC	NPR	Ações recomendadas	Responsável e prazo	Resultado das ações			
													Ações tomadas	Seve	Ocor	Dete

Fonte: Adaptada de SAE (2000).

Para o nível de severidade, observa-se um efeito que pode ser "perigoso sem aviso-prévio" até um evento cuja materialização é "sem nenhum efeito". Além disso, a ocorrência pode ser quantificada em até uma falha a cada dois eventos com probabilidade de falha muito alta e uma falha a cada 1.500.000 eventos, o que evidenciaria uma falha remota ou improvável. Assim, mensurando os controles que podem detectar uma falha com "absoluta incerteza" ou "quase certamente", obtém-se o último parâmetro para a mensuração dos riscos.

Ao multiplicar todos esses índices de severidade, ocorrência e detecção, obtém-se o Nível de Priorização de Riscos (NPR). O NPR procura hierarquizar os riscos de forma que sejam facilmente visualizados os eventos mais arriscados. Assim, riscos com NPR mais alto devem ser tratados prioritariamente e riscos com NPR estariam mais adequadamente controlados.

Sexta etapa – Tratamento dos riscos

A partir do momento em que alguns riscos são identificados e considerados como acima do apetite ao risco da organização, então, tratamentos precisam ser utilizados. Este é um procedimento que visa à modificação do risco para um patamar aceitável.

Os tratamentos dos riscos com consequências negativas são geralmente conhecidos como "mitigação de riscos", "eliminação dos riscos" e "redução dos riscos". Porém, quando são identificadas oportunidades, a intenção passa a ser de aproveitá-las e não reduzi-las.

Além disso, cada novo controle inserido ou modificação no fluxo do processo produtivo significa mais custos. Até mesmo melhorias para o aumento do fluxo do processo acarretarão em gastos com treinamento e normatização. Contudo, considerando que cada uma dessas intervenções visa à melhoria contínua das atividades, estas precisam ser compreendidas como investimentos. O tratamento dos riscos envolve um processo cíclico de:

a) Avaliar um tratamento de risco.

b) Decidir quanto de risco residual é tolerável.

c) Se não for tolerável, gerar novos tratamentos para o risco.

d) Avaliar a efetividade do tratamento.

Dentre as possíveis medidas de tratamento para os riscos, destacam-se:

a) Evitar o risco ao decidir não começar ou continuar com a atividade que gera o risco.

b) Aceitar ou aumentar os riscos com o objetivo de atingir uma oportunidade.

c) Remover a fonte de risco.

d) Alterar a probabilidade.

e) Alterar as consequências.

f) Compartilhar o risco com outros (incluindo contratos e seguros contra o risco).

g) Reter o risco de uma escolha informada.

Cada uma dessas alternativas será utilizada de forma específica nas organizações. Grande parte da análise ocorre em prol do apetite ao risco estabelecido, que determina quanto de risco uma empresa aceita correr.

De maneira geral, pode-se estabelecer que a ideia de evitar o risco por meio da interrupção da atividade é mais indicada para a fase de projetos. Todavia, alguns desses tratamentos podem ser recomendados para atividades que demonstram falhas grandes, como a concessão de crédito para clientes que não apresentam o perfil adequado. Assim, por meio de critérios mais rígidos, elimina-se o crédito de um grupo determinado de clientes, a fim de evitar perdas maiores.

Aceitar os riscos ou aumentar sua probabilidade são tratamentos específicos para oportunidades identificadas. Essa alternativa pode ser obtida por meio do estudo de viabilidade econômico-financeira para exploração de um ramo, setor ou área de pouco ou de boa demanda.

A remoção de uma fonte de risco pode ser visualizada por meio de travas de segurança ou bloqueios sistêmicos que procuram reduzir a possibilidade de falhas. Além disso, podem ser adotados controles preventivos, para redução da probabilidade dos eventos de risco, ou controles detectivos e/ou corretivos, que agem nas consequências dos problemas.

Para alguns riscos específicos, como um roubo de um veículo, por exemplo, instrumentos de seguro podem ser utilizados para reduzir as perdas. Alguns contratos de venda futura também auxiliam a estabelecer um limite de risco aceitável às variações de cenários e de mercado.

Porém, cada uma dessas alternativas envolve um custo e, mesmo o controle mais poderoso, representa somente uma segurança razoável para os riscos (COSO, 2004). Isso porque os tratamentos dos riscos podem criar novos riscos ou modificar os riscos existentes. Geralmente, há um risco secundário ou residual, mesmo após a implementação dos controles. Sendo assim, não se deve procurar o melhor controle, mas o mais adequado à manutenção do risco no patamar de aceitável.

Sétima etapa – Planos de ação

Após a determinação do tipo de tratamento que será adotado, torna-se necessário determinar formas, prazos e responsáveis para execução das melhorias. Deve-se elaborar uma proposta de Planos de Ação para o risco, cujo objetivo é documentar como a opção de tratamento escolhida será implantada.

Por meio do plano de ação, procura-se interligar os riscos a procedimentos adequados ao seu gerenciamento. Um Plano de Ação desenha controles para o tratamento dos riscos identificados. Vale lembrar que um mesmo Plano de Ação pode ser utilizado para o tratamento de vários riscos, assim como vários Planos de Ação podem ser necessários para que um risco seja adequadamente tratado.

O Plano de Ação (Figura 9.8), identifica o que precisa ser feito (Como?), o motivo pelo qual aquela intervenção é necessária (Por quê?), os responsáveis e o prazo para a sua implantação. Estes dois últimos itens são de extrema importância. Por meio deles, será possível avaliar se as recomendações da Gestão de Riscos Ambientais estão sendo cumpridas tempestivamente. Além disso, consegue-se determinar os responsáveis pela sua implementação correta ou não.

A determinação de prazos também é um importante indicador de qualidade para os processos de gestão de riscos. Por isso, deve-se seguir a hierarquia estabelecida por meio da priorização dos riscos. Além disso, outras obrigações dos responsáveis também precisam ser ponderadas. Caso contrário, criar-se-ão metas inalcançáveis.

Figura 9.8 – *Modelo de plano de ação*

Plano de Ação 01	Revisão de Normas, Políticas e Procedimentos		
Por que	**Como**	**Responsável**	**Prazo**
Melhor Acompanhamento dos Processos	Mapear as Tarefas Realizadas em Atividades Críticas	Setor de Planejamento e Qualidade	Curto Prazo
Atualização dos Critérios Estabelecidos para os Processos	Revisar Norma para Existentes	(Nome ou função do responsável)	(99/99/99)
	Criar Norma para Processos Críticos		

Fonte: Elaboração própria.

O Plano de Ação deve ser elaborado para aumentar o controle das atividades de uma organização que não demonstraram fragilidades geradas pela falta de padronização em suas atividades. De tal forma, os erros e as falhas eram potencializados por conta da alta rotatividade dos funcionários e perdas financeiras tornaram-se recorrentes.

Percebe-se que, embora o Plano de Ação não evidencie a causa do problema, ele é adequado para diminuir o risco gerado pela contratação de funcionários inexperientes. Um tratamento como o demonstrado acima pode ser utilizado para conter inúmeros outros riscos das mais variadas atividades e setores, como o descarte de material radioativo, atendimento a órgão de fiscalização etc. Isso porque a normatização é um fator relevante para a maior segurança dos processos organizacionais.

Voltando à causa do problema, a rotatividade de funcionários e contratação de colaboradores inexperientes, verifica-se que outros Planos de Ação fazem-se necessários para controlar esses riscos. Possíveis alternativas seriam: criar um plano de cargos e salários para os funcionários, aumentando-se assim a retenção por conta de maior satisfação com o trabalho (controle preventivo); ou desenvolvimento de treinamentos para novos funcionários (controles corretivos).

Logicamente, os controles citados não mitigam a probabilidade de que falhas e erros ocorram. Além disso, um plano de cargos e salários pode interferir em vários outros aspectos da cultura e desempenho organizacional. Portanto, verifica-se a multi-interferência que um plano de ação pode acarretar.

Sétima etapa – Monitoramento e revisão dos controles

O processo de monitoramento busca continuamente checar, supervisionar, observar, criticamente e determinar o *status* de controle dos riscos com o objetivo de alterar do nível de desempenho demonstrado para o esperado.

Essa é uma etapa importante para que a gestão de riscos seja realizada de forma adequada e tempestiva, visto que o ambiente estudado é dinâmico e sensível a diversos fatores, como o cenário econômico local, nacional e mundial ou perda de funcionários-chave. Tanto o monitoramento quanto a revisão devem ser uma parte planejada do processo de gestão de riscos e envolver uma verificação e fiscalização regular. Ela pode ser periódica ou *ad hoc*.

De acordo com a ISO 31000 (2009), o processo de revisão e monitoramento deve ser alinhado com todos os aspectos do processo de gestão de risco com o propósito de:

a) Assegurar que os controles são efetivos e eficientes no projeto e em operação.

b) Obter informações futuras para a melhoria da avaliação de riscos.

c) Analisar e aprender com as lições dos eventos (incluindo perdas recentes), mudanças, tendências, sucessos e falhas.

d) Detectar mudanças no contexto interno e externo, incluindo mudanças de critério de risco e no risco propriamente que podem requerer revisão dos tratamentos e prioridades dos riscos.

e) Identificar riscos emergentes.

O progresso na implantação dos planos de tratamentos de riscos serve como um avaliador de desempenho. Por isso, os resultados do monitoramento e revisão devem ser registrados e reportados interna e externamente quando apropriados. Também, eles podem ser utilizados como um *input* para a revisão do modelo de gestão de riscos. Demonstra-se com isso que a gestão de riscos pressupõe uma melhoria contínua, na qual sempre é possível se aprimorar.

9.5 COMO TRANSFORMAR AMEAÇAS EM OPORTUNIDADES

O Gerenciamento de Riscos Ambientais é essencial para a melhoria do desempenho empresarial, visto que retrata pontos críticos da organização e planos de ação prioritários. Dessa forma, os objetivos desse gerenciamento podem ser descritos, como:

- Agregar valor ao negócio.
- Identificar e entender os riscos inerentes às atividades dos processos e ao negócio, e administrá-los dentro de limites considerados toleráveis pela organização.
- Fornecer os meios para que a diretoria tome decisões mais precisas.
- Encorajar discussões a respeito dos riscos em todos os níveis hierárquicos da empresa, de forma a proporcionar uma visão mais completa para a tomada de decisões.
- Encontrar um equilíbrio entre custos e controle de riscos.

Embora esse possa ser um processo simples do ponto de vista teórico, na prática, envolve inúmeras dificuldades. Cada organização e atividade analisada envolvem um contexto específico para o qual serão necessários um estudo e consulta a especialistas. Por isso, há a necessidade de uma equipe multidisciplinar que represente diferentes pontos de vista para a análise dos processos (LEONARD; STRAUSS, 1997).

Primeiramente, é importante que a organização tenha uma compreensão atualizada, correta e clara dos seus riscos e consiga mantê-los dentro dos critérios de riscos estabelecidos. Para isso, é preciso que existam metas explícitas de desempenho contra as quais as *performances* organizacional e individual dos gestores serão avaliadas. Portanto, a mensuração de desempenho da gestão de riscos deve ser parte integrante de todo o sistema de mensuração e avaliação do desempenho organizacional para setores e indivíduos (ISO, 2009).

O apoio da alta administração é também imprescindível para o bom desempenho da gestão de riscos, visto que todas as decisões tomadas dentro da organização, seja qual for o nível de importância ou significância, envolvem a consideração explícita de riscos e a aplicação da gestão de risco em medida apropriada.

Além disso, os indivíduos designados precisam ser devidamente treinados e ter recursos adequados para checagem de controles, monitoramento de riscos, melhoria de controles e comunicação efetiva sobre riscos e seu gerenciamento para todos os níveis organizacionais.

Melhorar a gestão de riscos inclui a comunicação contínua com *stakeholders* internos e externos, incluindo um compreensivo e frequente reporte do desempenho da gestão de riscos como parte de uma boa governança. Esses são fatores que contribuem substantivamente para a governança efetiva dentro da organização (ISO, 2009).

Dessa forma, a gestão de riscos precisa fazer parte de todos os processos de gestão organizacional. A estrutura e o processo de governança são baseados na gestão de riscos. Assim, a gestão de riscos efetiva passa a ser considerada por gestores como essencial para o alcance dos objetivos organizacionais.

A gestão de riscos ambientais corporativos é um processo cíclico. Essa não é uma panaceia para os problemas ambientais. Porém, representa uma metodologia para a melhoria contínua dos problemas enfrentados nessa área. Para que isso ocorra de maneira satisfatória, é imprescindível a participação dos atores envolvidos em cada atividade.

O mapeamento do fluxo do processo e a evidenciação de oportunidades de melhoria conduzirão a processos mais confiáveis e seguros. Para cada uma das análises realizadas e oportunidades identificadas, faz-se necessária a avaliação quanto aos custos e benefícios de possíveis planos de ação. Vale lembrar que muitas vezes os retornos oriundos de otimizações ambientais envolvem muitas variáveis indiretas que precisam ser também ponderadas no modelo. Dentre elas, o fator psicológico e motivações de cada intervenção pode ser incomensurável.

Esse ciclo pode influenciar tanto na melhoria de desempenho interna, quanto externa da organização. Em relação a este último, com o aumento da consciência global e progressivo aumento do fluxo de informações, percebe-se que inúmeros são os *stakeholders* a valorizar medidas de gestão de riscos ambientais.

Sendo assim, esse é um instrumento de gestão que auxilia na melhoria contínua dos processos organizacionais, por meio da identificação de ameaças e oportunidades de melhoria.

REVISÃO DE CONTEÚDO

Elaborada pelo Prof. Juliano Almeida Faria

QUESTÃO 1

Muitas empresas em todo o mundo não inseriam informações importantes nas suas análises de riscos ambientais. Dentre elas, encontra-se:

a) Viabilidade de produtos importados frente a mercados nacionais.

b) Problemas legais evidenciados por organizações não governamentais que geravam (e ainda geram) quedas expressivas nos lucros.

c) Utilização de mecanismos automatizados e impactos na qualidade da mão de obra local.

d) Redução de impostos inerentes aos resultados ambientais comuns em todos os países.

e) Ganhos com geração de Créditos de Carbono gerados no mercado internacional.

QUESTÃO 2

No que tange ao conceito de gerenciamento de riscos ambientais, pode-se afirmar:

I. Gira em torno dos aspectos sociais, ambientais e econômicos que podem impactar nas organizações.

II. Busca correlacionar um equilíbrio ecossistêmico de riscos de crédito, de mercado e operacionais.

III. Trata-se de uma metodologia de gestão que visa atender às necessidades dos *stakeholders* visando ao fornecimento de informações desta natureza.

Estão corretas as alternativas:

a) I e II.

b) II e III.

c) I e III.

d) Todas estão corretas.

e) Todas estão incorretas.

QUESTÃO 3

Um dos modelos de análise e gestão de riscos ambientais estabelece três fases inerentes à mensuração dos riscos. São elas:

a) Identificação, análise e avaliação.

b) Correção, prevenção e punição.

c) Organização, reavaliação e reciclagem.

d) Correlação, disseminação e auditoria.

e) Capacitação, treinamento e publicação.

QUESTÃO 4

No que se refere ao tema Riscos Ambientais, é possível afirmar:

A _____ é um processo participativo que envolve a comunicação e consulta em todas as etapas, além disso, funciona em um ciclo _____ no qual o resultado gera *inputs* para novas análises.

Os termos que completam a frase corretamente são:

a) análise de riscos; alimentado.

b) avaliação de riscos; disseminado.

c) gestão de riscos; retroalimentado.

d) auditoria; único.

e) divisão de riscos; fechado.

QUESTÃO 5

Empresas, sobretudo financeiras, têm utilizado mecanismos para avaliação de clientes que necessitam de crédito. Podem-se citar alguns mecanismos conhecidos, **exceto**:

a) Tratamento adequado de lixo e efluentes.

b) Análise de impacto da cadeia produtiva.

c) Metas consistentes para redução de água e energia.

d) Viabilidade de ampliação produtiva mesmo que cause impactos ambientais.

e) Implantação de ISO 14001.

QUESTÃO 6

É um processo elaborado para fornecer segurança razoável com relação ao alcance de objetivos da organização, priorizando pela eficácia e eficiência das operações, confiança das informações financeiras e cumprimento das leis e regulamentações pertinentes.

O conceito acima se refere a:

a) Gestão de riscos.

b) Auditoria ambiental.

c) Riscos ambientais.

d) Análise de riscos.

e) Controle interno.

QUESTÃO 7

Analise as afirmativas:

I. Num quadro de ausência de controles a empresa incorre em exposição de riscos inaceitáveis.

II. Numa situação de controles em excesso, a empresa incorre em exposição a custos excessivos.

III. Uma empresa que equilibra o nível de controle de acordo com os riscos conhecidos incorre em controles internos ineficientes.

Estão corretas as alternativas:

a) I e II.

b) II e III.

c) I e III.

d) Todas estão corretas.

e) Todas estão incorretas.

QUESTÃO 8

Com a Matriz de Probabilidade e Consequência é possível:

a) A avaliação quantitativa dos riscos, inclusive em termos financeiros, econômicos, ambientais e sociais.

b) A visualização de riscos com maior ou menor probabilidade de ocorrência e adoção de tratamentos adequados a cada nível.

c) Garantir que qualquer empresa acarretará em correta avaliação dos riscos ambientais.

d) Munir apenas empresa industrial de mecanismos eficientes no combate a impactos ambientais iminentes.

e) Categorizar os riscos ambientais contingentes e evitar traçar planos de ação de natureza corretiva.

QUESTÃO 9

Dentre as medidas conhecidas de tratamento dos riscos ambientais, destaca-se, **exceto**:

a) Remover a fonte de risco.

b) Alterar a probabilidade de ocorrência do risco.

c) Evitar o risco.

d) Reter o risco.

e) Consolidar o risco para posterior tratamento.

QUESTÃO 10

No que se refere aos objetivos do Gerenciamento de Riscos, pode-se afirmar:

a) Visa agregar valor ao negócio criando mecanismos de aumento da produtividade desconsiderando concorrentes e impactos ambientais.

b) Objetiva encontrar equilíbrio entre custos ambientais e danos ambientais.

c) Identifica e entende os riscos inerentes às atividades dos processos dos negócios.

d) Encoraja discussões a respeito dos riscos apenas nos níveis inerentes à alta administração da empresa, de onde partem as decisões.

e) Fornece meios para que a direção da empresa tome decisões, sobretudo mais lucrativas.

REFERÊNCIAS

CHAVAS, J. P. **Risk analysis in theory and practice**. USA: Elsevier Academic Press, 2004.

COSO – Committee of Sponsoring Organisations of the Treadway Commission. **Integrated framework**: executive summary. USA, 2004.

DAMORADAN, Aswath. **Gestão estratégica do risco**: uma referência para a tomada de riscos empresariais. Tradução de Félix Nonnenmacher. Porto Alegre: Bookman, 2009.

DESENBAHIA – Agência de Fomento do Estado da Bahia – Treinamento realizado durante o período de estágio. A Deloitte foi a empresa que realizou o treinamento.

GOLDRATT, Eliyahu M. **Critical chain**. New York: North River Press, 1997.

IRM – Institute of Risk Management. **A risk management standard**. London: IRM, 2002.

ISO/FDIS 31000:2009. **Risk management**: principles and guidelines. Geneva: ISO, 2009.

KIM, W. Chan; MAUBORGNE, Renèe. **A estratégia do oceano azul**. Rio de Janeiro: Elsevier, 2005.

LEONARD, Dorothy; STRAUSS, Susaan. Putting your company's whole brain to work. (how to address conflicts in an organization). **Harvard Business Review**, v. 75, nº 4, p. 111(10), July/Aug. 1997.

MILLER, P.; KURUNMAKI, L.; O'LEARY, T. Accounting, hybrids and the management of risks. **Accounting, Organizations and Society** 33, p. 942-967, 2008.

NBR ISO 14001 – Sistemas da gestão ambiental: requisitos com orientação para uso. Rio de Janeiro: ABNT, 2004.

PADOVEZE, C. L.; BERTOLUCCI, R. G. **Gerenciamento de risco corporativo em controladoria**: Enterprise Risk Management (ERM). São Paulo: Cengage Learning, 2008.

PAXSON, D.; WOOD, D. **The Blackwell encyclopedic dictionary of finance**. Oxford: Blackwell Publishers, 1998.

PORTER, Michael E. **Vantagem competitiva**. Rio Janeiro: Campus, 1989.

SAKURADA, Eduardo Yuji. **As técnicas de análise do modo de falhas e seus efeitos e análise da árvore de falhas no desenvolvimento e na avaliação de produtos**. 2001. Dissertação (Mestrado) – Eng. Mecânica/UFSC, Florianópolis.

SOUZA, Rodrigo Silva de. **Gestão de riscos integrada e melhoria de desempenho**: um estudo com empresas brasileiras não financeiras. 2010. Dissertação (Mestrado) – Universidade Federal da Bahia, Faculdade de Ciências Contábeis, Salvador.

VEYRET, Y.; MESCHINET DE RICHEMOND, N. O risco, os riscos. In: VEYRET, Y. (Org.). **Os riscos**: o homem como agressor e vítima do meio ambiente. São Paulo: Contexto, 2007. p. 23-79.

WELLS, Christopher. Diretor de Riscos Ambientais do Banco Santander, entrevista disponível no YouTube.

PROJETO DE UM SISTEMA DE GESTÃO DE IMPACTOS SOCIAIS E AMBIENTAIS

Cláudio Osnei Garcia
José Manoel Tito da Motta
Wellington de Araujo Gomes

10.1 A IMPORTÂNCIA DO PROJETO

Atualmente, observa-se um processo contínuo de transformações nas mais diversas áreas da sociedade. As mudanças aceleradas incorporam-se ao dia a dia de todos os cidadãos, alterando significativamente suas rotinas. O desenvolvimento tecnológico alcançado colabora para a consolidação desse processo, possibilitando que volumes enormes de informações circulem pelo planeta em questão de segundos. Verifica-se a redução gradativa dos ciclos de vida dos produtos manufaturados e uma demanda crescente por serviços e produtos que se adaptem às novas necessidades do mercado. Esse contexto demanda novos comportamentos das organizações contemporâneas. Para sobreviver, as organizações precisam desenvolver habilidades para se adaptar aos novos contornos do ambiente externo (AMAT, 2003).

Esses novos contornos envolvem o avanço das discussões acerca do desenvolvimento sustentável e do papel das empresas na construção de um futuro sustentável e, nesse âmbito, os aspectos sociais e ambientais deixaram de ser meros coadjuvantes no processo de gestão estratégica e passaram a representar fatores críticos para o sucesso empresarial.

Dessa forma, as empresas passaram a entender como fundamental gerenciarem o desempenho dos aspectos sociais e ambientais dos seus processos, mas, para isso, as expectativas em relação a esse desempenho devem ser claramente estabelecidas e comunicadas.

E vem daí a função dos objetivos (aqui considerados em termos de indicadores e metas, ao longo do tempo) e, inerentemente a eles, a função do sistema de informação, que exerce papel fundamental na comunicação e no controle dos mesmos.

Dessa forma, tendo em vista que a consecução das estratégias empresariais exige sinergia e esforço coletivo, um sistema de informações com indicadores que mensuram os impactos ambientais e sociais dos processos de uma empresa tem fundamental importância no gerenciamento das estratégias (que são demarcadas por objetivos) ambientais e sociais da mesma.

Não por acaso, a academia, as empresas e as *software houses*, de modo estanque ou em parceria, têm se esforçado no sentido do desenvolvimento de sistemas de informação estratégica, adequados à realidade de cada empresa e/ou setor.

Esse desenvolvimento caracteriza um projeto que, como tal, deve ser gerenciado segundo uma metodologia específica. Ao longo deste capítulo, explanaremos sobre alguns aspectos importantes – principalmente sob a ótica do cliente/usuário – a serem considerados quando de um projeto de desenvolvimento de *software* e, de modo a mostrar a aplicabilidade das recomendações teóricas, citaremos o caso de uma empresa distribuidora de energia elétrica que, por não encontrar, no mercado, um sistema de informação que fosse considerado adequado para a gestão dos seus impactos sociais e ambientais, resolveu desenvolver um sistema próprio.

10.2   A EQUIPE DO PROJETO

Em um projeto, a formação da equipe é tão importante quanto a especificação do produto. Afinal, todo o sucesso do projeto depende da adequabilidade dessa equipe.

A formação da equipe do projeto começa na idealização do propósito a ser alcançado e continua no detalhamento do escopo, quando se identificam a quantidade e o perfil das pessoas necessárias a cada fase de trabalho. Mas, não acaba aí. Na verdade, a formação da equipe continua ao longo de todo o projeto, pois ao longo do mesmo pode-se identificar a necessidade de alguma competência não encontrada na equipe existente. Isso revela a importância do planejamento inicial de trabalho.

Normalmente, a definição da equipe é direcionada pelo gerente do projeto, que é escolhido logo no início da formalização do projeto. A adequada escolha desse gerente é, então, de suma importância, pois ele é o principal orientador dos rumos do trabalho, definindo atividades, responsabilidades e objetivos para cada componente da equipe.

Da mesma forma que é importante a confiança que os patrocinadores do projeto depositam sobre o gerente do projeto, também é extremamente importante a confiança que o gerente do projeto coloca sobre os componentes da equipe. Na verdade, é muito difícil que um projeto possa chegar a ter sucesso sem uma equipe onde impere um ambiente de confiança.

Os principais critérios para escolha do gerente do projeto podem ser: liderança, ética, experiência, objetividade, determinação, autocrítica e respeitabilidade. Assim, aliados à competência necessária, devem-se estabelecer requisitos de comportamento.

Mas, talvez os dois principais critérios – para escolha não apenas do gerente, como também de qualquer outro componente do projeto – sejam a motivação e o otimismo do mesmo para com o projeto (uma maçã podre pode estragar as outras). Por isso, é imprescindível deixar claro às pessoas o que se espera delas, quais são os reais desafios e os principais riscos e recompensas possíveis.

No caso tomado como exemplo neste texto, a equipe do projeto foi formada por onze pessoas, sendo nove empregados próprios da empresa (um doutor – gerente do projeto –, dois mestres, cinco especialistas e um graduado) e duas pessoas da Universidade (doutores).

Dos empregados da empresa, dois eram da área de TI, um da área de meio ambiente, quatro da área de gestão estratégica e dois da área de sustentabilidade. Das pessoas da Universidade, uma era da área de energia e ambiente e outra da área de economia e contabilidade.

Dos onze componentes da equipe do projeto, apenas dois não tinham experiência de trabalho em projetos.

10.3 O ESCOPO DO PROJETO

De acordo com o PMBOK,[1] um projeto "é um esforço temporário empreendido para criar um produto, serviço ou resultado exclusivo" (PMI, 2004, p. 5).

Dentre as características dos projetos, o PMBOK observa serem "temporários", já que possuem um início e um final definidos, e a "elaboração progressiva", significando que o projeto é desenvolvido em etapas e de forma incremental (PMI, 2004, p. 5-6).

Assim, dito de outra forma, projetos são empreendimentos não repetitivos (não são processos), caracterizados por uma sequência organizada de etapas, com início, meio e fim, destinados a um determinado objetivo (um *software*, por exemplo).

Essa característica dos projetos, de serem divididos em etapas, deve-se ao fato de que os mesmos são únicos e sempre envolvem certo grau de risco. Para minimização desse risco, cada fase é projetada para entregar um ou mais subprodutos, que sofrem validação pelos *stakeholders*[2] do projeto. Assim, cada fase só é encerrada após a validação dos seus subprodutos e, do mesmo modo, cada fase só é iniciada após a validação da fase anterior.

Portanto, as fases e os respectivos subprodutos compõem uma sequência lógica de atividades com o objetivo de gerar o produto final a ser gerado pelo projeto, e o conjunto dessas fases é chamado de ciclo de vida do projeto.

---

[1] PMBOK é o Conjunto de Conhecimentos em Gerenciamento de Projetos (*Project Management Body of Knowledge*) do PMI® – Project Management Institute.

[2] *Stakeholders* são "pessoas e *organizações*, como *clientes, patrocinadores, organizações executoras* e o público, que estejam ativamente envolvidas no *projeto* ou cujos interesses possam ser afetados de forma positiva ou negativa pela execução ou término do projeto" (PMI, 2004, p. 371).

Em termos bastante gerais, o ciclo de vida de qualquer projeto segue o ciclo PDCA, com atividades de iniciação, planejamento, execução, monitoramento e controle, e encerramento, logicamente adaptadas para cada caso.

Um projeto pode, também, ser formado por subprojetos, que correspondem a "uma parte menor do projeto total, criada quando um projeto é subdividido em componentes ou partes mais facilmente gerenciáveis. [...]. Um subprojeto pode ser chamado de projeto, gerenciado como um projeto e adquirido de um fornecedor" (PMI, 2004, p. 378).

Por outro lado, um projeto pode fazer parte de um programa, que se trata de "um grupo de projetos relacionados gerenciados de modo coordenado para a obtenção de benefícios e controle que não estariam disponíveis se eles fossem gerenciados individualmente" (PMI, 2004, p. 374).

Além das atividades relacionadas ao desenvolvimento técnico do produto, o projeto deve contar com atividades inerentes ao seu efetivo gerenciamento e, neste âmbito, se encontram atividades relacionadas ao gerenciamento do escopo, do cronograma, dos custos, da qualidade, dos riscos, das aquisições, das comunicações, da integração e das pessoas.

No caso da empresa tomada como exemplo neste texto, o desenvolvimento do *software* foi um subprojeto (gerenciado segundo a metodologia de gestão de projetos) dentro de um projeto maior, que visou dotar a empresa de um sistema de gestão de impactos sociais e ambientais.

Assim, o desenvolvimento do *software* foi precedido por ações que determinaram exatamente "para que" e "como" seria usado o *software* em questão.

Nesse contexto, para esse projeto foi definido, como escopo de produto, um protótipo de aplicativo computacional, cujo objetivo básico seria visualizar as atividades dos processos da empresa com maiores impactos sociais e ambientais, e propiciar o controle de indicadores para seu monitoramento. Para isso, o sistema deveria propiciar o acompanhamento da consecução dos indicadores, segundo os processos e atividades da empresa.

10.4 A VIABILIDADE DO PROJETO

O desenvolvimento de um novo produto ou serviço só deve ser realizado a partir de um estudo de viabilidade do mesmo. Esse estudo pode ser considerado a primeira fase do projeto (ficando, dessa forma, incorporado no ciclo de vida do projeto) ou pode ser tratado como um projeto autônomo separado.

Essa definição é tomada pelas pessoas que determinam a necessidade do projeto e normalmente depende da natureza do projeto e da própria visão que essas pessoas tenham do respectivo produto. Quando houver alguma dúvida sobre a real importância e necessidade desse produto, recomenda-se que o estudo de viabilidade seja tratado como um projeto separado.

As organizações criam projetos a partir da identificação de problemas, avanço tecnológico, demanda de clientes, exigência legal, necessidades ou oportunidades de negócio, e algumas delas só autorizam os projetos, após os respectivos estudos de viabilidade, onde são definidos, de um lado, os ganhos qualitativos e quantitativos desses projetos e, de outro lado, as consequentes demandas de recursos e de tempo para esse desenvolvimento. Algumas vezes, esse estudo de viabilidade envolve, também, a definição de alguma alternativa de solução.

No caso em questão, a etapa de estudo de viabilidade foi considerada dentro do ciclo de vida do projeto e as suas principais conclusões foram as seguintes:

Ganhos qualitativos:

- O aplicativo possibilitará efetivo controle dos impactos socioambientais, dentro do ambiente de gestão geral das atividades da empresa.
- A visualização gráfica desses impactos relacionados às atividades/processos facilitará a identificação de oportunidades de melhoria de suas práticas com consequente redução dos impactos negativos.
- A integração com o SAP agilizará as informações e minimizará a possibilidade de inconsistência dos dados.
- A disponibilidade em ambiente *web* facilitará o acesso em qualquer local.
- A possibilidade de utilização do aplicativo por outras empresas do grupo possibilitará melhor controle do tema sustentabilidade de forma corporativa.

Ganhos quantitativos:

- O aplicativo possibilitará redução (perto de 50%) da quantidade de pessoas necessárias para a coleta e tratamento de dados.
- O tempo de preparação do Balanço Social reduzirá de quatro meses para três semanas.
- O aplicativo possibilitará confiabilidade a 100% das informações sobre gastos relacionados a aspectos sociais e ambientais, permitindo identificação de oportunidades para redução de custos, assim como definição de critérios coerentes para investimentos vinculados a esses temas.
- O gerenciamento mais adequado dos impactos sociais e ambientais gerados pelas atividades da empresa pode possibilitar redução em mais de 90% das multas pelo descumprimento de requisitos legais.

Recursos necessários:

- 300 Hh de analista de sistema (da equipe do projeto).
- 600 Hh de outros analistas da equipe do projeto.
- Valor-limite definido no projeto, para contratação de empresa desenvolvedora do *software*.

10.5 A CONTRATAÇÃO DA EMPRESA DESENVOLVEDORA

Dentro do escopo de um projeto dessa natureza deve-se decidir se o desenvolvimento do *software* será realizado internamente ou se será terceirizado. Nesse caso, uma frente fundamental de trabalho é a relativa à escolha e contratação da empresa de TI para o efetivo desenvolvimento do *software*.

Mas, para isso, a contratante deve ter certeza de que já sabe exatamente "O QUE" quer contratar. Ela deve detalhar o escopo do trabalho a ser contratado com o máximo de clareza e precisão possível, que deve compor o contrato para o desenvolvimento do *software*.

Em alguns casos, quando é muito difícil se ter uma definição do *software* – caso que normalmente acontece quando se espera que a empresa contratada oriente essa definição –, pode-se usar o que o Project Management Institute (PMI®) chama de *Statement of Objectives* (SOO), ou seja, uma Declaração de Objetivos que se quer atingir com o contrato.

O tipo de contrato a ser adotado depende do nível de definição que se tenha do objeto de contratação. Por exemplo, se a contratante tiver uma definição precisa do objeto a ser contratado, ela pode ter uma boa base sobre quanto vale essa contratação e, portanto, pode optar por um contrato do tipo Preço Fixo (preço global) e pode, também, prever o pagamento de um valor adicional, para incentivar o cumprimento de determinadas metas, por exemplo, de prazos de entrega.

Por outro lado, quando a contratante tem ainda grande incerteza quanto à definição do objeto a ser contratado, pode optar, por exemplo, por contrato com fixação do custo do homem-hora (mas não da quantidade total de homens-hora). Outra possibilidade seria o contrato de custos reembolsáveis, onde o fornecedor é reembolsado pelos custos despendidos e recebe, ainda, uma taxa de lucro.

Mas, devido aos riscos inerentes a esses tipos de contrato, no âmbito do desenvolvimento de *software*, tem-se utilizado – cada vez mais – a contratação com base no conceito de Pontos de Função.

A Análise por Pontos de Função (APF) é uma técnica para mensuração de sistemas, desenvolvida por Allan J. Albrecht em 1979, e difundida pelo International Function Point Users Group – IFPUG.

A APF dimensiona o *software* segundo a perspectiva do usuário, quantificando a funcionalidade que ele deve proporcionar, segundo o desenho lógico do sistema, independentemente da tecnologia utilizada no *software*. Assim, o *software* é visto como um conjunto de funções, necessário para o usuário na realização de suas tarefas.

O número de Pontos de Função do *software* é calculado a partir do número de funções abrangidas pelo mesmo, assim como da complexidade dessas funções. Observa-se que, nesse cálculo, somente são considerados os componentes solicitados e visíveis ao usuário.

Nesse sentido, a grande vantagem da técnica APF é que o usuário pode comparar propostas de diferentes empresas para o desenvolvimento de *softwares*, sem a necessidade de ter um profundo conhecimento técnico sobre o assunto: as empresas são comparadas pelo número e pelo custo de pontos de função propostos.

De modo complementar, tendo em vista a capacidade e o histórico de desempenho da fornecedora no desenvolvimento de pontos de função, a técnica APF também auxilia na gestão do desenvolvimento do *software* (por exemplo, a partir do número de pontos de função, a empresa pode definir a equipe e o tempo necessários para o projeto, além de controlar a produtividade na execução do mesmo).

Assim, a utilização da técnica APF no desenvolvimento de um *software* facilita o cumprimento dos objetivos de prazo, custo e escopo do projeto.

> No caso em questão, o *software* foi idealizado contendo 440 Pontos de Função, que, de modo a possibilitar o acompanhamento, foram desdobrados ao longo das etapas previstas para o projeto.

Outro aspecto importante no processo de contratação da empresa desenvolvedora é o estabelecimento de critérios para selecionar o fornecedor dos serviços de *software*.

Dentre os critérios normalmente utilizados para seleção do fornecedor ressaltam-se os aspectos de capacidade técnica, gerencial e financeira, além de análise do custo total do projeto. Esse custo considera não apenas o preço relacionado à contratação do desenvolvimento do *software*, mas os custos relacionados a todo o ciclo de vida do mesmo, a exemplo dos custos de implantação (*hardwares*, sistema operacional etc.), dos custos operacionais (senhas, manutenção etc.) e dos custos de melhoria (novas funcionalidades etc.).

Para escolha do fornecedor, a empresa definiu, além do critério de Preço pelos Pontos de Função, o prazo e, também, os seguintes critérios gerais:

- **Abrangência de atuação**: esse critério parte do pressuposto de que quanto maior a amplitude geográfica e de produtos de uma empresa, maior a sua competência e flexibilidade.
- **Tempo de experiência**: quanto maior o tempo da empresa no mercado, maior a capacidade da empresa em aprender e desenvolver produtos inovadores.
- **Certificações e prêmios**: esse critério foi definido no sentido de limitar o elenco de empresas àquelas com nível de organização e gestão condizente com os padrões internacionais.
- **Portfólio de clientes**: o número e o perfil dos clientes, assim como a identificação de clientes atendidos de forma continuada, podem demonstrar o nível de aceitação da empresa pelo mercado, além do nível de descentralização do faturamento.
- **Experiência com sistemas de informação similares**: o resultado da atuação da empresa desenvolvendo sistemas similares ao requisitado mostra o grau de competência da mesma no sentido do cumprimento dos objetivos do projeto (qualidade, prazo, custos etc.).

10.6 AS ETAPAS DO PROJETO E OS REQUISITOS DE *SOFTWARE*

Tipicamente, um projeto de desenvolvimento de *software* segue um ciclo de vida que, genericamente, é definido como constituído das seguintes fases:

- **Levantamento dos requisitos:** o levantamento dos requisitos de um desejado produto de *software* é a primeira tarefa na sua criação. Essa tarefa requer habilidade e experiência para reconhecer a incompletude, a ambiguidade ou a contradição nos requisitos.

- **Especificação:** a especificação é a tarefa de descrever precisamente *o que* será o *software*, preferencialmente de uma forma matematicamente rigorosa. As especificações são importantes para interfaces externas e devem permanecer estáveis.

- **Arquitetura:** a arquitetura de um sistema de *software* corresponde a uma representação abstrata daquele sistema e busca mostrar *como* o sistema irá atender aos requisitos do produto, e serve para assegurar que futuros requisitos possam ser atendidos. Essa etapa também direciona as interfaces entre os sistemas relacionados ao *software*, a exemplo do *hardware* e do sistema operacional.

- **Implementação:** trata de transformar em códigos as funções e relações previstas na arquitetura. Trata-se da parte mais evidente do trabalho da engenharia de *software*.

- **Teste:** refere-se ao teste de partes do *software*, especialmente onde tenha sido codificado por duas ou mais pessoas trabalhando juntas, buscando garantir a qualidade do produto.

- **Documentação:** uma importante fase é da documentação do *software* para propósitos de futuras manutenções e aprimoramentos. Aqui, as documentações das interfaces externas são extremamente importantes.

- **Suporte e treinamento:** a razão da criação do *software* é porque alguém deseja usá-lo. Então, é muito importante o treinamento dos usuários do *software*. Eles levantarão muitas questões e problemas do *software*, que conduzirão para a próxima fase.

- **Manutenção:** a manutenção lida com a descoberta de problemas na operação do *software*. Assim, pode-se identificar a necessidade de ajustes do mesmo, que devem ser planejados, executados e controlados, e o projeto só é encerrado quando a operação se dá de forma adequada. Deve-se tomar cuidado para que os ajustes não sejam, na verdade, devidos à exigência de novas funcionalidades – neste caso, seriam mais adequados a um novo projeto, de melhoria do *software*.

Dessas fases, a primeira se apresenta como fundamental, para captura das efetivas necessidades do cliente/usuário, e todo o desenvolvimento técnico do *software* será realizado no sentido de atender a tais necessidades. Assim, logo no início do desenvolvimento de um *software*, a equipe do projeto deve-se debruçar sobre o detalhamento do escopo do produto, identificando os principais requisitos (visão do usuário), de modo a possibilitar a especificação do mesmo (visão do desenvolvedor).

Os requisitos referem-se, portanto, ao conjunto de necessidades explicitadas pelo cliente, que deverão ser considerados no desenvolvimento do *software*. Em geral, o *software* tem como objetivo solucionar um determinado problema do negócio no qual o cliente está inserido.

É importante observar que, embora os requisitos sejam definidos pelo cliente, muitas vezes ele tem uma visão inadequada ou insuficiente sobre como o *software* deverá atuar na solução do problema. Assim, cabe à equipe técnica de desenvolvimento de *software* analisar os requisitos junto ao cliente/usuário.

Uma boa análise dos requisitos traz os seguintes benefícios principais:

- Define, de modo acordado entre desenvolvedor e cliente, o que o *software* deverá fazer.
- Estabelece critérios para validação do produto final.
- Reduz os retrabalhos decorrentes de adequação a novas necessidades identificadas para o *software*.

Para levantamento dos requisitos, pode-se utilizar uma série de técnicas, a exemplo de *brainstorming*, *workshops*, entrevistas e dinâmicas de simulação.

Em termos de custo de desenvolvimento, a análise de requisitos apresenta um percentual relativamente baixo (em torno de 5%) do custo total. Porém, a importância dessa fase se mostra ao verificarmos que perto de 55% dos erros inseridos em *softwares* advêm de requisitos inadequados, enquanto o desenvolvimento técnico do *software* é responsável por apenas 30% dos erros (SPÍNOLA, 2008).

Os requisitos definidos pelos clientes normalmente são de natureza: funcional (relacionados às funções que o *software* deverá executar, a exemplo da função cadastro de indicadores), não funcional (condições que o *software* deverá atender, a exemplo de compatibilidade com determinado sistema) e requisitos de domínio da aplicação (aspectos relacionados à utilização no negócio, a exemplo de cálculo para definição da classificação de um indicador em um sistema avaliativo).

Vistos de forma mais técnica (visão do analista de sistemas), esses requisitos se classificam em: requisitos de interface com o usuário, requisitos de processamento, requisitos de armazenamento e requisitos de controle.

Um importante aspecto a ser colocado como requisito para um sistema de informação diz respeito à Segurança da Informação. Nesse contexto, existe o conceito de que um sistema é tão seguro quanto o seu elo mais inseguro: em um ambiente onde sistemas se integram, trocando informações entre si, qualquer elo mais inseguro tem potencial para comprometer os demais elos. Assim, qualquer sistema de informação deve ser desenvolvido considerando, ao menos, os requisitos mínimos de segurança da informação exigidos pela empresa.

No âmbito da Segurança da Informação, as ameaças aos sistemas de informação computadorizados são de várias naturezas, a exemplo dos seguintes: falha de *software*, falha de *hardware*, ações pessoais, invasão de terminais, roubo de dados/serviços/equipamentos, incêndio, falta no fornecimento de energia, erros de usuários, mudanças de programas e problemas de telecomunicações.

Assim, os requisitos de segurança estabelecidos para a desenvolvedora do *software* correspondem apenas a uma parte do total das ações a serem adotadas para efetiva segurança do sistema de informações.

No âmbito do desenvolvimento de *software*, os requisitos de segurança da informação, normalmente definidos pelas empresas, dizem respeito aos seguintes aspectos: protocolo de comunicação entre clientes e servidores; protocolo de comunicação entre servidores; perfis de acesso; estrutura e parametrização de senhas; gerenciamento das credenciais pelos administradores do sistema; acessibilidade aos bancos de dados; estrutura de armazenamento das informações; compartilhamento de pastas; e trilhas de auditoria.

Também é importante, para a empresa contratante, a exigência dos seguintes documentos: manual de instalação do sistema; manual do usuário; manual do administrador do sistema; manual de mecanismos e de práticas de segurança; e documentação detalhada de desenvolvimento.

Quando se tratar do desenvolvimento de um protótipo, na construção do sistema podem ser considerados apenas os requisitos avaliados como necessários para o mesmo. Porém, para a efetiva entrada do sistema em produção, os demais requisitos de segurança devem ser atendidos.

Como requisitos gerais para o sistema em questão, foram definidos:

- **Usabilidade**
    - Facilidade de acesso às informações
    - Informações classificadas de acordo com a sua natureza
    - Visualização agradável (gráficos etc.)
    - Cálculo automático da situação dos indicadores
    - Possibilidade de diferentes formas de visualização dos indicadores segundo critérios predeterminados
    - Os relatórios deverão permitir a entrada de comentários, elaborados sem limites de caracteres, diretamente na tela, de acordo com o perfil do usuário
    - Exportação de relatórios para arquivos do Office
    - Possibilidade de anexar, aos relatórios, arquivos do Office ou Adobe
- **Integração/Compatibilidade**
    - Prever (para o sistema em fase de produção):
        - possibilidade de trabalho por diferentes empresas
        - possibilidade de entrada de dados de forma automática a partir dos sistemas existentes

10.7 O PROJETO DO SISTEMA

Após ser definido *"o que"* deve ser o sistema para atender às necessidades de informação dos usuários, os desenvolvedores do sistema devem projetar *"como"* o sistema realizará esse objetivo. Essa etapa, onde se concentra o efetivo projeto técnico do sistema, se desdobra em três produtos:

- Projeto de dados.
- Projeto da interface com o usuário.
- Projeto do processo.

O projeto de dados se concentra no projeto da estrutura dos bancos de dados e nos arquivos a serem utilizados pelo sistema de informação proposto (atributos dos dados, relações entre eles, dados que necessitam serem armazenados, regras de integridade etc.).

O projeto da interface com o usuário se concentra nas interações entre os usuários e suas aplicações baseadas em computador (telas, formulários, relatórios, gráficos etc. – todos atraentes e eficientes).

O projeto do processo se concentra nos recursos de *software* (programas e procedimentos necessários ao *software*).

O projeto do sistema trata-se, portanto, de uma etapa estritamente relacionada com o objetivo específico do *software* e, portanto, o cliente/usuário deve validar os projetos acima destacados, nos aspectos mais relacionados às suas necessidades de uso.

Para isso, os desenvolvedores normalmente se utilizam de prototipagem, dentro de um processo interativo que envolve: recortar os requisitos a serem atendidos (ex.: existência de gráficos), desenvolver um protótipo (ex.: telas com gráficos tipo coluna), validar o protótipo (ex.: apresentando e obtendo avaliação dos clientes/usuários), revisar o protótipo (ex.: para melhor atendimento ao usuário, colocar alguns gráficos tipo coluna e outros tipo linha), validar a revisão feita (apresentando novamente para os clientes/usuários) e, após validada, considerá-la no sistema que está sendo construído.

Em termos de estrutura dos dados do sistema em questão, os indicadores, relacionados aos impactos sociais e ambientais, foram classificados segundo a natureza dos impactos gerados pelas atividades da empresa: "público interno", "fornecedores", "sociedade e comunidade", "meio ambiente", e "consumidores e clientes". No mesmo sentido, cada um desses focos de atuação foi subdividido em "aspectos de atuação", representando grupos de indicadores de mesma natureza.

Dessa forma, o sistema desenvolvido disponibiliza uma trilha de controle de indicadores (Figura 10.1), possibilitando ver: a situação geral da empresa em termos de impactos sociais e ambientais; a situação em termos de cada um dos focos de atuação; a situação em termos de cada um dos aspectos de atuação; e a situação em termos de um indicador específico.

Figura 10.1 – *Fluxo de indicadores do sistema*

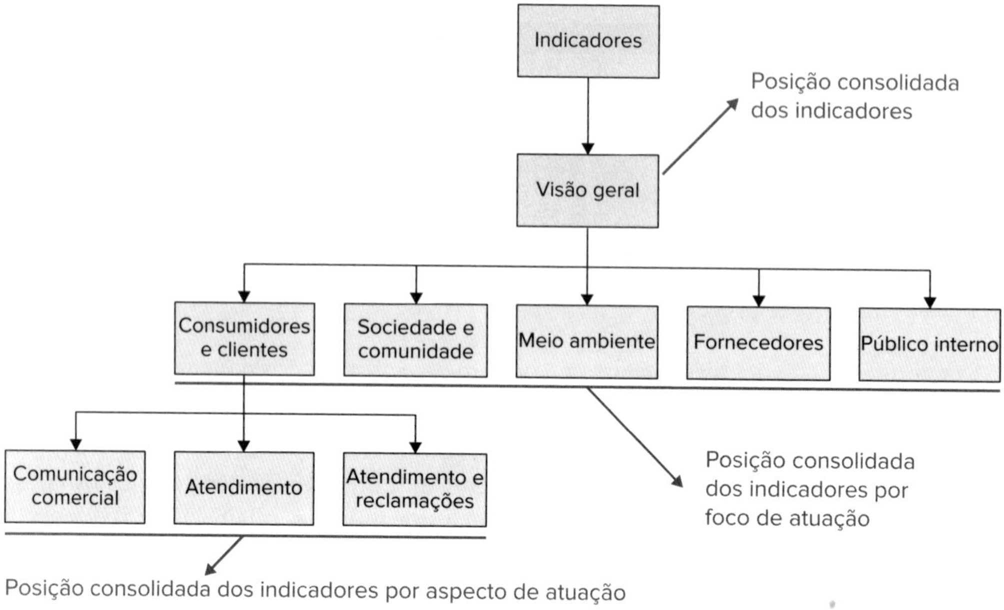

Fonte: Projeto de P&D Aneel 0047_00132009.

A utilização de gráficos, em um sistema de informações destinado a auxiliar na gestão estratégica, é fundamental. Afinal, diz-se que uma imagem "fala" mais do que mil palavras. Quando um gráfico é bem construído, pode transmitir as informações nele contidas de forma muito mais intuitiva, rápida e abrangente do que todo um texto sobre o assunto.

Mas, deve-se levar em consideração que o entendimento da informação disponibilizada pelo sistema e, consequentemente, a decisão a ser tomada a partir dessa informação dependem da interpretação do gráfico. Assim, no momento de definir que gráfico usar, o desenvolvedor deve levar em consideração quais informações deverão ser transmitidas pelo gráfico, a forma de utilização dessas informações e, sobretudo, a experiência do cliente/usuário quanto à interpretação de gráficos.

Dessa forma, a definição de quais gráficos utilizar deve passar, antes de tudo, por uma conversa entre desenvolvedores do *software* e clientes/usuários.

É muito comum, nos sistemas de informação estratégica, a utilização de opção por diferentes tipos de gráficos para uma mesma informação, de modo a facilitar ao máximo o entendimento das informações.

No caso em questão, foram utilizados vários tipos de gráficos, a exemplo de gráficos de linha, coluna, *pizza* e radar. A empresa se utilizou, também, de medidores com ponteiros e de tabelas, para mostrar as informações. Por exemplo, a Figura 10.2 mostra a avaliação da situação dos focos de atuação.

Projeto de um Sistema de Gestão de Impactos Sociais e Ambientais 307

Figura 10.2 – *Avaliação dos focos de atuação*

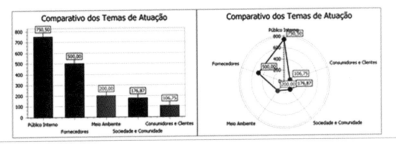

Fonte: Projeto de P&D Aneel 0047_00132009.

Ao se buscar um indicador, em específico, há a possibilidade de se ver: ficha de descrição do indicador (Figura 10.3); tabela com os dados históricos; e gráficos mostrando a evolução mensal, semestral ou anual do indicador em termos dos valores esperados (metas) e realizados (Figura 10.4).

Figura 10.3 – *Ficha de um indicador do sistema*

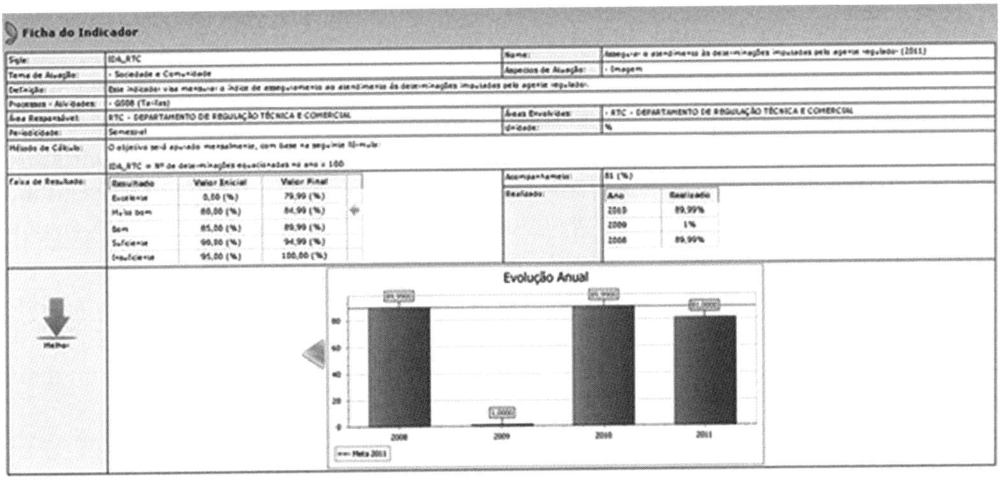

Fonte: Projeto de P&D Aneel 0047_00132009.

Figura 10.4 – *Exemplo de gráfico de um indicador do sistema*

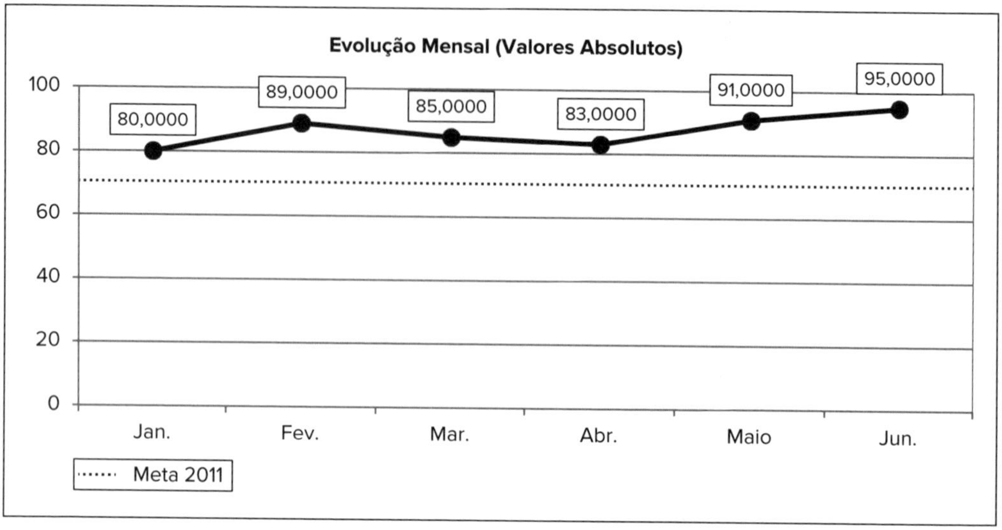

Evolução Mensal (Valores Absolutos)

Jan.	80,0000
Fev.	89,0000
Mar.	85,0000
Abr.	83,0000
Maio	91,0000
Jun.	95,0000

······ Meta 2011

Fonte: Projeto de P e D Aneel 0047_00132009.

É interessante, também, procurar "enxergar" a informação segundo diferentes pontos de vista, de forma a possibilitar um entendimento mais abrangente sobre o tema.

Outra opção do aplicativo possibilita o controle dos indicadores relacionados aos impactos sociais e ambientais mapeados, segundo cada um dos processos da empresa. Nessa trilha de controle, tem-se disponibilizado de forma gráfica (desenho do processo) a identificação das atividades que geram impactos sociais e ambientais, podendo-se ver a situação geral da empresa, a situação de cada um dos processos e de cada uma das suas atividades, em termos de impactos sociais e ambientais.

O sistema possibilita, também, uma trilha de controle com indicadores de custos. Além de também serem apresentados através de gráficos com os mesmos níveis de visualização que os demais indicadores (geral, por foco de atuação, por aspecto de atuação, por processo e por atividade), os indicadores de custo também são apresentados segundo temas específicos (a exemplo de gastos com o tratamento de resíduos) e, também, segundo áreas demarcadas no mapa de processos da empresa (Figura 10.5).

Ainda no tocante a "enxergar" a informação segundo diferentes pontos de vista, pode ser interessante a integração entre o sistema que está sendo desenvolvido e outros sistemas já existentes, que já disponibilizem alguma informação importante sobre um tema específico.

Figura 10.5 – *Custos com aspectos ambientais, ocorridos em todos os processos relacionados à capacidade da rede*

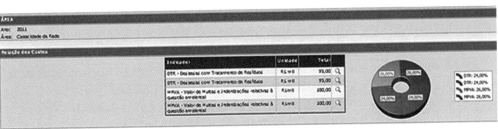

Fonte: Projeto de P&D Aneel 0047_00132009.

Aliás, a integração entre sistemas de informação – aspecto a ser considerado quando dos requisitos do sistema – tornou-se um aspecto crítico para operação dos ambientes de negócios, principalmente após o aparecimento dos sistemas de gestão empresarial integrada (*Enterprise Resource Planning* – ERP). Esses sistemas, por conterem informações confiáveis de vários processos organizacionais, normalmente são fonte de dados para os novos sistemas definidos para as organizações.

Assim, o desafio atual é se desenvolver um ambiente de comunicação que permita, aos diversos sistemas de informação da organização, trocarem dados de forma eficaz e muitas vezes automática, atendendo à crescente demanda dos processos de negócio por comunicação ágil.

Alguns dos principais benefícios da integração dos sistemas de informação são:

- Possibilidade de automação de atividades de entrada de dados, proporcionando redução de erros e de retrabalhos.
- Redução de custos para operação do sistema.
- Facilidade de alteração do fluxo de informações (rapidez, segurança, menores custos).
- Flexibilidade para expansão dos sistemas de informação.
- Maior agilidade e capacidade da empresa em atender às regulamentações do mercado.
- Melhor gestão dos processos de negócio da organização.

Determinou-se, ainda, que o sistema deveria, em fase definitiva, permitir visualização dos documentos normativos relacionados com as atividades com elevado impacto social ou ambiental. Enquanto isso, o protótipo já contou com uma relação desses documentos normativos (réplicas do sistema de gestão de normativos, interno ao ERP SAP).

A pretensão era de que, quando da implantação desse novo sistema no regime de produção, os normativos – assim como dados dos indicadores de custos – viessem a ser acessados via integração com o sistema SAP.

O sistema, ainda enquanto protótipo, teve a sua base de dados carregada com informações relativas a 1,5 ano e todas as funcionalidades do mesmo foram testadas pela empresa.

Foram identificadas algumas necessidades de ajuste, que foram discutidas e definidas com a empresa desenvolvedora do *software*. Após esses ajustes, a desenvolvedora entregou todos os documentos requisitados e o contrato foi encerrado.

No momento, a empresa está utilizando o protótipo para gestão dos impactos sociais e ambientais dos seus processos, mas, ao mesmo tempo, está em fase de execução de um projeto para a efetiva entrada do sistema em produção, já de forma definitiva, utilizando banco de dados corporativo e operando de forma integrada ao SAP.

10.8 ACOMPANHAMENTO E ENCERRAMENTO DO PROJETO

O acompanhamento do projeto objetiva estabelecer um efetivo controle do mesmo, de modo que sejam identificados problemas potenciais (antes que ocorram) ou que sejam definidos planos de recuperação dos desvios, antes que os problemas fiquem graves. Além disso, o acompanhamento possibilita comunicação sobre a situação do projeto, promovendo integração entre todos os envolvidos, propiciando maior visualização da integração entre todos os aspectos do projeto, a exemplo de tempo, custo e qualidade.

A responsabilidade final desse acompanhamento é do gerente do projeto e uma forma usual de exercê-lo é através de uma sistemática de reuniões entre o gerente e a equipe de projeto.

Outro tipo de reunião, para efeito de "prestação de contas" e/ou para validação dos subprodutos, é normalmente feita com a participação dos principais responsáveis pelo projeto e os principais *stakeholders* do mesmo.

> Para gestão do projeto foi constituído um Comitê presidido pelo gerente do projeto e composto por representantes dos principais *stakeholders* do mesmo. Nas reuniões mensais desse Comitê, o gerente do projeto apresentava o confronto entre previsto e realizado, com relação às atividades, o tempo, os gastos e os homens-hora utilizados. Nessas reuniões também eram validados os subprodutos do projeto.

Uma etapa normalmente esquecida na prática usual de execução dos projetos é a de encerramento dos mesmos. Essa etapa envolve não apenas o agradecimento a todos que contribuíram para os bons resultados, mas, também, a verificação da efetiva conclusão de todas as atividades (inclusive dos pagamentos finais) e de todos os documentos (técnicos e de gestão) do projeto.

Uma boa prática envolve, ainda, a elaboração de um documento formal de aceitação, pelo cliente, do produto final do projeto, assim como de outro documento que apresente a história do projeto, mostrando os principais pontos positivos e negativos encontrados no desenvolvimento do mesmo, destacando as lições aprendidas.

Esse conjunto de documentos, além de propiciar rastreamento dos trabalhos executados, servindo, portanto, para auditorias específicas, também pode agregar grande valor de conhecimento a novos projetos a serem realizados.

Em resumo, vimos que o desenvolvimento de um *software* é um projeto, e pode ser gerenciado conforme metodologia definida pelo PMI e descrita no PMBOK. Esse desenvolvimento é previsto em etapas (levantamento de requisitos, especificação, arquitetura, implementação, teste, documentação, suporte e treinamento, e manutenção), contendo entregas parciais que são validadas pelos *stakeholders*. O *software* final deve ser testado, ajustado, validado e documentado.

Ademais, a contratação da empresa para desenvolver o *software* deve ser feita com base em critérios que garantam a competência técnica, gerencial e financeira da contratada. O tipo do contrato depende do nível de definição que já se tenha a respeito do *software* a ser desenvolvido. Tem crescido o número de contratos de desenvolvimento de *software* que tomam como referência o conceito de Pontos de Função.

O estabelecimento de requisitos é fundamental no projeto de desenvolvimento de *softwares*, e deve abranger aspectos funcionais, não funcionais e de domínio de aplicação do *software*. No projeto técnico do sistema é elaborado o projeto de dados, o projeto da interface com o usuário e o projeto do processo. Nesse âmbito, a utilização de gráficos em um sistema de informações é muito importante em termos de velocidade e facilidade da comunicação da informação, mas os gráficos devem ser claros, adequados à informação que se quer transmitir, e devem estar dentro do nível de compreensão do usuário.

Outro aspecto muito importante a ser considerado é a integração do *software* com outros sistemas, seja para efeito de transferência de dados (entrada-saída), seja para facilitar a compreensão de algum tema, por apresentá-lo de diferentes formas. A estrutura de acompanhamento do projeto é questão fundamental para o sucesso do mesmo e, neste sentido, tornam-se importantes as reuniões para integração entre a equipe do projeto, assim como as reuniões com os principais *stakeholders*, para prestação de contas e para validação das entregas do projeto. O encerramento é uma etapa importante para verificação da conclusão de todas as atividades e documentos, dando aceite ao produto final e registrando o histórico dos principais aprendizados ocorridos ao longo do projeto.

REVISÃO DE CONTEÚDO

1. Quais seriam as diferenças e as semelhanças entre o desenvolvimento de um *software* e a construção de uma casa?
2. Quais seriam os principais requisitos que você colocaria para a construção da sua casa?
3. Quais seriam os critérios que você colocaria para a contratação de uma empresa para construir a sua casa?
4. Qual o tipo de contrato que você utilizaria para contratar uma empresa para construir a sua casa?
5. Quais seriam as principais etapas para construção da sua casa?
6. Quais os gráficos que você faria, no acompanhamento da construção da sua casa?

REFERÊNCIAS

AMAT, J. M. **Control de gestión**: una perspectiva de direción. Barcelona: Gestión, 2003.

PMI, Project Management Institute. **Um Guia do Conjunto de Conhecimentos em Gerenciamento de Projetos (Guia PMBOK)**. 3. ed. Pensilvânia: PMI, 2004. Disponível em: <http://www.riosoft.softex.br/media/PMBOK_2004_Portugues.pdf>. Acesso em: 9 abr. 2012.

REZENDE, D. A. **Sistemas de informações organizacionais**: guia prático para projetos em cursos de administração, contabilidade, informática. 2. ed. São Paulo: Atlas, 2007.

SPÍNOLA, Rodrigo Oliveira. **Introdução à engenharia de requisitos**. Engenharia de *Software* Magazine, DevMedia, 2008. Disponível em: <http://www.devmedia.com.br/artigo-engenharia-de-software-introducao-a-engenharia-de-requisitos/8034>. Acesso em: 9 abr. 2012.

Formato	17 x 24 cm
Tipografia	Charter 10/13
Papel	Alta Alvura 90 g/m² (miolo)
	Supremo 250 g/m² (capa)
Número de páginas	336
Impressão	Prol

Sim. Quero fazer parte do banco de dados seletivo da Editora Atlas para receber informações sobre lançamentos na(s) área(s) de meu interesse.

Nome: _____
_____ CPF: _____ Sexo: ○ Masc. ○ Fem.
Data de Nascimento: _____ Est. Civil: ○ Solteiro ○ Casado

End. Residencial: _____
Cidade: _____ CEP: _____
Tel. Res.: _____ Fax: _____ E-mail: _____

End. Comercial: _____
Cidade: _____ CEP: _____
Tel. Com.: _____ Fax: _____ E-mail: _____

De que forma tomou conhecimento deste livro?
☐ Jornal   ☐ Revista   ☐ Internet   ☐ Rádio   ☐ TV   ☐ Mala Direta
☐ Indicação de Professores   ☐ Outros: _____

Remeter correspondência para o endereço: ○ Residencial   ○ Comercial

Indique sua(s) área(s) de interesse:

- ○ Administração Geral / Management
- ○ Produção / Logística / Materiais
- ○ Recursos Humanos
- ○ Estratégia Empresarial
- ○ Marketing / Vendas / Propaganda
- ○ Qualidade
- ○ Teoria das Organizações
- ○ Turismo
- ○ Contabilidade
- ○ Finanças
- ○ Economia
- ○ Comércio Exterior
- ○ Matemática / Estatística / P. O.
- ○ Informática / T. I.
- ○ Educação
- ○ Línguas / Literatura
- ○ Sociologia / Psicologia / Antropologia
- ○ Comunicação Empresarial
- ○ Direito
- ○ Segurança do Trabalho

Comentários

_____
_____
_____
_____

```
ISR-40-2373/83
U.P.A.C Bom Retiro
DR / São Paulo
```

CARTA - RESPOSTA
Não é necessário selar

O selo será pago por:

01216-999 - São Paulo - SP

REMETENTE:
ENDEREÇO: